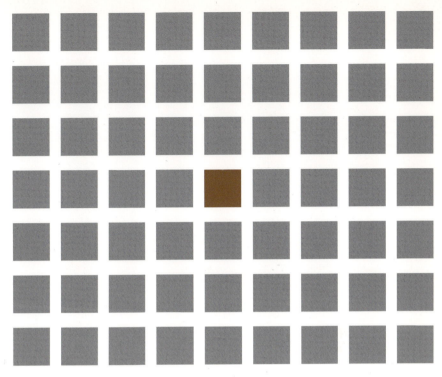

金融資本主義をどう分析するか

マルクス経済学と金融化論

高田太久吉

新日本出版社

序　文

　本書に収録した論文の多くは、月刊誌『経済』(新日本出版社)に公表した第2章と、今回新たに書き下ろした第10章を除いて、2011年から2014年の間に、2010年の退職まで筆者が勤めていた中央大学の紀要を中心に公表してきたものである(本書348頁の論文初出一覧を参照)。これら一連の論文は、はじめから体系的な単行本の出版を想定して執筆したものではないが、執筆の主要な動機は、いずれも2007年に米国のサブプライム問題として顕在化し、その後、米国と欧州各国に広がった激しい金融恐慌と、これを契機とする世界不況の原因とメカニズムを解明することであった。

　2007年夏のサブプライム問題を契機に大恐慌以来と言われる金融恐慌が発生して以後、筆者は多くの研究時間をこの問題の調査研究に振り向け、月刊『経済』をはじめとするいくつかの雑誌に、この歴史的恐慌の経緯と特徴を解説する論文を発表してきた。さらにこれらと別に、一般読者にむけての解説書として単著『金融恐慌を読み解く』(新日本出版社、2009年)、および編著『現代資本主義とマルクス経済学』(同、2013年)を刊行した。これらの書物が幸い多くの読者に関心をもって迎えられたことは喜ばしいことであった。

　しかし、筆者がこれらの論文や著書の中で繰り返し述べてきたように、現代資本主義は1970年代の危機以降、世界経済、企業活動、金融制度、財政政策を始め多くの面で急激な変化を遂げており、この結果、今回の恐慌は従来多くの専門家が予想していなかった甚大かつ特異な金融恐慌として発生した。この経緯を詳しく説明するためには、とりわけ現代の金融市場と金融産業に生じているさまざまな変化を細部に立ち入って詳述する必要があったが、紙幅の限られた雑誌論文や幅広い読者を想定した一般書ではこれらについて十分行き届いた分析や説明を行うことは困難であった。

　2010年3月に36年間勤めた大学を退職して後、筆者は自由になった研究時間の多くを今回公刊した一連の論文の執筆に費やしてきたが、これらの論文の多くは大学の紀要に公表してきたために、学外の読者の目に触れる機会が乏し

いままになっていた。これらの論文を一冊の本の形で公刊し、できるだけ多くの関心ある読者の評価と批判に委ね、今後の研究を進める糧にしたいというのが筆者のかねてよりの念願であった。この度、新日本出版社のご高配をえて、この願いを叶えることができたことは望外の喜びと言わなければならない。

　本書に収録した論文の主要な内容は、伝統的なマルクス信用論の再検討と、現代資本主義分析の新しいアプローチとして近年急速な発展を遂げた金融化論（financialization approach）の検討を中心とする理論的考察と、今回の恐慌の震源地となったアメリカを中心とする金融市場と金融産業の最新の動向に関する実証的研究のサーベイで構成されている。その意味で、各章のテーマには幾分の広がりがあるが、冒頭に述べたように、これらの論文はすべて今回の金融恐慌の理論的・実証的解明という単一の研究動機に根差して執筆されており、全体が下記に述べるような共通の問題意識によって結び付けられている。

　第一に、2007年のサブプライム問題を契機に発生した世界的な金融恐慌の歴史的背景、発生メカニズム、波及経路をできるだけ詳細に検討し、この恐慌の歴史的特徴を明らかにすることである。
　このためにはまず、いわゆる経済の金融化が進展した現代資本主義分析の新しいアプローチとして、今では経済学の学派を超えて幅広い影響力を及ぼしている金融化論の主要な論点を批判的に検討することが必要であった。金融化論は、単なる現代金融論やモダンファイナンス論の一分野ではなく、金融化という用語で総称される資本主義経済のさまざまな変化に着目することで、現代資本主義を歴史的・構造的に特徴付け、その態様と運動を全体的に分析することを試みる政治経済学の新しいアプローチである。
　したがって、金融化論のアプローチをとる人々は、現代の金融システムの変化を主導する金融産業や投資家の動向と、それが企業活動や政府・家計の経済活動に及ぼす影響の強まりに関心を払ってきた。こうした関心から、金融化論のアプローチでは、従来の政治経済学が射程にほとんど取り込んでこなかった現代の金融システムを構成する新しい市場と取引スキーム、とりわけ、近年の架空資本市場で急膨張を遂げてきた仕組み証券や信用デリバティブ、大手金融

機関とさまざまな機関投資家を結び付けるレポ市場や金融コマーシャル・ペーパー市場などのホールセール短期金融市場、公的な規制や監督を回避して正規の銀行制度の枠外に広がっているシャドーバンキング等、現代の金融システムの構造と作用を特徴付ける新しい諸要因の立ち入った調査と分析を行ってきた。

これに対して、これまで他の経済学の流派と区別される独自の理論枠組みで資本主義を分析してきたマルクス経済学の陣営では、このような政治経済学としての金融化論アプローチとその業績を評価する共通の理解がなく、その影響力が広まるのにともなって、複雑な理論的摩擦が生み出されている。しかし、筆者の判断では、この状況は、金融化論アプローチに残されている理論的不備だけではなく、現代の金融システムを分析する上でのマルクス信用論自体の未整備な状態、とりわけ現代金融システムの複雑な構造を具体的に分析する点でなお克服されていないいくつかの弱点にも原因があると思われる。

本書で詳しく論じているように、金融化論アプローチが過去10年の間に生み出してきた豊かな業績には、マルクス信用論を現代の金融分析に適用する場合に、参考とすべき多くの貴重な成果が含まれている。しかし、金融化論の評価をめぐるマルクス経済学内部の不一致は、それらの成果を積極的に活用することを困難にしており、現代資本主義分析でのマルクス経済学の弱点の克服を困難にしている。

以上のような問題関心にもとづいて、本書の第1章～第4章、および第10章では、金融化論アプローチが経済学をはじめとする社会科学の多くの分野に影響力を広げている状況を紹介し、このアプローチからの先行研究について紹介と検討を行っている。

第二に、マルクス経済学と金融化論の望ましい結びつきを模索するために、さらに、今回の金融恐慌を理論的に分析するマルクス経済学の理論枠組みを発展させるために、マルクス恐慌論における信用論の役割を再検討し、現代の恐慌分析に適用できる金融恐慌の理論を新たに構想することが必要である。しかし、マルクス恐慌論のこれまでの業績を振り返ってみると、国際通貨危機に関するいつかの優れた研究を別とすれば、現代の金融恐慌の分析に幅広く適用できる理論的業績は意外と少ないことに気づかざるをえない。

マルクス経済学が現代の金融恐慌の理論を十分に発展させてこなかった主要

な理由は、筆者の判断では、マルクス経済学の陣営では、恐慌を一般に周期的な過剰生産恐慌としてとらえ、金融恐慌をもっぱら過剰生産恐慌に付随する事象(マルクスはこれを「一般的な生産・商業恐慌の特別な段階として規定されている貨幣恐慌」とよんでいる)として理解する考え方がなお根強く継承されているためではないかと思われる。このために、マルクスのいわゆる「独立に現れることのある、特殊な種類の貨幣恐慌」の理論を独自に発展させることへの関心が、例えば、ケインズの流動性選好説を継承して金融問題に重きをおくポスト・ケインジアンの陣営に比べて希薄になったのではないかと考えられる。

しかしながら、1970年代以降に発生した多くの経済危機は、例えば1970年代末から80年代にかけて波状的に発生し、90年代にも繰り返されたラテンアメリカの債務危機、1997〜98年のアジア危機とロシア危機、これらを契機とするウォール街の大規模ヘッジファンドの破綻などが示しているように、現実の過剰生産との関連が明確ではない通貨・金融危機あるいは財政危機の形態で発生している。言い換えれば、金融化論アプローチに依拠する膨大な研究が明らかにしているように、現代資本主義の運行を頻繁に撹乱する金融恐慌(銀行危機、通貨危機、証券危機、それらを契機とする財政危機等)を、単なる過剰生産恐慌に付随する金融恐慌として分析することは困難になっている。

このような現代資本主義に特有の恐慌の形態を解明するためには、筆者の考えでは、従来多くのマルクス経済学者が恐慌の主要な要因として重視してきた「資本の過剰蓄積」の概念を、商品の過剰生産だけではなく貨幣資本の過剰蓄積を含む概念として拡大し、その独特の内容と具体的な現象形態を明らかにすることが必要である。さらに、現実に生起する金融恐慌の具体的分析のためには、これまでも優れた金融史家が行ってきたように、その時代の金融市場の構造とふるまい、主要な市場参加者が利用するさまざまな金融取引の仕組みや手段について立ち入って調査・分析することが必要である。これらの論点をめぐる筆者の検討結果は、金融恐慌の分析概念として一般に流布している「過剰流動性」を批判的に検討した本書第3章、および、現実資本と区別される貨幣資本の過剰蓄積の独自の内容を理論的に考察した第4章に示されている。

第三に、筆者が別の機会(高田太久吉編著『現代資本主義とマルクス経済学』新日本出版社、2013年、第6章、第10章、および、あとがき)に詳しく述べたよ

うに、恐慌は資本主義のあらゆる矛盾が、それまで矛盾を吸収してきたさまざまな装置を突破し、暴力的な様相で一気に表面化するカオス的現象であり、その意味で、きわめて表面的ではあるが「豊かな」経済現象である。今回の経済危機は、その規模と深刻さにおいて資本主義の歴史を画する重大な危機であり、専門家の予想を超える複雑な発現形態は、経済学者が現代の金融システムの発展とその作用について認識を新たにする格好の機会を提供した。マルクス経済学もまた、恐慌発生を契機に爆発的に増加した情報と学術研究の成果を積極的に利用し、この恐慌の原因、発生メカニズム、波及経路について立ち入った考察を加えることで、マルクス恐慌論を発展させる絶好の機会を与えられている。

　以上のような問題意識から、本書では、第5章「過剰生産恐慌と『独自の貨幣恐慌』」で今回の恐慌の基本的性格を経済の金融化に起因する「独自の金融恐慌」と捉える観点を提示した上で、この金融恐慌の原因、発生メカニズム、波及経路を明らかにするために、従来マルクス経済学の陣営では立ち入った考察が乏しかった、現代のデリバティブ市場、シャドーバンキング、およびレポ市場について、金融化論アプローチの既存研究に依拠しながら検討を試みている。

　また、これらの考察に加えて、第9章では、今回の金融恐慌が世界恐慌に発展するのを瀬戸際で食い止めるために、米国をはじめ各国の政府・金融当局が相次いで実施した危機対応策が、恐慌の最大の原因をつくり出した大手金融機関を救済し、それらによるかつてない規模での再編と統合を促し、人間の理性的管理が不可能な巨大で複雑な金融機関を生み出し、結果として、Too Big To Fail 問題（政府監督機関は大規模な金融機関が破綻に瀕すれば救済せざるをえない）と呼ばれる現代金融制度の最大のジレンマをさらに深刻化させた経緯を説明している。

　この論点は、今回の金融恐慌で改めて浮き彫りになった、金融集中が著しく進んだ現代金融制度の最大のジレンマであり、米国の包括的な金融制度改革のもっとも重要な論点として専門家、監督機関、議会関係者の間で活発な議論を呼んだ問題であり、その後の金融危機防止をめぐるG7やG20など国際的な協議でも、「解決しなければならない問題」として、常にアジェンダの上位に挙げられてきた課題であった。我が国でも、1990年代初頭の大規模なバブル崩壊が引き起こした金融危機への対応の中で、大手銀行に対する資本注入をはじ

め、政府監督機関による銀行救済と金融再編が強力に進められ経緯があった。しかし、とくにわが国では、G7やG20等への参加の機会があるにもかかわらず、この問題に関する研究者の関心が低く、立ち入った研究や問題解決のための積極的な提言はきわめて乏しい状態である。

　最後に、今回本書の末尾におくために新たに書き下ろした第10章では、金融化論アプローチが学派の枠をこえて広がっている状況を改めてサーベイし、こうした現代経済学の状況がマルクス経済学の陣営に引き起こしている論争問題について、議論の焦点となっているいくつかの論点を手掛かりに考察し、マルクス経済学が現代資本主義分析を前進させるために、金融化論アプローチの豊かな成果を利用することが望まれる所以を試論的に提示している。
　第10章の論述の試論的内容は、筆者の5年にわたる検討結果であるとはいえ、なお議論の未整理で行き届かない論点を残しており、この問題に関心をもつ読者・研究者からさまざまな批判が寄せられることが予想される。筆者としては、筆者の見解の当否を別としても、マルクス経済学が現代資本主義の歴史的・構造的特徴をトータルに分析し、その特異な様相とふるまいを掘り下げて分析する新たな理論を発展させる過程では、いくつかの複雑な理論問題について集団的な議論が避けて通れないと考えている。本書が、このような議論を今後活発化させるささやかな契機になることを念願している。

　本書に収録された論文は、2009年から2015年にわたる期間に時間をおいて執筆されており、当然のこととして、この間に国際的な研究の進展や筆者自身の認識の深まりがあった。このために、いくつかの理論問題の取り扱いにおいて、早期の論文と最新の論文との間で、説明や記述の食い違いが生じている。しかし、それらの論文を本書に収録するにあたって、いずれの論文も初出の内容を基本的に変更せず、文章の修正は、内容とは関わりない表記の統一、参考文献の不備の補正、不適切な表現のより適切な表現への変更、読者の理解を助けるための最小限度の補筆と若干の注記にとどめている。それらの論述内容の不備や誤りに関しては、すでに執筆から時間が経過している論文を含めて、読者からの率直な批判や指摘が寄せられることを切に期待している。

これらの論文の執筆に際しては、筆者が大学を退職して以来年数回の頻度で開催してきた小規模な研究会に参加するメンバーから、折に触れて有益な指摘やコメントをいただいた。また、これとは別に、現代金融の研究を目指して新たに立ち上げた研究会に参加しているメンバーからも、金融化論と金融恐慌をめぐる論点について貴重な情報と建設的な批判をいただいてきた。これらの研究会に参加する私の学友諸兄に、この機会を借りて改めてお礼を述べたい。

　末筆になったが、必ずしも広範な読者向けとは言えない専門的な論文を、困難な出版事情にもかかわらず、一冊の書物として出版する機会を提供してくださった新日本出版社の関係各位のご高配に対し、厚くお礼を申し上げたい。とくに、『金融恐慌を読み解く』（2009年）および『現代資本主義とマルクス経済学』（2013年）に引き続いて、本書の編集を担当し、短時間の間に労苦の多い編集作業を見事に成し遂げて下さった同社編集部の森幸子氏には、重ねて感謝の意を表したい。

2015年2月20日　著　者　識

●目　次

　　　序　　文　1

第1章　現代資本主義論としての「経済の金融化」論 ……… 13
　1　はじめに　13
　2　金融化の概念と金融化論の問題設定　15
　3　金融化論は現代資本主義をどのように特徴付けるのか　23
　4　金融化論の成果と問題点　32
　5　まとめ　40

第2章　現代資本主義と「経済の金融化」
　　　　　―信用制度の役割と金融恐慌をめぐって― ……………… 45
　1　はじめに　45
　2　現代資本主義の「金融化」　47
　3　資本の過剰蓄積と貨幣資本の過剰　53
　4　再生産の弾力性と信用制度の役割　57
　5　貨幣資本の過剰蓄積と金融恐慌　62
　6　まとめ　67

第3章　金融危機の要因としての過剰流動性について ……… 72
　1　はじめに　72
　2　金融バブルの主因＝過剰流動性論　73
　3　流動性概念の多義性と曖昧性　78
　4　流動性の「過剰」をどのように説明するか　82
　5　金融危機の要因としての過剰信用論　89
　6　まとめ　94

第4章　資本の過剰蓄積と貨幣資本の過剰
　　　　　―現代恐慌分析の方法をめぐって― ………………… 98

1　はじめに　98
2　経済の金融化と金融危機　100
3　過剰流動性と過剰な貨幣資本　106
4　貨幣資本の過剰蓄積とその特殊性　113
5　貨幣資本の過剰蓄積と金融恐慌　121
6　まとめ　127

第5章　過剰生産恐慌と「独自の貨幣恐慌」
　　　　　―今次金融恐慌の基本的性格規定をめぐって― ………… 132

1　問題提起　132
2　金融危機か、それとも金融恐慌か　134
3　過剰生産恐慌か、それとも独自の金融恐慌か　141
4　架空資本市場の肥大化と現代の金融恐慌　150
5　まとめ　156

第6章　金融恐慌とシャドーバンキング ……………………… 160

1　テーマの設定　160
2　シャドーバンキング（金融証券化）の定義、構造と機能　162
3　シャドーバンキングはなぜ拡大したのか　170
4　シャドーバンキングの脆弱性とシステミック・リスク　174
5　シャドーバンキングの規制強化論をめぐって　180
6　まとめ　190

第7章　シャドーバンキングとレポ市場
──現代金融恐慌のメカニズム── 195

1　はじめに　195
2　金融システムの変化と新しいシャドーバンキングの膨張　197
3　シャドーバンキングの膨張を支えたレポ市場の役割　202
4　レポ市場膨張の主たる要因　209
5　シャドーバンキングの恐慌とレポ市場の取り付け　217
6　まとめ　224

第8章　現代資本主義の蓄積様式とデリバティブ市場　232

1　はじめに　232
2　資本の循環と信用制度　236
3　「デリバティブ＝保険」説の批判的検討　242
4　架空資本としてのデリバティブのリスク管理機能　250
5　まとめ　257

第9章　国際金融危機と Too Big To Fail 問題　262

1　はじめに　262
2　Too Big To Fail 問題をめぐる歴史的経緯
　　　　　──米国における TBTF 問題の歴史　264
3　金融危機と Too Big To Fail 問題　271
4　Too Big To Fail 問題克服の障害　280
5　Too Big To Fail 政策のジレンマをどう改善するか　291
6　まとめ　299

第10章　マルクス経済学と「経済の金融化」論　305

1　はじめに　305

2　現代資本主義論としての金融化論の普及　307
3　金融化論のマルクス経済学への浸透　317
4　金融化論がマルクス経済学に提起する理論問題　323
5　現代資本主義の富と架空資本の価値　331
6　まとめ　339

あとがき　345

初出一覧　348

第 1 章　現代資本主義論としての「経済の金融化」論

　「金融化は、家計が企業のように、企業が銀行のように、そして銀行がヘッジファンドのように行動することを奨励した」

（ロビン・ブラックバーン）

1　はじめに

　「経済の金融化」論（以下、金融化論と略記する）は、1980年代以降に顕著になった現代資本主義の新しい様相（一部経済学者のいわゆる蓄積レジームあるいは再生産様式）を批判的に分析するために提唱された理論で、その成立の経緯から明らかなように、新自由主義イデオロギーとそれにもとづく政策や制度改革に対する批判が含意されている。これらの人々が新自由主義的政策と蓄積レジームの理論的批判のライトモチーフ（導きの糸）として金融化の概念を提案する基本的な理由は、かれらの理解では、新自由主義的蓄積レジーム（もし、このように呼びうる概念があるとすれば）の最重要な特徴と、それがもたらす諸問題・諸矛盾が、何よりも金融市場と金融産業の動向にもっとも典型的に表出しているという含意があるように思われる。このような理解の当否については後論で取り上げるが、この論点は、かれらの理論の有効性あるいは積極的意義を評価する上で、決定的に重要なポイントであると考えて間違いないであろう。
　1990年代の後半期以降、金融化論の立場から公表される研究業績の数は、

理論分野でも実証分野でも、急激に増加しており、その学問的な影響力は確実に増大している。その意味で、筆者の判断では、現代資本主義の批判的研究に関心をもつ研究者であれば、かれらの業績を無視することはできないであろう。

しかし、金融化論は現代資本主義の理論的・実証的研究に新しい指針を提供しようとする一つの興味深い試みであるが、これらの研究者の活動が知られるようになってまだ日も浅く、かれらの業績の到達点や今後の可能性について、現時点で（2009年3月）明確な評価を下すことは困難である。金融化論の立場から現代資本主義の批判的研究に取り組んでいる研究者は、現在では世界の多くの国に広がっており、かれらが重視する問題や、依拠する理論構成も多様化が進んでいる。ひるがえって我が国を見ると、金融化論の立場からの業績はいまだ乏しく、この学派に対する評価や紹介の試みもこれまでのところ十分であるとは言えない。その意味で、筆者は、この機会に金融化論の業績を紹介し、その理論的意義と今後の課題を検討することは、現代資本主義の理論的研究にとって意味のある作業ではないかと考えている。

本章では、以上のような問題意識から、現代資本主義論としての金融化論の意義と、その問題点について、以下の順序で検討する。

第一に、金融化論のいわゆる「金融化」の概念の内容を明らかにし、これをライトモチーフとする金融化論が、現代資本主義の歴史的・構造的変化をめぐって、経済学が解明すべき理論的・実証的問題をどのように設定しているかを検討する。

第二に、金融化論のこれまでの成果が、金融市場と金融産業の変化、およびそれらが実体経済とりわけ企業と家計の経済活動に及ぼす影響に焦点を当てることで、現代資本主義の歴史的・構造的特徴付けという自ら設定した課題に、どのように応えているのかを検証する。

第三に、現段階での金融化論の業績の到達点を検証し、金融化論が現代資本主義論として今後さらに発展していく過程で予想されるいくつかの課題について検討する。

ただし、前述したように金融化論の立場をとる研究者の数とかれらの業績は急激に増加しており、現時点でその全貌を遺漏なく踏まえてサーベイすることは困難である。その意味で、本章の紹介と評価には、限界があることをお断り

しておきたい。

2　金融化の概念と金融化論の問題設定

(1)　金融化論の登場

　1970年代に、従来の国際経済の枠組みやルールを変えるいくつかの重大な問題（変動相場制移行、石油ショック、スタグフレーションその他）が相次いで発生したために、その後の資本主義を、それ以前に流布していた「ケインジアン福祉国家」や、「フォーディズム」などに代わる新しい名称で呼びなおす必要性が明らかになった。しかし、その後の資本主義の全体像を表すのにどのような名称が適切なのか、そもそも、現代資本主義の全体像あるいは表象に、新しい適切な名称を付与することができるのか否かさえ、いまだもって明らかになっていない。言ってみれば、現代資本主義は、明確で統一的な表象が浮かび上がってこない、巨大で、複雑で、不断に様相が変化する、とらえどころのない混沌として現れている。

　＊　この点について、Stockhammer (2008) は次のように記している。
　　「1970年代にフォード型蓄積レジームが終焉したことについては合意があるが、ポストフォード型レジーム（あるいは、そうしたものがすでに存在しているとして）をどのように特徴付けるかという点については合意が見られない」（p.184）

　複雑系の研究者が強調するように、少数のモデルや概念でとらえきれない複雑な現実を、論理やレトリックで単純化して記述することは、危険なことである。しかし、現代資本主義に生起しているさまざまな変化を具体的に検討してみると、金融市場と金融産業に関連するいくつかの変化が、ひときわ顕著に浮かび上がってくる。例えば、金融自由化と金融グローバル化によって爆発的に増大する国際資本取引、経済成長や国民所得の増加をはるかに上回るスピード

で急膨張を続ける金融市場、投資信託や年金基金に代表される機関投資家の勃興と影響力の増大、金融証券化による金融システムと金融産業の急激な構造変化、企業経営における株主価値重視のコーポレートガバナンス、企業と家計部門の債務の増大、金融市場のカジノ化と不安定化、金融工学の急激な発展とデリバティブ市場の異常な膨張、バーゼル規制に見られる金融規制のなし崩し的民営化、年金や保険など一般市民の将来生活がかかる資産が政策的に証券市場に誘導される動き、世界の多くの国で相次いで発生する金融バブルとその崩壊、等々である。

このような過去20年間に観察された金融市場と金融産業の急激かつ広範な変化は、1980年代以降のいわゆる実体経済が、1970年代に比べて比較的順調な成長を続けてきたことと比べるときわめて対照的である。

金融化論が注目するこれらの変化は、そのすべてが同時にわれわれの目に付くようになったわけではないが、総じて言えば、1980年代以降、とくにアメリカで顕著になり、その後90年代後半期から2000年代にかけて、EU地域やアジア、ラテンアメリカなど世界の幅広い地域でも、程度の違いはあるが、共通に観察されるようになっている。現代資本主義を歴史的観点から特徴付ける場合、これらのいずれも金融市場と金融産業に関わるさまざまな変化が、全体として現代資本主義に引き起こしている変化を無視することはできないであろう。

こうした状況を念頭におくと、近年、これらの金融市場と金融産業に関連するさまざまな変化に着目し、これらの変化が全体として現代資本主義のいわゆる「蓄積レジーム」あるいは「再生産様式」に新しい歴史的・構造的特質をもたらしていると考え、ひるがえって、それらの変化を生み出している諸要因を明らかにし、これによって現代資本主義の理論的批判の糸口をつかみ出そうと試みる経済学の潮流が国際的に広がってきたことは、ある意味自然なことと言うべきかもしれない。

このような試みは、これに共同で参加している研究者の語法に従えば「金融化」論 (theory of financialization)、あるいは、筆者のいわゆる、「金融化アプローチ」(高田, 2008) と呼ぶことができる。

金融化という用語は今日すでに相当広く流布しているが、最初に誰がこの用語を提案したのかを筆者はつまびらかにしない。おそらく、この用語は、1990

年代前半にはある程度流布していたのではないかと想像しているが、それが専門家の間で認知された共通概念として国際的に流布するようになったのは、2000年代以降と考えてよいであろう。

 ＊ Foster (2007) は、金融化という用語の起源は明らかではないとしながら、早期にこの用語をキーワードとして使用した業績として、Kevin Phillips, *Boiling Point* (New York, Rondom House, 1993)、*Arrogant Capital* (New York, Little Brown, 1994) および Giovanni Arrighi, *The Long Twentieth Century* (New York, Verso, 1994) を挙げている。ただし、かれは、現代資本主義について、とりわけ1960年代以降金融市場と金融機関の重要性が急激に高まる現象に注意を促した最初の功績の一部は、Baran、Sweegy、Magdoff などのグループに帰せられると指摘している。

金融化の概念と方法を国際的に流布させる上で最大の貢献を行ったのは、アメリカのマサチューセッツ大学の政治経済研究所 (PERI) を拠点とする研究者のグループである。このグループに参加している研究者の数はそれほど多数ではないが、Epstein, G., Crotty, J., Palley, T. I. などを中心にして、近年、新しい業績を相次いで公刊し、その成果は国際的な注目を集めている。

さらに、フランスのレギュラシオン学派に属する研究者の一部（Boyer, Agrietta 他）が、かねてより金融化に着目して、現代資本主義の蓄積様式の特質を研究してきたことも知られている。かれらは、金融市場と金融政策が現代資本主義のさまざまな利害関係の調整メカニズムに及ぼす影響に注目し、金融主導型資本主義（Boyer, 2000）という概念を提案している。

金融化アプローチの普及で大きな役割を果たしたもう一つのグループは、イギリスのマンチェスター大学（一部ロンドン大学）を拠点とするグループ（Froud, J., Williams, K. 他）である。このグループは金融化を、狭義の経済学ではなく、文化やイデオロギーを含む経済社会学的見地から考察し、金融化が企業のコーポレートガバナンスだけではなく、家計の行動と福利に及ぼす大きな影響を具体的に分析することを目指している。かれらは、PERI のグループのアプローチが金融化にともなう問題の全体を取り扱う上で不十分であり、家計部門の変化に注目する必要性があることを強調している。

これらの他にも、金融化ないしそれに類似する概念を利用しながら、共通の問題意識で現代資本主義の分析を試みているグループは世界の多くの国に広が

っており、その概要は、IWGF (International Working Group on Financialization) のウェブサイトで知ることができる。ここには、カナダ、フランス、ドイツ、イギリス、オーストリア、アメリカなど13カ国の100名以上の研究者リストが公表されており、あわせて、関連文献情報が提供されている。また、関連文献に関する詳細については、Orhangazi (2008) その他の文献リストが参考になる。

(2) 金融化の定義

それでは、これらの研究者は、金融化という用語をどのように定義し、どのような含意で使用しているのであろうか。

まず、今日金融化論を代表する経済学者と見られている Epstein (2005) は、現代資本主義の歴史的な転換が、新自由主義、グローバリゼーション、および金融化の三つによって特徴付けられていること、これらのうち、前二つについては多くの議論がなされてきたが、金融化に関する関心は比較的最近になって高まってきたこと、金融化について一致した定義はないこと、などを指摘した上で、金融化についての既存の定義を包括できるものとして、次のように限定的な定義を提案している。

「金融化とは、国内経済および国際経済の運営において、金融的動機、金融市場、金融的アクター、および金融機関の役割が増大していることを意味している」(p.3)

Epstein のこの定義は、金融化アプローチをとるアメリカの研究者の間で広く援用されているが（例えば、Blackburn, 2006, p.1; Tabb, 2007; Kotz, 2008）、その特徴は、金融市場（とくに資本市場）の規模と重要性が急激に増大している問題に焦点を当てて、企業や家計の経済活動、政府の経済政策策定においても、金融産業の利害と企業や家計の金融的動機が、規定的動機として強く作用している問題に注意を向けている点にある。

Epstein と同じ PERI のグループに属する Orhangazi (2008) は、先行研究における金融化のさまざまな定義をサーベイした上で、金融化について2段階の

定義を提案している。第一は、金融経済のレベルで適用される定義で、「金融市場、金融取引、および金融機関の規模と重要性の増大」あるいは同じことであるが、「金融セクターの規模、収益性、および重要性の増大」と定義される。これは、明らかに前記の Epstein の提案に即した限定的な定義である。さらにかれは、第二の、経済システム全体に関わる定義として、「非金融企業セクターと金融市場の関係における根本的な転換、具体的には、非金融企業セクターにおける金融的投資と金融的収益の増大、企業経営に対する金融市場のプレッシャーの高まり」を意味する概念として定義することを提案している。これは、金融化が金融市場と金融産業だけではなく、とくに企業活動に及ぼす影響を視野にいれた概念である。

　以上からも読み取れるように、PERI のグループ（そのすべてではないが）のアプローチの特徴は、金融市場と金融機関の重要性の増大が、とりわけ企業の意思決定と行動において、金融的動機の重要性を高めていること、このことが、いわゆる株主価値重視のコーポレートガバナンスの普及という形態で、現代資本主義の変容に大きく関わっている点に注意を促していることであろう。

　これに対して、金融化を経済社会学的見地から広くとらえるマンチェスター大学のグループの場合は、金融化を、新自由主義やグローバル化とならぶ現代資本主義の様相を特徴付ける用語として強調しながら、その問題領域に、金融市場と企業セクターだけではなく、家計部門の貯蓄と債務のパターンの変化を重要な要素として取り込んでいる（Erturk et al., 2005a; 2005b）。

　かれらによれば、金融化論のこれまでの文献は、概して言えば、依然として企業と資本市場という狭い関係にとらわれている。他方、生産システムに注目するアプローチも、同様に、労働と賃金の問題に集中しており、家計財務に組み込まれた富と所得の力学が、金融化された資本主義における総需要、福祉国家、および政治的行動に及ぼす大きな影響を十分考慮にいれていない。そして、かれらによれば、金融化は「(これまで金融化アプローチが想定してきたよりも)もっと複雑で、長期的なプロセスと解すべき」であり、とりわけ、その視野を企業レベルだけではなく家計を考慮にいれて拡張する必要がある。

　いずれにせよ、金融化については、以上で紹介したものを含め、今日すでにさまざまな定義があり、その系譜については、Orhangazi (2008)、Foster (2007)、Erturk et al. (2005b) などを参照してほしいが、筆者の理解では、金融

化アプローチが包摂する最近の議論の範囲をイメージするには、下記のStockhammer (2008) の定義が具体的かつ適切ではないかと思われる。

「金融化という概念は、次のような広範な現象を含んでいる。すなわち、金融セクターの規制緩和と新しい金融商品の急増、国際資本取引の自由化と外国為替市場の不安定性の増大、市場ベースの金融システムへの転換、金融市場におけるメジャープレーヤーとしての機関投資家の登場と資産市場におけるバブルと崩壊、非金融企業の株主価値指向とコーポレートガバナンスの変化、従来銀行信用へのアクセスを制限されていたグループのアクセス機会の増大と実質金利水準の変化、である。金融化は、また、心理的変化とイデオロギー構造を浮き彫りにするためにも利用されてきた。このリストはさらに簡単に拡張することができる」(p.184)

以上から明らかなように、「金融化」の基本的な意味は、過去20～30年の間に、新自由主義を導きの糸とする金融グローバル化を背景に、金融市場の革新、拡大、深化が急激に進み、これにともなって金融市場と金融産業の企業・家計を含む経済全般に対する影響力が顕著に強まったこと、その結果、現代資本主義の蓄積様式および企業・家計の行動様式にさまざまな変化が生じている状況を概念化したもの、あるいは、現代資本主義の研究に際して、これらの変化に焦点を当てて研究するアプローチ、と理解することができるであろう。

(3) 金融市場と金融産業の変化

Orhangazi (2008) やStockhammer (2008) の定義を拡張し、筆者の理解を含めて、もう少し具体的に言えば、金融市場の革新・深化・拡大という場合、それには、以下のような変化が含意されている。
(1) 生産設備や住宅などの実物資産に対して、証券やデリバティブなどさまざまな金融資産が総体としてはるかに急速に増大する傾向
(2) それらの金融資産を加工する金融工学、金融資産や金融的契約のリスクをパッケージ化し、売買するさまざまな金融取引が新しい金融市場、とりわけ多様な証券市場、デリバティブ市場を作り出す傾向

(3) 金融市場が従来の金融産業や投資家の範囲をこえて、一般企業および家計、さらに政府関係機関を含めきわめて多様かつ多数のプレーヤーを引き付け、呼び入れる傾向
(4) これらの傾向が、政府の金融自由化と年金制度改革などの規制緩和政策、これらを契機とする金融グローバル化によって強力に促進される傾向
(5) これらの結果、金融市場の規模と多様性が他の市場に比べて急激に増大し、その不可避的な変動（不安定性）がマクロ経済あるいは国際経済に及ぼす影響が強まる傾向

また、金融産業の影響力の増大という場合、それには以下のような変化が含意されている。
(1) 運用資産、雇用、収益、利益、株式時価総額その他のさまざまな指標において、企業全体に対する広義の金融業（金融・保険・不動産）の割合が顕著に上昇する傾向
(2) 一般企業の活動に関しても、生産や流通に関わるいわゆる本業に対して、資本構成の組み換え、自社株式の購入や配当政策、株式を購買手段として利用する株式交換方式でのM&A、さらには金融子会社の運営など、広い意味での金融・財務活動の重要性が大きく高まる傾向
(3) これらの傾向と裏腹に、企業セクターの実物投資や研究開発のテンポ、したがって製造企業部門の生産性上昇のテンポが低下する傾向
(4) 年金基金やヘッジファンドをはじめ、大口投資家としての機関投資家の運用資本と影響力が増大し、企業の業績評価に関連して株価の動向がきわめて重視される傾向、また、ストックオプションに代表される、経営者の報酬を株価に連動させる仕組みの導入
(5) 企業が年金基金や内部留保を動員して自社株を買い上げたり、労働市場の自由化を利用して賃金と労働分配率を引き下げて、株価を引き上げ、配当率を高めるなどの株主重視の分配政策が強まる傾向
(6) 大手企業の経営者に求められる能力のなかで、これらの金融・財務活動を指揮・管理できる能力の重要性が高まる傾向
(7) 家計部門に関しても、その貯蓄のますます大きな割合が年金基金、投資信託その他のさまざまな仕組みを通じて金融市場、とりわけ証券市場に動

員される度合いが高まる傾向
(8) 住宅ローン、消費者ローン、自動車ローン、カードローンその他の形態
　　で、家計の金融市場へのアクセスの機会が増加し、これに比例して家計部
　　門の負債依存が増大する傾向

　金融化アプローチをとる研究者は、これらのさまざまな現象が、全体として相互に関連しながら、企業と家計の経済活動にこれまでにない大きな影響を及ぼしていると考えている。かれらによれば、金融化は、現代の経済・企業システムを規定するさまざまな制度、とくに会計制度、税制度、年金制度その他を、全体として、企業や家計の直接的な必要よりも、金融市場を自由化し、金融取引に対する障害や課税を軽減し、金融機関と機関投資家の利益を促進する制度に転換する強力な傾向を作り出している。

　例えば、1970年代後半期以降次第に加速化した金融自由化、先物取引所をはじめとする新しい金融取引のための制度の整備、金融証券化やデリバティブ取引の普及に適応するための時価会計導入をはじめとする企業会計制度の改革、年金制度を資本市場に連結するための税制改革や格付け制度強化、グラス゠スティーガル法撤廃に至る銀行業務自由化、等である。

　金融化論によれば、これらの制度改革は、金融市場の規模と多様性を飛躍的に高め、さまざまな経済セクターの金融資産を増大させ、企業と家計の金融市場へのアクセスの機会を大きく拡張することで、全体として、企業と家計の経済行動を金融市場に依存させ、結果として、これらのセクターの利益を金融産業の利益に従属させる傾向を生み出してきた。例えば、企業について言えば、株価成長を唯一の尺度として企業業績を評価する「株主価値重視のコーポレートガバナンス」の普及、あらゆる産業分野にわたる金融的術策としてのM&Aの活発化、リストラや非正規雇用を利用した労働分配率の引き下げ等によって、長期的な競争力の確保や労使関係の健全化など、本来、企業の健全な成長にとって重要な目標が、金融産業と機関投資家の利益に従属する二次的目標に引き下げられ、全体としての経営政策が短期的な株価の動向と機関投資家の意向に影響される傾向を生み出した。同様に、家計について言えば、「貯蓄から投資へ」のキャッチフレーズに示される貯蓄パターンの変化を促しただけではなく、家計部門の消費活動を金融市場に依存させ、結果として、住宅ローンはもとよ

り、消費者ローン、自動車ローン、カードローンその他を含む、家計部門の負債総額を急激に膨張させてきた。

　金融化論は、これらの変化を主導してきた金融市場と金融産業の利害が、現代の経済・企業システムの変化を規定するもっとも重要な要因であると見なし、その意味で、金融市場と金融産業に焦点を当てて現代資本主義の構造と歴史的特長を理論的・実証的に研究する必要があると提案している。かくして、金融化論によれば、金融化をライトモチーフとして現代資本主義の構造的特長を分析することで、現在進行している経済・企業システムの歴史的変化を整合的に関連付け、説明することが可能になる。

　金融化論のねらいをこのように理解することが的外れでなければ、金融化論の意義は、現代資本主義のいわば蓄積レジームを体系的に考察し、記述するためのいわば基本的概念を提出する新しい試みとして評価することができる。

　　＊　金融化論の多くの研究者が指摘するように、かれらの理解では、現代資本主義の上述のような特徴は、自然発生的に生起してきたものではなく、1970年代の経済変動を契機に強まった新自由主義的イデオロギーとこれにもとづく経済政策、制度改革によって促進され、正当化されてきた。その意味で、新自由主義が国際的に影響力を高める過程と、金融化の現象が国際的に顕著になる過程がパラレルに生起しているのは、偶然ではない。したがって、現代資本主義の構造とそれがもたらす問題を批判的に検討することを目指す金融化論は、その成立の背景からして、新自由主義とそれをベースにする経済体制に対する批判を根本的な目標にしていると考えてよいであろう。例えば、Kotz (2008) を参照されたい。

3　金融化論は現代資本主義をどのように特徴付けるのか

　それでは、以上のような問題意識にもとづいて発展してきた金融化論は、これまでのところ、現代資本主義の歴史的、構造的特長を、具体的にはどのようにとらえてきたのであろうか。

　現在、金融化論の立場をとる研究者は多くの国に広がっており、よって立つ経済学の系譜においてもポスト・ケインジアン、レギュラシオン学派、制度学

派の一部、現代マルクス経済学を含め多岐にわたっている。当然、これらの研究者が描き出す現代資本主義の構造的特徴も、一様ではない。本節では、金融化論の議論のこのような多様性を理解するために、視点の異なるいくつかの見解を比較的に紹介してみたい。

(1) Palley の所説

　まずはじめに、アメリカの金融化論の代表的論者の一人 Palley (2007) によれば、金融化の主要な影響は、(1)実体経済に対する金融セクターの重要性を高め、あらゆる経済部門の債務依存を促進する、(2)実体経済から金融セクターへの所得移転を引き起こす、(3)所得格差を拡大し、賃金を停滞させる、という三つの現象として現れる。

　このような金融化の影響は、以下の三つの異なった経路を介して作用する。これらはいずれも金融セクターの利害によって引き起こされるが、それらは、経済構造、経済政策、および企業行動に関わってくる。

　第一は、金融市場の構造と機能がマクロ経済に及ぼす影響である。これは、新しい問題ではなく、すでに Tobin, J.（ちなみに、かれは有名なトービン税の提唱者で、金融市場のカジノ化にもっとも早く警告を発した経済学者の一人である）によって株式市場が企業の投資支出に及ぼす影響として取り上げられた問題である。これに対して、金融化論が新たに取り上げたのは、信用と負債に関する問題であり、これについては、とくに Minsky, H. の研究が注目されるべきである。近年のポスト・ケインジアン派の研究では、金融化が長期的な経済成長に及ぼす（負の、髙田。以下文中［　］は筆者の付記を表す）影響が注目されている。この問題は、付加価値の配分における利潤の増大、労働分配率の低下、利潤の内部留保率の低下などの問題と関連している。金融化論によれば、これらの要因は、全体として、長期的な経済成長率を低下させる。

　第二は、金融市場が企業行動に及ぼす影響という経路である。金融市場の影響が強まった結果、投資家の期待に応えることができない経営者は乗っ取りや罷免などの不安に直面する。ストックオプションに代表される仕組みは、経営者の所得を金融市場の利益に連動させる。労働組合を敵視し弱体化させる労務政策、レバレッジを利用して課税上の利益を確保するとともに、自己資本利益

率を高める財務政策、1980以降顕著になった企業が債務を利用して自社株を買い戻す行動などはこうした経路に関わって発生する問題である。

　第三は、新自由主義的経済政策を通じる作用である。新自由主義に沿って進められた、金融セクターの利益を促進する経済政策は、金融市場の自由化、金融市場の拡大、および労働力の金融セクターへの移動を引き起こした。この経済政策の重要な目的は、1970年代に発生した資本の利回りの低下傾向を逆転することである。グローバリゼーションは、ワシントン・コンセンサスを含む新自由主義的経済政策が進めた、貿易、資本移動、多国籍企業活動の自由化、およびグローバルな資源利用の総称である。この他、金融化が経済政策を通じて及ぼす影響には、「小さな政府」論による政府活動に対する攻撃、企業と富裕者のための減税、401kをはじめとする年金制度の改革、労働市場の「弾力化」、完全雇用政策の放棄なども含まれている。

　Palleyによれば、以上のような金融市場と経済政策の変化は、相俟って、ビジネスサイクルの新しいパターンを作り出した。このパターンを特徴付けているのは、ドルの過大評価、経常収支赤字、インフレ抑制、製造業部門の雇用減少、資産インフレーション、拡大する所得格差、賃金と労働生産性上昇の切り離し、家計と企業双方における債務増加である。このビジネスサイクルは、金融ブームと安価な輸入によって支えられている。また、企業と家計の債務増加は、資産インフレによって支えられている。このような構造をもつ新しいビジネスサイクルは、1970年代以前の賃金上昇、生産性上昇、完全雇用によって支えられたビジネスサイクルと根本的に異なっている。2007-08年のサブプライム問題が明らかにしたのは、このような資産インフレと債務増加に支えられた新しいビジネスサイクルの脆弱性に他ならない。

(2) Stockhammerの所説

　Palleyが描き出した金融化のマクロ経済への影響は、レギュラシオン学派の影響下で金融化論を展開するStockhammer (2008)によっても確認されている。ただし、かれの場合、金融化の影響は、資本市場と企業の関係、すなわち株主価値重視のコーポレートガバナンスをめぐる一連の問題のなかで、企業投資の停滞に焦点が当てられている。

Stockhammer によれば、金融化は1980年代以降に生じたマクロ経済の唯一重要な変化ではない。この時期、グローバリゼーションおよびIT革命も同時に進行している。また、金融化は、経済過程に加えられた外的ショックではなく、新自由主義の政策によってもたらされた結果である。新自由主義の政策は、単なる規制緩和ではなく、選択的な規制緩和であり、政治的意思決定によって進められたものである。

　新自由主義の政策は、第一に、グローバリゼーションを促進し、労働組合を弱体化させ、資本に対する労働の対抗力を弱めた。第二に、国家の役割を定義しなおし、多くの分野で民営化と規制緩和を推進した。第三に、金融政策が方向転換され、インフレターゲット論の形態で、価格安定が唯一の目的に設定された。これらの要因が相俟って、多くの国で金融が優越する (finance-dominated) 蓄積レジームの成立を促進した。

　Stockhammer によれば、金融化は、さまざまな経済セクターにそれぞれ異なった影響を及ぼした。

　金融化は、家計部門の消費を促進した。その要因として、アメリカでは住宅価格の上昇が大きな役割を果たしたが、より一般的には、住宅ローン、消費者ローン、カードローン、当座貸し越しなどを含む信用アヴェイラビリティの増大、すなわち家計部門の債務増大が重要である。金融化のもとで、家計部門の消費が債務増加によって支えられたことは、この期間に労働者に帰属する所得分配率が低下していることによって裏付けられる。

　金融化は、株主の役割を強め、株主の期待利回りを高めることによって、企業の資本蓄積をスローダウンさせた。金融化はまた、金融市場の不安定性を高めた結果、企業の長期的投資のリスクを高めることによって企業投資を抑制した可能性がある。しかし、金融化と投資の関係を実証的に裏付けることは困難で、全体的に言いうることは、金融化が企業投資を促進したことを示す証拠は見当たらないこと、むしろいくつかの証拠によれば、株主価値重視の経営と金融市場の不安定性が、企業投資を消極的にしている可能性があるということである。

　かくして、Stockhammer によれば、金融化は金融が優越する蓄積レジームを作り出すが、このレジームの特徴は、スローで脆弱な資本蓄積によって特徴付けられている。しかし、かれによればこのことは、景気変動、とりわけリセ

ッションがそれ以前に比べて深刻化することを意味しない。

　金融化によって高まる金融市場の不安定性と、債務増加による家計の脆弱性とが相俟って、マクロ経済はより変動的になると予想される。しかし、実際には1970年代以降、ビジネスサイクルはより穏やかになってきた。株価やデリバティブ［リスクスプレッド？］のかなりの変動はしばしば発生するが、それが実体経済に深刻な影響を及ぼすことはまれである。金融市場における変動がマクロの実体経済に大きな影響を及ぼすのは、銀行制度が混乱し、流動性と信用の供給が影響を受けた場合である。

(3) Erturk 他の所説

　資本市場と企業活動の関係を重視するPERIその他のグループに対して、マンチェスター大学（一部ロンドン大学）のグループは、一般に経済学者が着目する「株主価値」の概念について、それがもっぱらコンサルタント会社やヘッジファンドによって流布されたレトリックであり、明確に定義された概念とは言いがたいこと、加えて、アメリカにおいても低所得家計部門の株式保有は限定的であることを指摘する。その上で、かれらは、株式所有分布よりもむしろ家計部門の債務増加の問題に着目して、金融化が現代資本主義にもたらす変化を経済社会学的な観点から読み解こうとしている。

　　＊　株主価値概念の批判的検討としては、高田(2003)を参照されたい。

　かれらの共同論文 Erturk et al. (2005a; 2005b) によれば、これまでの金融化論は、金融市場と企業の関係に注目したために、議論の焦点が株主価値重視のコーポレート・ガバナンスとそれが引き起こす経済問題に偏りすぎるという限界をもっている。かれらの解釈では、もともと金融化論は、Lazonick & O'Sullivan (2000) に代表されるように、企業における経営者、株主および労働の関係が株主価値を求める資本市場の影響のもとでどのように再編成されるのかという問題を主題にしてきた。金融化論によれば、こうして再編成された企業関係を特徴付けるのは、「資本を内部留保し再投資する」蓄積パターンから、「ダウンサイズと再分配」型蓄積パターンへの転換であり、トップ経営者と労働者との関係の分離、商品流通よりも資本市場重視、大きな配当と自社株買い

を可能にするキャッシュフロー重視である。

　Erturk et al. (2005b) によれば、このような従来の金融化論の分析は、米・独の一部社会学者が提唱する供給サイドを重視する資本主義の多様性論に対する一つの対案として意味があるが、視野の狭さという問題を抱えている。現在進行している金融化の全体構造を理解するためには、とくに家計部門のバランスシートを視野にいれて考察することが不可欠である。

　　　＊　かれらはこの点について次のような論点を提示している。「金融化論の文献は概していえば依然として企業と資本市場の関係にとらわれている。生産システムに注目するアプローチも、同様に、労働と賃金の問題に集中し、家計財務に組み込まれた富と所得の力学が、金融化された資本主義における総需要、福祉国家、および政治的行動に関連して有する大きな意味合いを問題にしていない」。さらに、かれらによれば、金融化は「（これまでの金融化アプローチが想定してきたよりも）もっと複雑で、長期的なプロセスと解すべき」であり、とりわけ、その視野を企業レベルだけではなく家計を考慮にいれて拡張する必要がある（Erturk et al., 2005b）。

　かれらは、EU加盟国のなかの主要4カ国（英、仏、独、伊）の過去20年間のデータを検討した結果、次のような結論を引き出している。すなわち、1980年以降、家計部門の金融化が進行し、その結果、家計部門は従来の銀行依存型の安全資産に代えて、高リスク資産の所有を増やすと同時に、高負担負債を増大させている。

　かれらは、分析の対象とした4カ国について、次のような五つの共通の変化を見出している。

(1)　GDPに対する割合で測った家計部門の金融資産の増加、および、一人当たりの金融資産の純増。この傾向がもっとも顕著に見られるのはイギリスとイタリアで、いずれもGDPに対する家計保有金融資産（ネット）の割合が、1990年代初頭の約150％から、2000年にはイギリス（255％）、イタリア（208％）に上昇している。

(2)　家計部門にとっての銀行預金の重要性の低下。2003年までに、いずれの国においても、銀行預金、現金、および国債の合計は、家計部門の金融資産の3分の1以下に減少している。

(3)　家計保有金融資産のなかでの高リスク資産の増加。家計保有金融資産の

なかで、銀行預金や国債などの安全資産の割合が低下し、これに代わって、株式、投資信託、保険商品などの高リスク商品の割合が上昇しており、この傾向は1990年代後半期のイタリアでとくに顕著に進行している。
(4) 資本市場の重要性が増した結果、国ごとの金融システムの区別に際して、従来の間接金融中心か直接金融中心かという基準よりも、間接的な資本所有か直接的な資本所有か、という区別の方が有効になっている。
(5) 家計部門のバランスシートの両サイドをあわせて考えると、家計部門の金融資産の増大は、金融負債の増大をともなっている。さらに、この家計部門の金融負債の増加は、住宅価格の上昇と相関している。家計部門は、不動産をポートフォリオの一部と見なし、銀行融資が家計の不動産投資を拡大する傾向が強まっている。この結果、家計部門では流動性リスクが高まっている。

かれらによれば、対象に選んだ4カ国で金融化にともなってこれらの現象が共通に見られるが、これらの変化の程度は国によって大きなばらつきがある。そのために、国ごとの金融化の進展度合いを測る共通の尺度を見出すことは困難であり、金融化が家計の行動や消費に及ぼす影響も一律ではない。言い換えると、金融化がそれぞれの国の経済に引き起こす変化は複雑かつ多様である。

この結論は、資本主義の多様性論と一致するように思われるが、主として生産様式の類型にもとづいてライン型とアングロ・サクソン型の区別を重視する資本主義の多様性論の一面性を克服するために、かれらは、かねてよりクーポン・プール資本主義という新しい概念を提起している（Froud et al., 2001）。かれらの言うクーポン・プール資本主義は、「新しく発行されたクーポン［架空資本利回り］が企業と家計の行動を規制し、マクロ経済の経路を規制する」資本主義である。

かれらによれば、株式市場は株主価値重視論が強調するほど企業活動に対して強い規律を与えることはできない。ITバブルの崩壊後、アメリカ企業の収益は停滞したが株価は上昇を続けた。この強気市場は、金融化のもとで、多くの中産階級が「根拠なき熱狂」に促され、将来の価格上昇を期待して、供給が制限されている証券を購入したためである。これは、企業の収益増加ではなく、不確実な価格上昇期待が「自己実現」しているに過ぎないという意味で、

Minsky のいわゆる「ポンツィ金融」に他ならず、経済を不安定化させる要因である。

(4) マルクス経済学およびポスト・ケインジアンの諸説

　金融化論は、マルクス経済学の陣営においても、現代資本主義の特徴付けにおいて有効な概念として利用されている。ここでは、とりあえず、アメリカにおけるマルクス主義的金融化論を紹介するにとどめておきたい。

　アメリカにおいてもっとも早期から資本主義の金融化問題を提起してきたのはマルクス主義の立場に立つ Magdoff, H. と Sweegy, P. であるが、かれらの見解は、現在、かれらが創刊した *Monthly Review* の寄稿者たち（Foster, J. B., Magdoff, F. 他）によって受け継がれている。これらの論者は、1970年代以降、資本主義が設備稼働率の低下、投資機会の減少、実物投資の停滞、過剰な貨幣資本の累積、政府と家計部門の債務増加、金融市場の投機市場化に向かう傾向が避けられないことを繰り返し指摘してきた。かれらによれば、現代資本主義を特徴付けるもっとも重要な傾向は、(1)全般的な成長率の低下、(2)企業活動の多国籍化、(3)資本蓄積過程の金融化、である（Foster, 2007, p.2）。

　かれらによれば、低い設備稼働率のもとで、豊富な内部留保を抱える現代企業は、生産や流通という実体経済のプロセスに関わることを回避し、金融市場において直接に利子生み資本として価値増殖（マルクスのいわゆる G……G' 型価値増殖）する機会を求めるようになる。他方、政府と家計部門は、消費需要を支えるために、債務依存を高めるようになる。かれらの見方によれば、1980年代末には、これまでの産業資本をベースとする資本主義体制は、極度に膨張した金融部門が、産業資本から相対的に自立して、産業資本の上位に君臨する体制に移行した。

　かれらの見解によれば、しかしながら、このような金融部門の肥大化と金融化を構造的特長とする資本主義体制は根本的な矛盾を抱えている。なぜなら、低率の企業投資と経済的停滞が慢性化するもとで、資本蓄積は金融市場（債務依存の消費、投機活動）にますます依存するようになる。しかし、この体制の上部構造として肥大化を続ける金融部門は、マルクスが証明しているように、産業資本（生産過程）から永久に独立して肥大化を続けることは不可能である。

その結果、現代資本主義においては、繰り返し膨張するバブルとその崩壊がますます不可避かつ重大な問題になる。要するに、一方で経済の慢性的な停滞、他方で繰り返される大規模投機とバブル崩壊、の並存が現代資本主義の不可避的様相として現れてくる。

* マルクス経済学の労働価値説との関連で、架空資本の価格上昇とその「資産効果」をどのように説明するのかという問題は完全には決着していないように思われる（Levina, 2007）。筆者は、バブル期に典型的な資産価格の上昇は、架空資本をめぐる需要供給関係によって説明する他はないと考えているが、それは、マルクスが金利水準には自然金利というべき均衡水準は存在せず、貨幣資本をめぐる需要供給によって決まると述べているのと同趣旨である。その際、バブル期の資産価格上昇は、同時に資産価格下落のリスク増大をともなっていること、が念頭におかれるべきである。とはいえ、金融部門の肥大化が産業資本の蓄積から乖離して無限に続くことはないということ、したがって、金融部門の利益が産業資本の作り出す剰余価値の増大と無関係に永久に増大し続けることはできないということは、自明であろう。

Monthly Review と並んでポスト・ケインズ派を含む批判的経済学の論文を掲載する *New Left Review* の有力な寄稿者である Blackburn は、今回のサブプライム金融危機が、「金融化の危険性の完璧な例証」であると指摘し、その理由を次のように説明している（Blackburn, 2008）。

「問題が悪化したのは、[金融化によって] 金融仲介機関が拡大し、情報の非対称性と不均衡な力関係 [企業・家計に対する金融産業の優位] を利用して、学生ローン、幼児ローン、不動産担保ローン、住宅エクイティローン、カードローン、健康保険、個人年金基金など、人間生活および人生のあらゆる側面を商品化し、食い物にしたためである。金融化はまた、企業が財務活動を重視し、自分自身を事情が変わればいつでも分割して再編成すべき資産の機会集合と見なすように促した」（p.10）

「金融[化]の大波は、現実の金融世界に疎い経済学部の経済学者よりも、むしろ機関投資家にアドバイスする人が先導したファイナンス論の革命をともなった。1970年代中期の世界経済の混乱とコンピュータ技術の発展が、新しい金融経済学と金融工学の応用に弾みをつけた。これらの原理と方法を

開拓した経済学者と金融工学者は、どちらも、金融の新しい条件に魅せられ、秩序が維持された戦後世界、政府の規制、経営者支配、既存大企業と影響力を強めるファンドマネージャーの階層に対して、イデオロギー的敵対心を感じていた」(p.11)

「仕組み金融の登場によって、その詳細が当事者以外にはわからない、機関同士の莫大な直接取引が発生した。これらの店頭取引(OTC)は、世紀の変わり目までに、取引所取引を上回り、取引所は競争力を維持するために、取引手続きを簡素化した。……証券化の大波が、見込みがあると思えないキャッシュフローやけちな個人的野心を売買可能な商品に作り変えた。こうして、世界の主要金融市場は、利回りを生まず価格も付かない証券の洪水の中に埋没した」(p.13)

「金融化の普及は、さらに、[銀行の]信用創造を統治していた規制がまず緩和され、次いでまったく無視されるという結果をもたらした。無謀な信用拡大はこれまでも金融危機と崩壊へのバラ色の道であった」(p.13)

以上で、金融化論が現代資本主義の構造的歴史的特長をどのように把握しているかについて、いくつかの立場の相違を含めて紹介してきた。前述したように、金融化論のアプローチで公表されている研究業績は近年急激に増加しており、ここでその全貌を遺漏なく紹介することはできない。したがって、次節では、ここに紹介した限りでの金融化論の所説について、その理論的意義を全体としてどのように評価することができるかという問題を検討する。

4　金融化論の成果と問題点

現代資本主義論として急速に関心を高めている金融化論のこれまでの業績には、全体としてどのような成果と、同時に、問題点があるのであろうか。

第一に、かれらの学問的成果のなかでもっとも重要と思われるのは、現代資本主義の特徴付けにおいて、金融市場と金融産業の膨張、動向および利害が、実体経済を構成する企業と家計の経済活動に及ぼす影響の重要性を強調したこ

とである。これは、金融化論アプローチのもっとも基本的な特徴であり、金融化概念を採用するすべての研究者に共通している。かれらは、アメリカ、イギリス、ドイツその他の経済について実証的に調査し、いずれの国においても金融市場の急激な膨張と金融産業の利害が、1980年代以降企業と家計の経済行動に対する影響力を強めている事実を明らかにしてきた。かれらの研究によれば、金融化は、これらの諸国の経済・企業システムとその運動に、他の経済社会的変化、例えば経済のグローバル化、情報化、その他と相関しながら、これらに比較して、より広範な影響を及ぼしており、現代資本主義の重要な変化のきわめて多くが、何らかの意味で金融化の影響のもとで生起している。こうして、金融化論は、金融化に着目することで、現代資本主義のさまざまな変化を全体的な関連性においてとらえることができることを明らかにしてきた。この意味で、金融化論は、現代資本主義の歴史的特長を全体的に説明する新しい方法論を提起しているのである。この点を、Blackburn (2006) は次のように簡潔に記している。

「金融化は、もっとも単純に言えば、金融と金融工学のますます強まるシステミックな権力として定義できる。この意味では、金融化はまったく新しい現象というわけではない。しかし、現代資本主義の発展のいかなる説明も、金融セクターの近年の膨張の規模を無視することはできない」(p.1)

第二に、金融化論は、まだ十分に整理されているとは言えないが、金融化が「金融の証券化」を促し、金融システムの基軸を、銀行制度から資本市場に移す大きな力として働いた経緯を明らかにした (Lapavitas, 2008)。金融化は、金融市場に流入する貨幣資本を増大させ、この貨幣資本の価値増殖の手段として、あらゆる資産を金融商品化する、すなわち金融市場で売買可能な証券に転化しようとする傾向を生み出す。こうして金融化は金融の証券化を促進し、仕組み証券市場をはじめとするさまざまな証券市場を膨張させ、企業と家計の経済活動がこれら証券市場に依存する度合いを高める。この結果、金融産業の内部では、伝統的銀行業に代わって投資銀行業が主導権を握ることになり、商業銀行の多くが伝統的な銀行部門を縮小し、投資銀行分野に参入をはかった。その場合、投資銀行業における競争で決定的な重要性をもつのは、第一に、企業と機

関投資家の変化する需要に迅速に対応できる取引スキーム開発能力、第二に、証券の引受業務、トレーディング業務、マーケット・メーキングなど全般にわたって関係するさまざまな機関投資家のネットワークである。こうして、金融市場における主導力が、取引スキームの開発能力と機関投資家のネットワークの双方を構築できる一部大手投資銀行（大規模な投資銀行部門をもつ商業銀行を含む）に集中され、それらによる金融市場の集中と再編が活発化する。1980年代後半期以降、金融産業の再編がアメリカ全体のM&Aブームを主導する現象が見られたのはこのためである。さらに、金融化論は、資本市場主導型の経済・企業システムにおいては、従来の経済・企業システムの主軸の一つを構成してきた銀行と企業の関係よりも、むしろ投資銀行と機関投資家の共通利害という金融市場内部の利害関係が、さまざまな制度改革において最大の動機になっている状況に注意を促している。

　第三に、かれらの研究は、現代資本主義において、なぜ実体経済の比較的順調な成長が、しばしば金融市場と金融産業の深刻な混乱、言い換えると金融危機をともなうのかという問題に一つの解答を与えている。金融化論によれば、金融化はますます多くの貨幣資本を金融市場と金融産業に引き付けることで、産業分野の資本蓄積を停滞させる。その結果、産業分野では、激しい景気変動を招くような過剰投資は抑制される。これに対して、金融市場には金融的利得の機会を求める貨幣資本が不断に流入し、これらの貨幣資本を運用する金融機関と機関投資家には、より有利な利回りをめぐる競争圧力が増大する。産業分野の資本蓄積が停滞する結果、産業分野で生み出される利潤は、産業資本に比べてはるかに急速に増大する貨幣資本の価値増殖を満たすためには、ますます不足するようになる。この利潤源泉の不足を補うことができるのは、あらゆる種類の証券、不動産、株価指数や商品指数、クレジット・デフォルト・スワップ (CDS) に代表される金融保険、さらにはポートフォリオとしての企業など、いずれにしても不確実なキャッシュフローの源泉（＝リスク）を「商品」として組成し、売買する、カジノ化した金融市場以外には存在しない。

　以上のように、経済の金融化に着目する経済学の新しいアプローチは、近年われわれが目の当たりにしている現代資本主義のさまざまな問題の背景を明らかにしており、その意味で、現代資本主義を理論的に分析し、歴史的に特徴付

ける上で、重要な貢献をなす可能性を秘めている。しかし、筆者は、このアプローチが短期的に大きな成功を収め、現代資本主義についてのわれわれの理解が一挙に深まるとまでは楽観していない。筆者が現代資本主義論としての金融化論の可能性についてやや慎重な見通しをもつ理由はいくつかある。

　第一に、すでに指摘したように、経済の金融化が突出して観察できるのはアメリカ経済である。金融化アプローチをとる経済学者たちは、この変化がアメリカだけではなく、今後世界の多くの国に広がってゆくことを予想しているが、そのようなグローバルな金融化が今後どの程度まで進展するかを、現時点で予想するのは困難ではないかと思われる。この問題は、世界各国の経済がアメリカ型、あるいはアングロ・サクソン型に収斂するか否かという、現代の経済学者が国際的に展開している論争問題とも関わってくる。そして、筆者は、金融化の進展が世界各国の経済をアメリカ型に収斂させるという〈収斂論〉には、批判的な立場をとっている。筆者の判断では、今後世界の各地域の経済システムは、多かれ少なかれ金融化の影響を免れないと思われるが、それによって経済システムがアメリカ型に収斂することはなく、むしろ地域間の多様性が高まるのではないかと予想している。その主たる理由は、アメリカで金融化が急速に進行した背景には、アメリカ独自の経済的制度的要因が前提になっているのであり、世界の多くの国が、同様の前提条件を備えているわけではないからである。言い換えれば、それぞれの地域で金融化がどの程度進展するかは、金融化を促進する要件（巨大で自由な国内金融市場の存在、金融産業の集中と投資銀行業の普及、さまざまな機関投資家への貨幣資本の集中、世界中の金融センターに流入する貨幣資本を自国の金融市場に引き入れ、利用する可能性など）をどの程度具備しているかにかかっており、その程度は、地域によって大きく異なっているということである。金融化論は、この問題をまったく無視しているわけではない。マンチェスター大学のグループ（Froud et al., 2001）やレギュラシオン学派の流れを汲むStockhammerなどは、この論点に意識的に触れているのであるが、これまでのところ、こうした議論は金融化論全体の共通の問題意識として十分深められていない。今後、金融化論の理論的功績を評価する場合には、問題意識を共有する制度学派、とくに資本主義の多様性論との関連と相違を明確にする作業が必要であろう。

　＊　資本主義の多様性をめぐっては豊富な議論があるが、この議論と金融化論

の関係については、Erturk et al. (2005a) を参照されたい。

　第二に、これらの経済学者が指摘するように、経済の金融化が進展するもとで、企業活動においても株価重視の経営が強まり、金融子会社の設立やM&Aをはじめとする財務活動の重要性が高まっていることは否定できない。しかし、本来金融業を主たる業務にしていない企業が、生産や流通に関わる本業を疎かにして金融・財務活動に過度に注力することは、自社の長期的な成長や競争力維持の観点から限界があるのではないかと思われる。例えば、企業経営者はM&Aが企業規模の拡大を可能にし、その結果「規模の経済」や「範囲の経済」がえられると主張するが、企業再編の効果に関する事例研究は、積極的なM&A戦略を展開してきた企業の多くが、組織の複雑化による効率低下、職場の混乱による労働者の意欲低下、適正価値を上回る株価での買収が引き起こす財務危機、結果として買収後の業績低迷、株価下落に悩まされていることを示している。また、IMF体制の崩壊（変動相場制への移行）やシカゴ学派（新自由主義をベースとする貨幣数量説的金融政策）の影響力の強まりによって、金融市場の不安定性が著しく高まっており、株価や金融市場に依存する企業経営が金融市場の不安定性によって翻弄される危険性も高まっている。そうだとすれば、今後いずれかの時点で、アメリカも含めて過度の株価重視やM&A戦略の見直しと金融化に対する反省が起きてこないとは断言できない。さらに、この点に関して付言すれば、目下国際企融市場を危機に陥れているサブプライム問題を契機に、銀行の貸し出しが大きく落ち込み、M&Aをはじめとするハイリスクなプロジェクトに対する資金供給が事実上途絶状態にある。この金融逼迫が改善されない限り、株価重視の経営もM&A戦略も再び活発化する見通しはないと思われるが、今後この状態がどこまで回復するかを今から予測することは困難である。

　第三に、経済の金融化に着目して現代資本主義の諸問題を説明するためには、解決しなければならないいくつかの理論的な問題が残されている。例えば、1980年代以降資本主義の動きを大きく特徴付ける要因として、しばしば、新自由主義的経済政策（企業原理主義）の優勢化、グローバリゼーションの進展、経済の金融化、の三つが挙げられる。しかし、これら三つの関係をどのように論理的に整理して理解するかという問題について、まだ一致した解答がないよ

うに思われる。さらに、金融化のもとで金融産業の利益が増大していることは間違いないが、その利益の源泉や持続性をどのように説明するのかという問題についても、まだきちんとした解答が与えられていない。同様に、金融市場の不安定性やバブル経済の理論的説明についても、まだ究明すべき点が残されている。この点に関連して、アメリカではポスト・ケインジアンの系譜に属する研究者（とくに、PERI のグループと Levy 経済研究所 (LEI, Bard College) のグループ〈Kregel, J., Wray, L. R. 他〉）はいずれも金融市場の不安定性を Minsky, H. の所説に依拠しながら説明しており、近年 Minsky のいわゆる「金融不安定性仮説」に対する研究者の関心が大きく広がっているが（例えば、Wray, 2008; Kregel, 2008; LEI, 2008; Wray & Tymoigne, 2008; Guttmann & Plihon, 2007)、この仮説が今後金融化アプローチをとる論者に共通の理論的指針として受け入れられるのか、それともマルクス経済学や制度学派の知見も取り入れた複合的なアプローチが形成されるのか、という問題は理論的観点からは興味深い点である。

* Minsky の金融不安定性に関する仮説は、金融取引をヘッジ（将来の期待所得が十分なクッションをともなって元本利息の支払いをカバーできる取引）、投機的（将来の期待所得が元本利息の支払いをカバーできる可能性があるが、それは条件次第であり、必ずしも確実ではない取引）、ポンツィ（将来の期待所得は金利の支払いにも不十分で、債務者は金利の支払いのために追加的な借り入れに依存せざるをえず、債務が債務を増大させる取引）の三つのレベルに分類した上で、経済が好況から活況へと進む過程で、金融コストの低下と期待収益の上昇によって、金融リスクが過小評価され、金融取引のなかで投機的取引、ついでポンツィ取引の割合が増大し、必然的に金融市場の不安定性が高まるという所説である。

第四に、金融化論によれば現代資本主義は 1970 年代以前の資本主義と大きく異なった特徴を備えているが、この新しい資本主義は、資本主義の突然変異によって成立したわけではなく、それ以前の資本主義の所産である。したがって、現代資本主義の金融化を歴史的視野のなかで説明するためには、何故に、また如何にして、かつて「ケインジアン福祉国家」あるいは「フォーディズム」と呼ばれた資本主義から、「金融主導の資本主義」が生み出されたのかという問題を明らかにする必要がある。言い換えると、1970 年代以前の資本主義の蓄積レジームの内部に、金融化の時代につながる構造的要因を見出す必要

があるが、この点の解明はいまのところ不十分であるように思われる。この点の解明の不十分性は、さらに、現代資本主義の金融化が、どのような新しい資本蓄積の構造あるいは経済変動の循環パターンを生み出しているのかという問題についての、依然として不十分な解明につながっているのではないかと思われる。金融化論は、金融市場と金融産業の肥大化が金融経済だけではなく、実体経済を包摂する経済システム全体にかつてない大きな影響を与え、再生産構造や経済循環にも新しいパターンを生み出していることを指摘している。しかし、新しい循環構造の具体的な特質やメカニズムについては、Kaleckiの所説に新拠しながら新しいマクロ経済モデルを提起しようとする興味深い試み（Hein & Treeck, 2007; Treeck, 2008）があるが、これはまだ金融化論の共通の理解にはなっていない。金融化論が現代資本主義を解明する経済理論として評価されるためには、金融化が進んだ現代資本主義の蓄積メカニズムと循環パターンの具体的な構造がどのようなものであるのかを、より立ち入って解明し、既存の理論を乗り越える展望を提示することが必要であろう。しかし、筆者の知る限りでは、これまでの業績を見る限り、まだ納得のいくモデルは提示されていないように思われる。

* 例えば筆者が思いつく循環パターンをごく簡単化して示せば、新自由主義による経済成長の減速、所得格差拡大、金融化による企業投資の落ち込み→過剰な貨幣資本の増大、金融市場の肥大化、家計部門の債務増加→株式、不動産、その他の資産インフレ、金融的所得の増加→資産効果による一時的景気浮揚、さらなる所得格差拡大→貨幣資本の過剰の一層の増幅、金融市場の投機市場化、家計負債の過大膨張→資産インフレのバブル経済への転化、信用リスクの急上昇→バブル崩壊と金融・経済危機、である。つまり、金融化のもとでは、経済変動は循環（サイクル）ではなく、過剰な貨幣資本の積み上がりを背景にして、資産インフレから資産バブル、家計債務を中心とする信用の過度膨張、信用リスクの上昇、最終的にバブル崩壊、金融危機へと拡散してゆく非循環的なプロセスをたどる可能性が大きくなることが予想される。このプロセスが、ミンスキーのいわゆる金融不安定性の理論によって正確に説明できるか否かも、今後明らかにされるべき論点であろう。なお、金融化論の立場からの資本蓄積・循環モデル構築の試みとしては、Guttmann & Plihon (2007) がある。かれらは、金融主導型経済の循環パターンの鍵が住宅価格の上昇（資産インフレ）を梃子とする家計部門の債務増加と消費需要増加にあることを指摘し、ミンスキーの金融不安定化仮説が、家計部門の債

務増加を通じて実現するプロセスをモデル化している。さらに、金融化による資本・賃労働関係の変容、産業資本の銀行資本への従属、というマルクス経済学的観点からの金融主導型蓄積レジームのモデル化の試みについては、Pineault (2008) を参照。

　第五に、筆者が金融化アプローチによる今後の成果に期待しながらも、その前途に困難を予想するもう一つの理由がある。それは、現代経済のトータルな考察において金融市場と金融産業の役割に焦点を当てることは間違っていないと思われるが、その金融市場と金融産業自体が近年あまりにも急激な変貌をとげつつあることに加え、さらに金融化論の論者がそろって強調しているように、その全体的な構造や取引の実態を正確に把握することが極度に難しくなっていることである。
　とくに、1980年代以降、金融理論の目覚ましい発達によって、クレディット・デフォルト・スワップ (CDS) に代表される不透明かつ複雑なデリバティブ取引、仕組み金融などの取引が、取引所を介さない店頭取引 (OTC) の形態で急膨張している。さらに、金融機関の間でも、金融自由化によって、銀行、証券会社、保険会社など、伝統的な分類が難しくなると同時に、シャドーバンキングとかパラレル・バンキングと呼ばれる、規制外の金融機関（いわゆるノンバンクと総称される）の重要性が急速に拡大している (McCulley, 2008; D'arista, & Schulesinger, 1992)。要するに、従来の金融制度理解の前提になっていた業態区分が崩れ、金融機関の活動が著しく不透明になり、監督機関やメディアが提供する情報と現実の乖離が急速に広がっている。加えて、近年の企業スキャンダルで繰り返し指摘された、会計・監査制度の問題、タックスヘイブンや特定目的会社の利用が野放しにされている状況など、企業と金融機関の活動の正確な理解を困難にする要因はますます増大している。このために、金融化論の研究者たちが金融市場と金融産業に焦点を当てて現代資本主義の歴史的特長を解明しようとした場合、目下サブプライム問題後の金融危機への対応に追われる政府・監督機関が直面している問題、すなわち、対策を講じようにも、肝心の金融市場と金融産業の実態が正確に把握できないという大きな障害を、研究者も覚悟しなければならないのである。
　＊　「影の銀行業」(Shadow banking) という用語を最初に使用したのは、債券

投資ファンド・PIMCO のマネージャー P. A. McCulley である（McCulley, 2008）。かれは、「影の銀行」を「預金保険制度や、FRB の割引窓口を利用できないレバレッジ・ベースの借り手」と定義し、そのなかに、いわゆるノンバンク・セクターだけではなく、投資銀行も含めている。McCulley は、不動産バブル、サブプライムローンと並んで、影の銀行の膨張を「三つ子のバブル」と呼んで、これらが今回のサブプライム金融危機に深く関わっていることを指摘した。なお、「影の銀行」という用語は、*Financial Times* (December 17, 2007) に掲載された Tett, G. & Davis, P. J. の長文記事、Out of the Shadows: How Banking's Hidden System Broke Down、によって広く知られるようになった。他方、Parallel Banking の用語を世に広めたのは、D'Arista & Schlesinger (1992) である。かれらは、銀行類似の活動をしながら銀行のように規制されないさまざまな金融産業を Parallel Banking と呼び、新自由主義的規制緩和の結果、このセクターが急激に拡大したことが、金融証券化の急激な進展と並んで、アメリカの金融システムを危険で無政府的なシステムに変貌させている状況に強い警告を発した。

　以上のような理由で、金融化アプローチには現代経済解明の重要な貢献が期待できるけれども、それが達成されるためには、まだ多くの理論的・実証的研究の進展が果たされなければならないであろう。ただし、これらの課題はいずれも、直ちに金融化論の理論的限界を意味するわけではなく、むしろ、金融化論が現代資本主義論として今後有効性を高めてゆく過程で果たすべき課題として理解するのが適切であろう。

5　まとめ

　本章では、1970 年代の後半期以降大きな変化を遂げてきた現代資本主義の歴史的・構造的特徴を理論的に把握する一つのアプローチとして金融化論を紹介し、検討してきた。金融化論は、筆者の判断では、とくに 1980 年代以降に顕著になった新自由主義的経済政策が促進した金融自由化、金融グローバル化、金融証券化、その他の金融市場と金融産業における構造変化とそれらが経済全般に及ぼす影響に焦点を当てることで、現代資本主義の歴史的特長を明らかに

する取り組みとして、世界各地の経済学者の間に急激に影響力を広げてきた。

　金融化論による現代資本主義の分析が積極的な有効性をもっていることは、例えば、近年における金融市場のカジノ化、国際金融不安の頻発、日本のバブル崩壊や今回のサブプライム問題に現れた金融危機に見られるように、現代資本主義の構造的矛盾が、とりわけ金融市場の異常な不安定性と金融産業の深刻な危機として集中的に顕在化している状況に照らして、十分に首肯することができる。その意味で、金融化論が今後、なぜ現代資本主義の構造的矛盾が金融市場の不安定性と金融産業の危機として繰り返し、かつ深刻の度を深めながら顕在化するのかという問題をより立ち入って理論的に解明することに成功すれば、その成果は現代資本主義論の発展に大きな貢献をなす可能性を秘めている。

　筆者の現段階での判断では、金融化論がこのような理論的成功を達成するためには（その可能性はあると見ているが）、1980年代以降の金融市場と金融産業の構造的変化とそれが引き起こしている諸問題をさらに具体的に立ち入って分析する必要がある。この点では、現代の金融市場も金融産業も、仕組み金融に代表される複雑な証券化ビジネスの普及、取引所を通さないOTCデリバティブ取引の膨張、金融産業によるSPVやタックスヘイブンの野放しの利用、企業経営の実態を反映しない会計基準や監査制度、監督機関や取引所の怠慢、などによってその実態を正確に考察することが著しく困難になっている事情が、十分念頭に置かれるべきであろう。

　また、理論的な問題としては、金融化論の批判の射程には新自由主義イデオロギーとそれにもとづく経済政策や金融自由化などの問題がカバーされているが、この点に関連して1970年代以降経済理論と経済政策の分野で新自由主義が優勢になった歴史的背景、および、新自由主義の覇権と金融化の進展との関連をどのように理解するのかという基本的な問題について、まだ検討の余地が残されているのではないかと思われる（Kotz, 2008）。さらに、金融化の具体的な中身に関して、金融市場と金融産業のあらゆる重要な変化に関わる要因として、デリバティブ取引の普及、金融証券化の進展、バーゼル規制の導入、を挙げることができるが、これらの諸要因の相互関係（それらが相乗的に金融化を促進している関係）についてもさらに検討が必要である。

　最後に、金融化論の理論的意義を評価する場合の最重要な論点として、現代資本主義に特有の過剰な貨幣資本をめぐる問題が残されている。金融化がもた

らす循環パターンの変化、その結果頻発するバブル経済と金融危機、これらが招く大規模な政府の介入、こうした現代資本主義の動態を特徴付ける現象を説明するためには、世界的な規模での過剰な貨幣資本の蓄積と、そのアメリカ市場への集中という問題を立ち入って検討することがどうしても必要である。この問題は、アメリカではSweegyとMagdofおよびかれらの業績を継承する人々によってつとに強調されてきた論点であるが、かれらの理論をさらに発展させ、このような過剰な貨幣資本の不断の増大を引き起こしているメカニズム、さらに、膨大な貨幣資本の蓄積が金融市場と企業に及ぼす影響を具体的に分析することが、金融化論が現代資本主義論として説明力を強めるために必要である。

以上のように、金融化論が今後理論的に発展するためには、残された難しい課題がいくつか予想されるが、それらの課題は、実際には、われわれが日々目の当たりにしている現実が提起している問題であり、金融化論の立場をとるかどうかにかかわらず、現代資本主義が経済学にその解明を求めている共通の課題と言うことができる。その意味で、金融化論の課題は、現代経済学に共通の課題でもあると言えよう。

参考文献

高田太久吉 (2003)「株主価値重視のコーポレートガバナンス」『日本の科学者』第38巻第10号。
─── (2008)「経済の金融化は資本主義をどこに導くか」『経済』新日本出版社、8月号。
Blackburn, R. (2008) The Subprime Crisis, *New Left Review* (March-April)
─── (2006) Finance and the Fourth Dimenison, *New Left Review* (May-June)
Boyer, R. (2000) Is a Finance-Led Growth Regime a Viable Alternative to Fordism? A Preliminary Analysis, *Economy and Society* (February)
Crotty, J. (2008) Structural Causes of the Global Financial Crisis: A Critical Assessment of the "New Financial Architecture", PERI Working paper (September)
D'Arista, J. & Schlesinger, T. (1992) The Parallel Banking System, Briefing Paper,

Economic Policy Institute.
Epstein, G. A. (2005) Introduction: Financialization and the World Economy, in *Financialization and the World Economy*, Edward Elgar.
Erturk et al. (2005a) The Democratisation of Finance?: Promises, Outcomes and Conditions, The University of Manchester, working paper (November)
―― (2005b) The Reinvention of Prudence: Household Savings, Financialisation and Forms of Capitalism, CRESC, working paper (November)
Foster, J. B. (2007) The Financialization of Capitalism, *Monthly Review* (April)
Froud, J. et al. (2001) Financialisation and the Coupon Pool, *Gestao & Producao* (December)
Godley, W. & Papadimitriou, D. B. (2007) The U.S. Economy: Is There a Way out of the Woods?, The Levy Economics Institute, strategic analysis (November)
Guttmann & Plihon (2007) Consumer Debt at the Center of Finance-Led Capitalism, CEPN.
Hein, E. & Treeck, T. (2007) Financialization in Kaleckian/Post-Kaleckian Models of Distribution and Growth, Hans Boeckler Stiftung, working paper, 7.
Kotz, D. M. (2008) Neoliberalism and Financialization, conference paper, University of Massachusetts (May)
Kregel, J. (2007) The Natural Instability of Financial Markets, preliminary draft (November)
―― (2008) Minisky's Cushions of Safety: Systemic Risk and the Crisis in the U.S. Subprime Mortgage Market, No. 93.
Lapavitas, C. (2008) Finance Capitalism: Direct Exploitation and Periodic Bubbles, University of London (May)
Lazonick, W. & O'Sallivan, M. (2000) Maximizing Shareholder Value: A New Ideology for Corporate Governance, *Economy and Society*, 29.
Levina, I. (2007) Are "Sustainable" Speculative Bubbles Beneficial?
The Levy Economic Institute (2008) 17th Annual Hyman P. Minisky Conference on the State of the U.S. and World Economies, conference proceedings (April 17-18)
Magdoff, F. (2006) The Explosion of Debt and Speculation, *Monthly Review* (November)
McCoy, P. A. & Renuart, E. (2008) The Legal Infrastructure of Subprime and Nontraditional Home Mortgages, JCHS Harvard University (February)
McCulley, P. A. (2008) A Reverse Minsky Journey, in Credit, Markets, and the Real Economy: Is the Financial System Working?, Conference Proceedings, The Levy Economics Institute of Bard College (April)
Orhangazi, O. (2008) *Financialization and The US Economy*, Edward Elgar.
Palley, T. I. (2007) Financialization: What it is and Why it Matters, PERI working papers 153 (November)
Phillips, K. (2002) Too Much Wealth, Too Little Democracy, *Challenge* (Sept/Oct)

Pineault, E. (2008) The Social Structure of Financialised Accumulation: A Contribution to the Analysis of Capitalist Finance, UQAM, working paper (March)

Stockhammer, E. (2008) Some Stylized Facts on the Finance -Dominanted Accumulation Regime, *Competition & Change* (June)

Tabb, W. K. (2007) The Centrality of Finance, *Journal of World-Systems Research*, 13-1.

Treeck, T. (2008) The Political Economy Debate on Financialization: A Macroeconomic Perspective, Hans Boeckler Stiftung, working paper, 01.

Wray, L. R. & Tymoigne, E. (2008) Macroeconomics Meets Hyman P. Minsky: The Financial Theory of Investment, The Levy Economic Institute, working paper (September)

Wray, L. R. (2008) Financial Markets Meltdown: What Can We Learn from Minsky?, The Levy Economic Institute, working paper, No.94.

第2章　現代資本主義と「経済の金融化」
―信用制度の役割と金融恐慌をめぐって―

1　はじめに

　第二次大戦後の資本主義経済は、1950〜60年代の高度成長期(Golden Age)の後、70年代の不況（スタグフレーション）と国際通貨制度の混乱（IMF体制崩壊）を契機として、歴史的・構造的な変化を遂げてきた。その変化は、企業経営、労使関係、所得分配、家計消費、金融・財政政策、国際経済を含む、資本主義の成長と再生産を規定するあらゆる重要分野に及んだ。さらに、これらの歴史的変化と相俟って、経済学とイデオロギーの分野でも、「ケインズ型福祉国家」から、新自由主義的「企業原理主義」への転換が進行した。これらの変化の多くは、まずは世界資本主義における覇権国である米国で顕著になったが、程度の差はあれ、その後多くの諸国にも広がっていった。

　このように、70年代以降に進行した資本主義の歴史的変化が、資本主義の再生産構造、蓄積様式、国際経済、階級関係、経済政策とそれを支える経済理論やイデオロギーなど、資本主義経済の態様とふるまいを規定するあらゆる重要な側面に及んだために、80年代以降に形成された現代資本主義は、これらのいずれの変化に着目するかに応じて、さまざまな呼称で特徴付けられてきた。その中には、ポストフォーディズム、サービス化社会（脱工業化社会）、カジノ資本主義、「格差社会」などがあるが、現在もっとも頻繁に言及されるのは、

(1)「グローバル資本主義 (globalization)」、言い換えれば、市場と企業活動のグローバル化、(2)「経済の金融化 (financialization) あるいは金融主導型資本主義 (finance-led capitalism)」、言い換えれば、金融市場と金融産業の肥大化、および金融活動に依存した企業の資本蓄積、(3)「IT 化、あるいは情報化社会 (information centered society)」、言い換えれば、情報・通信技術の発展が引き起こした企業経営と労使関係の変容、(4)「新自由主義の隆盛 (hegemony of neo-liberalism)」、つまり、経済政策の指針となる経済理論およびイデオロギーにおける新自由主義の影響力の増大、である。

　上記の四つのキーワードは、現代資本主義について多少とも立ち入った議論をする場合に不可欠の分析概念として、学派を超えて広く流布しているが、実際には、いずれのキーワードも明確に定義されていないだけではなく、それら相互の関連も明確ではない。また、それらのキーワードは、マルクス経済学が伝統的に依拠してきた概念や理論枠組みと必ずしも無条件に整合するものではない。例えば、グローバル化という概念は、独占資本主義の対外政策としての帝国主義とどのような関係にあるのか、経済の金融化は、マルクスが『資本論』第 3 巻第 5 篇の手稿で考察した信用理論や、マルクス以降の信用理論の発展に貢献したヒルファーディングの金融資本概念に照らすとどのような含意で理解できるのか、これらはマルクス経済学の今後の発展のために検討が必要な問題点である。

　ところで、さきに挙げた四つのキーワードの中で、現代資本主義分析のためのマルクス経済学の理論的発展という観点から、現在もっとも検討が急がれるのは、「経済の金融化」をめぐる問題ではないかと思われる。その理由は、大きく言って三つある。

　第一に、今回（2007 年〜）の世界的な資本主義の危機が、すぐれて住宅ローン市場、仕組み証券市場、デリバティブ（金融派生商品）市場をはじめとする金融市場を震源とする金融恐慌として発現したことに見られるように、資本主義経済の矛盾がさまざまな金融危機として現れる傾向がかつてなく顕著になっていることである。これは、現代資本主義の再生産過程が、金融市場と金融産業の動向によって規定される度合いが高まっていることを物語っている。

　第二に、マルクス経済学の陣営では、1970 年代以降の金融イノヴェーション（革新）、とりわけ金融デリバティブ市場、今回の金融恐慌の引き金になっ

た、さまざまなローンを担保に組み込んだ仕組み証券市場の動向、デリバティブや仕組み証券の組成・販売を主導する大手投資銀行の業務、大手金融機関とシャドーバンキングと総称される銀行簿外組織や系列会社、ヘッジファンド、年金基金、保険会社などの関連を明らかにする研究が総じて立ち遅れており、このことがマルクス経済学の現代資本主義分析における弱点をもたらしていることである。

　第三に、「経済の金融化」という概念の含意は、次節で詳述するようにきわめて広範であるが、マルクス経済学が新たな解明を求められている問題の一つに、非金融事業会社の財務活動ないし金融活動の重要性が高まっている問題がある。マルクス経済学は資本の再生産・蓄積と信用制度（銀行制度）との関係について伝統的に大きな関心を払ってきたが、その中心はマルクスの『資本論』第3巻第5篇に収集された記述の解釈と継承をめぐる理論的研究、および信用制度の発展史に置かれ、最新の企業財務の動向、例えば現代の事業会社が活発に行っている自社株買い、ストックオプション（新株購入予約権）、M&A（合併・買収）、デリバティブ取引などの財務活動が資本蓄積に及ぼす影響については、筆者の見るところ、十分な研究がなされてきたとは言えない。

　以上の理由から、本章では、現代資本主義を特徴付ける上記の四つのキーワードの中で、「経済の金融化」と呼ばれる一連の変化に焦点をあてて、現代資本主義に特有の資本の過剰蓄積の形態、金融不安定性と金融危機頻発の原因について考察し、現代資本主義分析の新しいアプローチを提示することを試みたい。

2　現代資本主義の「金融化」

(1)　金融市場と金融産業の70年代以降の変化

　1970年代のスタグフレーションと国際通貨制度の混乱以降、アメリカ経済で――その後、程度の差はあるが他の多くの工業国と途上国で――次第に顕著

になったいくつかの歴史的変化が研究者の関心を引くようになった。それらの変化の背景には、50〜60年代の高度成長がもたらした全般的な過剰生産と国際的競争の激化、その結果としての企業の資本蓄積率の低下、経済成長率の鈍化、景気の不安定化、失業率の上昇、執拗なインフレーション傾向、マクロ不均衡の拡大などが見られたが、とりわけ多くの研究者の注目を集めたのは、金融市場と金融産業における一連の変化であった。

研究者が着目する金融市場と金融産業における変化はきわめて多岐にわたるが、主要な内容を要約すると次のようになる。

まずは、世界的な金融自由化の動きと多国籍企業による国際投資の活発化に促されて、直接投資やポートフォリオ投資（証券投資）などの国際資本取引が爆発的に増大したこと（金融のグローバル化）、経済成長や国民所得の増加をはるかに上回るスピードで金融市場と金融取引が膨張したこと、投資信託や年金基金に代表される機関投資家の運用資産が増大し、それらの投資活動が企業活動に及ぼす影響力が高まったこと、金融証券化と呼ばれる金融システムと金融産業の構造変化（金融取引と資本フローが銀行の仲介機能から証券市場にシフト）が進行したこと、ブレトンウッズ体制崩壊を契機として外国為替市場の「カジノ化」と著しい不安定化が進んだこと、金融工学の急速な発展に後押しされて新しい架空資本市場であるデリバティブ市場が爆発的に膨張したこと、証券化やデリバティブ市場が拡大するもとで陳腐化し、銀行経営の健全性を担保できなくなったバーゼル規制（自己資本比率規制）の欠陥を取り繕うために、銀行規制の民営化（格付けと銀行の内部リスク管理に依存する安全対策、バーゼルIIおよびバーゼルIII）が進められたこと、資本市場の拡大と機関投資家の影響力増大に促されて「株主価値（＝株価）重視のコーポレートガバナンス」が普及したこと、政府、家計をはじめとするあらゆる経済セクターの債務が急増したこと、年金、保険など将来の国民生活を支えるセーフティネットが資本市場に委ねられ、証券バブルの誘因として利用されてきたこと、これらもろもろの変化の総和として、金融市場の不透明性、不安定性、脆弱性、投機性が高まり、主要国と途上国を問わず、世界のあらゆる国や地域を巻き込んで通貨危機、バブル崩壊、金融危機が頻発するようになったことである（高田、2009a; Foster, 2008; Stockhammer, 2004; 2008; Issacs, 2011; Lazonick, 2012; Assa, 2012）。

(2) 「金融の論理」が規定的作用

　金融市場と金融産業における以上のような変化は、それ自体として現代資本主義研究に重要な課題を提起しているが、これらの変化は経済成長、資本蓄積、所得分配、国際経済等の歴史的変化と相俟って進行しており、企業活動や家計の経済活動を中心とするいわゆる「実体経済」と無関係に、金融システム独自の変化として生じたわけではない。重要なことは、現代資本主義のもとでは、単に金融市場と金融産業だけではなく、事業法人や家計の経済活動、さらには政府の経済政策に関しても金融的動機と「金融の論理」が規定的な作用を及ぼしていることである。これらの状況を念頭において、多くの研究者が「金融化」と呼んでいる変化の内容を整理すれば、以下のようになるであろう（高田, 2009b）。

(1) 金融資産の増大

　　企業の生産設備や在庫、家計の住宅や耐久消費財などの実物資産に対して、預金、さまざまな証券、投資信託、デリバティブ、保険など金融資産が総体としてはるかに急速に増大する傾向、言い換えれば、金融市場で運用される貨幣資本が実体経済に比べて急速に増加する傾向。

(2) 金融イノヴェーションの加速

　　それらの金融資産を加工し、「商品化」するためのファイナンス論と金融工学の目覚ましい発展、商品としての金融資産（架空資本）の取引増大が、新しい金融市場、取引所、店頭取引(OTC)の仕組みを作り出す傾向。要するに金融イノヴェーションが急激に進展する傾向。

(3) 高まる機関投資家の重要性

　　従来の金融産業や投資家の範囲を超えて、ますます多くの機関投資家、事業法人、家計、政府関係機関などが金融市場に参加する傾向。合わせて、金融取引における年金基金、投資信託、保険会社、各種ファンドなどの機関投資家の重要性が高まる傾向。その結果、富裕層や機関投資家の資金を組織的に管理する資産管理ビジネスが金融仲介の中でますます重要性を高める傾向。

(4) 金融業の肥大化

運用資産、雇用、収益、株式時価総額その他のさまざまな指標において、企業全体に占める広義の金融業（金融・保険・不動産）の割合が顕著に増大する傾向。

(5) 金融自由化、金融グローバル化政策

以上のような傾向が、政府・監督機関の金融自由化政策、年金制度改革、税制改革など政策的・制度的変更、ならびに国際資本取引の障害を取り除く金融グローバル化政策によって強力に促進される傾向。

(6) 金融市場におけるカオス現象

以上の結果、金融市場の規模、多様性、相互連関が政府・監督機関の監視能力を超えて広がり、外国為替市場を含む金融市場で発生する何らかの変化が、震源地となった金融市場にとどまらず、マクロ経済あるいは国際経済全体に予想を超えた甚大な混乱を引き起こす傾向。

* 以上のような「金融化」の傾向は、次のデータに見ることができる。例えば、世界全体の金融資産（株式、社債、国債、預金の合計）は、1980年の12兆ドルから2005年には140兆ドルに増加し、世界全体のGDPに対するその割合が、同じ期間に109％から338％に増大した。

とりわけ、デリバティブ市場の膨張は爆発的で、1970年代以前にはほとんど存在しなかったか、あるいは違法であった金融デリバティブ取引（先物、オプションおよびスワップ）は、2000年代初頭には総額（想定元本ベース）で200兆ドルを超える世界最大の金融市場に成長し、その後2007年には総額520兆ドル、金利・通貨関連デリバティブだけで400兆ドルを超える市場規模に達した。

同様に、1980年以前にはほとんど市場が存在していなかったジャンクボンド市場は、1990年代後半期以降急拡大するようになり、2005年には1兆ドルを超える規模に達した。また、米国について見ると、民間部門の債務全体に占める金融部門の割合は、1980年の17.7％から、2007年には39.6％に上昇した。

また、こうした金融取引と金融市場の急膨張の結果、企業全体の利益の中で、広義の金融産業の占める割合が増大した。例えば、米国について見ると、国民所得の中で広義の金融業の占める割合は、1950年代から70年代までは12～14％であったが、80年代以降次第に上昇し、2000年代には20％近くに達した。その結果、民間非金融セクターの総利益に対する金融企業の利益

の割合は、1950〜85年の期間10〜20％の水準で上下したが、80年代後半期以降急激に上昇し、2000年代初頭には70％を超える水準に達した。

さらに、非金融企業の有形資産に対する金融資産の割合は、1980年代前半期の40％台から、2000年代初めには100％を超えるようになり、これら企業の粗付加価値に占める金利・配当収入の割合は、1970年代までは2〜3％であったが、80年代以降はかなりの上下があるが、総じて6％以上を占めるようになっている。

(3) 「金融化」と企業・家計の行動の変化

以上のような複合的過程としての「金融化」は、さらに企業・家計の行動の変化という観点から詳しく見ると、以下の変化をともなっている。

一般の事業法人においては、過剰設備を抱えるもとで、実物投資や研究開発のテンポ、したがって資本蓄積率（投資に充当される利潤の割合）が低下し、留保利益、資本剰余金、さらには減価償却積立金など内部資金が増大する傾向が見られる。このため、生産や流通などの本業に対して、内部資金を活用する資本構成の組み換え、自社株購入や配当政策、株式交換によるM&A、ストックオプションを組み込んだ報酬制度の導入、さらには金融子会社の運営など、広い意味での金融・財務活動の重要性が高まる。この結果、大手企業の経営者には、伝統的な経営管理能力だけではなく、ファイナンスの論理と資本市場の動向に精通し、自社の金融・財務活動を管理できる能力が必須となる。こうした財務重視の経営は、金融化の進展とともに、金利や為替レートの変動が企業利潤や株価に影響する度合いが高まる結果、ますます多くの企業に広まることになる（Lazonick, 2012）。

また、家計部門では、その貯蓄のますます大きな割合が年金基金、投資信託その他のさまざまな「投資スキーム」を通じて、金融市場、とりわけ証券市場に動員されるようになり、家計部門の将来の所得と福利が金融市場の動向（金融資産の価格変動）によって左右される度合いが高まる。同時に、賃金・所得が伸び悩むもとで、住宅ローン、消費者ローン、自動車ローン、カードローンその他の形態で家計の金融市場へのアクセスの機会が増加し、これらの負債に依存した住宅取得と消費行動が積極化するのにともなって、全体として家計部

門の負債が増大する（Ertürk et al., 2005）。

これら一連の変化は、企業や家計の経済活動だけではなく、金融システム自体の複合的な変化をともなって進行する。「金融化」は、金融機関の業務を、従来の預金・貸し出しを中軸にする単純な仲介機能から、リスク評価、証券化、資産譲渡、証券貸借、担保設定、保管、保険、リスクの加工や移転など複雑な一連の作業に媒介された「金融仲介」に変形させ、それらを当局の規制や監視が希薄なシャドーバンキングや当事者間の店頭取引 (OTC) に委ねることで、金融取引の大半を監督機関の監視外にシフトさせ、結果として金融市場の不透明性と脆弱性を高めてきた。

さらに、金融市場と金融産業の重要性が高まり、企業の財務行動と家計の貯蓄行動が変化したことは、金融政策にも変化を引き起こした。金融政策では、これまで最大の目標とされてきた通貨価値（物価）の安定に代わって、株価をはじめとする証券価格の持続的上昇が優先されるようになり、証券価格の下落を回避するための金融緩和政策、自国金融市場への海外投資家の資金の流入を促進する政策、企業と家計の貯蓄を年金・保険などさまざまなスキームを利用して証券市場に誘引する政策が重視されるようになった。

以上のような金融化の内容を全体として念頭において、米国のポストケインジアンで「金融化」問題に積極的に取り組んできたエプシュタイン（マサチューセッツ大学）は「金融化」を次のように定義している。

> 「金融化とは、国内経済および国際経済の運営において、金融的動機、金融市場、金融的アクター、および金融機関の役割が増大していることを意味している」(Epstein, 2005, p.3)

3 資本の過剰蓄積と貨幣資本の過剰

(1) 「経済の金融化」論と貨幣資本の過多

　金融部門における前述のような多面的な変化が世界的に相次いで見られるようになり、そうした変化が80年代以降の世界経済の成長率低下、国際不均衡の拡大、企業の資本蓄積の停滞、労働組合の弱体化と賃金の伸び悩み、所得格差の拡大などと相俟って進行した経緯は、多くの経済学者の関心を掻き立ててきた。したがって、1990年代以降、これら金融市場と金融産業で生じたさまざまな変化に着目し、これらの変化が、全体として現代資本主義の再生産・蓄積様式の歴史的・構造的変化と深く関連していると考え、この関連を解明することで現代資本主義の理論的研究を深めようとする試みが国際的に広がったのは自然なことであった。このような問題意識にもとづいて、現代資本主義の解明をめざすアプローチは、「経済の金融化論 (theory of financialization)」（以後、「金融化」論と略称）と呼ばれている（高田, 2009b）。

　　＊　このような「金融化」論に依拠する現代資本主義研究を発展させるという点で積極的な役割を果たしたのは、ハイマン・ミンスキーの「金融不安定性論」を継承するポストケインジアンの陣営であり（Minsky, 1993; Epstein, 2005）、もう一つは、マルクス経済学の影響下でフランスで独自の発展を遂げたレギュラシオン学派であった（Boyer, 2000）。他方、マルクス経済学の伝統的な理論に依拠しながら、今日の金融化につながる独占資本主義論を体系的に発展させた初期の功績は、米国のマルクス経済学者ポール・M・スイージーに帰せられる（Sweezy, 1994; 1997）。

　「金融化」に着目する人々は、先のエプシュタインの定義に示されているように、現代資本主義の態様とふるまいに関して、「金融的動機、金融市場、金融的アクター、および金融機関の役割」に着目している。これらの人々は、現代資本主義に特有の不安定な成長経路、持続的失業増加と頻発する金融危機、

深刻化する財政危機と家計債務の増加、富と所得の著しい不平等に示される現代資本主義に独特の現象を説明する重要なカギが、「金融化」とそれを促進した政府の新自由主義的政策に見出せると考えている。

その際、かれらのアプローチが理論的な説得力を持つか否かは、1970年代のスタグフレーションとそれを契機とする一連の経済危機を契機に、現代資本主義がなぜ「金融化」の経路を選択したのかという問題に、十分な説明を与えられるか否かに掛かっている。なぜなら、「金融化」論によれば、経済の金融化は、1970年代に深刻な危機に直面した資本主義が、その危機を克服する過程で発展させた、資本蓄積の新しい様式を反映していると見なされるからである。

「金融化」論によれば、1970年代に資本主義の新しい病理現象として顕在化したスタグフレーションは、第二次大戦後の復興期を経て長期の高度成長を遂げた資本主義が、世界的な資本の過剰蓄積の段階に入ったことを示していた。資本の過剰蓄積は、さまざまに定義可能であるが、一般的には、企業が既存の蓄積様式のもとで資本家が期待する利潤率を実現することが困難になり、一方では過剰生産能力が表面化して資本間の競争が激化し、利潤率の低下あるいは価格の下落によって弱小資本が整理される状態、他方では、企業と投資家の手元に、遊休状態にある生産手段だけではなく、生産や流通過程での価値増殖に参加できない貨幣資本が「貨幣資本の過多」を引き起こしている状態を意味している。

* マルクスは、利潤率の傾向的低下に関する記述の中で、「資本の過剰生産——といっても資本の過剰生産はつねに諸商品の過剰生産を含むのであるが——が意味するものは、資本の過剰蓄積以外のなにものでもない」(『資本論』第3巻第3篇第14章、新日本出版社版第9分冊、428頁。以下、本書では『資本論』からの引用は同社版により、分冊番号を①、⑪などで表記する)と述べた上で、続いて「資本の過剰生産が意味するものは、資本として機能しうる、すなわち与えられた搾取度で労働の搾取に使用されうる生産諸手段——労働諸手段および生活諸手段——の過剰生産以外のなにものでもない。というのは、一定の点以下へのこの搾取度の下落は、資本主義的生産過程の撹乱(かくらん)と停滞、恐慌、資本の破壊を呼び起こすからである」(同436頁)と述べている。

(2) 70年代以降の資本主義と「金融化」

　これを、1970年代の具体的状況に即して言えば、自動車産業や家電を中心とする耐久消費財の大量生産と大量消費、これらを支える鉄鋼、機械産業など関連部門での積極的な資本蓄積、雇用増加と賃金水準の上昇、住宅や耐久消費財の需要を押し上げる中間層の形成、さらには、景気後退期に企業投資を促進し、需要の減退を下支えする景気拡大的な金融・財政政策、ブレトンウッズ体制のもとでの世界貿易の拡大など、「黄金の時代」の高度成長を支えてきた歴史的諸要因が、新興国を含めた世界的な生産能力の余剰、工業国における耐久消費財の普及、国際競争の激化によって、利潤率が低下し、全体としてさらなる高度成長を継続することができなくなった状態を意味している。

　1980年代以降、工業国では、ケインズ主義批判の高まりとは裏腹に、高度成長の再現を目指す景気拡大的な金融・財政政策がむしろ活発化したが、それらは主要産業の積極的な設備投資や雇用増加を呼び起こすことができず、むしろ加速するインフレーション、財政危機、さらには国際収支の悪化を招いた。これ以降、資本主義は、時に短いブームを挟みながら、趨勢としては経済成長率の低下、失業の増加、企業利潤の低迷、国際競争の激化、国際不均衡の拡大など複合的な病理現象に付きまとわれるようになった。これら一連の現象は、1950～60年代にマクロ経済の好循環と成長に貢献した諸要因が、ほかならぬその成功の結果、世界的な資本の過剰蓄積という形で「資本の失敗」を招来したことを表している。

　ただし、1980年代以降、資本主義はスタグフレーションという病理現象を引きずりながらも、そのまま一途に慢性的不況に陥ったわけではない。例えば米国では、1980～90年代を通じて、政府の持ち家政策に支えられた住宅ブーム、IT化による経営手法や企業組織の革新、いわゆるニューエコノミーと称された新産業の勃興、グローバリゼーションを背景とする海外投資、さらには株式ブームやM&Aブームなどに助けられて、新投資の相当程度の回復が、したがって相対的に高い経済成長率の回復が波状的に見られた。とりわけ、新自由主義的な労働政策を通じる労働組合攻撃を梃子にした賃金抑制は、持続的な労働分配率の引き下げを可能にし、利潤率の回復をもたらした。

しかし、以上のような多くは短期的な波動、あるいは小循環を挟みながら、1980年代以降の過程を全体として特徴付けているのは、資本蓄積率の傾向的低下、高失業率の長期化、景気回復局面の短期化、通貨・金融危機の頻発、要するに経済過程の不安定化であった。そして、「金融化」論によれば、これらの現代資本主義に特徴的な諸現象は、いずれも現代資本主義における新しい形態での資本の過剰蓄積を反映しているのである（Husson, 2009; Stockhammer, 2004; McNally, 2009）。

　1980年代以降、資本の過剰蓄積は、製造業部門における過剰投資（設備）や過剰生産——こうした形態での過剰資本はもちろん存在している——よりも、むしろ主要には金融機関と機関投資家の手元における運用資金の急激な増加、企業の保有する現預金をはじめとする金融資産の増大、富裕層や機関投資家の運用資金の増大、富裕層や機関投資家の資金を運用するファンドや資産管理ビジネスの急成長という形をとるようになった。言い換えると、企業はグローバル化、IT化、賃金抑制や人減らしなどを通じる利潤の回復にもかかわらず、利潤を新たな設備投資に充当することを控え、内部留保、配当、経営者報酬、M&A、金融子会社（ノンバンク）設立などに振り向ける傾向を強めた。

　その結果は、貸出市場だけではなく、株式をはじめとするあらゆる架空資本市場における「過剰流動性」の発生、金融機関・投資家の期待利回りやリスクプレミアムの異常な低下、従来であれば非適格とみなされた債務者への「寛大な」信用供与の増加であった。以上のような資本蓄積率の低下を反映する、金融市場に流入する貨幣資本の急激な増加と、期待利回りの異常な低下および証券価格の上昇は、金融機関を含むあらゆる経済主体の金融市場への依存を高め、全体としての信用の急膨張を引き起こした。

　そして、この間に特徴的な、歴史的に見て異常に低いリスクプレミアムや、信用度に問題のある借り手への融資を含む信用の膨張は、2007年に金融恐慌の明らかな兆候が表れるまで、従来想定されていた高いデフォルト（債務不履行）率あるいは返済遅延率をともなうことなく、株式をはじめとする架空資本の市場価格を押し上げただけではなく、投資銀行業務に参入した大手金融機関に莫大な収益をもたらしてきたのである。

　　＊　この点について、ハイリスク証券市場の事情に詳しいニューヨーク大学のエドワード・アルトマンは、次のように述べている。「われわれの見るとこ

ろ、ハイイールド債券（ジャンクボンドのこと、引用者）のデフォルト率は2002年以降相対的に低かったが、とくに04〜05年は、05年後半に起きたデルタ航空とノースウェスト航空、自動車部品会社のデルフィ、エネルギー会社のカルパインなどの大規模破産がデフォルト率を押し上げた事情を別とすれば、特に低かった。そして、06年前半期のデフォルト率は歴史的な基準から見て極端に低かった。……これらの低いデフォルト率は、ハイイールド証券への投資戦略を利用するヘッジファンドやプライベート・エクィティ・ファンドの数と規模が増加したことと符合している。これらの投資戦略を後押ししているのは、高い利回りないし利益率という目標に促された流動性の膨大な増加である」（Altman, 2006, pp.9-10）。

4　再生産の弾力性と信用制度の役割

(1)　資本主義の蓄積様式と「金融化」

「金融化」をめぐる多くの研究が明らかにしてきたように、過去30年の世界経済では、一方で、貨幣資本の過剰（一般には過剰流動性という用語で表されている）という形態で資本の過剰蓄積がかつてなく進行し、金利を歴史的な低水準に押し下げ、急激な信用膨張を促してきた。他方で、その過剰蓄積の「圧力」を吸収し、貨幣資本に新たな価値増殖の機会を提供するために、急激な金融イノヴェーションが進行し、従来は金融市場へのアクセスを拒絶されていたさまざまなセクターや階層が債務を膨張させ、従来は高リスク、低格付けを理由に機関投資家が手を出せなかったハイイールド証券の組成・販売、ディーリングが大手金融機関を含む金融産業に莫大な収益をもたらすビジネスに成長した。このような貨幣資本の過剰を背景とする「金融化」にともなう諸現象は、それらを現代資本主義に特有の蓄積様式に照らして見た場合、どのような経済的意味合いで理解できるのであろうか。

　資本主義の歴史、とりわけ恐慌の歴史が証明しているように、一つの時代の資本主義がその成長を支えてきた蓄積様式とともに限界に逢着すると、企業間

の競争が激化し、あらゆる企業の経営者は、生き残りをかけてコスト削減のための新技術の導入や新投資、雇用と人件費の削減、労働強化、新しい市場の開拓、新製品の開発、効果的な宣伝やマーケティング手法の導入、産業や企業の再編その他、考えうるあらゆる方策を試みる。資本蓄積の障害を突破するための企業経営者（＝資本）の集団的模索と「集団的知恵」は、企業間の淘汰と整理、陳腐化した設備や滞貨の廃棄という形で過剰資本を解決するだけではなく、従来の蓄積様式の限界を突破し、より大規模な生産と投資の再現、言い換えれば新しい循環の開始を可能にする資本蓄積の諸条件を作り出す。

　言うまでもなく、新たに形成される蓄積様式の何が新しいのかは、資本主義の発展段階によって、またそれぞれの国の経済社会的事情によって、異なってくる。例えば、従来よりも大きな規模で資本と労働力を吸収する新しい産業の勃興、植民地や途上国など海外市場の新たな開拓、経営資源の効率的利用を可能にする新しい経営手法の普及、企業活動を支える政府や中央銀行の役割の拡張、有効需要や輸出に影響を及ぼす貨幣価値や為替レートの変更、新しい労働者を補給する農村から都市への人口移動などは、蓄積様式の変化を引き起こす重要な要因である。しかし、資本主義のさまざまな発展段階を貫いて、新しい蓄積様式の生成につねに大きく関わってきたのは、企業や家計の信用アヴェイラビリティ（利用可能性）を拡張する、新しい信用制度の発展である。

(2) 信用制度の役割と恐慌

　信用制度が、資本主義の歴史のさまざまな段階で、蓄積様式の歴史的変化を促す強力な梃子として作用してきた最大の理由は、信用制度には、資本の再生産過程に不可避的にともなう過剰生産や部門間不均衡を、新たな貨幣（信用貨幣）と資本（貸付資本）の供給によって吸収し、拡張的な再生産の継続と資本蓄積を可能にする役割が備わっているためである。要するに信用制度は、資本主義の再生産過程が本来備えている弾力性を、その時代の蓄積様式の限度いっぱいまで拡張する強力な梃子の役割を果たすのである。

　マルクスによれば、恐慌は本来内的に統一された二つの契機——資本の再生産過程は、生産（供給）と消費（購買）、生産と流通、利潤と賃金、利潤率と利子率、消費財生産と生産財生産、輸出と輸入、貸し出しと回収、その他無数の

「本来内的に統一された二つの契機」のバランスが一定の範囲で維持されることを前提している——の分離と独立が、資本の競争的な蓄積行動とそれを支える信用制度に促されて、それら諸契機の統一を不可能にする程度にまで拡大し、両者の乖離が、資本価値の暴力的破壊を通じて調整される過程として理解することができる。

　このような意味での恐慌のもっとも「抽象的」な可能性を作り出すのは、貨幣の登場によって生じる「売り」と「買い」との時間的・場所的分離である。この分離は、産業資本とは区別され、流通過程で独自の価値増殖を遂げる商業資本が商品流通の主要部分を担うようになることで、大きく増進される。とりわけ、世界市場での遠隔地貿易に従事する貿易業者や、直接消費者と取引する小売業者ではなく多数の流通業者や小売業者を顧客とする大規模な卸売業者が発展すると、流通過程が時間的、空間的に拡張され、商業資本の運動が直接的生産活動や家計消費から自立的に展開される余地が大きくなる。その結果、これら業者の計画的な、あるいは誤った見通しや思惑からくる売買が、企業や家計の需要から乖離した商品取引の大きな領域を作り出す。

　　＊　マルクスはこのような商業資本の役割について、次のように述べている。「与えられたどんな制限も乗り越えてつねに推進されうる再生産過程の巨大な弾力性のもとでは、商人は、生産そのものにはどんな制限も見いださないか、またはせいぜい非常に弾力性のある制限を見いだすだけである。したがってここに、商品の本性に由来するW—G（販売、引用者）とG—W（購買、引用者）との分離のほかに、架空の需要がつくり出される。……商人資本は、その自立化によって、ある限界内では再生産過程の諸制限にはかかわりなく運動するのであり、それゆえ再生産過程をその制限を越えてまでも推進する。内的依存性と外的自立性とは、商人資本をかり立てて、内的な連関が暴力的に、恐慌によって回復される点にまで到達させるのである。恐慌がまず出現し爆発するのは、直接的消費に関係する小売業においてではなく、卸売業と、これに社会の貨幣資本を用立てる銀行業との部面においてであるという恐慌の現象はこうして生じるのである」（『資本論』⑨515頁）。

(3) 銀行信用の拡張可能性と生産の弾力性

　商業資本に媒介された「売り」と「買い」の乖離が、社会全体の「売り」と

「買い」の乖離を商業資本自身の継続的な営業と両立しえない程に拡大すれば、商業資本の破綻を契機に商業恐慌が発生する。実際には、商業恐慌は単に商業資本の破綻としてだけではなく、むしろ、商業資本が取引を膨らませるために利用したさまざまな信用の決済に必要な決済資金の不足、したがって、手形その他の債務の決済不能の表面化という形で、貨幣恐慌をともなって発生する。それは、多くの商業資本の循環・回転が、自己資本だけではなく、さまざまな信用、とりわけ銀行信用によって支えられているからである。その意味では、少なくとも信用制度がある程度発展した段階では、商業資本によって拡張される再生産の弾力性は、信用制度＝銀行信用の弾力性によって支えられており、その限界は銀行信用の拡張可能性によって画されるのである。

ところで、銀行信用の弾力性について言えば、それもまた銀行業者の自己資本だけではなく、社会のさまざまな企業や家計の手元で形成される貯蓄の預金形態での収集、市場における資金の需給関係、顧客への資金の供給と顧客からの回収、銀行に対する公衆の信頼、将来の経済動向に対する銀行業者の見通し、さらに、中央銀行の金融政策などによって大きく左右される。

銀行は、中央銀行の管理下で供給される中央銀行マネーに依存するだけではなく、自らの流動的債務である預金を直接決済手段として機能させる手形交換制度や内国為替制度を発展させることによって、中央銀行の金融政策から自立して信用を拡張する能力を手に入れる。さらに短期預金に依存する貸し出し、あるいは預金金利と貸出金利の鞘取りに依存する銀行の「ビジネスモデル」には長期資本や「リスクマネー」の供給という面で固有の限界があるが、この限界は、株式や社債をはじめとする架空資本とその取引を社会的に集中処理する証券取引所の発展によって、さらに、もっと最近では、さまざまなシンジケートローンやローンの証券化の導入によって、突破される。

架空資本市場の膨張やローン証券化の普及は、預金以外の貯蓄性資金に依存する専門金融機関（シャドーバンキング）を、市場リスクに脆弱な銀行信用を代替あるいは補完する金融仲介メカニズムとして発展させる。実際には、現代の高度に発達した信用制度のもとでは、全体としてのシャドーバンキングが銀行制度を上回る規模に発展し、企業の余裕資金、富裕層が金融的に運用する資金、さらにはさまざまな投資スキーム（機関投資家）の管理下に集中される家計貯蓄の大半が、銀行信用と相俟って、企業、家計、政府の利用に供されるよ

うになる。これらあらゆる信用制度の変化が、信用制度の弾力性を拡張し、したがって、信用制度に依存した再生産の弾力性を拡張する（高田, 2014）。

(4) 信用制度の変化と「金融化」

　このようにして、資本主義経済は、再生産の弾力性を拡張する信用制度の機能を、資本蓄積の必要に応じて段階的に高めてきたが、その際重要な契機になったのは資本蓄積の危機であった。例えば、1970年代のスタグフレーションとして現れた困難な経済危機を克服する過程では、金融機関は南米や東欧など途上国向け融資、ジャンクボンドと呼ばれるハイリスク証券の組成・販売、家計向け住宅ローンや消費者ローンの拡大、中小企業向け融資や住宅ローンを容易にするローン転売の新しい仕組み（loan participation, securitizationなど）、途上国向け不良債権の証券化などによって、その業務を拡大し、金融市場に流入してくる貨幣資本に新たな価値増殖の方途を提供してきた。
　さらにこれらの新たな金融スキームの開発は、企業と金融機関が金融市場と為替市場の変動リスクを調整するためのさまざまなデリバティブ市場の形成、シャドーバンキングの信用膨張を支える金融CP（コマーシャル・ペーパー）市場やレポ市場（債券担保付現金貸借市場）の膨張を促したが、これらは一方で、地方銀行、貯蓄金融機関、機関投資家その他の余資を抱える金融機関に短期資金の運用機会を提供し、他方で、投資銀行やヘッジファンドをはじめとするシャドーバンキングが高レバレッジ（自己資本を上回る巨額の借り入れ）を利用して大規模な投機取引を世界的に展開するための資金を提供してきた。
　このように、1970年代以降に顕著になった「実体経済」の停滞傾向と裏腹の金融市場と金融産業の自己増殖的発展、要するに「金融化」が含意するもろもろの変化は、信用制度がいわゆる実体経済から遊離した独自の資本蓄積の仕組みを作り出してきたことを表している。言い換えれば、信用制度が、企業や家計の所得、投資、および消費のアンバランスを調整し、企業や家計に利潤や所得の限界を超える投資や消費の余地を提供することを通じて全体としての資本蓄積を促進するという「本来の」役割から、証券やデリバティブなど架空資本の組成、引き受け、販売、自己勘定取引や、金融機関同士の証券の売買や資金貸借の仲介、富裕層や機関投資家のための資産管理ビジネスなど、いわば金

融市場内部での手数料を含む金融的利得に依存して価値増殖する傾向が強まったことを示唆している。

　その場合、金融市場内部で金融的利得を手にするもっとも直接的な方法は、金融資産の価格変動を利用する裁定（鞘取り）取引や投機取引、言い換えれば、大手金融機関自身による自己勘定での証券売買（ディーリング）や、ヘッジファンドなどを利用した迂回的な投機取引である。したがって、現代資本主義に特有の資本の過剰蓄積を吸収するために発展した最新の信用制度が、一方で、外国為替、架空資本、石油・食料などを対象とする商品先物市場、金融デリバティブ市場などでのますます大規模化する投機取引を増進させ、他方で、これらの市場での激しい価格変動を招来し、その結果、世界的に深刻な通貨危機、銀行危機、財政危機を頻発させることはほとんど必然的な帰結である。

5　貨幣資本の過剰蓄積と金融恐慌

(1)　資本の過剰蓄積と金融イノヴェーション

　以上で説明したように、過去30年間に進行した現代資本主義の蓄積様式および信用制度の歴史的変化を全体として念頭におけば、現代資本主義の恐慌が、マルクスの時代に典型的に見られた商業恐慌ではなく、さらに、商業銀行の連鎖的な支払い不能として発現する銀行恐慌でもなく、今回目の当たりにしたような仕組み証券市場をはじめとするデリバティブ市場の価格暴落、金融CP市場やレポ市場などでの激しい資金逼迫、およびこれらの取引に深く関わってきた大手金融機関とシャドーバンキングの破綻として顕在化した理由を理解することはそれほど難しいことではない（高田, 2012）。

　ところで、資本の過剰蓄積は、個別企業にとっては、自社が取り扱う商品・サービスの販売不振や価格の下落、所属する部門での販売競争の激化、売上と利潤の急落、設備稼働率の低下その他のさまざまな資本蓄積の障害として現れる。企業経営者は、これらの障害を克服するために、新技術の導入、新製品の

開発、人減らしや賃金切り下げ、労働強化や経費節減、営業所の整理、その他あらゆる可能な方策を模索する。したがって、恐慌から次の新しい循環が始まるまでの「不況」期は、平穏な沈滞局面ではなく、すべての企業によって生き残りをかけた競争が繰り広げられる過程である。

　恐慌による資本の価値破壊によって利潤率の下振れが食い止められ、企業経営者の集団的模索によって新しい循環への突破口が開かれてゆるやかな回復期に入ると、現実資本（産業資本と商業資本）による信用制度の利用が、滞っていた債務の清算だけではなく、新たな資本蓄積のために次第に活発化する。その際、不況克服のための総資本の模索の過程から、かつてない大規模な投資、高価な新製品の開発や販売、販路の拡張、その他のためにこれまで以上に大きな信用が必要になれば、それを充足するための新しい金融スキームが開発される。

　しかし、1970年代以降に次第に顕著になったように、資本の過剰蓄積が現実資本の過剰蓄積ではなく、主として金融市場における投機的取引に運用される貨幣資本の過剰蓄積の形態をとるようになると、恐慌は商業恐慌や過剰生産恐慌（産業恐慌）ではなく、主として通貨危機、バブル崩壊、銀行危機など金融恐慌の形態で発現するようになる。この段階では、恐慌後の不況局面から抜け出そうとする資本の模索は、上述のような新技術、新製品、新しい市場や販路をめぐる産業資本や商業資本のイノヴェーションではなく、主として金融業者による、新たな金融的利得の機会の開拓、より多くの顧客を引き付けるための斬新で手の込んだ金融商品や投機手法の開発、中央銀行マネーの供給に拘束されない信用拡張のスキームや、より大きなレバレッジの利用を可能にするリスク評価・管理手法の開発に向けられるようになる。その結果、現実資本の蓄積と無関係に金融イノヴェーションが加速され、金融市場と金融産業の再編が活発化する（Chiliatto-Leite, Rossi & Mello, 2011; Blackburn, 2006）。

　このような貨幣資本の過剰を背景とする金融イノヴェーションの基本的な役割は、金融取引の主要舞台を、企業の運転資金や投資資金、商社その他の貿易取引に必要な決済資金、家計の住宅資金や自動車の購入資金など、生産活動や消費活動に根拠をもつ資金需要を充足するための取引から、株式や債券の流通市場、外国為替市場、短期金融市場（インターバンク市場）等、実体経済との関連が希薄な「貨幣・金融分野」に移し替えることである。それは言い換えれ

ば、ちょうど商業資本が卸売業や貿易業の分野に、公衆の現実の消費から自立した巨大な商品流通の領域を作り上げたのと同様に、貨幣資本の価値増殖を、できるだけ経済の現実的プロセスから遠ざけ、遊離させることで、現実資本の蓄積に依存しない貨幣資本の自己実現的な価値増殖の領域を作り出すことである。今回の金融恐慌が単なる住宅バブルや株式バブルの崩壊にとどまらず、むしろ主要には、さまざまな架空資本を二次的、三次的に加工することによって組成された複雑な仕組み証券（CDO^2 やシンセティック〔合成〕CDO）を金融機関同士がグローバルな規模で取引する市場、現実の投資や商品取引を一切前提しない想定上のリスクを取引する信用デリバティブ (CDS) 市場、さらに、これらの市場の膨張を資金的に支えた金融 CP 市場やレポ市場を主たる震源として発生した経緯は、現代の信用制度が、企業や家計の現実の経済活動やそれにともなう資金需要から極度に遊離した、その意味で純粋に金融的なリスク取引の仕組み（リスクの商品化）に変質していることを証明しているのである。

> *　以上の説明は、今回の金融恐慌の最初の契機がいわゆるサブプライムローンを含む住宅ローン市場の債務不履行や差し押さえ事案の急増であった経緯と矛盾するように思われるかも知れない。しかし、住宅ローン市場の問題が大規模かつ深刻な金融恐慌の引き金を引いたのは、単に家計の旺盛な住宅需要が結果として住宅ローンの過剰供給を引き起こしたためではない。恐慌に先立つ数年間にわたって、住宅ローン自体が、家計の住宅需要を支えるためではなく、大手金融機関が巨利の見込まれる仕組み証券を大規模に組成・販売するのに必要な材料を供給するために提供されていたのである。住宅ローンは、企業向け融資に比べて金利が高いこと、ローンの同質性が高く、件数が膨大で、仕組み証券の担保として好都合であったことなどの理由から、証券化の材料として大手金融機関からの需要が大きかったのである（高田, 2008）。

(2) 信用の拡張と金融恐慌にいたるメカニズム

信用制度が、主として現実資本の過剰蓄積を吸収し、新たな設備投資や消費者の購買を支えるためではなく、主として通貨市場、不動産市場、架空資本市場その他における裁定取引や投機取引の活発化、言い換えれば、金融市場の内部で自己増殖的な資本蓄積をめざす金融産業と投機組織への信用拡張という形

で、過剰な貨幣資本に利殖の機会を提供するようになると、資本の過剰蓄積を吸収する信用制度の能力は、あたかも限度をもたないかのように現れてくる。なぜなら、主として架空資本の形態で提供される「資本としての商品」に対する需要には、設備投資、住宅投資、自動車や家具に対する需要のような、市場の飽和状態による限界は存在しないからである。一般に架空資本には価格の上限はなく、架空資本をめぐる需給関係によって、少なくとも理論的には限度なく上昇する。そして、さまざまな架空資本の価格が歩調をそろえて上昇し続ける限りでは、この市場はますます多くの貨幣資本を吸引し、それらに価値増殖の機会を提供する。

> * 「工場や設備などの物的生産手段の能力には制約があるのに対して、金融市場はただその利用者、すなわちトレーダーの集団的な想像力によってのみ限界づけられる。利子や配当など他の金融的所得が産業利潤から直接控除されるのとは異なり、キャピタルゲイン（資産譲渡益）は、資産価格の上昇が続く限り、そのような制約を受けない。そして、市場に広まった熱狂が多くの流動性をこれらの資産とその市場に仕向ける限り、実際に価格は上昇し続ける」(Guttmann, 2009)。

事実、今回の金融恐慌が発生する直前まで、世界中の金融市場で観察されたのは、すでに何人かの事情に通じた専門家が指摘しているように、株式、債券、さらには仕組み証券その他の架空資本の過剰供給ではなく、逆に、投資家の需要に比べて、投資家の要求を満たす証券の著しい不足であった。世界中で、有り余る運用資金を抱えた投資家が、どんな不透明な証券であれ、格付けさえ付いていれば喜んで買い求めるという状況であった。このように、世界中の投資家（その中心は年金、投資信託、ヘッジファンドをはじめとするファンド、保険会社、大学や財団その他の機関投資家である）が、ほとんどリスクを無視して競争的に証券やデリバティブを買い求める状況は、明らかに貨幣資本の過剰が自己増殖的に進行している状況を表している。

> * 以上の状況に関しては、数多くの専門家の証言がある。「過去数年間の債務市場と資本市場の環境変化は、グローバル金融システム全体にわたる前例のないレバレッジを可能にした流動性の爆発的増加として描写することができる。この流動性ブームの源泉は、オイルダラーなどの伝統的な資金源、とりわけアジア地域における巨額の政府余剰、さらに年金基金、財団、富裕

個人投資家からの投資の増大であった。それらの資金は、拡張的金融政策と相俟って、世界的な経済成長率を目覚ましく押し上げた。この最近の流動性の急増に関してとりわけ目を引くのは、その債務市場への流入経路、すなわち、投資家が資本のますます多くの割合を、非投資適格証券、プライベート・エクイティ、ディストレスト資産などに運用していることである」(Altman, 2007, p.24)。

「世界的な金融資産の不足が発生してきた。金融資産の供給は家計、企業、政府、保険会社その他の金融仲介機関からの価値貯蔵手段、担保資産に対するグローバルな需要増加に追いつくことが難しくなっている。

この資産不足は、途上国では慢性的現象で、これらの国で発生する経済的危機、地域的問題は、この資産不足から発生している。しかし、今では資産不足はグローバルな規模で発生している。ことの始まりは、おそらく、1990年代初頭の日本で発生したバブル崩壊であるが、その後、欧州での経済不振、90年代の途上国の通貨危機、さらに中国と産油国の急速な所得増加が金融資産の需要供給の不均衡を激しくしてきた。これらマクロレベルの要因だけではなく、ミクロレベルの要因も作用している。とくに、近年の急激な金融リストラクチャリングと金融イノヴェーションは、すくなくとも短期的には、証拠金の必要によって、担保資産に対する需要を増大させてきた」(Caballero, 2006, p.1)。

しかし、架空資本の価格を押し上げてバブルを作り出す貨幣資本の運動は、直接的にはトレーダーの集団的な期待や想像力によって促されているが、貨幣資本が実際に実現できる最終的な利得の見通しは、かれらの限度のない利潤欲に見合うほど無制限ではありえない。周知のように、架空資本の市場価値は、期待される将来の利得を、投資家が期待する利回りで割り引いた現在価値(現在の金融論の用語では、将来のキャッシュフローの割引現在価値)として評価される。住宅を含む架空資本の価格がトレンドから乖離して高騰し、バブル状態になれば、それが近い将来反落する可能性も大きくなる。つまり、架空資本の値動きを予想するトレーダーの不確実性(リスク)が大きくなる。

不確実性(リスク)の上昇は、リスクをコストとしてとらえる投資家の期待利回りを押し上げ、架空資本の価格を下落させる。価格がさらに上昇し続けると予想する強気筋に対して、近い将来価格が下落する可能性が高まっていると考える弱気筋が市場の多数を占めるようになれば、バブルは崩壊する。バブル

の崩壊は、過剰な貨幣資本に支えられて高値で取引されていた架空資本の暴力的な価値破壊であり、資本価値としての架空資本の突然の価値減少に他ならない。しかし、資本の過剰生産＝過剰蓄積が、主として貨幣資本の過剰蓄積の形態で発生する現代資本主義のもとでは、バブル崩壊は単に架空資本市場の撹乱にとどまらず、銀行恐慌を含む金融市場の全般的な撹乱を引き起こさざるをえないのであり、それらはさらに、今回の世界不況に見られる世界的な経済活動の収縮に帰結せざるをえないのである。

6 まとめ

　今回の金融恐慌とそれに続いた世界不況は、多くの専門家によって、1930年代の大恐慌以来の深刻かつ大規模な経済危機と認定されている。歴史の経験に照らせば、これほど甚大な経済危機が、資本主義の蓄積様式と信用制度に歴史的な構造変化を引き起こすことなく克服されることは考えにくいことである。例えば、エンゲルスも注目した19世紀後半期の長期不況 (great recession) は、独占の形成と帝国主義、株式会社と株式市場の発展の契機となった。1930年代の大恐慌 (great depression) は、ニューディールによる包括的な金融制度改革と「ケインズ的福祉国家」の形成、比較的安定した信用制度に支えられた1950～60年代の高度成長へと繋がった。さらに、1970年代のスタグフレーションは、福祉国家の後退と新自由主義の隆盛、金融の自由化とグローバル化、証券化と機関投資家の成長、急激な金融イノヴェーション、さらに金融主導型資本主義の成立をもたらした。
　このような歴史の経験に照らせば、今回の経済危機が、過去30年間の資本主義を特徴づけてきた新自由主義の覇権、金融規制と監督体制の形骸化、金融産業のためだけの無意味な金融イノヴェーション、金融市場の投機市場化に歯止めをかけ、企業の資本蓄積様式を含めた「金融化」の傾向を逆転し、企業と家計の健全な経済行動を支える金融システムの構築に向かう契機になることが期待される。
　例えば、かねてより、「金融化」論の観点から、現代資本主義に特有の金融

不安定性について批判的な論考を公表してきたランダール・レイ（ミズーリ－キャンサスシティ大学）は、最近の論文で今後の金融制度改革に触れて、(1)金融システムの本来の役割は、人々の生活水準の向上に資する経済活動への資金の供給である、(2)今日の金融機関が主として従事している業務は、実際にはこの基本的目的に照らして有害である、という認識が今後の制度改革の前提になるべきであると主張している（Wray, 2013）。

　このような認識から引き出される自然な結論として、簿外組織やタックスヘイブンの野放図な利用を含む金融機関の活動に対する厳格な規制、中央銀行の「最後の貸し手機能」や預金保険制度を含む公的セーフティネットの厳格な運用、デリバティブ市場やOTC取引の膨張を抑制し、透明性を高めるための措置、"Too Big To Fail"と称される複合的で多国籍化し、経営的には不透明で非効率的な巨大金融機関の分割、あらゆる金融機関に対するレバレッジの制限強化、株価と短期利益を優先して導入された法外な報酬制度の改善などの改革が提案されることになる。

　これらの提案は、それ自体としてきわめて当然であり、それらが部分的にでも実現すれば今後の金融市場の健全化に貢献することが期待される。しかし、すでに見たように、1970年代に深刻な経済危機に陥った現代資本主義が、危機克服の方途としてグローバル化と「金融化」を選択し、それらを推進する理論的支柱として新自由主義を推し進めてきた歴史的経緯を考慮に入れると、そうした当然の提案にも、実際には多くの複雑な理論問題が含まれていることが明らかになる。

　例えば、現代資本主義には、「新自由主義化」と「金融化」をさらに推し進める以外に、資本の過剰蓄積を克服し、資本蓄積を持続させる有効な方途が存在するのか、果たして、「人々の生活水準の向上に資する経済活動への資金の供給」によって、すでに途方もない規模（確定はできないが世界で40～50兆ドルと見られる）で蓄積されている過剰な貨幣資本に価値増殖の方途を確保できるのか。過去30年の資本主義経済を特徴付けてきた「金融化」は、新自由主義的な資本主義に特有の傾向であり、新自由主義の避けられない破綻とともに消滅するのか。その場合、資本主義はどのような新しい信用制度を作り出して拡張的な資本蓄積を支えることになるのか。

　実際には、現在すでに「人々の生活水準の向上に資する」目的では運用でき

ない規模に達している過剰な貨幣資本を、企業と家計に役立てる方法でさらに増殖させるというのは矛盾ではないのか。この矛盾は、単に新自由主義に特有の矛盾ではなく、人々の労働の成果が、「人々の生活水準の向上」の手段ではなく、次の労働を搾取するための手段に転化される、階級的搾取の制度としての資本主義自体の根本的な矛盾を表しているのではないのか。そうであれば、新自由主義と「金融化」の行き詰まりを打開するための見通しのある方途は、資本主義体制それ自体の変革に否応なく繋がらざるをえないのではないか。

　マルクスは、恐慌をもたらす資本と商品の過剰生産が絶対的ではなく相対的でしかないと主張する経済学者に対して次のように反論している。

　「もし、過剰生産は相対的でしかないと言うのであれば、それはまったく正しい。しかし、資本主義的生産様式全体がまさに一つの相対的な生産様式でしかないのであり、その諸制限は絶対的ではないが、しかしこの生産様式にとっては、この生産様式の土台の上では、絶対的なのである。絶対的なのでなければ、人民大衆にとって不足しているその同じ商品にたいする需要が存在しないというようなことが、いったいどうしてありえようか？」(『資本論』⑨438頁)。

　このマルクスの反論に倣うなら、今回の金融恐慌およびそれを契機とする世界不況として現れた資本の過剰生産もまた、資本蓄積の絶対的な制限ではない。資本の集団的知恵は、さらに大規模な途上国への資本と雇用の移転、さらに空想的で現実離れした金融商品の開発、より高い強度で労働を搾取するための新技術や「ビジネスモデル」の導入、民営化という名で進められる公共財の略取、経済の軍事化をはじめとする破壊と浪費の拡大などによって、この制限を克服する可能性を残している。いわゆるブラック企業の蔓延も、このような資本の集団的知恵の産物と見なすことができる。しかし、そうした方途が、たとえ一時的な利潤回復をもたらすとしても、それはせいぜい一時しのぎでしかなく、より大規模で深刻な、あるいはわれわれの予想を超える形態での新たな制限と混乱に帰結せざるをえないのである。

参考文献

高田太久吉 (2008)「サブプライム問題に現れたローン証券化の虚構性」『前衛』日本共産党中央委員会、2月号。
――― (2009a)『金融恐慌を読み解く――過剰な貨幣資本はどこから生まれるのか』新日本出版社。
――― (2009b)「現代資本主義論としての『経済の金融化』論」『企業研究』中央大学企業研究所、3月号。
――― (2012)「過剰生産恐慌と『独自の貨幣恐慌』」『商学論纂』中央大学商学研究会、第54巻第3/4号。
――― (2014)「金融恐慌とシャドーバンキング」『商学論纂』中央大学商学研究会、第55巻第5/6号。
Altman, E. (2006) Are Historically Based Default and Recovery Models in the High-Yield and Distressed Debt Markets Still Relevant in Today's Credit Environment? New York University, Salomon Center, Special Report.
――― (2007) Global Debt Markets in 2007: New Paradigm or the Great Credit Bubble? *Journal of Applied Corporate Finance*, Morgan Stanley, Vol.19, No.3 (Summer)
Assa, J. (2012) Financialization and its Consequences: the OECD Experience, *Finance Research*, Vol.1, No.1 (January)
Blackburn, R. (2006) Finance and the Fourth Dimension, *New Left Review* (May-June)
Boyer, R. (2000) Is a Finance-Led Growth Regime a Viable Alternative to Fordism?: A Preliminary Analysis, *Economy and Society* (February)
Caballero, R. (2006) On the Macroeconomics of Asset Shortages, MTT and NBER (November)
Chiliatto-Leite, M. V., Rossi, P. & Mello, G. S. (2011) The Fourth Dimension: The Derivatives in a Financiallized Capitalism, Paper for the Workshop: Financial Sector Development for Sustained Growth (September)
Epstein, G. A. (2005) Introduction: Financialization and the World Economy, in *Financialization and the World Economy*, Edward Elgar.
Ertürk, I., Froud, J., Solari, S. & Williams, K. (2005) The Reinvention of Prudence: Household Savings, Financialisation and Forms of Capitalism, CRESC Working Paper (November)
Foster, J. B. (2008) The Financializatin of Capital and the Crisis, *Monthly Review* (April)
Guttmann, R. (2009) Asset Bubbles, Debt Deflation, and Global Imbalances, *International Journal of Political Economy*, Vol.38, No.2 (Summer)
Husson, M. (2009) *Kapitalismus pur : Deregulierung, Finanzkrise und weltweite Rezession, Eine Marxistische Analyse*, Der Neue ISP Verlag.

Issacs, G. (2011) Contemporary Financialization: A Marxian Analysis. *Journal of political Inquiry* (April)

Lazonick, W. (2012) The Financialization of the US Corporation: What Has Been Lost, and How It Can Be Regained, paper for the Seatle University School of Law Berle IV Symposium (July)

McNally, D. (2009) From Financial Crisis to World-Slump: Accumulation, Financialisation, and the Global Slowdown, *Historical Materialism*, Vol.56, No.17.

Minsky, H. (1993) Finance and Stability: The Limit of Capitalism, Hyman Minsky Archive, Bard College.

Stockhammer, E. (2004) Financialization and the Slowdown of Accumulation, *Cambridge Journal of Economics*, Vol.28, No.5.

―― (2008) Some Stylized Facts on the Finance-Dominated Regime, *Competition & Change* (June)

Sweezy, P. M. (1997) More (or less) on Globalization, *Monthly Review* (September)

―― (1994) The Triumph of Financial Capital, *Monthly Review* (June)

Wray, R. (2013) A Minskyan Road to Financial Reform, in Wolfson & Epstein (ed) *The Handbook of The Political Economy of Financial Crises*, Oxford University.

第 3 章　金融危機の要因としての過剰流動性について

「流動性は単なる記述的な用語であり、それがあたかも何かの原因であるかのように論じることは、引き馬の前に荷車を繋ぐようなものである」

(Michael Bracken, 2008, p.167)

1　はじめに

　今回の国際金融危機は、現代の国際金融システムの急激なグローバル化と構造変化の背景に、きわめて深刻な不安定性と脆弱性が隠されていることを露にした。多くの研究者は、近年の金融市場で頻発する金融バブルと金融危機の主要な要因として、過剰流動性 (excess liquidity) とその作用に着目してきた。これらの研究者によれば、主要国の拡張的な金融政策、国際的な不均衡、企業の実物投資の低迷などいくつかの構造的要因が相俟って、とりわけアジア通貨危機以降の国際金融市場には過剰流動性が供給されてきた。過剰流動性は、銀行信用の膨張を促し、投資家のリスク取り入れを活発化させ、金融システム全体のレバレッジを押し上げ、低金利政策と相俟って証券利回りの傾向的低下をもたらし、証券と不動産の急激な価格上昇（バブル）を引き起こした。

　2005 年以降に警戒的な動きを強めた FRB の政策が引き金になって、米国の住宅価格が頭打ちになると、住宅価格の継続的上昇を見込んでいた投資家の期待が転位し、格付け会社による仕組み証券の格付け引き下げを契機に金融機関

と投資家の流動性選好（流動性を手元に確保する動き）が一挙に高まった。それまでさまざまな金融機関と投資家にほとんど無尽蔵の流動性を提供してきたレポ市場と金融CP市場では一挙に流動性不足が発生し、この市場に依存していた投資銀行、ヘッジファンドやさまざまな簿外投資ビークル（CDO、SIVその他）は深刻な流動性危機に陥った。これら金融市場における流動性の突然の消失は、金融グローバル化のもとでヨーロッパを含む広範な金融市場に波及し、これによって世界金融危機と、これを引き金とする世界不況が発生した。

　ほぼ以上のように要約できる過剰流動性論は、しかしながら、立ち入って検討するといくつかの理論的難点を内包している。

　第一に、肝心の流動性概念が、専門家の間でも多義的に利用され、それらの異なった定義の区別が不明確なこと。

　第二に、定義の多義性と曖昧性が、「過剰」流動性の明確な説明を困難にし、合わせて、もう一つの類似の概念である過剰信用あるいは過大なレバレッジとの混同を引き起こしていること。

　第三に、過剰流動性概念の曖昧さは、金融危機の過程の分析に混乱をもたらし、過剰流動性論に依拠した分析の多くが、金融危機にともなう現象をその原因と取り違え、同義反復に陥っていること。

　以上のような理論的問題を解決するためには、筆者の見解によれば、本来金融バブルや金融危機を引き起こす能動的な要因ではなく、バブルにともなう現象にすぎない過剰流動性や過剰信用の概念に代わって、金融市場に能動的な影響を及ぼす貨幣資本とその過剰という概念に依拠して、金融バブルや金融危機を説明することが必要である。

2　金融バブルの主因＝過剰流動性論

　2001年にアメリカのITバブルが崩壊し、連邦準備制度理事会の金融緩和政策を背景に、株式市場から流出した資金が住宅ローン市場に流入して住宅バブルを引き起こした。住宅バブルは、アメリカにとどまらず、イギリス、スペイン、オーストラリアその他の諸国でも発生した。さらに、住宅バブルを背景に、

住宅ローンを組み込んだ RMBS（住宅モーゲッジ担保証券）や CDO（債務担保証券）その他の仕組み証券市場が急膨張し、銀行を含む世界中の機関投資家が莫大な資金を高リスクの仕組み証券に投資した。こうして、仕組み証券の組成・販売は、大手金融機関の最重要な収益源となり、これをサポートした格付け会社や金融保険（モノライン）会社にも莫大な利益をもたらした。さまざまな機関投資家が運用する資金は、より高い利回りをもとめて、高リスクの商工業向けローン、消費者ローン、自動車ローン、さらには、原油をはじめとする商品市場にまで流入し、全体として急激な信用膨張と、商品価格の異常な高騰を引き起こした。

　このような機関投資家の活発な資金運用と結びついた仕組み証券市場や高リスク商工業向けローン市場の膨張、商品市場の投機市場化に注目する専門家の多くは、これらの現象の背景に世界的な「過剰流動性(excess liquidity)」が作用していることを指摘している。さらに、2007 年夏以降いわゆるサブプライム問題を契機に世界的な金融危機が発生すると、今度は一転して、金融危機の発生メカニズムの説明要因として、「流動性の消失」や「流動性の崩壊」が注目されるようになった。事実、金融危機にともなう大手金融機関とヘッジファンドの破綻では、その多くが短期金融市場（レポ市場、CP 市場他）からの資金調達が困難になり、短期的な支払い資金が急迫したことが引き金になった (Gorton, 2009; Gourienchas, 2010)。

　これらの専門家の見解によれば、1990 年代以降、今回の金融危機に至る過程で発生した数多くの混乱や危機のもっとも重要な要因は、アメリカの経常収支の大幅赤字、中国、日本、産油国などの経常収支黒字あるいは「過剰貯蓄」、日本をはじめとする各国通貨当局の金融緩和政策などが相俟って生み出した、グローバルな規模での過剰流動性であった。そして、過剰流動性は銀行信用の膨張と投資家の過度のリスク取り入れ（投機的行動）を誘発して不動産市場や証券市場にバブルを引き起こし、これらのバブルが崩壊すると、一転して銀行と機関投資家のリスク忌避行動によって「流動性消失 (liquidity runs)」を発生させた。

　例えば、アメリカのハイイールド証券（ジャンクボンド）市場の専門家アルトマンは、ハイイールド証券のデフォルト率と利回りの顕著な傾向的低下に着目し、こうした現象をもたらした要因として近年世界的に増大した流動性の作

用を重視している。

　「過去数年間の債務市場と資本市場の環境変化は、グローバル金融システム全体にわたる前例のないレバレッジを可能にした流動性の爆発的増加として描写することができる。この流動性ブームの源泉は、オイルダラーなどの伝統的な資金源、とりわけアジア地域における巨額の政府余剰、さらに年金基金、財団、富裕な個人投資家からの投資の増大であった。それらの資金は、拡張的金融政策と相俟って、世界的な経済成長率を目覚ましく押し上げた。この最近の流動性の急増に関してとりわけ目を引くのは、その債務市場への流入経路、すなわち、投資家が資本のますます多くの割合を、非投資適格証券、プライベート・エクイティ、ディストレスト資産などに運用していることである」(Altman, 2007, p.24)

　要するにアルトマンによれば、近年の世界経済におけるいくつかの構造的・政策的要因によって、株式、社債、国債などの伝統的な証券市場だけでは吸収されない過剰流動性が供給され、それらの市場からあふれた流動性は、非適格証券（ジャンクボンド）市場やプライベート・エクイティなどの代替的証券市場に流入し、それらの価格を押し上げ、さらには世界経済自体の成長率をも押し上げて、これら代替的証券のデフォルト率と利回りを従来の水準から大きく押し下げた。そして、サブプライムローンを組み込んだハイリスクの仕組み証券市場の異常な膨張も、このような過剰流動性の産物として説明されることになる。

　＊　過剰流動性論に依拠した金融危機の分析については、他に Deutche Bank Research (2007); IMF (2008, Chapter 3); CEBS (2008); Brunnermeier (2009) を参照。

　したがって、かれらの見解によれば、金融危機の解明のためには、世界的な過剰流動性の発生原因を解明し、過剰流動性がどのようなメカニズムを通じて信用の過度膨張を誘発し、リスクスプレッドを縮小させ、金融バブルと金融危機を引き起こすのか、また、いったん危機が発生すると、それまで無尽蔵と思われていた流動性が何ゆえに突如消滅するのか、こうした問題を具体的に分析

することがまず重要ということになる。

　このために、2000年代中頃にアメリカの住宅バブルが顕著になると、これを契機に過剰流動性についての議論が活発化し、過剰流動性の発生要因をめぐる研究が数多く発表されるようになった（Adalid & Detken, 2006; Borio, 2004; Laganà et al., 2006; Rüffer & Stracca, 2006）。

　これらの研究によれば、一般に金融危機に先立っていくつかのマクロ的、国際的要因から過剰流動性が発生し、その結果、金融市場における金利水準の著しい低下とリスクスプレッドの大幅縮小、銀行やノンバンクを含む金融機関の融資増大と融資条件の緩和、証券市場の利回り低下とさまざまな証券価格の上昇、投資利回りを確保しようとする投資家の間での積極的なリスク取り入れ、実物投資に消極的な企業の「手元流動性」の増加、などの諸現象が顕著になった。

　これらの諸現象の背景にある過剰流動性は、金融当局の拡張的な金融政策、貿易黒字国から赤字国への資金流入、企業の実物投資の停滞、経済的不平等の拡大と富裕層投資家への所得の集中、機関投資家の成長、金融イノヴェーションによるレバレッジ上昇などの要因によってもたらされた。しかし、何らかの原因（例えば、金融当局のバブル予防的な金融引き締め、証券価格や不動産価格の下落、企業業績の悪化、インフレーションなど）によって金融機関と投資家の将来予想とリスク評価が変化すると、これまで過剰とみられていた流動性は一挙に消失し、一転して市場では深刻な「流動性不足」(liquidity squeeze, liquidity crunch) が発生する。しかも、いずれかの金融市場で発生した流動性不足は、急速に金融市場全体に拡大し、金融当局がこうした変化を制御することはきわめて困難である（Getter et al., 2007, p.9）。

　このような流動性の増大とその突然の消失という現象を、一部研究者は流動性パラドックス (liquidity paradox) と呼び、別の研究者は流動性の幻想 (liquidity illusions)、あるいは流動性ブラックホール (liquidity black holes) と呼んでいる。

　例えばインドの研究者 Chandrasekhar & Ghosh (2008) は、流動性パラドックスを次のように指摘している。

　　「米国のサブプライム危機がもたらした結果の中で活発に議論された問題は、グローバルな流動性消失である。……逆説的なことは、流動性危機を引

き起こす流動性不足という問題は、何よりも、国際金融市場における流動性レベルの急激な上昇をもたらしたプロセスの結果であるということである」(p.1)。

　かれらによれば、流動性を測定することはほとんど不可能であるが、研究者は市場での取引規模の増大を流動性の指標と見なし、とくに、銀行セクターの対内的・対外的エクスポージャー（市場の変動によって損失が発生するバランスシート上のリスク）の変化をグローバルな流動性の指標として利用している(p.1)。
　また、今回の金融危機発生以来、金融危機と流動性の関連について精力的に論稿を発表してきたNesvetailova (2008a; 2008b) は、近年の金融イノヴェーションが、一方において個別機関や投資家にとっての市場取引の容易さという意味での流動性を増大させると同時に、金融システム自体にとっては、逆に信用の連鎖を延長して流動性を低下させ、ストレスに対するシステムの脆弱性と不安定性を高めたという意味で、個別ポートフォリオの流動性と金融システムの流動性との間に重大なトレードオフがあることを強調している。その上で彼女は、市場参加者が活発かつ大量の市場取引やリスクプレミアムの縮小などを豊富な流動性の存在と誤解する傾向を、「流動性の幻想」と呼んでいる。

　　* 　Nesverailovaが強調する「流動性の幻想」にもとづく典型的な議論はモルガン・スタンレーのエコノミストFels (2005) に見られる。

　他方、活発な市場取引に表れる豊富な流動性が何かのきっかけで突然消失する現象を、Persaud (2001; 2002) は、「流動性ブラックホール」と名付けた。かれによれば、BISや多くの研究者が行ってきたように、市場流動性を市場取引の規模で測ることは誤りである。なぜなら、市場流動性を作り出すのは、市場参加者の数や取引規模ではなく、市場参加者とかれらの取引における多様性だからである。現代の金融機関と投資家が判断基準にするリスクマネジメントの公準には共通性があり、投資家の数が増大してもかれらの行動様式が他者追随的になれば、あるいは特定の市場に集中する傾向を示せば、市場流動性は低下する。こうした傾向は、BIS規制のような一律のリスクマネジメント手法が監督機関によって強制されることによって一層強まることになる。

Persaud (2002) によれば、近年の金融市場では市場流動性を決定する市場参加者とその行動の多様性を減少させるさまざまな要因が作用している。それらの要因としては、標準化された情報公開による利用可能な情報の画一化、グローバル化や規制緩和による市場統合の進展、VAR（ポートフォリオの予想最大損失）に代表される市場感応的なリスクマネジメントの普及などが挙げられる。これらの諸要因は、市場参加者の情報と判断の画一化を促進し、市場参加者の間に他者追随行動を強める。

> ＊　念のために付記すれば、金融危機の要因としての過剰流動性に専門家の関心が高まったのは、今回の危機が最初ではない。すでに 1997-98 年のアジア通貨危機を契機とする国際金融危機において、市場流動性という意味での過剰流動性と金融危機の関係が着目され、これに関してバブル崩壊後の日本からの巨額資金流出が指摘された。例えば、Borio (2000; 2004) を参照。

3　流動性概念の多義性と曖昧性

　以上のように、近年金融危機の主要な要因としての過剰流動性についての関心が高まっているが、とくに、金融バブルと金融危機の要因としての過剰流動性をめぐる議論は、筆者の考えでは、いくつかの理論的難点を抱えている。

　最大の難点は、そもそも研究者が使用する流動性という概念自体が多義的で、明確な定義ができないということである。

　周知のように、これまで専門家は、流動性という概念を複数の異なった意味で定義し、使用してきた。それらの定義は論者によって異なった言葉で表現されているが、大きく分けると、以下の四つに分類できる。

(a)　資産の流動性 (asset liquidity)

　これは、企業や投資家など経済主体の保有するさまざまな資産について、それらがどれほど容易かつ低コストで現金化できるかという尺度で評価した、各種経済的資産の市場売却（＝換金）可能性を示す指標である。それは、言い換えれば、それぞれの資産の現金との近似性ということができる。この定義にも

とづけば、現金は流動性100%であり、それについで流動性が高い資産は要求払い預金（当座預金、普通預金）であり、ついで定期預金、投資信託などの順序になる。因みに、企業のバランスシートに計上されるさまざまな項目は、原則としてこのような意味での流動性の高い順番に並べられている。

(b) 個別経済主体の資金的流動性 (funding liquidity)

これは、金融機関、企業、家計などの経済主体が、短期的な支払いの必要のための資金をどれくらい手元に確保しているか、あるいは、新たな資金の必要が生じた場合、どれほど容易に調達できるかという、手元資金の潤沢さを表す指標である。それぞれの経済主体は短期的な支払いが必要になると、十分な手元資金が確保されている場合にはそれを取り崩し、そうでなければ、短期の外部資金取り入れによってまかなう。後者は、銀行システム（間接金融）が中心の金融システムでは、銀行ローンや銀行の信用保証などが主要な方法であり、逆に資本市場中心の金融システムでは、短期の債券やコマーシャル・ペーパー(CP)の発行が代表的である。このような意味での流動性は、経済主体の最終的な支払能力を表す「ソルヴェンシー (solvency)」から区別される。ソルヴェンシーは、経済主体が債務を上回る資産（正味資産）を確保している状態を示しているのに対して、資金的流動性は、例えば、企業が満期になった債務や手形の支払いを滞りなくできるかどうかという問題である。

  ＊ ただし、多くの研究者が指摘しているように、個別経済主体の資金的流動性とソルヴェンシーとは、概念的にはともかく、実際には密接に関連しており、その区別は容易ではない。金融市場で緊張が高まると、まず資本市場や短期金融市場での資金調達が困難になるが、こうした困難が重大化したり、長期化する場合には、保有資産の価値低下や債権回収の困難、さらには一般的な販売困難などの理由から損失が発生し、正味資産の毀損が生じる。

(c) 市場の流動性 (market liquidity)

これは、金融資産市場における大量の資産の売買が、当該資産や他の資産価格に大きな影響を及ぼすことなく実行される市場の状態（厚み）である。市場の流動性が大きいのは、さまざまな資産に対する買い手（強気筋）と売り手（弱気筋）とがそれぞれ大量に存在しており、市場価格を基準にして、投資家

が欲する資産をいつでも、望む数量で、容易に売ることも買うこともできる状態を意味している。逆に、市場参加者の数が多くても、かれらの判断が強気筋に偏ると、売り手を見つけることができず、逆に投資家が弱気筋に偏ると、買い手を見つけることができず、いずれの場合にも取引は成立しない。したがって、市場流動性が高いというのは、単に多数の投資家が市場に参加しているだけではなく、かれらの判断が多様で錯綜し、強気と弱気、買い手と売り手が程よくバランスしている状態を表している。

(d) マネタリー流動性 (monetary liquidity)

これは、マネーストック（民間部門の企業、家計、地方公共団体などが保有する通貨性資産の合計）を含む流動性を備えた金融資産が、民間セクターによって全体としてどれほど大量に保有されているかを示す貨幣的指標である。例えば、日本銀行が作成する資金循環表には、現金と要求払い預金（預金通貨）を合計したM1の他に、定期性預金や外貨預金、譲渡性預金などを加えたM2+CD、これに郵貯、金銭信託などを加えたM3+CD、さらに、投資信託、公社債、金融債を含むさまざまな証券など、市場で取引可能なあらゆる金融資産を総計した「広義の流動性」というマネーストック統計が公表されている。マネタリー流動性はこれらの量的指標に相当する。

 ＊ BIS、IMF、欧州中央銀行(ECB)などが発行する市場リポートが重視する流動性は、多くの場合、この意味でのマネタリー流動性である。

以上のように、流動性という概念は経済学で広く使用されているいわばキーワードの一つであるにもかかわらず、その意味は多義的で、曖昧な概念である。したがって、文献のなかで流動性という概念に出会った場合は、それぞれの文脈の中でその意味を特定して解釈する必要が生じる。

 ＊ 「金融新聞や他の市場評論では、資産価格騰貴の原因は時に金融市場の『過剰流動性』に帰せられる。金融評論家は金融市場が『流動性に満たされている』とか、流動性が『振りまかれている』などの類似の比喩を好んで用いる。しかしながら、こうした文脈で流動性が使用される正確な意味はしばしば曖昧である」(Adrian & Shin, 2008, p.2)

  「流動性に関する研究は、マクロおよびミクロ経済学の広範な分野にまた

がってきた。その理由は、流動性が実際にはあまりにも曖昧で多数の定義を包括する用語だからである。われわれはどのように流動性を定義するのか。流動性は、金融政策によって影響を受ける貨幣量的概念なのか。それとも、流動性は、ミクロレベルで測られる資産に特有のものなのか」(Borja & Goyean, 2005, p.3)

　例えば、さまざまな資産の売却可能性を意味する「資産の流動性」は、さまざまな金融市場の間の統合性が深まり、金融資産の間の代替性が高まった結果、市場流動性と切り離して個別に論じることが難しくなっている。実際に、さまざまな仕組み証券の流動性は、仕組み証券市場と繋がったレポ市場や金融CP市場における資金的流動性や市場流動性と密接に連動している。さらに、仕組み証券市場の流動性は、地方債や社債を含むその他の債券市場の流動性とやはり密接に関連している。こうした関連は、投資家の資金がさまざまな債券市場の間で裁定的に移動するだけではなく、市場の一部で表面化した問題が、当該市場以外の市場における参加者のリスク評価や将来予測に広範な影響を及ぼすことに起因している。

　流動性概念の曖昧さは、市場流動性と資金的流動性の関係にも見ることができるし、さらに、これらとマネタリー流動性との関係にも見て取ることができる。例えば、中央銀行による「流動性供給」は、これら三つの流動性に共通の影響を及ぼす。同様のことは、海外からの「流動性の流入」についても言うことができる。したがって、多くの研究者が拡張的な金融政策と黒字国からの資金流入が過剰流動性の重要な要因であると指摘する時、それは、それら三つの流動性をひっくるめた議論になっているのである。

4　流動性の「過剰」をどのように説明するか

(1)　市場流動性の過剰

　流動性概念の多義性と曖昧性は、当然の結果として、金融バブルの要因としての過剰流動性をどのように定義し、説明するかというやっかいな理論的問題を提起してきた。しかし、実際には、流動性をどのように定義し、測定するにせよ、既存の定義にもとづく限りその「過剰」の何であるかを説明することは容易ではない。

　因みに、近年の金融危機をめぐって、「過剰流動性」ないし「流動性の消失」という概念が使用される場合、そこで議論されている事象は特定の種類の資産の転売可能性ではなく、また、個別の経済主体の資金調達の容易さでもない。金融バブルや金融危機の分析で想定されているのは、具体的にはレポ市場やCP市場、さらにはフェデラル・ファンド市場など、主として大口の短期資金が取引される市場における資金需給の状態である。

　その理由は、第一に、これらの市場における資金需給は、銀行や機関投資家を中心とする市場参加者の間の資金需給を集約し、したがって、金融市場全体の資金需給を集約的に表すからであり、第二に、大手金融機関とヘッジファンドその他の機関投資家が、これらの市場が提供する豊富な資金を利用して積極的に取引を膨らませ、結果として金融システム全体のレバレッジを高めてきたからである。これに対して、特定の種類の資産の売却可能性を表す前記(a)や、個別経済主体の資金調達の容易さを示す(b)の流動性概念は、いずれも基本的にミクロの概念であって、金融市場の全般的な状態を表すマクロの概念ではない。

　ところで、すでに見たように、一般に市場の流動性が高いということは、資産の売買が当該資産や裁定対象となる類似資産の価格に大きな影響を及ぼすことなく容易かつ迅速に実行できる状態を表している。言い換えれば、当該資産に対する売り手および買い手がいずれも多数市場に存在し、しかも、かれらの

当該資産の価格に対する評価が多様で錯綜しているために、売り手も買い手も容易に相手を見つけることができる状態を言い表している。

しかしながら、流動性をこのような意味での市場の状態として「定義」した場合、資産バブルを引き起こす「過剰流動性」とはどのような事態を意味するのであろうか。

金融バブルの原因となる過剰流動性は、証券や不動産などの——長期的トレンドあるいはファンダメンタルズから乖離した——全般的な価格上昇を引き起こす超過需要が市場に存在することを意味している。具体的には、資金を証券に投資しようとする多数の金融機関や投資家が市場に参加しており、別の金融機関や投資家が証券その他の資産を、価格の下落を心配することなく容易に売却できる状態を想定している。いわば、金融市場において投資対象となる証券その他の資産に対する過剰な需要が存在している状態である。

今回の金融危機に先立つ数年間に、実際にこのような意味での証券に対する超過需要が存在したことは、研究者によって指摘されている。例えば、Caballero (2006) は次のように指摘している。

　「世界的な金融資産の不足が発生してきた。金融資産の供給は家計、企業、政府、保険会社その他の金融仲介機関からの価値貯蔵手段、担保資産に対するグローバルな需要増加に追いつくことが難しくなっている。

　この資産不足は、途上国では慢性的現象で、これらの国で発生する経済的危機、地域的問題は、この資産不足から発生している。しかし、今では資産不足はグローバルな規模で発生している。ことの始まりは、おそらく、1990年代初頭の日本で発生したバブル崩壊であるが、その後、欧州での経済不振、90年代の途上国の通貨危機、さらに中国と産油国の急速な所得増加が金融資産の需要供給の不均衡を激しくしてきた。これらマクロレベルの要因だけではなく、ミクロレベルの要因も作用している。とくに、近年の急激な金融リストラクチャリングと金融イノヴェーションは、すくなくとも短期的には、担保証券の必要によって、担保資産に対する需要を増大させてきた。

　この資産不足を調整する方向での資産価格の変動は、過去20年間、グローバル経済の動向に決定的な作用を及ぼしてきた。いわゆる『グローバル不均衡』、投機バブルの頻発、歴史的な超低金利、(短期政策金利を下げても長期

金利が下がらない）金利パズル、さらには世界的なインフレ圧力の低下、一部地域で見られるデフレ現象なども、資産不足問題を視野に入れることで納得のゆく説明が可能になる」(p.1)

さらに、Gourienchas (2010) は、米国の金融政策および経常収支赤字による過剰な通貨供給が今回の金融危機の「原因」としては不十分な説明しか与えないとして、上記の Caballero の見解を引きながら、次のように記している。

「広く流布している国際的不均衡、つまり米国の経常収支の赤字やアジア諸国に発生した黒字の間の不均衡は、金融危機の説明として十分ではない……米国およびグローバル経済で発生した今回の危機の根源にある基本的な不均衡は、それら以外の要因、すなわち、安全で流動的な負債性資産に対する米国内外のグローバルな需要と、こうした資産の限られた供給との間の不均衡である」(p.2)

以上に紹介した Caballero と Gourinchas の見解は、グローバル化と証券化(securitization) が進展した現代の金融市場における不均衡を説明するにあたって、単純な過剰流動性論ではなく、むしろ逆に安全な資産のグローバルな供給不足に着目している点で注目に値する。しかし、かれらの研究は、このような安全な資産の不足として表れる市場の不均衡現象が、経済学的に何を意味しているのかという問題については説明を与えていない。

金融危機に先立つ数年間の金融市場にもっとも顕著な現象が、さまざまな機関投資家の運用する資金の急激な増大と、これを利用した大手金融機関やヘッジファンドのレバレッジの大幅な上昇であったということは、多くの研究者によって確認されている。これまでに紹介した過剰流動性論に依拠する研究の多くは、そのような現象に着目し、それを過剰流動性の発生によって説明してきた。しかし、債券や不動産をはじめとする投資資産の全般的な価格上昇を引き起こす投資サイドの要因を過剰流動性と呼び、ついで、投資資産のバブルを過剰流動性によって説明することは、ほとんど同義反復である。

(2) マネタリー流動性の過剰

　過剰流動性に着目する研究者の中の他のグループは、流動性をマネタリーな概念として定義している。例えば、モルガン・スタンレーのエコノミスト (Fels, 2005) は、(過剰な、引用者) 流動性という概念が直感的には分かりやすいにもかかわらず、その計測は非常に困難であることを認めた上で、「私は、通常、過剰流動性を量的金融指標 (monetary aggregate、現金通貨と預金通貨の合計、引用者) の名目 GDP に対する割合として定義している」と述べている。つまり、この著者は、流動性を事実上いわゆるマーシャルのKと同一視しており、その場合過剰流動性はいわゆる実体経済の規模に比較しての過剰な貨幣 (excess money) と同一視されている。

　このように流動性を量的金融指標と GDP との比率として把握するマネタリズムの立場は、欧州中央銀行のスタッフによる論文 (Rüffer & Stracca, 2006) の記述にも見ることができる。

　　「われわれは発展した金融市場を備えた世界での"過剰流動性"の意味に関していくつかの概念的な分析を提供することを試みる。その場合、流動性の適切な定義は、中央銀行主導のハイパワードマネーの注入ではなく、家計と企業の内生的な選択と関連付けられなければならない（内生的貨幣供給説、引用者)」(p.5)

　その理由は、発展した金融市場を備えた世界では、ハイパワードマネーは、通貨および信用を総合した量的金融指標の小さな部分しか占めていないからである。このような意味での流動性は、「操作的な概念としては名目支出や短期金利の影響を除去した貨幣需要として定義される」(p.10)。

　他方、IMF の二人のスタッフによる研究 (Baks & Kramer, 1999) は、「マネタリー流動性は、短期および中期の銀行債務によって構成され、それは証券市場における取引と引受けに必要な資金を供給する」と述べた上で、グローバルな流動性の作用の分析においてマネタリー流動性に焦点をあてる理由を次のように説明している。

「金融市場における短期金融市場の基本的重要性、短期金融市場における中央銀行と金融政策の基本的重要性を前提すれば、マネタリー流動性に関して広く観察されている事実を十分に理解することが、他のタイプの流動性の理解にとって基本的なことであると信じている」(p.4)

「マネタリー流動性は、もしも過剰流動性が供給の固定されている資産に対する需要を増大させる場合には、資産価格のインフレーションを引き起こしうる。また、経済的見通しの改善によってもたらされる流動性の増大は、同じ理由によってもたらされる資産価格の上昇と一致する」(p.5)

さらに、かねてより国際金融市場における流動性の動向に関心を払ってきたBISは、市場流動性に関するリポートBIS (2001) で、市場流動性を計測する困難について「流動性を定義することは困難であるが、それを測定することはさらに困難である」(p.1) と指摘した上で、次のように記している。

従来、市場流動性の指標としては主としてビッド・アスク・スプレッド（買いと売りの呼び値の差）と取引量ないし回転数が用いられてきたが、これらの指標は言うまでもなく不完全である。

この上で、リポートの著者は、より十分な指標として、各種短期金利、長期金利、外国為替に関する指標、さまざまな制度的・情報的な調整(arrangements)、および取引構造の全体をカバーする約80個の指標を総合的に勘案することを提案している。

これらの指標の中には、具体的には次のような指標が含まれている。LIBORのビッド・アスク・スプレッドをはじめとする短期金利、米TB金利および取引高、長期金利（この中には、米長期国債など長期債券の取引高、金利スワップのビッド・アスク・スプレッドなどが含まれる）、外国為替相場、いくつかの途上国の金融指標、その他である。

　　* BISのマネタリー流動性のとらえ方は包括的であるが、このように単純な加算が不可能な、多くの多様な指標を全体としてどのように総体的に測定・評価することができるのかは明らかではない。さらに、これらの指標はいずれも、それ自体としては、能動的にバブルや金融危機を引き起こす要因ではなく、より構造的な要因から生じた金融市場の変化という意味での「現象」

を表す指標に過ぎないことは明らかであろう。

　以上のように、マネタリー流動性に注目する研究者も流動性について見解が完全に一致しているわけではないが、これらの人々の間では、マネーストックに代表される量的指標が流動性の指標と考えられている。しかし、このような流動性指標は、果たして金融危機の要因としての過剰流動性の分析に有効な指標となりうるのであろうか。
　中央銀行が作成するマネーストック統計の中で、「広義の流動性」を構成するさまざまな資産のうち、不動産市場や証券市場でのバブルを積極的に引き起こす可能性があるのは通貨性の高い資産、言い換えると「狭義の流動性」＝マネーストック（M1およびM2）と考えてよいであろう。これに対して、広義流動性に含まれるさまざまな証券は、貨幣資本が投資需要の対象にする資産（公社債、金融債、投資信託その他）であり、その過剰な供給は過剰流動性とは逆に、むしろ流動性不足＝資産デフレを引き起こすと考えなければならない。
　ところで、マネタリー流動性をいずれかの指標で表されたマネーストックと同義と考えると、その場合、過剰流動性＝過剰なマネーストックとは何を意味するのであろうか。マネーストック統計について考えたことのある人であれば容易に想像できるように、過剰なマネーストックなる概念が一体何を意味するのかという問題は、複雑な理論的問題である。
　そもそも、マネーストックは、一般には通貨の社会的残高を表すと考えられているが、それは実は厳密な意味では経済学的概念ではなく、通貨当局の金融政策の必要から作成される統計的指標である。
　通貨統計では、マネーストックは、「企業、家計、地方公共団体が保有する現金および預金通貨の合計」と定義されている。しかし、経済学的な範疇としては、通貨は「貨幣の諸機能のなかで流通手段または支払手段としての役割を果たしながら流通過程の内部で運動している貨幣およびその代理物の総計」として定義されるべきであり、マネーストックの統計的指標とは異なった概念である。

　　＊　民間非金融部門が保有する貨幣総量は、この意味での通貨と、流通から引き上げられた蓄蔵貨幣の合計であるが、マネーストック概念には蓄蔵貨幣の考え方が含まれていない。マネーストック統計の中でもっとも頻繁に利用さ

れる M2 には定期性預金が含まれるが、定期性預金自体は直接に通貨として使用されるわけではない。ただし、統計技術的には、厳密な意味での通貨統計を作成することはおそらく困難であり、マネーストック統計がその近似的統計として便宜的に利用されていると考えるべきであろう。

　周知のように、現代の先進工業国に見られる高度に発展した銀行制度のもとでは、マネーストックの大部分は企業や家計が直接手元に保有する現金通貨ではなく、銀行預金（要求払い預金と定期性預金）である。したがって、過剰なマネーストックが発生しうるとすれば、それはとりあえず、企業部門や家計部門が、投資や支払いのために必要あるいは適切と考える額以上の銀行預金を保有している状態ということになる。

　ある金融機関の調査によれば、世界のマネーストック（M2）残高の世界GDP 合計に対する割合は、1983 年の 100％から 1997 年には 115％に、さらに2006 年には 145％に上昇した。つまり、グローバルな規模では、マネーストックは、実体経済の成長を示す GDP よりもかなり急速に増大している。しかし、このことから、直ちに世界的にマネーストックが過剰になっていると判断することはできない。なぜなら、マネーストック（M2）の中心は定期性預金であり、直接決済手段として利用される預金通貨ではないからである。

　例えば、アメリカの通貨統計によれば、M1 に対する M2 の割合は、1965 年の 2.7 倍から 2006 年には 5.7 倍に上昇している。この場合のマネーストックの相対的に急激な増加は、狭義の通貨性資産に対して非通貨である定期預金の増加を表している。これは、通貨の増加というよりも、蓄蔵貨幣の増加と考えたほうが分かり易い。そして、蓄蔵貨幣は、それが信用制度を通じて金融機関の手元に集中される時、単なる貨幣ではなく、価値増殖を目指す資本、すなわち貨幣資本となる。

　　＊　念のために言えば、蓄蔵貨幣は、抽象的な概念としては、流通から引き上げられて運動を休止した貨幣であるが、現実には、社会的に形成される蓄蔵貨幣は、発展した信用制度のもとでは銀行その他の金融機関に集中され、貨幣資本（マルクスのいわゆる利子生み資本）として貸し出しや証券投資に運用され、G—G' の価値増殖運動を行っている。詳しくは高田(1985)を見られたい。

5　金融危機の要因としての過剰信用論

　本章ではここまで、金融危機の主因＝過剰流動性論を批判的に検討してきたが、これに加えて、本章の課題と密接に関連して検討しておくべきもう一つの有力な仮説がある。それは、金融自由化・金融グローバル化、さらには金融証券化が進展した現代の金融システムのもとでは、信用の伸縮性が極度に高まり、金融当局の金融緩和政策と相俟って、金融当局の制御が及ばない信用膨張が可能になり、これが金融バブルを引き起こしているという議論（過剰信用論、因みにこれらの文脈では過剰信用は過度のレバレッジとほとんど同義語である）である。

　例えば、Borio & Dysiatat (2011) および、Mckinsey Global Institute (2010) は金融危機の最大の要因として、銀行業のグローバル化とリスクスプレッドの縮小を背景とする世界的な信用膨張を挙げている。同様に、「流動性が流動性を生む」という Asani Sarkar et al. (2008) の議論も、そのロジックに即して理解すると、過大な流動性が信用膨張を促して市場参加者のレバレッジを上昇させる作用を重視している点で、過剰信用論と見なすことができる。

　現代の金融市場に特徴的な金融バブルとその崩壊のサイクルが、信用の過剰な膨張と収縮（レバレッジの上昇と低下）によって引き起こされるという説明は、現実の金融市場の動向を観察すれば比較的容易にえられる、ある意味常識的な説明であると言える。歴史的に知られている重大な金融危機は、いずれも証券、為替、不動産などの取引にからむ信用の過度膨張によってもたらされた。その意味で、あらゆる金融バブルの原因は、過剰な信用膨張であると考えても、それ自体大きな間違いではない。

　　＊　Mckinsey Global Institute (2010) によれば、2000年から2008年の期間に、中国を除く先進10カ国における家計、非金融企業、政府、金融の各セクターを合計した総債務は、70.8兆ドルから111.5兆ドルに増大した。この増加分40.7兆ドルのうち米国は19.3兆ドルを占めている。同じ期間に、米国の銀行融資の対GDP比率は、99％から132％に上昇している。なお、今回の

金融危機の発生過程（2007年）および2008年9月のリーマンショック以降の期間における銀行信用（貸し出し、証券投資、リース、レヴォルビングローン、ファシリティなど）の動向については、Chari et al. (2008) による、総残高としての銀行信用は金融危機の過程で収縮しなかったという調査結果の公表以来、別の研究者による、銀行信用の内容（ファシリティの取り崩しなど）に踏み込んだ新たな分析（Ivashina & Scharfstein, 2008; Contessi & Francis, 2009）が試みられているが、まだ十分な解明に達していない。

　しかし、このような意味での過剰な信用がなぜ発生するのかということをさらに掘り下げて考えてみると、その説明は必ずしも容易ではない。
　最近のアメリカの資金循環勘定（2007年第2四半期）を分析したある研究によれば、金融機関が保有する資産の中で、銀行（貯蓄金融機関、信用組合を含む）の保有資産総額は12.8兆ドルであるのに対して、資本市場依存型金融機関（GSE＝政府系金融機関、資産担保証券発行体などを含む）のそれは16.6兆ドルに達している。モーゲッジ（不動産担保ローン）に関しても、かつては銀行と貯蓄金融機関が主要な提供者であったが、最近ではこれら以外の割合がはるかに大きくなっている。資産担保証券市場の急膨張を中心とする金融の証券化の急速な進展を主導したのは、伝統的な銀行業よりも、少数のグローバルに活動する大手投資銀行と、年金基金、保険、投資信託、ヘッジファンドなどさまざまな機関投資家の間の、組成・販売モデルとよばれる新しい仕組みの金融である。
　組成・販売モデルでは、はじめに商業銀行や住宅ローン専門銀行による住宅ローンや消費者ローンなどの信用供与がなされるが、これらのローンはその後とりまとめられて証券化され、販売される。これによって、銀行は貸し出した資金をローンとして満期までバランスシート上に保有することなく、すばやく回収することができる。
　しかし、銀行がこうして手元資金を効率的に回転させて次々と新しいローンを提供する（住宅ローンを膨張させる）ことができるのは、言うまでもなくローンが証券化によってバランスシートから簿外化（オフバランス化）されることを前提している。組成・販売モデルが機能する金融システムは、したがって、次々と発行される証券を購入するさまざまな機関投資家（銀行を含む）の存在

を前提しているのである。

今回の金融バブルと金融危機の要因に挙げられている組成・販売モデルのもとでの「信用膨張」メカニズムについて、大手銀行の行動様式にもとづいて具体的な説明を提供しているのは Adrian & Shin (2008) である。かれらは、バブルによる保有証券価格の上昇が金融機関の信用膨張を促すメカニズムを次のように説明している。

かれらによれば、活発な証券投資需要によって証券価格が上昇すると、ポートフォリオをつねに値洗い（時価評価）している資本市場型金融機関では、正味資産の増加が発生する。債務の増加をともなわない正味資産の増加は、レバレッジの低下をもたらす。これら金融機関が利用できるレバレッジの上限は、主としてレポ市場で要求されるヘアカット（証券を担保として提供する際の負の掛け目）によって決定されるから、賞味資産の増加が起きた金融機関には、適正な水準以下へのレバレッジの低下（自己資本比率の上昇）という形で、一種の過剰資本（現実資本の過剰能力に相当）が発生する。この過剰資本を解消するために、金融機関はバランスシートを拡張し、レバレッジを適正な水準に高めるように促される。このバランスシートの拡張は、資産サイドでは信用供与や証券投資の形で、負債サイドではレポ市場を含む短期債務の増加を通じて行われる。金融市場で証券価格が下落した場合には、これとは逆のメカニズムが働き、バランスシートの縮小を余儀なくされる。これら二つのメカニズムはあきらかに金融市場の変動に対してプロサイクリカル（変動増幅的）であり、結果として金融市場における「流動性」と「信用」のサイクルを増幅させる。

Adrian & Shin の以上の説明は、証券価格の上昇が結果的に自己資本比率の上昇をもたらし、これを調整するために銀行の信用創造によらない信用膨張が起きる具体的メカニズムを説明している点で興味深い。かれらの説明によれば、金融産業における過剰資本の主要な存在形態とは、貸付可能な資本の過剰ストックや一般に言われる「過剰流動性」という曖昧な概念ではなく、金融機関の多くが適正水準以下のレバレッジ（バランスシートの規模に対して過大な自己資本）で運営されており、バランスシートを自己資本に見合う適正規模に拡大するために、投資可能な証券や貸付可能な借り手を積極的に探している状態ということになる。そして、このようにして発生する信用膨張が、現実資本の再生産の拡大ではなくもっぱら証券市場で投機的活動を展開する別の機関投資家に

向けられるとすれば、それが一層の証券価格上昇をもたらし、さらなる信用膨張を促すプロサイクリカルなプロセスを発動させるという説明には説得力がある。

> * さらに以下の記述を見られたい。「われわれは、『市場が流動性で満ちあふれている』という理解に対して一つの経済的な代替概念を提案する。われわれによれば、総体的な流動性は、総体としての（金融機関の、引用者）バランスシートの成長率として理解することができる。<u>金融仲介機関のバランスシートが全体として堅固であれば、それらのレバレッジは過少である。その場合、金融仲介機関は余剰資本を保有しており、かれらはその余剰資本を運用できる方途を見つけようとする。厳密ではないが製造業との類推で言えば、金融システムが余剰能力を抱えていると見ることができる</u>。このような過剰能力を活用するためには、金融機関はかれらのバランスシートを拡大しなければならない。負債側では、かれらはより多くの短期負債を取り入れる。資産側では、融資が可能な潜在的借り手を探すことになる。すなわち、総体的な流動性とは、金融仲介機関が借り手を探す上でどれほど困難があるかという問題と密接に関係しているのである」（Adrian & Shin, 2008, p.2。下線は引用者）

ただし、Adrian & Shin が説明しているバランスシートの拡大は、銀行信用の自己増殖によって起きるのではない。投資銀行その他が自己資本比率を一定に保つためにバランスシート（信用）を自在に膨張させることができるのは、レポ市場や金融 CP 市場に代表される広義の資本市場からの豊富な資金供給によってである。そして、こうした資本市場に豊富な資金を提供しているのは、余資を抱える銀行、年金、保険、財団などに代表される「資金運用型」の機関投資家である（詳しくは本書第 6 章、第 7 章を参照されたい）。

> * OECD の調査によれば、2006 年現在、OECD の主要加盟国 17 カ国の銀行を除くさまざまな機関投資家が保有する金融資産の総額は 40 兆ドルを超えている。要するに、これらの機関投資家が、この莫大な資金を証券市場に投入し、それぞれの需要に合致する証券を大量かつ継続的に購入することが、組成・販売モデルが機能するための前提条件なのである。言い換えると、組成・販売モデルのもとでの活発な信用膨張は、証券市場で膨大な資金を運用する年金、保険、財団、大学、さらには余裕資金を抱える銀行の手元に莫大

な貨幣資本が集中されていることを前提しているのである。

　仕組み証券市場を含むさまざまな証券市場に追加的需要という意味での「流動性」を供給するのは、これらの市場を利用して巨額の資金を運用する機関投資家である。ただし、さまざまな機関投資家のなかで、ヘッジファンドや投資ファンドは、全体としてみると、資金の利用者（流動性の消費者）であり、供給者ではない（高レバレッジ型機関投資家。詳しくは拙著『金融恐慌を読み解く』新日本出版社、2009年、82-84頁を参照）。

　しかし、これらの機関投資家は銀行を別とすれば信用創造によって貸付可能資本を自ら創造することはできない。かれらが資本市場に豊富な資金を供給するためには、かれらの手元にあらかじめ豊富な貨幣資本が集中されていなければならない。そして、かれらが手元の貨幣資本を現実資本の再生産の拡大のためではなく、もっぱら証券市場への「流動性」を供給し、証券に対する超過需要をもたらしているとすれば、かれらが運用する貨幣資本は、現実資本の再生産から遊離しているだけではなく、過剰な証券需要を生み出しているという意味で「過剰な貨幣資本」ということになる。

　擬制資本としての株式や不動産の価格上昇は、基本的には株式市場や不動産市場への新しい貨幣資本の流入によって引き起こされる。長期歴史的に見て株価や不動産価格が一般商品の価格上昇率を上回る速さで上昇を続けるということは、これらの市場に供給される証券の増加を上回る「過剰な貨幣資本」が継続的に流入しているという事実を裏付けている。

　このような貨幣資本の継続的な流入を、継続的な信用膨張によって説明することは困難である。信用は、銀行信用であれ、資本市場における信用であれ、それ自体が継続的に自己膨張を続けることはできない。銀行信用や資本市場が長期的に膨張し続けるためには、信用を拡張しようとする銀行側の事情だけではなく、銀行信用の拡張の制限を突破し、資本市場への資金提供者の信用供与の余地を拡張する、貨幣資本の増大がともなわなければならない。

　このように考えると、長期的な株価上昇や不動産価格上昇の背後に、証券市場に流入する過剰な貨幣資本の継続的な増大を想定することがやはり必要になる。そして、現代の金融システムの内部で、過剰な貨幣資本の貯水池となっているのが、銀行組織とさまざまな（資金運用型）機関投資家であるというのが

筆者の理解である。

> ＊　過剰な貨幣資本の具体的な存在形態についての筆者の説明とその概数的な把握の試みとしては、前掲第1章を参照されたい。

いずれにせよ、現代の金融危機を説明するためには、危機の原因となる金融バブルを引き起こす過度の信用膨張が確かに必要であるが、このような信用膨張が実現するためには、あらかじめ銀行と機関投資家の手元に、過剰な貨幣資本（Adrian & Shin のいわゆる過剰能力）が存在していなければならない。つまり、バブルも金融危機も、単なる「信用」あるいはレバレッジの問題ではなく、利子生み資本としての貨幣資本の過剰蓄積の問題として理論的に考察しなければならないのである（本書第4章を参照）。

6　まとめ

今回の金融危機を契機に、バブルや金融危機の要因として議論されてきた過剰流動性ないし過剰信用とは、何らかの理由によって金融機関、企業を含む機関投資家の手元に、過剰な貨幣資本が流入あるいは累積し、その結果、証券市場や不動産市場において需要超過が発生している状態を意味する言葉と理解すべきであろう。

> ＊　「2003年に莫大な利益を上げた後、新しい資本の流入で活気づいた投資家は、優先的で安全な資産を求める伝統的な貸し手に比べて、劣後したポジションをいっそう進んで取るようになった」（Altman, 2006, p.11。）
> 「2001年以降増大した米国債券に対するグローバルな需要は、実質金利の低下をもたらす点で経常収支の不均衡以上に大きな役割を果たし、信用バブルと住宅バブルを膨らませた。安全な債券に対する過剰な需要は米国金融セクターがいかがわしいトリプルA資産の『生産』で利益を上げる条件を提供し、これらの資産は金融システムの緊張に際してきわめて脆弱であることが判明した。この意味での不均衡と多くの先進国の金融監督機関の失敗が金融危機の核心である」（Gourienchas, 2010, p.27）

もしも一般に言われる過剰流動性が金融資産（証券・不動産）に対する全般的な超過需要を意味するとすれば、それを大量かつ活発な取引という意味での市場流動性の過多によって説明することは、ほとんど同義反復に帰着する。上に引用した2人の専門家の記述がいみじくも示しているように、「米国債券に対する過剰な需要」をもたらしているのは、金融市場に投資機会を求めて流入し、年金・財団その他の機関投資家に「劣後したポジションを進んで取る」ことを促す貨幣「資本」の急激な増大あるいは過剰に他ならない。その際、資産を買い求める投資家（個人投資家であれ、機関投資家であれ）が手にしているのは、単なる通貨あるいはマネタリー流動性ではなく、まさしく金融的利得を目当てに投資される「貨幣資本」（マルクスのいわゆる G—G' 運動で価値増殖する利子生み資本）以外の何物でもない。

　以上の検討から引き出される結論は、近年の金融バブルとその崩壊を契機として発生する金融危機を、概念的に多義的で統計的に計測困難な流動性（とりわけ、市場流動性およびマネタリー流動性）をキーワードとして考察することは、理論的な混乱の原因になるだけではなく、金融バブルと金融危機の能動的な要因である過剰な貨幣資本の役割について適切な理解を妨げるということである。

　過剰流動性の概念は、それをどのように定義しても、それが言い表す市場の状態は、実際には過剰な貨幣資本の運動が金融市場と投資家の行動にもたらす撹乱的な作用、あるいはそれにともなう市場の不均衡にすぎない。バブルの局面で市場を満たしていた過剰な流動性が、危機の顕在化とともに一挙に消失するのは、何らかの要因で市場の状態、したがって投資家の予想や心理が転位したことを示す、基本的に仮想的(virtual)な現象にすぎない。したがって、われわれが流動性概念に依拠して金融バブルと金融危機を分析している限りでは、「流動性パラドックス」あるいは「流動性の幻想」というパズルを解き明かすことは難しいのである。

参考文献

高田太久吉(1985)「『貨幣資本の過剰』のとらえ方」『経済』新日本出版社、10月号。

───── (2009)『金融恐慌を読み解く』新日本出版社。

Adalid, R. & Detken, C. (2006) Excessive Liquidity and Asset Price Boom/Bust Cycles, European Central Bank, Directorate General Research.

Adrian, T. & Shin, H. (2008) Liquidity and Financial Cycles, BIS Working Papers No.256 (July.)

Altman, E. (2006) Are Historically Based Default and Recovery Models in the High-Yield and Distressed Debt Markets Still Relevant in Today's Credit Environment? Special Report, New York University (October)

───── (2007) Global Debt Markets in 2007: New Paradigm or the Great Credit Bubble? *Journal of Applied Corporate Finance*, Vol.19, No.3 (Summer)

Baks, K. & Kramer, C. (1999) Global Liquidity and Asset Prices: Measurement, Implications, and Spillovers, IMF Working Paper (December)

BIS Committee on the Global Financial System (2001) Structural Aspects of Market Liquidity from a Financial Stability Perspective, A Discussion Note (June)

Borio, C. (2000) Market Liquidity and Stress: Selected Issues and Policy Implications, *BIS Quarterly Review* (November)

───── (2004) Market Distress and Vanishing Liquidity: Anatomy and Policy Options, BIS Working Papers No.158 (July)

Borio, C. & Dysiatat, P. (2011) Global Imbalance and the Financial Crisis: Link or No Link? BIS Working Papers No.346 (May)

Borja, D. V. & Goyeau, D. (2005) International Liquidity, Monetray Spillovers and Asset Prices, University of the Philippines.

Bracken, M. (2008) Understanding Liquidity Crises: The Theory of Hyman Minsky, *Student Economic Review*, Vol.22.

Brunnermeier, M. K. (2009) Deciphering the Liquidity and Credit Crunch 2007-2008, *Journal of Economic Perspectives*, Vol.23, No.1 (Winter)

Caballero, Ricardo. (2006) On the Macroeconomics of Asset Shortages, MTT and NBER (November 6)

CEBS: Committee of European Banking Supervisors (2008) *Second Part of CEBS's Technical Advice to the European Commission on Liquidity Risk Management* (June)

Chandrasekhar C. P. & Ghosh, J. (2008) The Global Liquidity Paradox. www.macroscan.com/fet/mar08/Global-Liquidity.htm

Chari, V., Christiano, L. & Kehoe, P. (2008) Facts and Myths about the Financial Crisis of 2008, Federal Reserve Bank of Minneapolis, Working Paper.

Contessi, S. & Francis, J. (2009) US Commercial Bank Lending through 2008: Q4: New Evidence from Gross Credit Flows, Federal Reserve Bank of Saint Louis, Working Paper (March)

Deutsche Bank Research (2007) Global Liquidity "glut" and Asset Price Inflation; Fact

or Fiction? (May)
Fels, J. (2005) Is Global Excess Liquidity Drying Up? Morgan Stanley, *Global Economic Forum* (November)
Getter, D., Jickling, M., Labonte, M. & Murphy, E. (2007) Financial Crisis? The Liquidity Crunch of August 2007, CRS Report for Congress (September 21)
Gorton, G. (2009) Securitized Banking and the Run on Repo, Yale ICF Working Paper, No.09-14 (November)
Gourienchas, P-O. (2010) U. S. Monetary Policy, 'Imbalances' and the Financial Crisis, Remarks prepared for the Financial Crisis Inquiry Commission Forum (February 26-27)
Hördahl, P. & King, M. (2008) Developments in Repo Markets during the Financial Turmoil, *BIS Quarterly Review* (December)
IMF (2008) *Global Financial Stability Report* (April)
Ivashina, V. & Scharfstein, D. (2008) Bank Lending During the Financial Crisis of 2008, Harvard Business School (April)
Laganà, M., Perina, M., Köppen-Mertes, I. & Persaud, A. (2006) Implications for Liquidity from Innovation and Transparency in the European Corporate Bond Market, European Central Bank (August)
Mckinsey Global Institute (2010) *Debt and Deleveraging : The Global Credit Bubble and Its Economic Consequences.*
Nesvetailova, A. (2008a) Liquidity Illusion in the Global Financial Architecture, IPEG papers (January)
―――― (2008b) Three Facets of Liquidity Illusion: Financial Innovation and the Credit Crunch, *German Polilcy Studies,* Vol. 4, No.3.
Persaud, A. (2001) Liquidity Black Holes: What are They and How are They Generated, Singapore Foreign Exchange Market Committee Biennial Report.
―――― (2002) Liquidity Black Holes: Why Modern Financial Regulation in Developed Countries is Making Short-Term Capital Flows to Developing Countries Even More Volatile, United Nations University, WIDER Discussion Paper, No.2002-31 (March)
Rüffer, R. & Stracca, L. (2006) What is Global Excess Liquidity, and Does It Matter? European Central Bank, Working Paper (November)
Sarkar, A., Schwartz, R. & Klagge, N. (2008) Liquidity Begets Liquidity: Implications for a Dark Pool Environment, Federal Reverse Bank of New York, draft edition (October)

第4章　資本の過剰蓄積と貨幣資本の過剰
　　　―現代恐慌分析の方法をめぐって―

1　はじめに

　2007年夏にサブプライム問題といくつかの米系ヘッジファンドの破綻を契機に顕在化した米国の金融危機は、翌08年9月の大手投資銀行リーマン・ブラザーズ、さらに世界最大の保険会社 AIG の破綻を契機に世界金融恐慌に発展した。金融危機を抑え込むために主要国政府・中央銀行が協調的に実施した銀行救済と「流動性供給」にもかかわらず、金融恐慌を契機とする世界貿易の収縮が世界不況を引き起こし、さらに、金融恐慌による世界的な資本フローの逆流によって、ドイツを除く欧州諸国、とりわけ EU の周縁国と呼ばれる南欧および東欧諸国では、金融危機に加えて深刻な財政危機が発生した。
　金融恐慌の震源地となった米国では、連邦準備制度理事会(FRB)、財務省、議会、監督機関による前例のない緊急対応策と金融機関救済策が実施された。これらの措置は、AIG、シティグループ、バンク・オブ・アメリカなど大手金融機関の最終的な破綻を食い止め、ウォール街の大規模な再編と集中を促した。その結果、これらの金融機関では、比較的早い利潤回復が見られたが、住宅市場、雇用、家計支出、企業の設備投資など実体経済の景気回復はこれまでになく緩やかであった。このため、FRB は、景気のさらなる下振れを回避するために、政策金利をゼロ水準に抑える金利政策に加え、金融機関に大量の「流動

性」＝ベースマネーを供給する量的緩和政策を強化（QE3）した。

　今回の金融恐慌とそれを契機に発生した世界不況は、大手金融機関の破綻や財務危機に加え、日本をはじめとする工業国の GDP の減少、世界貿易の収縮、失業率の上昇をともない、多くの専門家によって、1930 年代の大恐慌と比較される深刻かつ大規模な経済危機として認識されてきた。しかし、今回の経済危機が、サブプライム問題を契機とするウォール街発の金融恐慌として発生した経緯、金融セクターに比べて、自動車を除く製造業部門や、金融を除くサービス部門の落ち込みが比較的軽微であったことから、今回の経済危機の基本的な原因と性格をどのように理解するのかという点で、専門家の見解は大きく二つに分かれている。

　第一の見解は、今回の危機が住宅ローン市場の延滞率上昇、さまざまなローンを担保に組み込んだ仕組み証券の波状的な下落、投資銀行やヘッジファンド、さらに大手銀行が仕組み証券ビジネスを展開するために簿外に開設したさまざまな簿外ビークルの破綻、これらの金融機関に「流動性」を供給してきた金融 CP 市場やレポ市場における激しい資金逼迫(ひっぱく)として発生した一連の経緯を重視し、経済危機の主要な原因を金融監督体制の空洞化、2000 年代初頭の IT バブル崩壊を契機とする FRB の金融緩和、米国の継続的かつ大幅な経常収支赤字、さらには、世界的に顕著になった経済格差の拡大と富裕層への所得と富の集中などの要因が相俟ってもたらしたグローバルな「過剰流動性」に経済危機の主因を見いだしている。この見解によれば、今回の経済危機の基本的性格は、これらの金融的要因によって引き起こされた独自の金融恐慌としてとらえられる（Lazonick, 2011; Skarstein, 2011; Swagel, 2009）。

　これに対して、別の専門家は、第一の見解が金融危機の主因と見なしているグローバルな過剰流動性を含め、1980 年代以降顕著になった、いわゆる「経済の金融化」と呼ばれるさまざまな現象は、単に金融システムの内部で生じた問題ではなく、その根底に、1970 年代の経済危機（スタグフレーション）として顕在化した世界的な資本の過剰蓄積と、その結果としての利潤率の低下、資本蓄積の停滞傾向が存在すると指摘している。これらの専門家によれば、今回の経済危機は、資本の過剰蓄積と国際競争の激化によって促された主要企業の資本蓄積様式の変化を反映するものであり、その意味で、基本的には過剰生産恐慌であると結論付けられる（Issacs, 2011; Brenner, 2009）。

筆者は、別の機会（本書第5章）にこの論争点をとりあげて詳しい検討を行い、その結論として、現代資本主義が1970年代に顕在化した過剰蓄積の問題を引き続き抱えていることは事実であるが、今回の経済危機の基本的な性格は、1980年代以降における貨幣資本の過剰蓄積によって引き起こされた金融恐慌であり、世界不況と呼ばれる貿易をはじめとする実体経済の下振れは、金融恐慌によって強制された金融的デレバレッジング（信用圧縮）によって引き起こされた実体経済の混乱と見なすべきであるという見解を明らかにしている（高田, 2012b）。

　筆者の考えでは、今回の経済危機の主因と基本的性格を正確に理解するためには、1970年代以降に生じた資本主義の蓄積様式の構造的変化を踏まえ、現代資本主義の再生産の矛盾が、過剰生産という形での資本の過剰生産ではなく、主として貨幣資本の過剰蓄積という形での資本の過剰生産として現れること、したがって、経済危機は商業恐慌や産業恐慌の形をとった過剰生産恐慌ではなく、バブル崩壊、銀行危機、為替市場の混乱、財政危機など主として金融危機の形態で発現することを明らかにすることが必要である。

2　経済の金融化と金融危機

(1)　経済の金融化

　筆者は今回の経済危機を独自の金融恐慌ととらえているが、これは、金融恐慌の背景にマルクスのいわゆる「資本の過剰生産」が作用していることを排除するものではない。しかし、現代資本主義の歴史的な考察に即して言えば、1970年代以降、経済危機あるいは恐慌として発現する資本主義の矛盾が、マルクスの時代に特徴的であった過剰生産を主因とする商業恐慌や産業恐慌としてではなく、主として為替レートの激変、証券バブルや不動産バブルの崩壊、これらを契機とする金融危機と財政危機の形態で発現するようになっており、このような経済危機の形態変化の原因を解明することが現代資本主義研究の重

要な課題になっているという理解である。
> *　1970年代を歴史的な転機として、現代資本主義は、実体経済の領域ではグレートモデレーションと呼ばれる、頻繁かつ軽微な景気後退をともないながらも全体として比較的平穏な運行を続けてきた。他方、外国為替市場や金融市場など、総じて貨幣・金融経済の領域では、70年代以降、途上国か先進国かを問わず、深刻な通貨危機と銀行危機が頻発するようになった。IMFが作成したデータベースによれば、1970〜2007年の期間に、世界で124件もの銀行危機が発生し（IMFの新しいデータベース〈Laeven & Valencia, 2012〉では、今回の金融恐慌を含めて合計129件の銀行危機が確認されている）、これらと並んで、いずれかの国の為替レートが30％以上乱高下する通貨危機が208件も発生している。また、これらの中には、80年代初頭のラテンアメリカ諸国で発生した債務不履行、90年代初頭の日本および北欧諸国で発生したバブル崩壊、1994年のメキシコ危機（テキラ・クライシス）、97-98年のアジア危機、ロシア危機他が含まれている。さらに、世界的なバブル崩壊の記録を調査した別の情報によれば、1959〜2002年の間に、19カ国で合計52件の株式バブル崩壊が発生しており、それらの株式下落率は平均で45％と見積もられている。それらの半数はブレトンウッズ体制の崩壊と関連して、1970年代に発生している。さらに、同じ期間に、20件の住宅バブル崩壊が発生しており、それらによる住宅価格下落の平均は30％となっている（Evanoff, Kaufman & Malliris, 2012）。これらの通貨危機や銀行危機は、しばしば貿易の収縮、産出量の減少、経済成長率の低下をともなったが、こうした実体経済の後退は途上国と比較して先進工業国の方が甚大であった。こうした差異は、「経済の金融化」の進展度合いと関連しており、とくに国内需要の中心をなす家計の消費行動が金融市場の混乱によって影響を受ける度合いが、途上国に比べて工業国の方が大きいためではないかと思われる。

　この理解によれば、1970年代のブレトンウッズ体制崩壊およびスタグフレーションとして発現した経済危機を契機に、資本主義の循環はそれ以前と大きく異なった様相を見せるようになった。その最大の変化は、企業投資、世界貿易、家計所得など、実体経済の態様を規定する諸要因が、高度成長期に比べていずれも増加率が低下し、世界資本主義の低成長経済への移行が顕著になったことであった。

　これと対照的に、金融経済の面では、金融自由化と金融イノヴェーションが

急激に進展し、国際資本取引の活発化に促されて金融グローバル化が進展した。また、米国の経常収支赤字の持続的拡大と多国籍企業の資本輸出増大を背景に、世界的なドル余剰が発生し、米国外に流出したドルは監督機関の存在しないオフショアセンターとしてのロンドンに流入して巨大なユーロダラー市場を形成するようになった。さらに、ブレトンウッズ体制崩壊によって金ドル交換というアンカーを失った国際通貨体制のもとで、金融イノヴェーションと金融グローバル化が急激に進んだ結果、いずれの国の外国為替市場も著しく不安定になり、ヘッジファンドをはじめとする投機組織の活動の活発化によって、外国為替市場が「カジノ資本主義」と呼ばれる投機市場の様相を呈するようになった。

他方、国際通貨・金融危機の頻発や為替投機の活発化と裏腹に、低成長と低調な資本蓄積のもとで現実の商品生産は在庫管理や市場調査の技法の洗練によって抑制され、国際競争の激化やIT化を利用した生産性上昇にもかかわらず、激しい恐慌を引き起こす世界的な過剰生産は見られなくなった。周知のように、バーナンキFRB議長は、過去30年間の工業国の貿易を含む実体経済が激しい落ち込みや過熱・収縮を経験しなかった経緯を、主として金融政策をはじめとするマクロ経済政策の功績として評価した上で、こうした実体経済の動向を「大いなる平穏（great moderation、「大いなる安定」とも訳される）」と呼んだ（Bernanke, 2004）。

過去30年間の実体経済の比較的「平穏」な動向を、主として積極的で洗練されたマクロ経済政策の功績に帰するバーナンキ議長の見解には批判の余地があるが、頻発する金融危機に彩られた金融経済と、全体として活力に欠けながらも比較的穏やかに推移してきた実体経済との一見対照的な動きは、1970年代を過渡期として、資本主義の構造と蓄積様式に何らかの歴史的変化が進行したことを表していると考えられた。

それでは、1970年代の危機を転機として顕著になった資本主義の循環過程の変化は、資本主義の構造と蓄積様式におけるどのような変化を反映しているのであろうか。この疑問は、現代資本主義の理論的分析にとりくむ多くの研究者の関心を引いてきたが、これらの研究者の多くは、上記の現代資本主義の動態に見られる特徴が、「経済の金融化(financialization)」と総称される一連の変化と関係していると考えている。

「経済の金融化」は、いまだ明確には定義されていないが、1970年代の経済

危機を契機にして金融市場と金融産業、企業の財務活動の重要性が次第に高まった資本主義の新しい態様とふるまいを総称している。経済の金融化は、この概念の国際的流布に貢献したポスト・ケインジアンのエプシュタインの定義によれば「金融化とは、国内経済および国際経済の運営において、金融的動機、金融市場、金融的アクター、および金融機関の役割が増大していることを意味している」(Epstein, 2005, p.3)。

  ＊ 経済の金融化は、この他にさまざまに定義されている。P. M. スウィージーの独占資本主義論を継承するマンスリー・レヴュー派は、1970年代以降の資本主義の変化を促した主因が「資本蓄積過程の金融化」であるととらえ、それが全企業利潤に占める金融的利潤の増加に反映されていると指摘している (Foster, 2008)。イギリスのマルクス経済学者ベン・ファインは、金融化の主たる内容を、金融市場の肥大化、実体経済への投資に比べての投機的資産の増大、金融商品と金融サービスの急増、産業に対する金融のますます強まる優越、国際的金利生活者の所得取り分の増加、債務依存の消費を促す戦略、要するに個人、企業、マクロ経済がますます金融市場との関係によって媒介される傾向として説明している (Fine, 2009)。金融化に関する筆者の認識については、高田 (2009; 2014a) を参照してほしい。

「経済の金融化」の進行は、資本蓄積様式との関連で言えば、現実資本の蓄積が減速するのと裏腹に、貨幣資本の蓄積が加速化する現象を意味している。企業は、失業増加や労働組合の弱体化を利用した賃金抑制や合理化（人減らし）、IT 化を梃子とする経営刷新、株高や低金利を利用した M&A、さらに新興国や周縁国への資本輸出によって利潤率を回復するが、実現した利潤から現実の投資に向けられる割合（資本蓄積率）は、むしろ低下する。この結果、企業の手元には、留保利益、資本剰余金、減価償却積立金その他の形態で、投資可能な貨幣資本が累積的に増加し、多くの国で全体としての企業部門は、かつての赤字部門（投資超過部門）から黒字部門（貯蓄部門）に転換する。

  ＊ 「2000 年代初頭の株式市場バブルの崩壊以降、多くの国の企業は設備投資 (capital spending) を借り入れによって賄う伝統的な財務ポジションから、金融的余剰を抱え、それを他の経済セクターに貸し付けるポジションに転換した。……G7 諸国で 2003〜04 年の期間に発生した 1.3 兆ドルに達する企業の過剰貯蓄（内部留保マイナス設備投資）は、これら 2 年間における新興国

第 4 章 資本の過剰蓄積と貨幣資本の過剰 103

および途上国の経常収支累積額の2倍以上に上っている」(IMF, 2006)

(2) 経済の金融化と過剰な貨幣資本

すでに見たように、今回の恐慌では、恐慌の一般的原因である資本の過剰蓄積は、過剰生産恐慌——この場合には、資本の過剰蓄積は主として過剰投資による生産能力の急拡大、設備稼働率の低下、生産財や消費財の過剰生産、商業資本の思惑に支えられた過剰流通(過剰取引)の形態をとって現れる——とはまったく異なった独自の形態で現れた。今回の場合には、資本の過剰蓄積が最初に顕在化したのは、いわゆるジャンクボンドを含む社債や国債などの架空資本の利回りの異常な低下であった。言い換えれば、投資適格な架空資本に対する需要の異常な増加として現れた(Altman, 2006)。

このような貨幣資本の投資需要の異常な増加は、機関投資家による旺盛な証券投資としてだけではなく、金融CP市場およびレポ市場への膨大な短期資金の流入、したがって短期金融市場の金利低下として現れた。社債や国債の利回りの異常な下落は、自然な結果として、これら伝統的な証券を上回る利回りが期待できる新しい投資適格証券に対する投資家の需要を強めた。この増大する投資家の需要を満たしたのが、ファイナンス論と金融工学の技法で新たに組成・販売されるようになったさまざまな仕組み証券と金融デリバティブであった。しかし、これらの金融資産の場合も、市場に流入する貨幣資本の急激な増加によって、その利回りは低下した。

大手投資銀行、大手銀行の投資銀行子会社、ヘッジファンドなど、総じてレバレッジ依存型の金融機関の場合には、貨幣資本の過剰は、保有証券の価格上昇(含み益の増加)による自己資本比率の上昇(レバレッジの低下)として現れた。これらの金融機関と機関投資家にとっては、望ましい水準を下回るレバレッジの低下は、一般企業における遊休設備や遊休資金と同じ非収益資産の保有と考えられる。そのために、これらの金融機関と機関投資家では、レバレッジを望ましい水準に引き上げるために、バランスシートを拡張する財務操作が行われるが、これは、主としてレポ市場を通じる資金ないし証券の借り入れや貸し付け、保有証券の増加などによって実現される(Adrian & Shin, 2008)。

デリバティブ市場、仕組み証券市場、金融CP市場、レポ市場等々に流入す

る貨幣資本は、さまざまな源泉から流れ込む。最大の源泉は、世界中の富裕層が自前の運用組織やヘッジファンドなど専門的な機関投資家を介して運用する莫大な資金である。世界の富裕な個人投資家の動向を毎年調査しているメリル・リンチ社の調査 World Wealth Report (2007) によれば、債務を差し引いたネットの金融資産を 100 万ドル以上保有する富裕層の数は、2000 年には 700 万人で、これらの人々が保有する金融資産の総額は 25.5 兆ドルであったが、2006 年には、その数は 950 万人に増加し、保有資産の合計は 37.2 兆ドルに増大している。これらの資産のうち、約 3 分の 1 は、年金基金、投資信託、保険の三つの代表的な機関投資家を通じて運用されているが、残りの 3 分の 2 は、自己保有、さまざまなファンド、プライベートバンキング勘定、銀行の信託勘定などの投資管理スキームを通じて運用されている。

　ロンドンをベースとする民間金融調査機関ザ・シティ UK（旧称は International Financial Services London: IFSL）によれば、2012 年末現在、各種投資管理スキームによって運用される金融資産の世界での総額は 118 兆ドル（世界 GDP 総額の約 2 倍）に達している。このうち、年金、投資信託、保険を合わせた資金運用型機関投資家が管理・運用する資産が 87.2 兆ドルで、ヘッジファンド、プライベート・エクイティ・ファンド、政府系ファンドなどいわゆる代替的投資スキームが運用する資産が 11 兆ドル、富裕層がさまざまな方法で保有する資産が 46.2 兆ドルとなっている (The Cityuk, 2013)。

　　＊　資金運用型機関投資家の内訳は、年金基金が 33.9 兆ドル、投資信託が 26.5 兆ドル、保険基金が 26.8 兆ドルとなっている。また、代替的投資スキームの内訳は、政府系ファンドが 5.2 兆ドル、プライベート・エクイティ・ファンドとヘッジファンドがそれぞれ 2.3 兆ドル、2.1 兆ドル他となっている。ただし、これらの代替的投資スキームのうち、プライベート・エクイティ・ファンドおよびヘッジファンドはハイレバレッジ型投資スキームで、投資家から集めたこれらの資金の数倍から時に数十倍の資金をレポ市場その他から調達しており、実際の運用額はこれらの金額をはるかに上回っているが、その正確な金額は明らかではない。

　なお、以上の金融資産には、銀行や企業が自己勘定で保有する証券は含まれていない。このような形で保有される金融資産の総額は詳らかにしないが、さまざまな情報に照らして、銀行や企業が保有する証券やデリバティブ勘定の総

額が膨大な額に上っていることは間違いないと思われる。連邦準備制度理事会の作成したデータによれば、米国免許の預金取扱金融機関が保有する金融資産の総額は、2008年の11兆6633億ドルから、2012年には12兆549億ドルに増加しており、それらの中で最大の項目はモーゲッジである（2012年段階で3兆9947億ドル）。その他には、政府系住宅公社(GSE)保証の証券、住宅ローン担保の証券、商工業ローン担保の証券、地方債、外国債を含む社債、株式、投資信託などが含まれている。他方、非金融企業が保有する金融資産の総額は、2008年の12兆9365億ドルから、1012年には15兆5011億ドルに増加しており、それらの主要な項目には、貯蓄性預金の他に、MMF、投資信託、海外直接投資、保険、金融子会社への投資などが含まれている。しかし、このデータの最大項目をなす「その他の資産」（2012年で6兆7851億ドルに上る）の内訳は明らかにされていない。非金融企業の中でとりわけ多国籍企業に特徴的なことは、内部留保の大きな割合をタックスヘイブンを含む国外の金融機関に現預金の形で保有していることである。

    * 年金など資金運用型投資スキームが運用する金融資産の総額は、金融危機による証券価格の下落の結果、2007年から2008年にかけての期間に74.5兆ドルから64.2兆ドルへと10兆ドル以上減少したが、翌2010年には78.7兆ドルに回復し、2013年には94.1兆ドルに達すると見られている (The Cityuk, 2013)。また、株式時価総額、公債残高、金融機関債、社債、証券化商品、非証券化融資などの金融資産の世界での総額は、やはり2007年の202兆ドルから2008年には175兆ドルに減少したが、2009年には201兆ドルと金融危機以前の水準をほぼ回復し、2010年には212兆ドルへと増加している（McKinsey Global Institute, 2011）。

3 過剰流動性と過剰な貨幣資本

(1) 恐慌の要因としての過剰流動性

今回の金融恐慌に先立って、国際金融市場では単に従来の株式市場における

バブル的な価格上昇だけではなく、デリバティブ市場や仕組み証券市場の急膨張が関係者の注目を集めてきた。このような株式バブルや新しい架空資本市場における取引の急増は、これらの市場に追加的な貨幣資本が継続的に流入したことを表している。そして、このような架空資本を目当てにした膨大な貨幣資本の増大と流入は、多くの専門家——とりわけ、金融市場に通じた専門家——によって、「過剰流動性」の異常な増加として認識されてきた。例えば、ニューヨークのハイイールド証券市場の動向に通じた専門家（リチャード・アルトマン、ニューヨーク大学ソロモンセンター教授）は、この事態を次のように表現している。

「過去数年間の債務市場と資本市場の環境変化は、グローバル金融システム全体にわたる前例のないレバレッジを可能にした流動性の爆発的増加として描写することができる。この流動性ブームの源泉は、オイルダラーなどの伝統的な資金源、とりわけアジア地域における巨額の政府余剰、さらに年金基金、財団、富裕な個人投資家からの投資の増大であった。それらの資金は、拡張的金融政策と相俟って、世界的な経済成長率をめざましく押し上げた。この最近の流動性の急増に関してとりわけ目を引くのは、その債務市場への流入経路、すなわち、投資家が資本のますます多くの割合を、非投資適格証券、プライベート・エクイティ、ディストレスト資産などに運用していることである」（Altman, 2007, p.24）

実際に、アルトマンが詳しいデータにもとづいて証明しているように、金融恐慌に先立つ数年間は歴史的に見ても類例のないほど異常な低利回りと低いデフォルト率がリスク資産市場で併存した期間であった。ジャンクボンド市場では、それまで取引される証券の多くを占めていた、財務危機に陥った企業の既発債 (fallen angel) に代わって、さまざまな企業が新たに投資不適格の社債を大量に発行するようになり、それらの引き受け業務に、大手投資銀行が積極的に関わってきた。これは、利回りやデフォルト率の点で、ジャンクボンドと投資適格証券（格付けがBB以上の証券）との格差が縮小したためであった。また、商工向けローン市場においても、きわめて格付けの低い新興企業や小企業が、従来であれば考えられない低利で資金調達が可能になった。このような現象は、

米国だけではなく、ユーロ圏でも、さらに東アジアを含むその他の地域でも、多かれ少なかれ見られた。

2000〜06年の間に、米国のジャンクボンド市場の規模は5000億ドルから1兆ドルを上回る規模に拡大した。1971〜2007年の36年間のジャンクボンド市場のデフォルト率の平均は4.65％であったが、2006年のそれは0.76％にとどまった。さらに、2007年には、その割合は0.26％に低下した。通常であれば、ジャンクボンド市場のデフォルト率は景気後退に数年先だって上昇し始めるが、すでに住宅ローン市場で問題が表面化し始めたこの時期においても、なおデフォルト率が上昇する気配は現れなかった。このような状況を背景に、多くの専門家は金融市場における「新しいパラダイム」あるいは「信用市場の新時代」について語るようになったが、それは1990年代末におけるニューエコノミー論の流布を思い出させる光景であった。こうした状況は、一部の専門家によって、安全で流動性の高い資産に対するグローバルな需要の増大と、こうした資産の供給の持続的不足との不均衡としてとらえられた（Lysandrou, 2009; Caballero, 2010; Gourinchas, 2010）。

投資適格証券市場における需要と供給の著しい不均衡に着目するこれらの人々は、このような意味での不均衡が金融市場にもたらしたストレス（利回りの異常な低下、金融機関と投資家の間での競争激化、リスクプレミアムの縮小）が今回の金融恐慌の主要な原因であったと主張している。

MIT教授で全米経済研究所(NBER)に籍を置くR. J. Caballeroによれば、金融恐慌に先立つ期間、米国はもとより海外の中央銀行や投資家を含む金融機関と機関投資家には、投資適格な資産に対する「満たされることのない」需要が存在し、このことが金融システム自体に強いストレスをもたらしていた。そして、これら金融機関と機関投資家の旺盛な需要が、米国の企業およびモーゲッジの借り手である家計が提供する安全資産を上回ったために、金融機関はこれまで証券化に利用してこなかったハイリスクの資産（サブプライムローンや中小企業向けローン）をトリプルAの証券に転換するためのスキームを開発する必要に迫られた。

しかしながら、ハイリスク資産をトリプルA資産に転換するためには、確率的リスク評価を支える「大数法則」が妥当する大量かつ同質の資産と、これらの資産が内包するリスクを階層的に切り分けて一部の仕組み証券に集中する

「トランシュ」の技法が必要であり、その結果つくり出される複雑な金融商品の組成、保有、管理に関わる簿外組織（conduits, 導管）が必要であった。これらの簿外組織を利用し、さらにモノライン保険や信用デリバティブを利用したリスク移転によって、証券化商品のリスクは表面的に親銀行のバランスシートから切り離されたが、実際には、銀行の健全性はますます複雑化、不透明化する経路でシステミックなリスク事象と結び付けられた。この不透明なリスク連鎖の関係は、証券化がモーゲッジを支え、モーゲッジが住宅価格を支えて住宅取得者にネットの「エクイティ」（取得価格を上回る住宅の市場価格の上昇）が発生する好循環が維持されている限りは、表面化しなかった。しかし、いったんこのループが住宅価格の頭打ちによって作用しなくなると、モーゲッジの不良債権化と価値減少が生じ、証券化のプロセスを介してシステミック・リスクが銀行本体に波及することは不可避であった。

　以上のような、「過剰流動性」が金融システムに及ぼす強いストレスと、その結果としてのバブル現象、さらに「過剰流動性」によって高まるシステミック・リスクに着目する人々の観点からは、今回の恐慌の基本的な原因は当初多くの人々が考えたような住宅の過剰供給とそれが引き起こした住宅ローンのデフォルトではない。これらは、すでに金融システムの内部に累積されていたシステミック・リスクを顕在化させた契機（引き金）に過ぎない。金融恐慌の真の原因は、上記のループの過度膨張とその破綻であり、その結果としての、証券化プロセスの突然かつ大規模な途絶、および、このプロセスに関与した金融産業の破綻であった。この意味で、今回の金融恐慌は全般的な過剰生産に起因する再生産過程の混乱ではなく、むしろ「過剰流動性」が引き起こした証券化商品のバブル崩壊であり、その意味で独自の金融恐慌であった。

　　＊　「米国の住宅市場（で発生した混乱、引用者）は、今回の金融危機と目下のグローバル経済の不振の原因ではない。それは、単に悪質な金融工学ととりわけ米国での幾分誤った金融政策がもたらした巨大な流動性の兆候に過ぎない。……マクロ的観点で見れば、真の原因は流動性である。この過剰流動性なしには、信用膨張もバブルも発生しなかった。これに関して連邦準備制度理事会が、過去10年間の多くの機会に流動性の増加を支えたとして指弾されているが、今回の途方もない流動性を作り出す上ではるかに重要な役割を果たしたのは金融工学であった」（Karakitsos, 2009）

(2) 過剰流動性概念の多義性と曖昧性

　金融恐慌の要因として過剰流動性の増大に着目する人々は、流動性を金融機関や機関投資家の投資（証券購入）行動と結び付けて次のように定義している。

　　「もっとも基本的なレベルでは、流動性は国内的および国際的な資産購入の資金として即利用できる資金量として記述することができる。流動性は、関係者（金融機関と投資家、引用者）が金融取引ならびに金融仲介に従事しようとする能力と意志、同様に、金融市場が金融市場における需要と供給の一時的な変動を大幅な価格変動をともなわないで吸収するキャパシティを反映している」（Chen et al., 2012）

　しかし、このような流動性の定義はきわめて記述的であり、金融恐慌の理論的な説明にはそれほど有益であるとは思われない。この間の現象的な経緯からひとまず目を離し、少し理論的に考えてみると、このような意味での流動性に着目する見解には、いくつもの理論的問題が残されていることが明らかになる。
　流動性 (liquidity) という、ケインズ以来経済学で広く流布するようになった概念の最大の問題は、それがきわめて多義的で、容易に定義することも、統計的に集計することもできないということである。
　一般に経済文献で流動性という用語が使用される場合、大きく分けると以下の四つの異なった意味で使用されている（詳しくは、高田, 2012a、本書第 3 章参照）。

(1) 資産の流動性 (asset liquidity)
　これは、企業や家計が保有するさまざまな資産が、どれほど容易に時間と費用をかけないで現金に転換できるかと言う意味で、現金との近似性あるいは換金可能性の程度を表す概念である（例えば、一般に、企業のバランスシートはこの意味での流動性の序列で、流動資産から非流動資産へと項目が分類されている）。この意味での流動性は、さまざまな資産のリスク、したがってリスクプレミアムと相関している。

(2) 個別経済主体の資金的流動性 (funding liquidity)

金融機関、企業、家計などの経済主体が短期的な支払いに充当できる資金を、手元資金の形で直接に、あるいは容易に換金可能な流動資産や銀行借り入れの利用可能性など間接的な方法で、確保しているかの程度を表す概念である。具体的には、手元流動性、流動性比率などの指標であり、これは経済主体の最終的な支払い能力を意味するソルベンシー（正味資本が確保された状態）と区別される。

(3) 市場の流動性 (market liquidity)

金融市場におけるさまざまな資産の売買が、当該資産の価格に大きな変動をもたらすことなく執行できる市場の状態を表す概念である。この意味での流動性を規定するのは、まずは市場参加者の数であるが、それだけではなく、資産価格に対する市場参加者の評価の多様性も重要である（これらは、市場関係者の間では、市場の「厚さ」として語られる）。要するに、さまざまな金融資産の買い手と売り手が同時に存在し、流通する資産の売買が市場にショックを与えないで容易に成立する状態である。

(4) マネタリー流動性 (monetary liquidity)

マネーストック（企業、家計、地方公共団体など民間の金融機関と取引する経済主体が保有する現預金）ならびに民間が保有する上記(1)の意味での流動性を備えた資産の総額である。簡単にいえば、銀行セクター以外の民間部門が保有する通貨性資産の合計である。現行のマネーストック統計としては、現金と狭義の通貨性資産としての要求払い預金を合わせたM1、貯蓄性預金を含めたM2、その他の流動性資産を含めたM3やマネタリーアグリゲイトなどが作成されている。ただし、これらは、金融資産の流動性を基準にした指標であり、M1を含め、厳密な意味での通貨（流通手段および支払い手段）の合計を表しているわけではない。

このように、流動性概念は多義的であるが、これらの定義の間の区別も実際には曖昧である。例えば、「資産の流動性」や「経済主体の流動性」は、現実には「市場の流動性」と切り離して論じることはできない。また、中央銀行による金融緩和政策と「流動性供給」は、単にマネタリー流動性だけではなく、他の流動性概念にも影響を及ぼす。

＊　流動性概念の曖昧さは、経済学者が好んで使用する「国際流動性」の概念に関して一層際立っている。国際流動性は、一つには世界の GDP 総額に対する各国 M1、M2、M3 などマネタリー指標の総額の比率（あるいはこれら二つの指標の増加率の差異）によって評価される。もう一つの指標は、世界の GDP 総額に対する各国の外貨準備の総額の比率あるいは、これらの増加率の差異として評価される。しかし、いずれの比率あるいは差異も、経済学的に何を意味するのかは明確ではない。ただし、これらの比率あるいは差異が、ある時期に歴史的なトレンドから顕著に乖離する場合、それがマクロ経済政策や国際経済における何らかの重要な変化を表している可能性はある。国際流動性についてのある実証的な研究によれば、世界の GDP に対するマネタリー流動性および外貨準備総額の割合は、いずれも 1999 年を転機にそれまでの比較的緩やかな増勢から乖離して、急激に上昇するようになった。この変化の背景には、中国、インド、ブラジルなど新興国の外貨準備の増加、日本におけるバブル崩壊後の金融緩和政策、さらには、1999 年の EU におけるユーロ導入を契機とするマネーサプライ増加、2000 年代初頭の IT バブル崩壊に促された米国 FRB の金融緩和政策などの要因が関係している（Brana et al., 2012）。

　ところで、以上のような流動性の四つの定義の中で、金融恐慌の要因と考えられる流動性とは、どの定義に該当するのであろうか。
　多くの研究者が金融恐慌との関連で想定する過剰流動性は、先に見たように、市場に提供される投資適格な証券の総額を上回る投資需要の存在である。このような巨大な投資需要は、金融機関、機関投資家、富裕層などの手元に、既存の証券市場と従来の投資基準では運用しきれない投資資金の過多が発生していることを表している。
　したがって、マルクス経済学の概念に照らして言えば、それは流動性として曖昧に定義されるべき事柄ではなく、さまざまな架空資本市場で「投資適格」な証券や資産を探し求めている〈貨幣資本〉、ただし、資本の循環の一契機として現れる貨幣資本ではなく、利子生み資本あるいは貸付資本の意味における貨幣資本――に他ならない。
　　＊　「貨幣資本とは、さしあたり、貨幣形態における資本と定義される。……貨幣資本の第一の形態は、産業資本や商業資本がその運動（循環、回転）の一契機として、少なくともそれらの一部が、貨幣形態をとるということから

成立する(なによりも資本はその運動の出発点および還流点においては、一般に、貨幣資本の形態をとる)。この形態の貨幣資本は、現に再生産の内部で運動しつつある資本であり、機能中の資本である。……貨幣資本の第二の形態は、第一の貨幣資本の一部が運動を休止し、一時的に再生産過程(したがって流通過程)から引き揚げられて遊離し、その意味でひとつの自立的な形態を受け取ることによって成立する。……この第二の形態における貨幣資本の根本的な特徴は、貨幣形態のままで資本としての自立的な形態を受け取り、価値増殖運動をおこないつつある、あるいはおこなうべき状態にあるという点にあり、したがってそれはみずから利子生み資本として、G—G' の形式において運動するという点にある」(高田, 1985)

したがって、この貨幣資本の〈過剰〉を意味する「過剰流動性」(excess liquidity) は、単に、現実資本によって生産や流通の拡大のために需要されないだけではなく、既存の証券市場で提供される投資適格な証券への投資だけでは運用しきれない(従来の運用基準で利子生み資本としての価値増殖ができない)という意味で、二重の意味で過剰な資本である。要するに、多くの専門家が「過剰」流動性 (excess liquidity) あるいは、「余剰」流動性 (surplus liquidity) と呼んできたものの実体は、このような二重の意味で過剰な貨幣資本に他ならないのである。

4 貨幣資本の過剰蓄積とその特殊性

(1) 資本の過剰生産と貨幣資本の過剰

以上検討してきたように、今回の金融恐慌の主たる要因と見なされている「過剰流動性」は、用語の正確な意味では「過剰な貨幣資本」あるいは「貨幣資本の過剰蓄積」と呼ぶことが適切であると考えられるが、実際には、マルクス経済学の陣営においても、これらの用語は必ずしも明確に定義され、広く受け入れられているわけではない。

貨幣資本の過剰蓄積という概念が一般に容易に受け入れられない理由の一つは、これがマルクスも使用した「資本の過剰蓄積」という概念と比較してその定義が難しいという点にあるように思われる。

マルクスは、『資本論』第3巻第3篇第15章で、「資本の過剰生産」について考察している。その際、資本の過剰生産についての立ち入った考察は、利子生み資本や信用が考察される現行『資本論』で言えば第3巻第5篇で行われると注記しながら、「資本の過剰生産が意味するものは資本の過剰蓄積以外の何物でもない」と明記している。

> *　マルクスは資本の過剰蓄積を資本の過剰生産と同じ意味で使用し、これについて次のように述べている。「資本の過剰生産が意味するものは、資本として機能しうる、すなわち与えられた搾取度で労働の搾取に使用されうる生産諸手段――労働諸手段および生活諸手段――の過剰生産以外のなにものでもない。というのは、一定の点以下へのこの搾取度の下落は、資本主義的生産過程の攪乱と停滞、恐慌、資本の破壊を呼び起こすからである」（『資本論』⑨436頁）。ただし、筆者が知る限りでは、マルクスはこの箇所以外では資本の過剰蓄積という用語を使用していない。多くの場合、かれは資本の過剰生産という用語を同じ意味で使用している。

その上でマルクスは、資本の過剰生産なる概念の意味を明確にする目的で、「資本の絶対的過剰生産」という用語を提示し、それを次のように説明している。

「資本主義的生産を目的とする追加資本（剰余価値あるいは利潤の生産を目的とする資本の追加的な投資、引用者）がゼロになれば、資本の絶対的過剰生産が現存するということになるであろう。……増大した資本が、増大するまえと同じかまたはそれより少ない剰余価値総量しか生産しなくなるときには、資本の絶対的過剰生産が生じているであろう」（『資本論』⑨428-429頁）

資本の過剰蓄積に関するマルクスのこの記述を適用すれば、「増大した貨幣資本（貸付資本）が、増大するまえと同じかまたはそれよりも少ない利潤しかもたらさなくなれば、貨幣資本の絶対的な過剰生産（過剰蓄積）が生じている」ことになる。

しかし、このマルクスの記述は、現実資本の過剰生産として現れる資本の過剰蓄積を説明するための極端な想定としては意味があっても、貨幣資本の過剰蓄積に関して使用する場合には、注意が必要である。なぜなら、実際には、ここで記述されているような貨幣資本の絶対的過剰生産が文字通りの意味で発生するわけではないからである。
　資本の一般的な形態としての貨幣資本は、生産設備や労働力とは異なり、たとえ上記の二つの意味で過剰であっても、実際には、いかなる形態での投資にも充当されずに文字通り〈遊休〉するということは例外的にしか生じない。個別銀行に集中された貨幣資本が産業資本や商業資本の需要を上回って増加すれば（マルクスのいわゆる資本の過多）、まずは銀行間の資金の過不足を調整する短期金融市場を通じて運用され、あるいは家計や政府に対する融資に充当され、さらにそれでも運用しきれない貨幣資本は、株式、国債その他の架空資本市場に投じられる。
　さらに、貨幣資本が国内で十分な運用部面が見いだせない場合には、海外の企業や政府機関に対する貸し付け、海外の金融市場での運用（ポートフォリオ投資）や直接投資、要するに資本輸出に充てられる。いずれにしても、制度的、あるいは経営的な必要のために保有される準備金などを別とすれば、貨幣資本が銀行の手元で大量かつ長期的に遊休するということはないのである。以上の全過程が意味しているのは、貨幣資本の蓄積が、さまざまな金融資産の蓄積、したがってさまざまな債務の増大として現れるということである。
　しかし、1980年代以降、とりわけ90年代以降に工業国を中心に顕著になったように、低成長経済への移行にともなって資本蓄積率が低下し、現実資本の再生産過程から遊離した貨幣資本が架空資本の流通量を大幅に上回って増大すれば、それらが金融市場の内部で引き続き価値増殖を続けるために、新たな金融市場および金融取引の仕組みを開拓することが必要になる。言い換えれば、金融イノヴェーションによって、社会的な所得のより大きな割合を金融市場に吸引し、貨幣資本の自立的な価値増殖の余地を新たに拡張することが必要になる。
　1980年代以降、このような必要に促されて貨幣資本の価値増殖を促進する新たな方途を提供したのは、第一には、経済発展が著しく金利が相対的に高い途上国の金融市場であり、第二に、ファイナンス論と金融工学の発展によって

生み出されたデリバティブ市場や仕組み証券市場に代表される新たな架空資本市場の爆発的な拡大であり、第三に、これらの架空資本市場で貨幣資本の価値増殖を担当する新たな金融仲介スキーム（シャドーバンキング）の形成である。

(2) 貨幣資本の過多と貨幣資本の過剰蓄積

以上で、経済学者のいわゆる「過剰流動性」と「貨幣資本の過剰蓄積」との区別が明らかになったが、貨幣資本の過剰という概念の意味を明確にするためには、現実資本の過剰生産と貨幣資本の過剰との区別の問題に立ち返る必要がある。

周知のように、マルクスは、『資本論』第3巻第5篇第30～32章で、「信用制度に関連してわれわれがいま取り組もうとする比類なく困難な諸問題」として、以下の二つの問題を提起している。

「第一に——本来の貨幣資本の蓄積。これは、どの程度まで資本の現実的蓄積の、すなわち拡大された規模での再生産の指標であり、どの程度までそうでないのか？　資本のいわゆる過多、いつでもただ利子生み資本すなわち貨幣資本だけに用いられるこの表現は、ただ産業上の過剰生産の特殊な表現法にすぎないのか、それとも、それとは別の特殊な現象なのか？……
……第二に——貨幣逼迫すなわち貸付資本の欠乏は、現実資本（商品資本と生産資本）の欠乏をどの程度まで表現するのか？　他方では、それは、貨幣そのものの欠乏、流通手段の欠乏とどの程度まで一致するのか？」（『資本論』⑪822-823頁）

これら二つの問題のうち、第二の問題は貸付資本の欠乏と現実資本の欠乏および貨幣そのものの欠乏との関係を問題にしており、貨幣資本の過多、したがって、貨幣資本の過剰蓄積をめぐる問題と関連しているのはとりあえず第一の問題である。

マルクスは、この第一の問題に関して、貸付可能な貨幣資本の増加が、すべて、現実の資本蓄積または再生産過程の拡大を示すわけではない、と指摘し、恐慌から不況期に移行する循環の局面で見られる貨幣資本の増加は、逆に、生

産過程の縮小、商品価格の下落、売り上げの減少、要するに産業資本の収縮と麻痺を表していると説明している。さらに、不況からの好転が始まっているが、商業資本の銀行信用に対する需要がまだそれほど増加しない局面で見られる非常に低い利子率が、円滑な商業信用の銀行信用に対する相対的独立を表していると説明している。

マルクスによれば、「貸付可能な資本の相対的な豊富さが、産業資本の現実の拡張と一致すると言える唯一の時点」は、「再生産過程が過度緊張の状態に先立つ繁栄状態にふたたび達した」循環の局面であり、一般には、貸付資本の運動は産業資本の運動と反対の方向に進むと結論付けられている。

ところで、今回の金融恐慌に先立って見られた貨幣資本の著しい過剰は、以上のようなマルクスの記述に照らしてみると、どのような意味合いで理解することができるのであろうか。

近年における貨幣資本の過剰は、典型的には、次のような現象として記述される。

　「何十兆ドルもの資産バブルが、もはや商品生産経済に、言い換えれば工場や機械に、投資されないのは、これらの方法では、金融市場でえられるよりも小さな利回りしか生むことができないからである。1980 年には 12 兆ドルであったグローバルな金融資産の総額は、2007 年には 196 兆ドルに膨張した。過去 25 年間に、金融資産は世界の GDP に比べて 3 倍の速さで増大し、貨幣所有者の財産は、この間に、グローバルな GDP の 4 倍に達した」(*Der Spiegel*, 20/2009, 99)

すでに見たように、金融恐慌の要因としての「過剰流動性」に着目する人々は、このような貨幣資本の過剰をもたらしたさまざまな要因を指摘している。例えば、1990 年代初頭の日本のバブル崩壊を契機とする「カネ余り」現象と低金利、低成長経済のもとで実物投資に慎重な企業からの銀行借り入れ需要の落ち込み（減量経営）、2000 年代初頭に発生した米国の IT バブル崩壊に対処するために連邦準備制度理事会が実施した金融緩和政策、米国の大幅かつ持続的な経常収支赤字が生み出した中国をはじめとする黒字国の膨大な外貨準備やドル建て資産、新自由主義的な政策が世界的に拡大した所得格差や資産格差を背

景とする富裕層の富の増加、新自由主義を梃子とする人件費抑制に成功した大手企業の内部留保あるいは流動資産の増大、中間層をはじめとする家計の貯蓄を集中して運用する年金、保険、投資信託その他の機関投資家の運用資金の継続的な増加などである。

ところで、これらの要因のうち、マルクスが考察した、産業循環にともなう銀行信用の需給の変化と多少とも関係しているのは、日本のバブル崩壊後の「カネ余り」現象ぐらいであり、それ以外の要因はいずれも産業循環に直接付随するものではない。それらは、1970年代以降の資本主義の歴史的・構造的な変化、とりわけ大手企業と金融機関の資本蓄積様式の変化に関連した、長期趨勢的な現象である。ここで問題になっているのは、金融的利得を求めて架空資本の購入に充てられる貨幣資本の趨勢的過剰（運用資本に対する証券供給の不足）であり（Pozsar, 2011）、マルクスが考察した現実資本の収縮を反映する貨幣資本需要の減少（貨幣資本の過多）とは明らかに別の問題である。

(3) 現代企業の資本蓄積と貨幣資本の過剰

現在われわれが目の当たりにしている貨幣資本の過剰が、マルクスが考察した貨幣資本の過多とは別の問題であることは、今回の金融恐慌をめぐる銀行信用と企業借り入れの関係を見ても明らかである。専門家の調査によれば、米国の非金融企業の財務状態について見ると、金融恐慌の発生に先立って銀行信用に対する需要を急増させていたわけではない。むしろ逆に、全体としての企業部門は、相対的な好況期においても、必要な資金を内部留保によってほぼ充足することが可能であった。この間、銀行借り入れを含む企業債務の増加は、企業が行った自社株買いの増加にほぼ見合っており、実物投資の増加とはほとんど無関係であった。言い換えると、現代資本主義のもとでは、企業財務の銀行信用からの「独立」が相当高い程度に達しているのである（Lazonick, 2013）。

マルクスが説明しているように、銀行信用に依存して現実資本が生産と流通を再生産の弾力性の限度いっぱいまで拡張した結果過剰生産恐慌が発生し、恐慌局面での「支払い手段への殺到」が終息すれば、現実資本の銀行信用に対する、言い換えれば追加的な貨幣資本に対する需要は急減する。しかし、今回の恐慌では、企業の銀行借り入れは2008年の金融恐慌の局面で急減せず、一時

的に増加率が抑えられただけであった（Chari, Christiano & Kehoe, 2008）。しかも、この変化は、現実的な投資や生産活動とはほとんど無関係で、企業の自社株買いのペースが落ちたことを反映したものであった。要するに、銀行部門からの企業融資は、現実経済を再生産の弾力性の限度を超えて推し進めた要因にならなかっただけではなく、それ自体でわれわれが目の当たりにした激しい金融恐慌を引き起こすほど、大幅かつ唐突に膨張・収縮したわけでもなかった。

　それでは、このような現実資本の財務活動の銀行信用に対する独立性は、如何にして発生し、また現代企業の蓄積様式のどのような歴史的特徴と関係しているのであろうか。

　この複雑な問題を、「経済の金融化」の観点から、早期に理論的に考察した業績は Sweezy (1994; 1997)、Fligstein & Markowitz (1993)、Lazonick & O'Sullivan (2000) 他に帰せられるが、金融化を企業財務の変化という観点から立ち入って実証的に研究した業績は、ストックハマー（Stockhammer, 2002; 2013）、Barager & Chernomas (2012) およびラゾニック（Lazonick, 2008; 2009; 2011）など一連の研究に帰せられる。

　ストックハマーは、金融化を単なる金融市場と金融産業の肥大化、あるいは金融のグローバル化などの現象にとどまらず、むしろ主要には「非金融企業の金融市場での活動の増大と、それに付随する金融的利得の増加」を意味する言葉として一般の定義よりも狭く定義する。

　ストックハマーによれば、1970年代に生じた二つの制度上の変化が、企業経営者の利害を株主の利害と結びつける作用を果たした。一つは、敵対的買収を可能にする金融手法の発展であり、もう一つは経営者報酬制度の変化である。前者には、ジャンクボンド市場の発展と株式公開買い付けの普及、後者には、経営者の業績連動型報酬制度およびストックオプションの普及が含まれる。この結果、株主利益との結びつきを強めた経営者は、自社の成長をそれ以前に比べて重視しなくなり、金融市場での投資活動を含む財務活動をより優先するようになった。

　ストックハマーは、このような意味での金融化が、世界的に見て、企業の資本蓄積の減速をもたらしたという仮説を独、仏、英、米4カ国のデータを使って検証した。その結論によれば、金融化が資本蓄積を減速させるという仮説は、フランスおよび米国では明確に裏付けられ、英国では若干裏付けられたが、ド

イツに関しては裏付けられなかった。とくにフランスでは蓄積の減速分のほとんどは金融化によって説明され、米国に関しては減速の3分の1が金融化によると考えられる。金融化の作用が英国で比較的弱かったのは、英国ではすでに70年代以前から成長の減速が始まっていたことが関係しており、またドイツに関する結果は、ドイツでは金融化が比較的最近の現象であることによっている。

　他方、ラゾニックは、1980年代以降、「エージェンシー理論」に後押しされた「株主価値重視のコーポレートガバナンス」の広がりが、大手企業の自社株買いの動きを促進し、価値創造的投資を減退させたことを論証している。その上でかれは、株主価値極大化が、実際には、ストックオプションの形で莫大な報酬を受け取る企業経営者の利益を増進するイデオロギーであると結論付けている。

　ところで、1970年代以降における資本蓄積の減速に関する、マルクス経済学の系譜からの研究は、これまでのところそれほど多くない。Bakir & Campbell (2009) は、その意味で貴重な研究の一つである。

　かれらによれば、米国企業の利潤率は、1960年代の後半期以降傾向的に低下したが、80年代以降、再び上昇し、90年代後半期には、60年代のピークに近づいた。しかし、1970年代まで比較的パラレルに変化していた米国企業の利潤率と蓄積率（実質正味資本ストックの増加率）は、80年代以降顕著に乖離した動きを示すようになり、80年代以降の利潤率回復にもかかわらず、資本蓄積率はITブーム期の数年を別とすれば、全体として利潤率から大きく下方に乖離するようになった。

　かれらによれば、この乖離は、回復した利潤のますます多くの割合が、生産過程を拡大するための再投資ではなく、金融セクターに移転されるようになったためである。税引き後利潤のうち、資本蓄積に向けられる利潤の割合は、1948〜79年の期間の平均は61％であったが、1980〜2007年の平均は43％に低下した。

　このような金融セクターへの企業利潤の流出をもたらした要因の一つは、1979年のヴォルカーショックによる金利の急騰であった。スタグフレーションの影響が大きく作用した70年代中期の実質金利は長期・短期いずれもマイナス（財務省10年満期証券および短期証券の利回り）であったが、84年にはそれ

ぞれ8％台および6％台に上昇した。

　しかし、企業利潤の金融セクターへの流出をもたらした要因は、金利の上昇だけではなかった。もう一つの重要な要因は、企業部門の債務の増大であった。企業の資本ストックに対する純債務の割合は、すでに60年代の高度成長期に顕著な上昇傾向を見せていたが、この傾向は70年代前半のスタグフレーション期における一時的な低落を挟んで70年代後半期以降再び上昇に転じ、90年代初頭には20％を超える水準に達した。

　1993年以降、金利負担を軽減するために企業は債務比率の引き下げに転換し、2000年には、初めて債務超過から債権超過に転換した。しかしながら、このような債務比率の劇的な低下にもかかわらず、企業利潤の金融セクターへの流出はそれに照応して減少しなかった。この問題は、債務比率の低下による金利負担の減少を上回って企業の配当支払いが増大したことに起因している。1950～66年の高度成長期における利払い・税引き後利潤の配分における配当と内部留保の割合は、多少の上下はあったがほぼ前者が40％、後者が60％の割合で推移した。しかし、それ以降配当の割合が相当程度の変動を含みながらも傾向的には顕著に上昇するようになり、2000年代初頭には80％を上回るようになった。かれらによれば、このような配当支払いの増加は、企業におけるコーポレートガバナンスの変化、言い換えれば、企業権力をめぐる階級構造の変化と、この変化をイデオロギー的に表現する新自由主義の強まりを意味している。

＊　なお、Bakir & Campbell が考察している、米国企業の剰余価値の配分（内部留保と金融的流出）をめぐる問題については、Duménil & Lévy (2012) を合わせて参照してほしい。

5　貨幣資本の過剰蓄積と金融恐慌

　本章ではこれまで、金融恐慌の要因としての過剰流動性および、過剰生産恐慌の基本的要因としての資本の過剰蓄積（生産手段や消費手段の過剰生産）と区別される貨幣資本の過剰蓄積——しかも、マルクスが産業循環との関連で考察

した貨幣資本の過多とも基本的に異なっている——の概念とその最近の動向について、近年の研究文献に依拠しながら検討してきた。

　われわれが見てきた限りでは、近年における貨幣資本の過剰は、過剰流動性とは概念的に区別されるだけではなく、マルクスが『資本論』第3巻第5篇で考察した「資本の過多」とも異なり、産業循環とは直接関係がないか、またはきわめて緩やかな関係しか見いだせない、長期趨勢的に形成された貨幣資本の蓄積がもたらしたものである。

> ＊　「金融セクターは、生産セクターが必要とするローンや保険を提供するという役割や規模をはるかに超えて成長してきた。実体経済における投資に資金を提供する代わりに、金融セクターは、金融的投資によって一時的に巨額の利益を上げるために、資本の自己循環的なプロセスを作り上げてきた。おおざっぱに見て、あらゆる種類の証券のトレーディングに関与し、この種の取引で利益を上げるためにこれまでにない新しいタイプの証券を開発した金融セクターが表しているのは、金融資本の蓄積である」（Skarstein, 2011）

　またそれは、単に、産業資本や商業資本の追加的な資金需要によって吸収されないだけではなく、貨幣資本の価値増殖に必要な、投資適格な証券その他の資産のアヴェイラビリティ（流通量）と比較しても過剰という意味で、二重の意味で過剰な貨幣資本である。

> ＊　米国の非金融企業が保有する現金および現金類似資産の保有額は、1990年代末以降急速に増加するようになった。S&P 500社が保有するこれら資産の総額は、1994年の500億ドルから、2001年には1500億ドルに達し、さらに、2009年には4000億ドルを上回った。これらの企業が保有する現金性資産の総資産に対する割合は、1990年代前半期の3％前後から、2009年には9％前後に上昇している。さらに、投資信託を含む大規模（10億ドル以上）かつ集中的に運用される「機関運用される資金プール (institutional cash pool)」の総額は、1990年の1000億ドルから、2007年には、2兆2000億ドル以上に達した。この見積り額は控えめであり、富裕層、各種基金、分離口座、ヘッジファンド、デリバティブベースの投資、保険、年金、MMFが含まれていない。このような大規模で集中的に機関運用される資金プールの増大は、それらの多くが預金に代替する投資適格な安全資産に対する需要を増大させる。その結果、米国では、AAA格付けを備えた投資適格資産の

発行額が、資金プールの増大する需要に追い付かなくなり、投資証券の不足に直面した資金の多くが、仕組み証券を含むシャドーバンキング・セクターに投じられた（Pozsar, 2011）。

このような二重の意味で過剰な貨幣資本は、しかしながら、いかなる意味でも価値増殖に参加できないという意味で絶対的に過剰な資本ではないし、運動を休止した資本という意味での遊休資本でもない。マルクスが考察した銀行信用と現実資本との関係の内部においても、貨幣資本の価値増殖は現実資本の価値増殖から乖離して、自立的な価値増殖を行う相当程度の余地（例えば、自国や外国の政府に対する貸付〈国債〉、資本家以外の諸階級に対する貸付、証券市場や為替市場での投機活動など）を持っているが、このような自立的価値増殖の可能性は、近年におけるデリバティブ市場を含む新たな架空資本市場の爆発的な膨張やシャドーバンキング・セクターの目覚ましい拡張によって、要するに急激な金融イノヴェーションの結果として、飛躍的に増幅される。

＊　現代の金融システムにおける金融証券化の進展とシャドーバンキング・セクターの拡大との関係については、高田, 2014b（本篇第6章）を参照してほしい。

新たな架空資本市場およびシャドーバンキング・セクターの拡大によって貨幣資本の自立的な価値増殖の余地が増幅される主たる理由は、これらの領域が貨幣資本にとって投資可能な資産の流通量を飛躍的に増大させるだけではなく、貨幣資本の利潤が、単に利子生み資本として手に入れる利子・配当収入だけではなく、むしろ主要には、さまざまな金融資産の売買差益や、保有資産の価格上昇、さらには、新たな架空資本の組成・販売からえられる手数料、保険料その他に依存しているからである。

現代資本主義のもとでは、すでに見たように過剰な貨幣資本の主要部分を支配するのは世界の主要金融センターを拠点とする大手金融機関、政府、富裕層、機関投資家、多国籍企業などであるが、これらが支配する貨幣資本の価値は、その貨幣資本と引き換えに取得した架空資本――その形態が株式、国債、CPなど各種の短期債券、モーゲッジ、デリバティブ、保険、不動産など、どのようなものであれ――の市場価値によって決定される。そして、これらの資産の

市場価値は、周知のように、それらの額面あるいは取得価格ではなく、それらが将来にわたって所有者にもたらすと予想される所得——その予想は不断に変化する——の割引現在価値によって決定される。

  * 投資資産がその保有者にもたらす将来の所得を投資家の期待利回りで割り引いて現在価値に還元し、この期待利回りで投資された資本がもたらすであろう収益として計算する手続きは、周知のように、資本還元（capitalization、資本化とも訳される）と呼ばれる。「たとえば、年々の所得＝100 ポンド・スターリング、（期待、引用者）利子率＝5％であるとすれば、100 ポンド・スターリングは2000 ポンド・スターリングの年利子であろうし、この2000 ポンド・スターリングは、いまや、この年々の100 ポンド・スターリングに対する法律上の所有権証書の資本価値と見なされる」（『資本論』⑪ 806 頁）。なお、Nitzan & Bichler (2009) によれば、将来の所得の資本還元によって資産の現在価値を算定する算術的方法を最初に明示したのは19 世紀中葉のドイツの森林検査官であった。また、これらの著者によれば、資本還元の普及を促した歴史的要因は株式会社の普及と資本市場の発展であり、その算術的方法を経済理論に高めたのは米国の経済学者アーヴィング・フィッシャー（*The Rate of Interest,* 1907）であった。資本還元は1950 年代までに企業のバランスシートに導入されるようになり、経済学の教科書にも登場するようになった。資本還元があらゆる資本運動の評価原理として認知されるようになったのは1960 年代以降のファイナンス論の発展、とりわけファーマとリントナーが定式化した資本資産評価モデル (CAPM) の普及と、これに刺激されてファイナンス論分野に特化したさまざまな学術雑誌が発行されるようになって以降のことである。

 資本還元によって評価される架空資本の「価値」は、トレーダーをはじめとする市場参加者の予想や期待にもとづくヴァーチャル（非現実的あるいは非現物的）な「価値」であり、その意味で「虚の価値」（井村, 2010, 10 頁）であるが、まったく根も葉もない空想上の「価値」ではない。それは、金融資産に帰属する将来の所得の流列とやはり将来の期待利回りに関する確率的な予測に依存しており、その限りで、現実の再生産過程の将来の運行と結び付けられている（高田, 2013）。

 架空資本の「価値」がまったくの空想的「価値」ではなく、多かれ少なかれ現実の再生産と、したがって将来の資本蓄積と結びついているということは、

トレーダーの予測と期待によって過度に押し上げられた架空資本の価格が、バブル崩壊によって下落する現象に現れている。バブル崩壊は、架空資本の価値がただ単に空想的なものではなく、逆に、現実の再生産過程に根拠をもっていること、したがって、この現実的根拠が揺らげば、ただちに価値減少が生じることを示している。ただし、この根拠は現代ファイナンス論の洗練された確率論的装いにもかかわらず、すこぶる曖昧で、架空資本の価値が現実の資本蓄積から乖離して変動する余地は、きわめて大きいのである。

　　＊　マルクスは架空資本の価値の自立的運動について次のように述べている。「これら所有権証書の——国庫債券だけではなく、株式もの——価値の自立的運動は、これらの所有権証書が、資本または、おそらくは証書の権原を与えるであろう請求権とならんで、現実資本を形成するかのような外観を確かなものとする。すなわち、それらは商品となり、それらの価格は固有の運動と決まり方をする。それらの市場価値は、現実資本の価値に変化がなくても……その名目価値とは異なる規定を受け取る。……これらの証券の市場価値は、一部は投機的である。というのは、この市場価値は現実の所得によってのみならず、期待され、まえもって計算された所得によっても規定されるからである」(『資本論』⑪ 807-808 頁)

　架空資本の価値が、標準的な予測による将来の期待所得から見て妥当な水準から、あるいは、当該証券の趨勢的な値動きに照らして、明白な理由なしに乖離して大幅に上昇する現象は、バブルと呼ばれる。バブルについての厳密な定義は存在しないが (Siegel, 2003)、そうした異常な価格上昇は、誰でも知っているように、架空資本市場への追加的貨幣資本の大量かつ継続的な流入によって引き起こされる。そして、このような貨幣資本の流入は、貨幣資本を運用するディーラーやファンドマネージャーの将来の価格上昇に対する強気の予想や期待によって促される。

　バブルは、それを将来の利潤に対する標準的な予測から乖離した、市場関係者の強気の予想や期待が生み出す自己実現的な価格現象として見れば、本来バーチャルな架空資本の価値の自己増殖的な増大と考えることができる。再生産過程の、言い換えれば総資本の価値増殖運動の将来の動向に関する人々の予想や期待は、時と場合によって程度の差はあるにしても、一般的には不確実なものである。そして、自己増殖的に増大した架空資本の価値は、市場参加者の将

来の所得に関する予想や期待が弱気になれば、他の事情に何らの変化がなくても、たちまち急激な減少を被る。

ただし、趨勢から乖離して上昇した架空資本の価格が反転する臨界点という意味でのバブルの限界を理論的に規定することは不可能である。貨幣資本をめぐる需給関係によって決定される利子率に、自然的利子率と呼ばれる理論値やアンカー（基準値）が存在しないように、ディーラーや投資家の資本還元によって評価される架空資本の価格にも、自然的あるいは理論的価格と言うべき基準値は存在しない。

架空資本の価格は、現実資本の価値増殖によって直接規定されるものではなく、架空資本が所有者にもたらす将来の所得についての投資家やディーラーの予想と期待によって規定される。この予想と期待は、架空資本の価格と現実資本の蓄積が連動している段階では、主として現実資本の利潤増加によって裏付けられる。しかし、架空資本の価格が、架空資本の供給を上回る貨幣資本の流入によって、言い換えれば市場での超過需要によって、押し上げられるようになると、投資家やディーラーの予想と期待も、貨幣資本の将来の流入に対する予想や期待によって、要するに不確実な思惑によって「裏付けられる」ようになる。このような局面では、架空資本市場に流入する貨幣資本は、架空資本の新たな供給によってではなく、むしろ主要には既存の架空資本の価格上昇によって、言い換えれば、架空資本の取引の膨張によって、吸収されるようになる。

しかし、投資家やディーラーの飽くことなき利殖欲にもかかわらず、架空資本の価格上昇が無制限に貨幣資本を吸収することはありえないし、架空資本市場への貨幣資本の流入が無制限に増大することもありえない。GDPの数倍の規模に膨張した貨幣資本が、GDPの成長率を上回る利回りを長期間上げ続けることは不可能である。そして、価格の異常な上昇の結果、架空資本市場の参加者の中で、価格がさらに上昇を続けると予想する強気筋に比べて、近い将来価格が反転する可能性が高まったと予想する弱気筋が多数を占めるようになれば、価格は実際に反転し、バブルは崩壊する。

バブルの崩壊は、架空資本に投下された貨幣資本の急激かつ大幅な価値減少、したがって、架空資本の流通の突然の収縮を意味する。バブルの崩壊は、バブルに依存して利潤を増加させ、資本蓄積を続けてきた大手金融機関と機関投資家の保有する架空資本の莫大な評価損という形態で、したがって、これらの機

関のバランスシートの収縮という形態で、貨幣資本の価値減少を引き起こす。バブルとして現れる架空資本の価値増加が、単なる空想的なものではなかったように、バブル崩壊による架空資本の価値減少も、現実とは何の関係もない、単なる想像上の事態ではない。それは、多くの国でいくつもの巨大金融機関と機関投資家を破綻させ、あるいは破綻の危機に追いやって金融恐慌を引き起こし、政府と中央銀行による銀行救済を余儀なくさせ、生産活動の減少と失業増加を、言い換えれば現実の再生産過程の撹乱を付随させる。

このような金融市場と金融機関の混乱は、バブルを反映する金融取引が、単なる想像上の取引ではなく、強制力のある当事者間の「貸借契約」の形で「現実的に」蓄積されており、バブル崩壊は、それらの契約の突然かつ暴力的な執行不能、言い換えればバブルを支えてきた巨大で複雑な信用連鎖の現実の崩壊、を意味するからである (Crotty, 1985)。

　＊　架空資本の価値と価格変動をめぐる理論的説明については本書第 10 章第 5 節を合わせて参照してほしい。

6　まとめ

今回の金融恐慌は、資本の過剰生産が引き起こした過剰生産恐慌に付随する金融市場の撹乱ではなく、1980 年代以降、現実資本の蓄積から自立した価値増殖の方途を追求してきた過剰な貨幣資本が、本来内的に統一された二つの契機としての、現実資本の蓄積と貨幣資本の蓄積の自立と乖離（前者に対する後者の一方的な増大）を、暴力的な貨幣資本の価値破壊によってしか統一の回復ができない程度にまで、限度を超えて拡大した結果であり、その意味で独自の金融恐慌である。金融恐慌に先立つ約 20 年間、過剰な貨幣資本の蓄積は、途上国や旧東欧への資本輸出、住宅ブームや株式ブーム、IT 投資、自動車ローンや消費者ローン、デリバティブや仕組み証券の組成・販売、さまざまなシャドーバンキング・セクターの増大他の形態で吸収され、隠蔽されてきた。こうしてさまざまな金融イノヴェーションによって覆い隠されてきた貨幣資本の過剰蓄積が、その吸収機構の一部を構成していた住宅価格の頭打ちを契機に表面

化し、金融イノヴェーションがつくり出したグローバルな巨大で複雑な信用連鎖を崩壊させ、深刻かつ大規模な金融恐慌と、おそらく予想以上の長期化が予想される、世界不況を引き起こした。

　1970年代以降に工業国を中心に顕著になったように、世界経済の低成長経済への移行にともなって、現実資本の再生産過程から遊離した貨幣資本が金融機関、機関投資家、企業、政府機関、富裕層の手元で、世界経済の成長をはるかに上回る速度で増大した。世界のGDPの何倍もの規模に膨張した貨幣資本は、金融市場の内部で引き続き価値増殖を続けるために、新たな金融市場および金融取引の仕組みを開拓し、社会的な所得のより大きな割合を金融市場に吸引し、貨幣資本の自立的な価値増殖の余地を拡張することを迫られた。1980年代以降、貨幣資本の価値増殖に必要な新たな方途を提供したのは、第一には、経済発展が著しく金利が相対的に高い途上国の金融市場への資本輸出であり、第二に、ファイナンス論と金融工学の発展によって生み出されたデリバティブ市場や仕組み証券市場に代表される新たな架空資本市場の爆発的な拡大であり、第三に、これらの架空資本市場で貨幣資本の価値増殖を担当する新たな金融仲介スキーム（シャドーバンキング）の形成である。

　したがって、金融のグローバル化、金融の証券化、シャドーバンキングの拡大を重要な要因とし、これらの金融イノヴェーションを主導してきたウォール街を震源として発生した今回の金融恐慌と世界不況は、これらの方策を利用した金融的価値増殖に依存してきた資本蓄積様式、言い換えれば、1980年代以降に形成された金融主導の蓄積様式が、一つの歴史的な限界に逢着したことを意味している。しかし、それが金融主導の蓄積様式から基本的に新しい蓄積様式への転換となるのか、それとも、さらなる金融イノヴェーションに支えられた新たな金融主導の蓄積様式の再生に帰結するのかは、今のところ明らかではない。

参考文献

井村喜代子 (2010)『世界的金融危機の構図』勁草書房。

高田太久吉(1985)「『貨幣資本の過剰』のとらえ方」『経済』新日本出版社、10月号。
―――― (2009)「現代資本主義論としての『経済の金融化』論」『企業研究』中央大学企業研究所、第14号、3月。
―――― (2012a)「金融危機の要因としての過剰流動性について」『商学論纂』中央大学商学研究会、第53巻第5/6号、3月。
―――― (2012b)「過剰生産恐慌と『独自の貨幣恐慌』」『商学論纂』中央大学商学研究会、第54巻第3/4号、12月。
―――― (2013)「現代資本主義の蓄積様式とデリバティブ市場」『商学論纂』中央大学商学研究会、第54巻第5号、3月。
―――― (2014a)「現代資本主義と『経済の金融化』――信用制度の役割と金融恐慌をめぐって」『経済』新日本出版社、2月号。
―――― (2014b)「金融危機とシャドーバンキング」『商学論纂』中央大学商学研究会、第55巻第5/6号、3月。
Adrian, T. & Shin, H. (2008) Liquidity and Financial Cycles, BIS Working Papers, No.256 (July)
Altman, E. (2006) Are Historically Based Default and Recovery Models in the High-Yield and Distressed Debt Markets Still Relevant in Today's Credit Environment? New York University, Salomon Center, Special Report.
―――― (2007) Global Debt Markets in 2007: New Paradigm or the Great Credit Bubble, *Journal of Applied Corporate Finance*, Morgan Stanley, Vol.19, No.3 (Summer)
Bakir, E. & Campbell, A. (2009) Neoliberalism, the Rate of Profit and the Rate of Accumulation (December)
Baragar, F. & Chernomas, R. (2012) Profit without Accumulation, *International Journal of Political Economy*, Vol.41, No.3 (Fall)
Bernanke, B. (2004) Remarks by Governor Ben S. Bernanke, At the Meetings of the Eastern Economic Assocciation, Washington DC (February 20)
Brana, S., Djibenou, M-L. & Prat, S. (2012) Global Excess Liquidity and Asset Prices in Emerging Countries: A Pvar Approach, LAREFI Working Paper (Janvier)
Brenner, R. (2009) What is Good for Goldman Sachs is Good for America: The Origins of the Present Crises, University of California (April)
Caballero, R. (2010) The Other Imbalance and the Financial Crisis, NBER Working Paper (January)
Chari, V., Christiano, L. & Kehoe, P. (2008) Facts and Myths about the Financial Crisis of 2008, FRB of Minneapolis, Working Paper (October)
Chen, S. et al. (2012) Exploring the Dynamics of Global Liquidity, IMF Working Paper (October)
Crotty, J. (1985) The Centrality of Money, Credit and Financial Intermediation in Marx's Crisis Theory, in Resnick & Wolff (ed) *Essays In Honor of Harry Magdoff and Paul Sweezy*, New York, Autonomedia.

Duménil, G. & Lévy, D. (2012) *The Crisis of the Early 21st Century : General Interpretation, Recent Developments, and Perspectives*, CNRS and PSE-CNRS, Preliminary Draft.

Epstein, G. A. (2005) Introduction: Financialization and the World Economy, in Epstein, G. A. (eds), *Financialization and World Economy*, Edward Elgar.

Evanoff, D., Kaufman, G. & Malliris, A. G. (2012) Asset Price Bubbles: Lessons From the Recent Financial Crisis, *The World Financial Review* (September/October)

Fine, B. (2009) Neo-Liberalism in Retrospect?—It's Financialization, Stupid, Paper presented at Developmental Politics in the Neo-Liberal Era and Beyond (October)

Fligstein, N. & Markowitz, L. (1993) The Financial Reorganization of American Corporations in the 1980s, in Wilson, W. (ed) *Sociology and the Public Agenda*, Sage.

Foster, J. B. (2008) The Financialization of Capital and the Crisis, Monthly Review (April)

Gourinchas, P-O. (2010) U.S. Monetary Policy, 'Imbalances' and the Financial Crisis, Remarks prepared for the Financial Crisis Inquiry Commission (February)

IMF (2006) *World Economic Outlook*, Chapter IV, Awash with Cash: Why are Corporate Savings so High?

Issacs, G. (2011) Contemporary Financialization: A Marxian Analysis, *Journal of Political Inquiry* (April)

Karakitsos, E. (2009) The Lessons from the Housing Market Crisis.

Laeven, L. & Valencia, F. (2012) Systemic Banking Crises Database: An Update, IMF Working Paper (June)

Lazonik, W. (2008) The Quest for Shareholder Value: Stock Repurchases in the US Economy, University of Masachusetts Lowell (December)

―――― (2009) The New Economy Business Model and the Crisis of US Capitalism, *Capitalism and Society*, Vol.4(2).

―――― (2011) From Innovation to Financialization: How Shareholder Value Ideology is Destroying the US Economy, in Wolfson & Epstein (ed) *The Handbook of The Political Economy of Financial Crises*, Oxford University.

―――― (2013) The Financialization of the US Corporation: What Has Been Lost, and How It Can Be Regained, *Seattle University Law Review*, Vol.136, pp.859-909.

Lazonik, W. & O'Sullivan, M. (2000) Maximizing Shareholder Value: A New Ideology for Corporate Governance, *Economy and Society* (February)

Lysandrou, P. (2009) Global Inequality and the Global Financial Crisis: The New Transmission Mechanism.

McKinsey Global Institute (2011) *Mapping Global Capital Markets 2011* (August)

Nitsan, J. & Bichler, S. (2009) Capital as Power: A Study of Order and Creorder, Routledge.

Pozsar, Z. (2011) Institutional Cash Pools and the Triffin Dilemma of the U.S. Banking System, IMF Working Paper (August)

Siegel, J. (2003) What is an Asset Price Bubble? An Operational Definition, *European Financial Management*, Vol.9(1).

Skarstein, R. (2011) Overaccumulation of Productive Capital or of Finance Capital? A View from the Outskirts of a Marxist Debate, *Investigation Economica*, Vol.70 (April-June)

Stockhammer, E. (2002) Financialization and the Slowdown of Accumulation, *Cambridge Journal of Economics*, Vol.28(5).

―――― (2013) Financialization and the Global Economy, in Wolfson & Epstein (ed) *The Handbook of The Political Economy of Financial Crises*, Oxford University.

Swagel, P. (2009) The Cost of the Financial Crisis: The Impact of the September 2008 Economic Collapse, Pew Financial Reform Project, Briefing Paper.

Sweezy, P. M. (1994) The Triumph of Financial Capital, *Monthly Review* (June)

―――― (1997) More (or less) on Globalization, *Monthly Review* (September)

The Cityuk (2013) *Fund Management* (September)

第5章 過剰生産恐慌と「独自の貨幣恐慌」
―今次金融恐慌の基本的性格規定をめぐって―

1 問題提起

　2007年のサブプライム問題を契機として発生した世界的な金融危機は、我が国のマルクス経済学の陣営に、さまざまな理論問題を提起している。その一つが、今回の事象が金融恐慌なのか、それとも金融危機なのか、という問題であり、これに関連して議論されているもう一つの問題が、金融恐慌であるにせよ、金融危機であるにせよ、それは周期的過剰生産恐慌に付随する事象であるのか、それとも、マルクスのいわゆる「独自の貨幣恐慌」なのか、という問題である。

　　＊　独自の貨幣恐慌についてのマルクスの注記は次の通りである。「全般的生産・商業恐慌の特色的局面として規定された貨幣恐慌」とは別の、「自立的に生じうる、したがって商工業には反作用的にのみ作用する特殊な種類の恐慌」であり、「貨幣資本を運動の中心とし、それゆえ銀行、取引所、財界をその直接の部面とする」ものである(『資本論』第1巻第1篇第3章　註99、①234頁)。ちなみに、これまでのところ貨幣恐慌についての理論的、歴史的研究は乏しく、わずかにトラハテンベルク『貨幣恐慌の理論』(及川朝雄訳、岩崎学術出版)とキンドルバーガー『熱狂、恐慌、崩壊――金融恐慌の歴史』(吉野俊彦・八木甫訳、日本経済新聞社)が挙げられる程度である。

これら二つの問題は、言うまでもなく、今回の金融危機がしばしば言われているように1930年代の大恐慌に比較される深刻な危機であり、これとの比較という観点からも、正確な特徴付けが必要と考える多くの研究者の問題意識から発しているように思われる。同時に、このような問題が提起される背景には、マルクス経済学における恐慌論、とりわけ金融恐慌の理論について、必ずしも研究者の間で明確な共通理解が存在しないこと、さらに、恐慌の歴史が示しているように、現実に生起する恐慌はつねに特異な様相をもって表れ、いずれか既存の恐慌論（一般論）を単純に適用することによってその特徴を推し量ることができないという問題が潜んでいる。

　単純な貨幣恐慌（中央銀行による「流動性供給」で治癒可能な）を別とすれば、いずれの恐慌も、理論的・一般的に言えば、資本制的生産様式の固有の諸矛盾の集中的、複合的かつ多くの諸契機に媒介された現象形態であり、その意味では恐慌自体はきわめて表面的・具体的な現象である。そして、それら諸矛盾が相俟って恐慌として発現する過程とメカニズムを媒介する諸契機、それらの結び付きと相互作用はきわめて複雑で、現実の恐慌を理論的に特徴付けるためには、そうした諸要因の関連と相互作用を具体的に分析することが必要となるのである。

　したがって、今回の金融危機を理論的に特徴付けるにあたっては、そもそも上記のような内容で問題を提起し、議論すること自体が妥当であるかということを含めて、検討することが必要であろう。筆者の理解では、歴史的に生起するあらゆる恐慌がそれぞれ固有の様相で現象するということは、今回の恐慌を分析する場合、現代資本主義それ自体の歴史的・構造的特徴をどのように把握すべきかという基本的な問題、言い換えれば今回の恐慌に至るまでの資本主義的循環の特徴、歴史的背景および発生メカニズムを具体的に理解するという課題が避けられないことを意味している。

　しかし、今回の恐慌をめぐる我が国での議論では、総じて、現代資本主義の歴史的・構造的特徴をどのように把握するのかという根本的な問題意識が不鮮明なまま、経済危機の現象的な特徴付けにもとづいて、過剰生産恐慌かそれとも独自の金融恐慌かという議論がいわば類型論的になされており、このために恐慌の特徴付けも主として現象面での特徴に着目するか、あるいは逆にきわめて一般的な理論的特徴付けにとどまっている。

本章では、上記の問題をめぐって最近我が国で展開されている議論を取り上げ、論点整理と若干の検討を加えたい。本章で順次取り上げる主要論点は、以下の三つである。
(1) 米国のサブプライム問題を契機として発生した今回の世界的な金融危機は、「危機」であるのかそれとも「恐慌」であるのか。
(2) 今回の金融危機は、過剰生産恐慌にともなう金融危機か、それともマルクスのいわゆる「独自の貨幣恐慌」であるのか。
(3) 今回の金融危機を含め近年の資本主義経済が頻繁に深刻な金融危機に見舞われる理由は何か。

ただし、本章では上記のうち(1)の「危機」か「恐慌」かという用語をめぐる問題には深入りせず、今回の金融危機の性格を世界的な資本の過剰蓄積、あるいは過剰生産恐慌との関連でどのように把握すべきかという(2)の論点を中心に検討する。その上で、この検討を踏まえ、現代資本主義のもとではなぜ資本の過剰蓄積が頻発する金融恐慌として発現するのかというこれまで比較的議論されることが少なかった論点の検討を試みることとする。

2 金融危機か、それとも金融恐慌か

筆者がこれまで目にした限りでは、今回の事象を、はっきりと金融恐慌と呼ぶ人はそれほど多くない。筆者の印象で言えば、我が国のマルクス経済学者の多くが、金融恐慌という概念を適用することに戸惑いを感じている様子がうかがえる。

  ＊ 例えば、井村(2009)は、今回の金融危機は金融恐慌として勃発する明らかな可能性をもっていたが、この可能性は政府・金融当局の強力な介入によってかろうじて抑制されたという理解にたっている。こうした立論は、金融危機と金融恐慌とを区別する基準があるということ、今回の事態はその基準から見て、恐慌と呼びうる条件を満たしていないという理解にもとづいているように見える（172頁）。しかし、その基準については同書では明確にされていない。また、米田(2010)は、今回の事象を「金融のグローバル化を背景

とし、金融恐慌としては証券化商品市場という新たな擬制資本市場を主要舞台として発生した史上初の金融恐慌であった（下線は引用者）」と性格付けているが、論文全体としては、むしろ金融危機という用語をキーワードにして考察を展開しており、今回の事象を金融恐慌と規定する立ち入った論拠は示していない。したがって、著者が、金融恐慌と金融危機との間にどのような区別をしているのかも明確ではない。

　さらに、別の人々は、そもそも今回の金融事象は、単なる一時的な混乱あるいはせいぜい危機と呼ぶべきものであり、いわゆる恐慌と呼ぶべき特質をそなえていないのではないか、という議論を提示している。その際、一部の論者は、今回の危機の過程で破綻したり事実上破綻した銀行の多くでいわゆる「取り付け」が発生していないことに注意を向けている。

　今回の金融恐慌で預金者が銀行の窓口に殺到して預金を引き出す古典的な取り付けが報道されたのは、イギリスのノーザンロック銀行の事例だけである。しかし、これは、今回の金融危機で大規模な取り付けが発生しなかったことを意味しない。

　アメリカでも、1930年代に預金保険制度が整備されて以降、不安にかられた少額預金者が銀行の窓口に殺到する取り付けは発生していない。現代の取り付けは、かつてのように一般預金者が預金引き出しを求めて銀行の窓口に殺到するという形態ではなく、預金保険の対象にならない大口預金者や非居住預金者による貸し付け回収、MMFなど預金代替取引における資金流出、短期金融市場（銀行間市場）での貸し手による貸し付け更新拒絶などの形態で発生し、これらはいずれも当事者間での電話・テレックスなどの部外者には見えない方法で執行されるために、一般に「密かな取り付け」あるいは「静かな取り付け」（原語は silent run）と呼ばれている。

　今回の場合には、取り付けの主要な形態は、すでにウォール街の動向に詳しい専門家が明らかにしているように、レポ市場および金融CP市場における新規資金の調達不能、貸し付けの回収、大幅な追証・担保請求という形で発生しており、その主たる対象はこれらの市場に巨額かつ継続的な資金調達を依存していた投資銀行、ヘッジファンド、SIVを含む各種オフバランス・ビークルであった。

＊　付言すれば、silent run という用語が流布する契機になったのは、1984 年のコンチネンタル・イリノイ銀行破綻であった。同行は全米 8 位の大手銀行であったが、支店をもたず、資金の大半を海外コルレス先を含む 2000 行あまりの銀行預金に依存していた。アメリカ南部での投資失敗を契機に同行の経営危機が表面化すると、それらの銀行が一斉に預金を引き出し、同行は「流動性危機」に陥ったのである。今回の金融恐慌にともなうレポ市場での「取り付け」の詳細については、Gorton (2009; 2010) を参照。また、ノーザンロック銀行の取り付けについては、Hyun Song Shin (2009) を見られたい。

いずれにせよ、欧米の専門家の判断では、今回の金融恐慌はきわめて大規模かつ劇的な取り付けをともなったのであり、取り付けが生じなかったという我が国の一部で見られる見解は、現代の金融システムのもとでは「取り付け (run)」がどのような形態とメカニズムで発生するかについての理解を欠いた誤った言説と言わなければならない。

ところで、以上の問題に関連して、筆者は、先の信用理論研究学会（2009 年 5 月、立教大学）での報告に際して、木村二郎氏（桃山学院大学）から寄せられた質問に応えて次のように回答しておいた。

　（質問）今日の事態を金融恐慌あるいは金融危機と呼ぶ理由を明らかにしてほしい。
　（回答）質問の趣旨が報告者には必ずしも明確ではない（今では、世界中の専門家が今回の事態を金融危機と呼んでいる。ただし、危機、恐慌、パニックなどの用語をきちんと区別して定義している文献は少ない）が、とりあえずお答えする。
　2007 年夏にサブプライム問題として国際的な不動産バブルと仕組み証券バブルの崩壊が顕在化して以降、2008 年春まで、報告者は事態を大規模なバブル崩壊による金融市場の深刻な混乱ではあるが、監督機関と金融界が協力して恐慌への発展を封じ込める可能性がないとは言えない、という意味で「金融危機」と見なしていた。しかし、2008 年 1 月にスーパー SIV 計画が放棄され、仕組み証券市場の最大の支柱であった政府系住宅金融公社とモノライン保険の経営危機が表面化した段階で、「危機」が「恐慌」に発展する可能性（金融界と監督機関が事態をコントロールできなくなる）が高まったことを

認識した。さらに、2008年3月のベア・スターンズ破綻を経て、夏には二つの政府系住宅金融公社の破綻が明らかになり、メリル・リンチにつづいて9月にはリーマン・ブラザーズが破綻し、AIGも事実上破綻し、ゴールドマン・サックスとモルガン・スタンレーの業態転換でアメリカの投資銀行が消滅しただけではなく、スイスでもUBSが事実上破綻して政府管理に移され、証券市場、為替市場に2007年夏の混乱をはるかに上回る混乱が引き起こされ、政府が巨大かつ超法規的な救済計画に乗り出さざるをえなくなった時点で、「金融恐慌」と見なすことにした。

　この局面は、欧米文献では金融崩壊 (financial meltdown, crash)、あるいは金融恐慌 (financial panic; financial crisis) と表現されることが多いが、報告者はマルクスのいわゆる「過剰資本」の暴力的整理という意味で、そして、今回の場合、過剰資本が現実資本よりもむしろ貨幣資本の過剰であったという認識から、世界的に莫大な貨幣資本の暴力的整理が波状的に起きたという意味で、金融恐慌という用語を使用することにした。また、アメリカでは、経営危機に陥った大手銀行だけではなく、地方銀行も含めて銀行セクター全体が資本不足 (insolvency、支払い不能状態) に陥っていると認識している（銀行制度自体の systemic crisis）。なお、金融恐慌の用語を使用することには、すこし別の意味合いが付随している。恐慌 (systemic crisis) には、これまでのレジームあるいはシステムが、そのままでは存続できなくなるという含意がある。報告者も、現在の金融システムをどのように特徴付けるにせよ、このシステムはもはやそのままの姿では存続ができなくなったと理解している。しかし、もちろんそれは、資本主義体制それ自体が存続不能になったという意味ではない（高田, 2010、21-22頁）。

　周知のように恐慌という用語は、もともと die Krise（類語に die Krisis がある）の訳語であり、一般には危機（難局、境目、急変の意味がある）と訳されるべきものである。ただし、英語では、crisis の他に panic, crash, collapse, meltdown などが今回の事態を表現する用語として利用されている。これらはそれぞれ、危機、恐慌、崩壊などと訳出されるが、その語義について経済学の上での厳密な区別があるわけではない。もともと crisis にしてもその他の用語にしても、それ自体厳密とは言えないさまざまな用語が用いられるのは、恐慌

自体が資本制経済の諸矛盾の集中的な発現形態であり、きわめて表面的な経済現象を指す言葉だからである。

いずれにしても、英語圏やドイツ語圏などでは、今回の事態を恐慌と呼ぶかそれとも危機と呼ぶべきかという用語上の論争は存在しない（ただし、depression と recession の区別をめぐる議論は存在する）。議論されるべき問題は、どのように呼ぶかではなく、事態の背景、原因、メカニズム、結果、資本主義経済の今後の展開に及ぼす影響などを具体的にどのように把握するのかという認識内容である。この点を念頭においた上で、筆者は上記のような理由で恐慌という用語を採用している。

マルクス経済学者の一部陣営では、恐慌を周期的な現象（正確には、産業循環の四つの局面の一つ、活況から沈滞への転換局面）ととらえ、こうした観点から今次恐慌の性格を特定しようとする議論がある。これも筆者の理解では、問題含みの議論である。資本制生産様式はつねに再生産の部分的、全般的撹乱（かくらん）に向かう傾向をはらんでいることは事実であるが、大規模かつ深刻な撹乱が、経験的に確認可能な一定間隔で生起するという意味で「周期的」に発生する必然性は存在しない。すでに、1873-1886 年の「大不況」以降、恐慌の周期性は不明確となり（メンデリソン『恐慌の理論と歴史』飯田貫一他訳、青木書店、第 3 分冊参照）、さらに、第二次世界大戦後の資本主義経済に 19 世紀的意味での周期的恐慌を見出すことは困難である。日本のマルクス経済学者の間では、「周期的過剰生産恐慌」という概念が共有されてきたことから、非周期的な経済危機に恐慌の語をあてることに戸惑いがあるのではないかと思われる。

 * 米国の景気循環に関して景気後退とその終結についての公式判断を委ねられている全米経済研究所 (NEBR) の景気基準日付委員会によれば、第二次世界大戦の終結から今回の不況までの期間にすでに 10 回以上の景気後退 (business recession) が発生している。その場合、景気後退は一般に 2 四半期以上にわたって連続して GDP が減少する事態として定義されているが、景気後退局面の多様性をふまえ、この単純な定義につねに厳密に従っているわけではない（例えば 2001 年の景気後退、および 2007 年に始まった今回の景気後退）。また、一般に景気後退よりも深刻な不況を意味する depression の語については、景気基準委員会は特定の定義を定めておらず、また、戦後の景気後退に関連して depression と定義した事例は——今回の経済危機が発生するまで戦後もっとも深刻な危機と呼ばれた 1973-75 年不況を含めて——

存在しない (http://nber.org/cycles/recessions_faq.html)。経済学者の間では panic, collapse, crisis などの用語は、多くの景気後退や金融危機の特定の局面を意味する語として頻繁に使用されているが、今回の経済危機あるいは不況を depression と呼んでいる例は見あたらない。なお、上記のような米国景気基準委員会の判定基準が今回の経済危機の基準として不適切である点については、高田(2011b) を参照されたい。

いずれにせよ、現代の（独占資本主義の段階における、というべきかもしれない）産業循環はマルクスの時代のそれとは大きく様相が異なっている。現代の産業循環（それ自体はなくなっていない）には、とりわけ1973-75年不況や今回の世界不況に相当する深刻な景気後退を基準に見る限り、それほど明確な周期性（単なる反復とは異なる）が見られない。また、これらの深刻な景気後退では、四つの局面ははっきり確定できない経路をたどり（例えば70年代スタグフレーション、いわゆるW字型回復、我が国の「失われた20年」など）、全体としては、長期不況あるいは長期停滞傾向が強まっている。活況期に主要産業で過大な投資が行われ、その結果、産業の部門間不均衡に加えて、全般的な過剰生産が積み上がり、卸売商業とそれを支える商業信用の破綻によって産業循環（資本蓄積と拡大再生産）が途絶（実現問題の表面化）し、生産の収縮と経済危機が一気に現出するという古典的な循環の様相で近年の経済危機を特徴付ける（表象として措定する）ことは困難である。

その上、現代の循環過程は、実体経済と金融市場とで大きく異なった様相を見せるようになっている。例えば、1970年代以降で見ると、一方で実体経済は時折一部産業や一部地域で短期の停滞や後退があるが、世界経済全体としては、グレート・モデレーション（大いなる平穏）と呼ばれる、大幅で激しい変動をともなわない比較的穏やかな様相を示してきた。これに対して、金融市場は、IMFのデータベースが示しているように、深刻な銀行危機や大幅な為替レート下落などをともなう金融危機が頻発し、数年に一回は国際金融市場を震撼させるような大きな金融危機が繰り返されている。

　＊　グレート・モデレーションについては Bernanke (2004) を参照されたい。なお、IMFが作成した、1970～2007年の期間に発生した銀行危機に関するデータベースによれば、この間に世界で124件の銀行危機が発生している。

ここでは、銀行危機は企業および金融機関で多数のデフォルト（債務不履行）が発生し、その結果不良債権が急増して銀行セクター全体の自己資本が消尽する事態と定義されている。このような銀行危機には、多くの場合まずバブルが先行し、その後信用収縮とともに株価や不動産価格を含む資産価格の暴落が付随している。以上の銀行危機と並んで、同じ期間に為替レートが30％以上下落する通貨（為替）危機が208件も発生している。これらの通貨危機は、固定レート制を採用している国が経験した大幅な通貨切り下げの事例を含んでいる。さらに、これらの通貨危機の中には、民間の債務不履行や単なる為替市場の混乱だけではなく、政府部門が対外債務の支払いを停止したり、リスケジュール（返済計画の繰り延べや修正）を余儀なくされるソブリン信用危機が63件も含まれている（以上詳しくは、IMF (2008) を参照）。このIMFのデータベースが明らかにしているのは、1970年代以降の国際金融市場がどれほど不安定かつ脆弱であるかという事実である。現代の国際金融市場では、銀行危機や通貨危機は、それ自体健全な市場がまれに陥る異常事態ではなく、むしろ日常的な「常態」であると言っても過言ではない（高田, 2009、「はしがき」参照）。

　繰り返しになるが、現代資本主義のもとで発生する深刻な経済危機を恐慌と呼ぶか、危機と呼ぶかは、どちらの用語もKriseあるいはcrisisを意味する語としては同じであり、用語選択の問題としてはそれ自体にそれほど重要な意味があるわけではない。問題は、むしろ、現代資本主義のもとで生起する今回のような深刻な経済危機の様相・構造をどのように正確に把握し、その背景、発生メカニズム、さらには今後への影響などをどのように理解するか、ということである。要するに、用語選択の前に、現代資本主義と産業循環のさまざまな様相変化の中から、いかなる現象を、新たに説明すべき特異な「表象」として措定するか、その現象は既存の理論で説明できるのか、それとも理論自体を新たに鍛えなおす必要がある、歴史的・構造的変化から生起しているのか、ということをはっきりさせることが重要なのである。

3 過剰生産恐慌か、それとも独自の金融恐慌か

　現在我が国で展開されている議論では、今回の事態を金融恐慌と呼ぶか否かをめぐる問題は、実は第二の問題と関係している。今回の事態を、過剰生産に根ざす恐慌ではなく、すぐれて金融市場と金融産業の問題から発生したという意味で独自の金融恐慌ととらえる見解に対して、理論経済学や現代資本主義論の専門家からは異論が提起されている。これらの人々の異論は、今回の事態を恐慌と呼ぶことに対する異論ではなく、それを（独自の）「金融恐慌」と呼ぶことに対する異論である。つまり、今回の事態は、単なる金融恐慌ではなく、その本質は過剰生産恐慌であるという認識がこの人々の異議申し立ての出発点になっている。

　例えば、鶴田満彦氏は、論文「2008 年世界経済恐慌の基本性格」（『季刊経済理論』2010 年 7 月所収）で、井村喜代子氏の『世界的金融危機の構図』（2009 年）を俎上にあげて、今回の問題をもっぱら「実体経済から独立した投機的金融活動」の所産と見る井村氏の見解を次のように批判している。

(1) 金融恐慌に先立って、住宅ブームとその崩壊という実体経済面の問題が存在した。むしろ住宅バブルの崩壊の結果、住宅ローンを拡張してきた多くの銀行を債権の回収に走らせ、それに失敗した銀行を破綻させ、その結果、拡大再生産継続に必要な貨幣（あるいは銀行信用？　高田）の不足を引き起こし、その結果自動車大手倒産に見られる、過剰生産が現出した。拡大再生産が銀行の信用創造の限界にぶつかったことによって発生した過剰生産恐慌というのが、2008 年世界経済恐慌の性格である。（10 頁）

(2) まず住宅ブームの崩壊という実体経済の「停滞」があって、それが「諸連鎖」の信用乗数効果によって大規模な金融危機に発展し、金融資本市場の凍結やクレジット・クランチをつうじて実体経済にも破壊的な打撃を与えたというのであれば、かなり普通の恐慌の姿に近いのではないか。（10 頁）

(3) 1990 年の日本のバブル崩壊とその後の長期不況、2000 年の米国の IT

バブル崩壊、そして今回の2008年恐慌は、過剰信用によって推進された過剰蓄積が金融資本市場に表出したという点で、たんなる「第二類型的＝独自の貨幣恐慌」とは言えない。(11頁)

ついで、鶴田氏は、井村氏と同様に「独自の金融恐慌」論の立場をとる米田貢氏の所説にも、以下のような批判を向けている。
(1) 今回の恐慌の発現過程で決定的な役割を果たした証券化商品について見ると、それの生産過程との関係性が希薄化していることは事実としても、生産過程と無関係ではない。「サブプライム・ローンや自動車ローン等から加工・組成された証券化商品は、諸連鎖をつうじて住宅建設や自動車生産に関係している。だからこそ、証券化商品の価格下落が、実体経済における需要収縮、世界的な過剰生産に結びついたのである」。(12頁)
(2) (もともと実体経済に過剰蓄積による現実資本の過剰があり、それが金融危機を契機に表出したとする村岡俊三氏の所説に関連して) 金融危機の基礎には、世界的スケールでの現実資本の過剰があるという指摘には同意できる。しかし、現実資本の過剰を引き起こした原因は村岡氏が挙げる自国ならびに資本輸出先（途上国）における賃金上昇ではない。「2008年恐慌の基礎にあった現実資本の過剰とは、サブプライム・ローン関連証券、そこから派生・組成されたCDO（債務担保証券）などの過剰信用（ポンツィ金融といってもいい）にもとづいて、世界的なスケールで生産され、売買・輸出入され、消費された生産物・サービスという形態で存在していたと考えられる。過剰信用は、過剰生産・過剰取引であり、過剰輸出入であり、過剰消費でもあった」。(13頁)
(3) 2008年恐慌において、米国は、過剰信用の震源地であり、過剰輸入国、過剰消費国であった。EU諸国は、米国発の過剰信用を増幅させる役割を果たした。日本と新興工業諸国は、過剰輸出国、過剰生産国であった。このようにして、リーマン・ショックに代表される金融危機を契機に世界的スケールでの経済収縮、すなわち世界経済恐慌が勃発したのである。(13頁)

　　＊　以上とは別に、大槻久志氏は、現代資本主義の認識において「経済の金融

化論」の立場に立ちながら、また、今回の金融恐慌がすぐれて「金融独自の、実体経済と遊離した金融恐慌」の外観を示していることを認めながら、その外観通りに理解することは「明らかに誤り」であると断じている。その理由は、「ローン債権の証券化ビジネスはアメリカの総需要を構成する需要項目中、住宅ローンによって民間住宅建設を、カーローンとカードローンによって自動車の購入を中心とする個人消費支出を強力に支えてきたからである」(「『金融危機』を再検討し、経済の『閉塞』を点検する」『経済』新日本出版社、2010年7月号)。これは、近年の世界経済の成長がアメリカその他における住宅ローンや消費者ローンなど信用膨張によって支えられ、実体経済に累積する矛盾(資本の過剰蓄積と過剰生産)が隠蔽されてきたが、住宅バブルの崩壊によってその構造が露になったと見る点で、鶴田氏の理解と共通である。ちなみに同氏によれば、今回の危機を恐慌と呼ぶか否かの問題よりも、過剰生産恐慌にともなう恐慌かそれとも独自の貨幣恐慌かという問題の方がより重要である。なお、経済理論学会の学会誌『季刊経済理論』第47巻第1号(2010年4月)の特集タイトルも「2008年世界恐慌と資本主義のゆくえ」となっており、マルクス経済学の陣営では、金融恐慌よりもむしろ世界恐慌の用語がより広く受け入れられているように見える。

　現代資本主義のもとでの循環と恐慌の「変容」を考察する場合、単に表面的な変容や「金融化」現象だけではなく、それを引き起こしている資本の蓄積様式の変化、産業や世界経済の構造変化、それらにともなう信用の役割変化に目をむける必要があることは言うまでもない。
　さらに、アメリカを中心とする工業国の経済に特徴的な二面性、すなわち一方における相対的安定(グレート・モデレーション、あるいは低成長下での持続的成長)と他方における脆弱性(投資停滞、大量失業、財政危機、国際的不均衡、頻発する金融危機など)の両面を整合的に理解するためには、さまざまな信用膨張に支えられた財政支出(軍事支出を含む)と家計支出の継続的増加、これらの裏返しとしての政府と家計の債務の異常な増加、こうした債務膨張を可能にする継続的な金融緩和政策に着目する必要があることも論をまたない。
　ひるがえってみると、1930年代大恐慌とそれに続く第二次世界大戦による世界的規模での莫大な資本価値破壊からの回復過程(復興経済から高度成長期へ)が完了した段階(1960年代末)で、工業諸国はいずれも主要輸出産業を中心に再び「資本の過剰蓄積」に直面するようになり、それはまず国際貿易にお

ける米国資本と欧・日資本との国際競争の激化（貿易摩擦・経常収支不均衡）という問題として表れた。

> * 資本の過剰蓄積が何よりもまず資本間の競争激化（輸出競争を含む）として表れるという所説については、Clarke (1994) を見られたい。1960年代以降の資本の過剰蓄積とそれがもたらした国際競争の激化についての詳細な分析としては Brenner (1998) を参照されたい。

この国際競争で優位にたった独、日ではその後も比較的活発な投資が続いたが、アメリカでは国内投資が停滞し、多国籍企業による資本輸出（これは米国からの資本、生産、雇用、消費の流出をともなった）が活発化した。また、独、日でも、アメリカと産油国の連携で実施された原油価格の大幅引き上げ（オイルショック）の影響もあって、その後高度成長から「安定成長」への屈折と、国内産業の転換・合理化が迫られた。国際競争の激化、財政支出に支えられた経済成長、企業投資の停滞、低失業率のもとでの賃金上昇、原油高によるコスト上昇などが相俟って、工業国は投資と成長が停滞するスタグフレーションの局面に入り込んだ。

貿易財の輸出をめぐる国際競争で優位を奪われたアメリカは、金・ドル交換停止と変動相場制移行によって、旧 IMF のゲームのルールから離脱し（基軸通貨国の責任放棄）、マクロ経済政策のフリーハンドを確保するとともに、多国籍企業とウォール街は、国際収支の不均衡を考慮することなく、思い通りにグローバル化戦略を推進することができるようになった。さらにアメリカ政府は、税制や年金制度の改革を進め、富裕者だけではなく企業、家計の幅広い貯蓄を株式市場に誘導し、同時に、外交手段も使って産油国を含む経常収支黒字国の資金を自国の国債市場に引き入れ、株式市場と国債市場の両面で巨大な架空資本市場を作り出した。こうして肥大化したアメリカの資本市場は、グローバル化が進む世界の資金循環の心臓部としての役割を果たすとともに、企業と家計の行動にも次第に大きな影響を及ぼすようになった（株価ブーム、株主価値重視のコーポレートガバナンス、住宅ローンや消費者ローンの拡大、政府・企業・家計の債務増大、要するに経済の金融化と呼ばれる諸現象）。

ところで、70年代にスタグフレーションという形態で露になった工業国の過剰蓄積は、世界的な実物投資の停滞、失業率の上昇、財政危機などの問題を

ともなって長期化したが、各国政府と経済界はこれに対処するために、経済政策の重点をそれまでのケインズ主義的需要管理・雇用重視から新自由主義的立場に移していった。具体的には、マクロ経済政策の目標の中で経済成長や完全雇用の優先度を大幅に引き下げ、インフレーション抑制、労働市場の弾力性確保、規制緩和とグローバル化推進、などの目標を優先するようになった。こうした政策転換は、多国籍企業のグローバルな資本蓄積を促進し、国内の賃金上昇を抑えて企業利潤を回復し、株価ブームに支えられた M&A の盛況、IT 部門を中心とする新しい産業の振興などにつながったが、アジア諸国を中心とする新興工業国も加わった国際競争は一層激化し、米国について見ると、国内的には成長鈍化、賃金抑制、所得格差拡大などによって「実現問題」を深刻化させ、世界的な「資本の過剰蓄積」はむしろ激化した。

> * これまでのところ、世界の多くの経済学者は、今回の経済危機を 1970 年代のスタグフレーションを画期とする資本主義の長期的な成長率低下、利潤率低下を克服しようとする資本と政府の一連の政策パッケージ（新自由主義政策）の結果としてとらえている（Brenner, 2009；Husson, 2009；Schulmeister, 2010；Duménil & Lévy, 2011；Kliman, 2011；高田, 2011a）。しかし、このようなスタグフレーションと今回の危機を連続的にとらえる見解に対しては、一部の研究者（Lapatsioras et al., 2009；Milios & Sotiropoulos, 2011；McNally, 2008）から批判が出されている。これらの研究者は、70 年代のスタグフレーションは、80 年代に顕著になった新自由主義政策、さらにはその後のニューエコノミーによって一応克服され、企業収益は高度成長期ほどではないまでも、80 年代以降かなりの水準に回復した。したがって、今回の経済危機は、80 年代以降の資本主義に固有の蓄積様式がもたらした問題として、言い換えると 70 年代の危機とは別の新しい危機として説明する必要があると指摘している。この論点は、1980〜90 年代の資本主義をどう特徴付けるかという歴史的問題を議論する際に重要である。しかし、今回の金融恐慌と経済危機の歴史的特徴をどのように把握するかという点では、これらの人々とその他の人々との間に、決定的な違いがあるわけではない。

今回の金融恐慌の背景には、筆者の理解では、70 年代以降現代資本主義が未解決の問題として引きずってきた資本の過剰蓄積とその結果としての実現問題が潜んでおり、こうした意味で、鶴田満彦氏が、「独自の金融恐慌」ではなく、資本の過剰蓄積を重視する視点を打ち出している（前掲 9 頁）のは正当で

ある。

> * 今回の経済危機の原因を考察したBrenner (2009) は、鶴田氏と同様に、現実資本の蓄積と金融危機の相乗的関係に着目して次のように記している。「今回の危機は、実体経済における巨大で未解決の問題——これは文字通り何十年間も債務によって包み込まれてきた——ならびに、戦後期において未曾有の深刻な信用収縮として表れている。そこには、衰弱する資本蓄積と金融部門の崩壊とが相乗的に作用しており、後者は、政策担当者にとって景気の落ち込みへの対処を困難にするとともに無視しえない破局の可能性を生み出している」。(p.1)

しかし、資本の過剰蓄積とその結果としての過剰生産問題——それは、広範な商品の販売の隘路だけではなく、低投資、低成長、高失業、財政危機、不安定な信用膨張他の現象をともなう——の重要性を指摘することは、それ自体としては正当であるとしても、そのことと、今回の金融恐慌の特徴を過剰生産恐慌に付随する金融恐慌として規定することとは別問題である。

筆者の理解では、鶴田満彦氏の所説は、以下のマルクスの記述を念頭においていると考えられる。

「再生産過程の全関連が信用に立脚しているような生産体制においては、信用が突然停止し、現金払いしか通用しなくなれば、明らかに恐慌が、支払手段にたいする猛烈な殺到が、起こらざるをえない。それゆえ、一見したところでは、全恐慌が信用恐慌および貨幣恐慌としてのみ現われる」(『資本論』第3巻第5篇第30章、⑪847頁)

ここでマルクスが想定していた貨幣恐慌（過剰生産恐慌に付随する貨幣恐慌）がどのようなものかを理解するためには、商人資本と銀行信用との関連について解説したマルクスの以下の記述を合わせて念頭に置く必要がある。

「近代的信用制度のもとでは、商人資本は社会の総貨幣資本の一大部分を使用することができ、……再生産過程の巨大な弾力性のもとでは、商人は、生産そのものにはどんな制限も見いださないか、またはせいぜい非常に弾力性のある制限を見いだすだけである。したがってここに、……架空の需要が

つくり出される。……商人資本は、その自立化によって、ある限界内では再生産過程の諸制限にかかわりなく運動するのであり、それゆえ再生産過程をその制限を越えてまでも推進する。内的依存性と外的自立性とは、商人資本をかり立てて、内的な連関が暴力的に、恐慌によって回復される点にまで到達させるのである。恐慌がまず出現し爆発するのは、<u>直接的消費に関係する小売業においてではなく、卸売業と、これに社会の貨幣資本を用立てる銀行業との部面においてであるという恐慌の現象はこうして生じるのである</u>」
(『資本論』第3巻第4篇第18章、⑨ 514-515頁。下線は引用者)

マルクスが過剰生産恐慌に付随すると考える貨幣恐慌とは、ここに記されているように、自立した商人資本、とりわけ直接的消費から遊離した、言い換えれば消費による制限から相対的に遊離した卸売業（遠隔地貿易を含む）の分野で活動する商人資本に対して用立てられる銀行信用が、再生産過程の制限を超えて架空の需要を作り出し、それが最終的に再生産の内的依存性の限界に突き当たることで、信用それ自体の架空性が露呈し、信用の急停止と支払い手段に対する殺到という再生産過程の異変を引き起こす現象である。つまり、この恐慌に先立って、架空の需要によって過剰生産を隠蔽し、それを再生産の制限を超えて増進させるのは、第一に貸付可能な貨幣資本の過多を背景とする信用の過度膨張であり、第二に生産過程から遊離して自立的過剰取引を膨らませる商人資本の機能であり、とりわけ、卸売業の部面（遠隔地貿易を含む）である。資本制生産様式の再生産の諸矛盾が、とりあえず、商業資本の自立的運動に媒介された流通過程およびこれを支える手形流通における危機として発現するのはこのためである。

さきに、鶴田満彦氏が依拠しているマルクスの記述を引用したが、上記の引用につづいて（鶴田氏も正確に引用しているように）、マルクスはさらに次のように続けている。

「実際に問題になるのは、手形の貨幣への転換可能性だけである。しかし、<u>これらの手形の大部分は現実の売買を表わしており、社会的必要をはるかに超えたそれの膨張が結局は全恐慌の基礎になっているのである</u>」(『資本論』⑪ 847頁、下線は引用者)

一般に、商人資本が銀行信用に支えられた手形を利用して過剰取引を膨らませ、資本蓄積の限度を超えて生産を拡大させるのは、小売業ではなく、卸売業の部面においてである。だから、このマルクスの記述は、上の引用（とくに下線部分）と同じ事態について述べたものと解することができるだろう。
　ひるがえって今回の金融恐慌を見てみると、「全恐慌の基礎」をなしていたのが「その多くが現実の売買を表していた商業手形の支払い不能」であったとは到底言えない。現代の資本主義のもとでは、主として卸売業に従事するのは商社、問屋などであるが、今回、こうした商業資本が、金融危機に先立って、銀行信用を利用して過剰な取引を膨張させていた（そうした取引、例えば一部消費者信用や自動車ローンの膨張が見られたことは事実である）としても、それが今回の金融危機の主要な要因をなしているわけではない。
　また、住宅市場の過剰供給は明らかに重要な要因であったが、これ自体がこれほど大規模な恐慌の主因であったと結論付けることは困難である。今回の恐慌では、2003年以降アメリカで住宅供給が急増し、2006年段階には過剰供給が表面化して価格が下落し始め、住宅価格の継続的上昇に依存していた住宅ローン市場の矛盾が顕在化した。この時期のアメリカの住宅市場を分析した専門家は、アメリカの住宅供給がイギリスやスペインなどと比較しても急増しており、より深刻なブーム崩壊が予想されると指摘していた。しかし、その後の経緯を見ると、われわれが目の当たりにしたほど大きな経済危機を引き起こす規模で建設業者が破綻したわけではない（いくつかの州では多くの住宅供給業者の破綻が実際に発生したが）。より深刻かつ大規模な問題はむしろ金融部面、すなわちITバブル崩壊によって株式市場から流出した貨幣資本による住宅ローンの膨張、与信基準の劣化、その結果としての延滞率の上昇であった。言い換えると、資本の過剰蓄積は住宅産業ではなく、主として金融市場において、したがってすぐれて貨幣資本の過剰蓄積として発生したのである。
　＊　貨幣資本の過剰蓄積については、本書第4章を参照してほしい。

　ただし、住宅ローンの急増についてもいくつかの留保をつけてその意味を評価する必要がある。第一に、住宅ローン、とくにサブプライムローンは、過剰貸し付けの主要部分ではなく、2000年のITバブル崩壊以降に膨張した全信用

の一部にすぎないということ（全モーゲッジに占めるサブプライムローンの割合は最大で 20％程度、ただし、このうち 80％以上が証券化された）、第二に、住宅ローンの利用者の多くが、自分が住むための家ではなく、値上がり期待の投資物件として、すなわち広い意味の金融資産として住宅を入手するためにローンを求めた（これらの中ですでに住宅を所有している借り手が2軒目を取得する目的で借り入れたローン〈piggy back loan と呼ばれた〉も統計的にはサブプライムローンに含まれている）ということ、第三に、オリジネータは、住宅の取得をのぞむ消費者の需要に応えただけではなく、むしろ証券化の材料を確保するために、住宅ローンの基準を引き下げたり、略奪的な条件でローンを拡張したということ（このために大手投資銀行は多くのオリジネータを買収し、子会社化してローンを膨張させた）、である。要するに、この全過程を突き動かしてきた最大の原動力は、住宅産業の競争や利潤動機ではなく、また本来の家計の住宅需要でもなく、証券化商品の組成・販売で暴利を目論む、金融機関（投資銀行）の運動であったといっても間違いではないであろう。だからこそ、証券化市場が破綻すると、住宅ローンの供給は停止し、行き場を失った貨幣資本は住宅ローン以外のさまざまな金融市場に殺到するという現象が続いたのである。

> * 2000年代初頭の IT バブル崩壊以降今回の恐慌勃発に先立って世界的に膨張したさまざまな信用の総体のなかで、アメリカの住宅ローンがどの程度の割合を占めているかを定量的に評価することは簡単ではない。大雑把に言えば、2000年から 2008年の間に、世界的に見た主要部門（政府・企業・家計・金融産業）の債務（借入と債券）は、70.8兆ドルから 111.5兆ドルに増加した。この間の増加額 40.7兆ドルのうち、10.8兆ドル（27％）が家計部門の債務増加で、さらに、このうちアメリカの家計部門の債務（消費者ローン、自動車ローンなどを含む）増加は 6.8兆ドル（16.7％）を占めている。このうち、住宅ブームが顕著になった 2003年から金融危機が発生した 2007年の期間における住宅ローン残高の純増分は約4兆ドルである（ただし、グロスでのモーゲッジ加算累積額は約 13兆ドル）。また、賃貸物件や商工業モーゲッジを含むモーゲッジ全体の増加額は 5.2兆ドルである。詳しくは McKinsey Global Institute (2010) 他を参照されたい。今回の金融恐慌では、アメリカのモーゲッジ市場のバブル崩壊を契機にして世界的な信用連鎖が途絶し、とくに大手投資銀行とオフバランス・ビークル、ヘッジファンドや投資ファンドの主要な資金源であったレポ市場と金融 CP 市場で激しい「取り付け」が発生したが、それは、マルクスが想定した商業手形の決済のための

支払い手段に対する殺到でもなければ、これと結び付いた銀行取り付けでもないのであり、その意味で現実資本の蓄積から乖離した貨幣資本の蓄積部面で発生したという意味でひとまず「独自の金融恐慌」と考えるのが適切であろう。

　以上、今回の金融恐慌の特質について立ち入った検討を行ってきたが、念のために付言すれば、今回の金融恐慌を「独自の意味の貨幣（金融）恐慌」として定義すること自体に重要な意味があるわけではない。ここで確認しておく必要があるのは、今回発生した金融恐慌が、マルクスのいわゆる「過剰生産恐慌に付随する」貨幣恐慌とは根本的に異なったものだということである。

4　架空資本市場の肥大化と現代の金融恐慌

　以上の検討によって今回の金融恐慌を「過剰生産恐慌に付随する」金融恐慌と規定することができないことが明らかになったが、これで今回の恐慌の性格規定をめぐる問題が解決したわけではない。なぜなら、以上の結論は、今回の恐慌をマルクスのいわゆる「独自の貨幣恐慌」と規定するという結論に直結するものではないからである。

　この点に関連して、米田貢氏は、前記の論文の結論として「今回の世界金融危機は、資産の証券化を基礎にした証券化商品市場の膨張によって、以前にはさほどの社会的意味をもたなかった独自の金融恐慌が、現代資本主義における矛盾の主要な発現形態の1つになりうることを示しているのではなかろうか」と記している（米田, 2010）。ここまでのわれわれの検討をふまえれば、この結論には重要な含意があるが、そのことは、今回の金融恐慌をマルクスの言う意味での「独自の貨幣恐慌」と定義することに積極的な意味を付与するものではない。

　もしも、米田氏の問題提起に重要な含意が含まれているとすれば——筆者はそう考えているが——それは、何よりもまず、膨張した証券化商品市場（現代における新しい架空資本市場）が、貨幣資本に従来の金融市場と比較してはるか

に大きな自立的運動（＝独自の価値増殖）の余地を与えたことと関係している。筆者の理解では、現代の金融市場の役割は、産業資本や商業資本の競争を通じて平均利潤の成立を媒介するだけではなく、また、単に現実資本の過剰蓄積と過剰生産を吸収し、隠蔽することで過剰生産恐慌を促進するだけでもない。巨大な架空資本市場を中心とする現代の金融市場は、架空資本の運動を通じて、現実資本から遊離した貨幣資本の大規模かつ自立的な価値増殖を可能にし、同時に、この価値増殖が限界に逢着した結果生じる金融恐慌に、従来にない新しい発生メカニズムと発現形態を与える点に見出されるべきである。

　現代の経済危機あるいは金融恐慌の発生メカニズムを考察するにあたって、われわれはもはや信用の役割を現実資本（産業資本や商業資本）が資本制生産関係の限度を超えて生産と取引を膨張させ、やがて来るべき強制的収縮＝恐慌の条件を準備するという周知の役割に限定して考えることはできない。1970年代のスタグフレーションから続いている現代資本主義の低投資・低成長構造のもとでは、過剰蓄積による資本の競争激化は、主として個別資本の生き残りをかけた投資競争という形態では展開されない。さらに、グローバル化と情報化が著しく進んだ現代では、遠隔地貿易と国内取引、卸売業と小売業の間に、直接的生産過程からの遊離という意味での質的な差異は少なくなっている。現代資本主義に特徴的な消費者信用をはじめとする個人・家計向け消費信用の発展は、消費財の生産を家計所得の限度を超えて拡大する条件を提供するが、過去30年間の経済変動の事例から、商業信用や消費者信用の過度膨張と突然の収縮が激しい貨幣恐慌と経済収縮を引き起こした事例を見出すことは困難である。要するに、現代では商業分野が再生産の限度を超えた過剰生産を支える余地は限られており、商業恐慌とそれにともなう信用恐慌は、現代資本主義の危機の主要形態ではなくなっているのである。

　他方で、銀行をはじめとする金融機関、企業を含むさまざまな機関投資家、世界的に増大する富裕な個人投資家の手元における莫大な貨幣資本の蓄積と過多は、現代資本主義の無視しえない特徴の一つであると同時に、現代資本主義の資本蓄積の限界を表す基本的な指標になっている。ここに見られる貨幣資本の明らかな「過多」は、経済学者のいわゆる「世界的な過剰流動性」を生み出し、金融緩和政策と相俟ってゼロ水準に近い低金利をもたらしているが、この極度の低金利とこれを可能にする「過剰流動性」をもってしても現実資本の投

資を誘発することはできず、したがって追加的な貨幣資本に対する需要を喚起することはできない。その結果、ゼロ水準に近い低金利で莫大な額の貨幣資本が現実資本の運動から遊離してグローバルな規模で金融的利殖の機会を求め、あらゆる証券をリスクを度外視して買いあさり、結果として貨幣資本が購入する適格な証券が世界的に不足するという現代資本主義に特有の現象は、あきらかに貨幣資本の過剰蓄積を表している。

　このような意味での貨幣資本の過剰蓄積は、1980年代末の日本における巨大なバブル崩壊以降特に顕著になってきた。グローバルな規模で増大する過剰な貨幣資本は、1990年代前半期にはアジアを中心とする新興国への資本輸出によって、さらに90年代末には米国を中心とする一部工業国におけるIT産業株やハイテク関連株への投資によって価値増殖の方途を一時的に見出したが、2001年以降のITバブル崩壊とニューエコノミー論の消滅によって、貨幣資本は再び深刻な飽和状態に回帰した。

　この過程で、中国をはじめとする新興国の急速な経済成長と産業化とが世界的な貨幣資本の新たな運用部面を提供したが、それによって問題が解決したわけではない。むしろその後は、多くの新興国自体が企業の余剰資金および外貨準備の膨張という形で過剰な貨幣資本を抱えるようになっている。これらの国はもはや資本輸入国ではなく、資本輸出国になっているのである。

　世界的な貨幣資本の過剰をもたらしているもう一つの重要な要因は、1980年代以降に次第に顕著になった経済格差の拡大、とりわけ少数富裕層の手元への金融的富の著しい集中である。1980年代中期以降OECDに加盟するほとんどの国で、所得水準中位層以下の所得割合が低下し、上位層、とりわけ上位10％の所得の割合が顕著に上昇する傾向が見られる。とりわけ所得集中が激しい米国では、上位1％の全所得に占める割合が、80年代初頭の10％台から2007年には24％にまで上昇した。Capgemini & Merrill Lynch (2010) によれば、2009年現在、世界全体で100万ドル以上の金融資産を保有する富裕層の数は約1000万人で、この人々が保有する資産（住宅、耐久消費財、収集品を除く）の総額は39兆ドルに上っている。これら富裕層は、この膨大な資産の多くを金融市場で運用しているが、最近の傾向としてはかれらが運用する資金のますます多くの割合が、株式や国債などの伝統的な証券市場ではなく、ヘッジファンド、エクイティ・ファンドその他の高収益を目指すいわゆる「代替的投資分

野」で運用されるようになっている。

　以上のような条件のもとで、世界的に蓄積された過剰な貨幣資本が世界各地での不動産市場、証券市場、原油をはじめとする商品先物市場その他の投機的資産取引市場にはけ口を求めて殺到したのはきわめて自然な成り行きであった。そして、2000年代に入ってさまざまな仕組み証券市場やデリバティブ市場の爆発的膨張を促し、今回の金融恐慌の最大の要因を創り出したのも、世界的に累積した過剰な貨幣資本の投機的な動きであった。

　これらの投機的資産取引市場は、二つの意味で過剰な貨幣資本の強力な吸引部面になる。第一に、これらの市場では、低利潤や低金利はそれ自体としてはもはや貨幣資本の蓄積の制限にはならない。低金利は、信用の利用を容易にし、不動産や証券の取引を活発化させ、価格上昇を引き起こし、現実資本の運動から遊離した貨幣資本の投機活動と利殖を容易にする重要な要因である。第二に、投機的に取引される資産の価格は、現実資本が実現した現在の利潤や実際に支払われた利子に、要するに新たな剰余価値の生産に依存しない。それらの価格は、利潤や利子が現実のものになる何十年も以前に、はるか将来の期待利潤や約定された利子の流列、要するにきわめて不確実な「将来の」所得を「先取り」することによって形成される。しかも、これらの価格は将来の期待所得からストレートに形成されるのではなく、さらに投資家の期待収益という期待所得に劣らず不安定なパラメータ（助変数あるいは媒介変数）で割り引かれて算術的あるいは確率的に計算される。

　産業の動向、政府の政策その他の、市場と投資家心理に影響する何らかの要因が作用して期待所得と期待利回りが変動すると、資産価格が変動する。こうしたファクターの影響は、投資家の予想を変化させ、新しい予想や期待に促された投資家の行動は価格変動を一層増幅させる。その場合、価格の変動がどの程度資産の「本当の価値」から乖離しているのかを測定する術は存在しない。なぜなら、これらの資産価格は、事柄の本性からして架空のもの（投資家の行動による自己実現的結果）であり、どのような意味においても現実的な価値の現象形態ではありえないからである。投機的取引を行う投資家にとっては、自分の予想が的中するか否か、あるいは他の投資家が自分の予想した行動をとるか否かだけが問題であり、その意味で結果がすべてであり、「本当の価値」や「理論上の価値」がどうであるかは始めから問題になりえない。

＊　2012年に本章の初出論文を執筆した段階では、筆者は多くのマルクス経済学者と同様に、架空資本の価値について上記のように理解していた。ここで述べている見解は、バブル期に過剰な貨幣資本が架空資本市場に投じられ、架空資本の価格を「資本還元」から導き出される価値から乖離して「自己実現的」に押し上げるバブル現象に限っての説明としては必ずしも誤りではないが、架空資本の価値が一般的に架空で、「どのような意味においても現実的な価値の現象形態ではありえない」と記しているのは不適切である。架空資本の価値と「商品としての資本」の価格を規定する「資本還元」との関係についての筆者の現段階での理解に関しては、本書第10章、第5節の記述を参照してほしい。

　資本還元によって架空資本の一大市場が形成されると、貨幣資本は現実資本の運動から遊離して自立的に価値増殖する余地を獲得する。ここでは、貨幣資本は、架空資本の創造と売買を通じて自己を増殖する資本として運動する。このような貨幣資本の自立的運動は、現実資本の循環から遊離した貨幣資本だけではなく、さまざまな階層の所得のなかで投資や消費に充てられないあらゆる貨幣に、資本としての独自の価値増殖の部面を提供する。その結果、現実資本の蓄積から見て過剰な貨幣資本は、その多くが架空資本市場に流入する。
　架空資本市場は、その自己実現的な運動形態によって、言い換えれば、貨幣資本の運動が引き起こす資産価格の全般的な上昇という形態で、過剰な貨幣資本を吸収する。この結果、現実資本の過剰蓄積（過剰生産と競争激化）に代わって、資産価格の上昇が資本の過剰蓄積の一般的な発現形態となる。その場合、資本の過剰蓄積はあくまでも現実資本の価値増殖との関係で言われるのであり、貨幣資本それ自体については自己実現的価値増殖が可能であり、貨幣資本の過剰蓄積を表示する明確な指標は存在しない。したがって、市場に参加する多くの投資家の予測と期待が何らかの要因によって逆転するまでは、貨幣資本は架空資本市場に流入し続け、その結果資産価格も上昇し続ける。
　　＊　「工場や設備などの物的生産手段の能力には制約があるのに対して、金融市場はただその利用者、すなわちトレーダーの集団的な想像力によってのみ限界づけられる。利子や配当など他の金融的所得が産業利潤から直接控除されるのとは異なり、キャピタルゲイン（資産譲渡益）は、資産価格の上昇が続く限り、そのような制約を受けない。そして、市場に広まった熱狂が多く

の流動性をこれらの資産とその市場に仕向ける限り、実際に価格は上昇し続ける」(Guttmann, 2009)

　貨幣資本の過剰蓄積と資産市場への継続的流入によって資産価格が長期的傾向（利子の長期水準を含む）から乖離して上昇する現象は一般にバブルと呼ばれる。バブルは、過剰な貨幣資本が架空資本の創造と売買を通じて、現実資本の利潤と関わりなく、自己実現的な価値増殖を行っている現象を表している。しかし、架空資本の価格にはもともと理論的・客観的な基準値は存在しないために、市場の調整機能を重視する伝統的な経済理論ではバブル現象を理論的に説明することはできない。

　　＊　グリーンスパン FRB 前議長が今回の金融危機を未然に防止する金融政策上の措置を取らなかった責任を問われ、バブルは実際にそれが崩壊するまで分からないと答えたことは良く知られている。現代ファイナンス論の理論的支柱である効率的市場仮説を提唱し、この分野で数々の賞を贈られたシカゴ学派の重鎮ユージン・ファーマは、最近のインタビューで信用バブルについて尋ねられ、次のように述べている。「私には信用バブルが何を意味するのか理解できない。信用を受ける人は、誰か他人から受けなければならない。信用バブルとは、当該期間に人々が貯蓄をし過ぎたことを意味するのだろうか。……私には、そもそもバブルが何を意味するのかも分からない。これらの言葉は一般に流布しているが、それらに意味があるとは思わない」(*Mises Daily*, 2010, February 15)。さらに、シカゴ大学と並ぶ米国ファイナンス論のメッカであるペンシルベニア大学・ワートン校のジェレミー・シーゲルはバブルを経済理論で定義する困難性を取り上げた論文で、資産価格が一般に将来期待されるキャッシュフローの現在価値であることは誰でも知っているが、この場合の「将来」は数年というような短期間ではなく、長期間（例えば 30 年）を想定する必要があること、この程度の長期的視点で評価すれば、1930 年代大恐慌に先立つ株価上昇を含め、過去に知られているバブルの原因とされる投資家の行動の多くが必ずしも「不合理(irrational)」であったとは言えないこと、したがって資産価格の下落が始まってもすぐにそれをバブルと判断することは不可能であると指摘した上で、もしも資産価格が 30 年後になお期待利回りから 2 標準偏差分以上乖離していればその価格をバブル（異常な価格変動）と定義するのが妥当であると提案している (Siegel, 2003)。要するに、かれにとっては「バブル」は経済分析のための概念ではなく、歴史を記述するための一つの用語にすぎないのである。

資産価格の変動には理論的なアンカー（基準値、例えば、商品価格における生産価格）が存在しないということは、資産価格の変動には理論的な限界がないということを意味している。言い換えると、架空資本市場は、現実資本の蓄積から見て過剰となった貨幣資本を限度なく吸収することで資本の過剰蓄積を隠蔽し、過剰生産恐慌の勃発を繰り延べる役割を果たすことができる。架空資本市場が現実経済に比較して相対的に肥大化し、現実資本を何倍も上回る規模の貨幣資本を吸収するようになれば、一方で現実資本の過剰蓄積が過剰生産恐慌として発現する可能性は、排除されないまでもかなり小さくなり、他方で、バブル崩壊――それが何時、何を契機に、どのような様相で生起するかは誰にも予測できない――によって貨幣資本の暴力的な価値破壊が引き起こす金融恐慌は甚大かつ長期的になる。1980年代以降に顕著になった現実経済の「大いなる平穏」と深刻かつ広範な金融危機の頻発という現象は、現代資本主義における現実資本と貨幣資本の以上のような新しい関係を念頭において初めて十分に理解できるのである。

5　まとめ

　周知のようにマルクスは、現行版『資本論』第3巻第5篇第30〜32章に収録された論考で、現実資本と貨幣資本の関係をめぐる「比類なく困難な問題」――貨幣資本の蓄積がどの程度まで現実資本の蓄積を反映するのか、また、貨幣資本の逼迫あるいは欠乏は現実資本の逼迫あるいは欠乏をどの程度まで表現するのか――について考察をめぐらせている。
　この考察を通じてマルクスは、産業循環の諸局面を通じて現れる貨幣資本の過剰あるいは欠乏が現実資本の過剰や欠乏を直接反映するものではなく、貨幣資本は基本的に現実資本の蓄積から乖離した自立的運動を展開するという問題を詳しく検討している。さらにマルクスは、国債や株式に代表される架空資本の発展が貨幣資本の現実資本からの自立と乖離をさらに拡大すること、その場合、資本還元 (capitalization) と呼ばれる当時すでに銀行家の間で広く行われて

いた架空資本の価値評価方式が架空資本の形成に重要な役割を果たすことを指摘していた。

　しかし、言うまでもなくこれらの論考を執筆するにあたってマルクスが念頭においていたロンドン金融市場と、現在の金融市場との間にはきわめて大きな違いがある。19世紀の中葉には鉄道会社を中心にすでに株式会社形態がかなりの程度普及していたが、証券取引の中心は依然として国債取引であり、株式市場は未発達であった。イギリスの金融史家によれば、20世紀の初頭まで、ロンドン株式取引所は企業にとって新規発行の場ではなく、海外投資の手段として利用されていた。イギリスの大手企業の多くは、第一次世界大戦後まで進んで株式を公開し、株式取引所に上場することはしなかった。現代では、国債市場と株式市場は依然としてもっとも重要な証券市場であるが、それらはいわば伝統的な市場であり、これに代わってコマーシャル・ペーパー市場、さまざまな仕組み証券市場、投資信託市場、さらにはデリバティブ市場、ヘッジファンドやエクイティ・ファンドなどの「代替的投資」その他が貨幣資本にグローバルな規模で新しい価値増殖の機会を提供している。

　これらの市場は、全体として、現実の経済成長や貿易量の増加などをはるかに上まわる速度で拡大し続けている。同時に、これらの多くは、マルクスが「比類なく困難な問題」の考察を通じて明らかにした現実資本の蓄積から自立した貨幣資本の独自の蓄積の余地に比べ、さらに何倍も上回る規模の自立的蓄積の余地を貨幣資本に提供している。さらに、資本価値を評価する標準的手続きとしての「資本還元」は、単に銀行家だけの「儀式」ではなく、あらゆる種類の投資家と、企業経営者が投資判断の拠り所にする「資本の論理」そのものになっている。言い換えれば、架空資本こそが資本の典型になっているのである。

　そして、本来は内的に統一されるべき諸契機──現実資本の蓄積と貨幣資本の蓄積──の極度の分離と自立化は、一方で現実資本の運動に重大な変化を促し（経済の金融化、株主価値重視のコーポレートガバナンス、財務重視の経営）、他方で、産業循環に従来とは異なる新しい様相を与えるが、それは本章で指摘したように、現代の産業循環では現実資本の過剰投資、したがって過剰生産恐慌が目立たなくなり、代わって深刻な金融危機が数年ごとに頻発する現象として現れているのである。

以上のような現実資本と貨幣資本の新しい関係とそれを背景とする産業循環の形態変化を立ち入って考察するためには、現代の貨幣資本の運動を規定している架空資本の運動とその原理をさらに理論的・歴史的に解明することが必要である。これについては、本書の末尾で改めて取り上げる予定である。

参考文献

井村喜代子 (2009)『世界的金融危機の構図』勁草書房。
高田太久吉 (2010)「2007-2009 国際金融危機の特徴をどう見るか」『信用理論』信用理論研究学会編、第 28 号、2 月。
────── (2011a)『金融恐慌を読み解く』新日本出版社。
────── (2011b)「世界不況は終わったのか」『前衛』日本共産党中央委員会、4 月号。
────── (2012)「金融危機の要因としての過剰流動性について」『商学論纂』中央大学商学研究会、第 53 巻第 5/6 号、3 月。
鶴田満彦 (2010)「2008 年世界経済恐慌の基本性格」『季刊経済理論』経済理論学会編、第 47 巻第 2 号 7 月。
米田貢 (2010)「今回の世界金融危機の性格をめぐって」一井昭編『クローバル資本主義の構造分析』中央大学出版部、第 7 章所収。
Altman, E. (2007) Global Debt Markets in 2007: New Paradigm or the Great Credit Bubble? *Journal of Applied Corporate Finance*, Morgan Stanley, Vol. 19, No. 3 (Summer)
Bernanke, Ben S. (2004) Remarks by Governor Ben S. Bernanke, At the Meetings of the Eastern Economic Association, Washington, DC (February 20)
Bichler, S. & Nitzan J. (2010) Capital as Power: Toward a New Cosmology of Capitalism (http://bnarchives.net).
Brenner, R. (1998) The Economics of Global Turbulence: A Special Report on the World Economy, 1950-98, *New Left Review* (May-June)
────── (2009) What is Good for Goldman Sachs is Good for America: The Origins of the Present Crises, University of California, Center for Socail Theory and Comparative History (April)
Caballero, R. (2006) On the Macroeconomics of Asset Shortages, MTT and NBER (November 6)
Capgemini & Merill Lynch Global Wealth Management (2010) *World Wealth Report.*
Clarke, S. (1994) *Marx's Theory of Crisis*, St. Mattin's Press.
Duménil, G. & Lévy, D. (2011) Economic Crisis of Early 21st Century: Marxian's

Perspective.
Gorton, G. (2009) Securitized Banking and the Run on Repo, Yale ICF working paper (November)
────── (2010) Questions and Answers about the Financial Crisis, Prepared for the U.S. Financial Crisis Inquiry Commission (February)
Guttmann, R. (2009) Asset Bubbles, Debt Deflation, and Global Imbalances, International Journal of Political Economy, Vol.38, No.2 (Summer)
Husson, M. (2009) Kapitalismus pur: Deregulierung, Fianazkrise und weltweite Rezession, Eine Marxistische Analyse, ISP.
Hyun Song Shin (2009) Reflections on Northern Rock: The Bank Run that Heralded the Global Financial Crisis, Journal of Economic Perspectives (Winter)
IMF (2008) Systemic Banking Crises: A New Database, Working Paper (November)
Kliman, A. (2011) Value and Crisis: Bichler & Nitzan versus Marx, *Journal of Capital Globalisation Studies* (February)
Lapatsioras, S. et al. (2009) On the Character of the Current Economic Crisis (April 10)
McKinsey Global Institute (2010) *Debt and Deleveraging : The Global Credit Bubble and Its Economic Consequences.*
McNally, D. (2008) From Financial Crisis to World Slump: Accumulation, Financialization, and the Global Slowdown (December 2)
Milos, J. & Sotiropoulos, D. (2011) Financial Innovaition and Conflict in Heterodox Thinking.
Nitzan, J. & Bichler, S. (2009) *Capital as Power : A Study of Order and Creorder,* Routledge.
Perelman, M. (2008) Fictitious Capital and the Crisis Theory (September)
Schulmeister, S. (2010) Die grosse Krise im Kontext des "langen Zyklus" der Nachkriegszeit, in Oberlechner & Heffleisch (Hrsg.) *Integration, Rassismen und weltwirtschafliche Krise,* Braumuller-Verlag.
Siegel, Jeremy J. (2003) What is an Asset Price Bubble? An Operational Definition, European Financial Management, Vol.9, No.1.
U.S. Congress, Joint Economic Committee (2007) *The Subprime Lending Crisis* (October)

第6章　金融恐慌とシャドーバンキング

1　テーマの設定

　今回の金融恐慌（危機）の重要な要因として、銀行制度の枠外で活動するさまざまな金融機関、あるいは伝統的な銀行の金融仲介機能の枠外（簿外）で行われる金融取引 (shadow banking) が1980年代以降急激に増大したにもかかわらず、それが金融システムの安定性と金融監督体制に及ぼす影響が見過ごされてきた問題が指摘されてきた。
　金融恐慌の発生要因、波及メカニズム、恐慌に付随した世界的な信用の膨張と収縮、金融機関の破綻などについてこれまで公表された学界レベルの、あるいは行政サイドからの調査研究のほぼすべてが、グローバルなシャドーバンキングの拡大とそれにともなう金融市場の不透明性の高まり、さらに、それが引き起こした監督機能の不全が金融システムのリスクと脆弱性を高めた最大の要因であると指摘している。
　したがって、今回の金融恐慌の歴史的特異性を分析するためには、シャドーバンキングの構造、金融仲介機能、信用増幅メカニズム、その拡張を支えた制度的諸要因、シャドーバンキングとシステミック・リスクとの関係について、立ち入った検討が必要である。
　しかし、シャドーバンキングと金融恐慌の関連についての膨大な研究論文や報告書にもかかわらず、これまでのところシャドーバンキングについて確定的

な定義は与えられておらず、それを構成する金融機関や市場の規模についても見解が分かれており、そもそも、このテーマを議論する場合の共通の論点も必ずしも明確ではない（Adrian & Ashcraft, 2012）。

今回の金融恐慌の震源地となったシャドーバンキングのいくつかのセクター（CDO 市場、ABCP 市場、モノライン保険など）は、壊滅的な市場収縮を免れなかったが、CDS 市場、ヘッジファンド、投資信託をはじめとしてシャドーバンキングの拡大を支えてきた他の市場や制度は、一時の混乱から回復し、今後も拡張を続けることが予想されている。

米国の金融制度改革法（とくにヴォルカー・ルール）、G20 その他の国際フォーラムで重ねられてきたシャドーバンキングの規制をめぐる議論は、この問題に関するメディアや世論の関心を高めたが、シャドーバンキングと銀行制度の関係の根幹に触れる改革が近い将来実現する見通しは立っていない。今回の金融恐慌への緊急対応の過程で主要国の金融当局が、銀行だけではなく、銀行制度の枠外にあるシャドーバンキング・セクター（MMMF、投資銀行、保険会社）に対して幅広い救済を行ったことは、かえってシャドーバンキングの監督制度の改革をきわめて不透明にしている。さらに最近では、欧米に代わって、急激に膨張する中国の金融システムとシャドーバンキングの問題が、国際的な注目を集めている。

本章は、以上のような状況を念頭に置いて、今回の金融恐慌とシャドーバンキングの関係をめぐって、以下の三つの論点を取り上げて順次検討する。

1. シャドーバンキングの定義、構造と金融機能
2. シャドーバンキングが拡大した背景
3. シャドーバンキングの脆弱性、銀行セクターとの関係、規制問題

2 シャドーバンキング(金融証券化)の定義、構造と機能

(1) シャドーバンキングの定義

　今回の金融恐慌を契機にシャドーバンキングという言葉が流布するようになる以前から、一部の研究者は銀行制度の枠外で銀行類似の金融仲介機能を果たす金融機関(代表的には、MMMF およびノンバンク・バンクと総称される金融会社)の活動の活発化とそれらが運用する資金量の増大に着目し、それらをパラレルバンキングと呼んだ(D'Arista & Schlesinger, 1993)。これに代わって、シャドーバンキングという言葉を最初に使ったのは、大手債券投資ファンド PIMCO のマカリーと言われており、かれはシャドーバンキングを「預金保険制度や、FRB の割引窓口を利用できないレバレッジ・ベースの借り手」と定義し、その中に投資銀行を含めている(McCulley, 2008)。ただし、この言葉は、PIMCO の内部ではすでにマカリーの報告以前から使用されていたと思われる。筆者の知る限りでは、Shadow Banking という表現が最初に Financial Times に登場したのは、2007 年 12 月 17 日付紙面で、PIMCO 会長(Bill Gross)の言葉として引用されている。

　これ以降、シャドーバンキングは多くの研究者、金融監督機関関係者(バーナンキ FRB 議長、ガイトナー財務長官、ターナー英金融サービス庁長官他)によって取り上げられ、同時に、さまざまに定義されてきた。大手監査法人の関連組織で、シャドーバンキングに関する調査を行っている Deloitte Center for Financial Services (DCFS) は、代表的な定義として七つの例を挙げている。ここに挙げられた定義は、かなりの差異を残しているが、DCFS によれば、いずれの定義も以下の 3 点で共通の内容を含んでいる(DCFS, 2012, pp.4-5)。

　(1) 預金に依存せず、金融市場から短期の資金を調達し、満期および流動性を変換した上で別の経済主体に供給する金融仲介機能を果たす。

(2) シャドーバンキングが調達する資金は、借り手の破綻、保有資産の減価その他の事象に対する公的保証が付されていない。
(3) シャドーバンキングには、流動性問題が発生した場合の、中央銀行信用へのアクセスが存在しない。

DCFS とは対照的に、G20 の監督機関として旧金融安定フォーラムから格上げされた金融安定理事会(FSB)は、シャドーバンキングを正規の銀行以外の金融仲介 (the system of credit intermediation that involves entities and activities outside the regular banking system) と広義に定義し、このような広義の定義を採用する理由として、監督機関が金融仲介の全体を視野に入れて信用状態とその変化がもたらす潜在的な問題を把握しやすくするためと説明している (Financial Stability Board, 2011a)。

FSB の定義には、金融持ち株会社（大手投資銀行を含む）はもとより、金融会社、ヘッジファンドをはじめとするさまざまなファンド型投資組織、仕組み証券の組成に利用されるさまざまな簿外ビークル、米国内で資金調達を行っている海外金融機関の関連会社などが含まれている。

米国の金融危機調査委員会に提出されたスタッフリポート（Financial Crisis Inquiry Commission, 2010）は、シャドーバンキングを伝統的な商業銀行制度の枠外で提供される銀行類似のサービスと一般的に定義し、それを金融サービスとサービスが提供される仕組み（制度）の両面から分類している。このうち、前者には、MMMF、ヘッジファンド他の投資組織、投資銀行、金融会社、ABCP に依存する銀行の簿外ビークルと投資ビークル(SIV)、政府系モーゲッジ公社(GSEs)、モノラインなど金融保険会社を含めている。また、仕組みとしては、無担保 CP および ABCP、レポ市場、担保付証券貸借市場、オークションで値洗いされる変動金利証券、各種デリバティブ取引が含まれている。

筆者の理解では、かつてのパラレルバンキングの定義を継承し、シャドーバンキングを銀行制度の枠外で発展した金融仲介の新しい仕組みとして定義することは、理論的に困難であると同時に現実認識として不正確である。銀行の金融仲介機能自体が、すでに銀行業務の自由化（グラス゠スティーガル法撤廃）、預金以外の市場性資金（レポ市場や ABCP）への依存、さまざまな非預金取扱関係会社を包摂する金融持ち株会社の成立、証券化にともなう多様な簿外ビー

クルの利用、ヘッジファンドとのますます深まる業務関係などによって、シャドーバンキングとの関係が不可逆的に拡大しているからである。むしろ近年におけるシャドーバンキングの拡大を促した最大の動因は、規制・監督を回避し、従来銀行に制限されていたか、存在していなかった新しい業務を展開しようとする大手銀行組織（投資銀行を含む）のビジネス戦略に他ならなかったからである。

このような現実を念頭に置く場合、シャドーバンキングを銀行制度の枠外で金融仲介に従事する金融セクターと定義することは、銀行とシャドーバンキングを別個の競争的なセクターであるかのような印象を与える点で、ミスリーディングである。大手金融機関、とりわけ金融持ち株会社は、さまざまなシャドーバンクを関係組織として内部に抱えており、同時に広範な社外シャドーバンキング組織の取引相手であり、両者は相互に浸透し合い、補完的な関係にあるのである。

歴史的に見れば、とくに米国では、シャドーバンキングの拡大は、金融証券化の進展とほぼ並行して進んでおり、金融証券化のこれほどの発展は、シャドーバンキングの拡大なしには考えられなかった。そして、シャドーバンキングを金融証券化との関係で見れば、その本質的な特徴は銀行によって、「銀行の簿外で行われる金融業務」の総称として把握するのが妥当であろうと考えられる。

ただし、シャドーバンキングと証券化業務との関係は、イギリスを除くユーロ圏では、米国ほど緊密であったとは言えない。欧州のシャドーバンキング・セクターが米国のそれに匹敵する規模に拡大していたこと、欧州の銀行がシャドーバンキングとの取引を介して不透明なリスクを取り入れ、金融恐慌から甚大な影響を受けたことは間違いないが、欧州の金融市場における証券化業務自体は比較的に未発達で、証券化の急激な進展が欧州のシャドーバンキングを膨張させたわけではなかった。

(2) シャドーバンキングの規模

シャドーバンキングについて画定された定義が存在しないこと、したがって、シャドーバンキングの活動を正確に把握できる評価尺度とそれにもとづく系統

的なデータが存在しないことは、この金融セクターの規模をめぐって大きな評価の差異をもたらしてきた。

　大雑把にいえば、これまでに公表されているシャドーバンキングによる金融仲介の世界的な規模に関してはFSBの推計が唯一利用可能で、それによれば、オーストラリア、カナダ、日本、韓国、英国、米国にユーロ圏を加えた諸国を合わせると、シャドーバンキングによる金融仲介の規模（Flow of Fundsベース）が、2002年の27兆ドルから2007年には60兆ドルに増加し、2008年には金融恐慌で56兆ドルに減少した後、2010年には再び60兆ドルに回復したと見積もられている。これらの地域全体としては、シャドーバンキングの金融仲介が、金融取引全体の25～30％を占めており、銀行セクターのほぼ半分に達している。非銀行セクターによる金融仲介では、MMMFを除いた各種投資ファンドが最大の32％を占めており、次いで、仕組み金融関連ビークルが9％を占めている（Financial Stability Board, 2012）。

　他方、米国のシャドーバンキングに関してはいくつかの推計が公表されているが、推計された規模は、FSBの24兆ドル（2011年）から、DCFSの10兆ドルまで大きな評価の開きがある。ニューヨーク連銀のスタッフによれば、米国のシャドーバンキング・セクターの規模（負債ベース）は、1990年代初頭には銀行セクターを上回るようになり、90年代後半期以降両者の差は次第に拡大するようになった。ただし、かれらによれば、シャドーバンキング・セクターが企業・家計を含む実体経済部門にどれくらいの信用を供与しているのかについては、データの制約で正確な推計はできないと付記している（Pozsar et al., 2010）。他方、前記のDCFSはシャドーバンキングを「市場性資金を調達し、証券化と保証付き資金供給によって満期／流動性転換を行う信用仲介システム」と狭義に定義し、その中に、MMMF、ABCP conduits、各種ABS、MBS、CDOs、Repo、証券貸し付けを含めている。この定義では、金融会社、ヘッジファンド、保険会社、MMMF以外の投資信託などが除外され、その結果、シャドーバンキングの規模はFSBの推計の半分以下になっている。ただし、DCFSがなぜそのような狭義の定義を採用するのかは明らかではない。

　以上の例からも分かるように、シャドーバンキングの規模、役割、監督機関にとっての潜在的リスクについての評価が、シャドーバンキングの定義に依存することは言うまでもない。シャドーバンキングがグローバルな金融システム

にもたらすリスクに関心がある FSB は、シャドーバンキング・セクターを広義にとらえており、その結果、規模の推計値が大きくなっている。このような評価の違いは、定義の違いだけではなく、シャドーバンキングに含まれた金融機関の取引を合算してグロスで計るのか、それともそれらの間の重複を除去してできるだけ資金フローのネットに近い規模を計るのかによっても大きく異なってくる。

　この複雑な技術的問題について、前記の Pozsar を含む IMF のスタッフ (Claessens et al., 2012) は、シャドーバンキングによる金融仲介の資産的純価値を評価するためには、現在の Flow of Funds を補完するデータの改善、とりわけ、各国で異なった基準で収集され、しばしばどんぶり勘定で取り扱われているデータに代わって、非銀行部門の資金需要、担保証券の貸借関係、OTC デリバティブに関する信頼できるデータが必要であると指摘している。

* IMF のスタッフは、現在の Flow of Funds の限界を次のように指摘している。
    1. Flow of Funds には SIV や簿外ビークルの規模に関する情報はあるが、それらはどんぶり勘定で記載されており、それを銀行部門の簿外債務に結びつける手掛かりが与えられていない。ヘッジファンドが保有する金融資産は、家計部門に含まれている。証券貸借に関する情報も欠落している。
    2. デリバティブに関する情報が未整備である。Flow of Funds は部門間の貯蓄・投資の流れを反映しているが、デリバティブはそれらの取引の元になる融資や証券のリスクを分解し、それらのリスクプロファイルを変化させる。これらのリスクの帰属について Flow of Funds は情報を与えてくれない。
    3. Flow of Funds が依拠している短期金融商品の分類はきわめて大雑把で、さまざまな商品を "open market paper" としてひとくくりにしている。それだけではなく、これらの商品が誰によって保有されているのかを知ることができない。
    4. Flow of Funds は金融持ち株会社のさまざまな部門の業務を個別持ち株会社から切り離し、それらをそれぞれの部門ごとの統計に集計している。その結果、例えば、シティバンク、JP モルガン、ゴールドマン・サックスそれぞれのエクスポージャーをつかもうとすると、企業が SEC に提出する 10K/10K などのデータに依存せざるをえない。

FSB 議長のターナー（英国金融サービス庁長官）は、金融システムのリスクとの関連でシャドーバンキングの役割を理解するためには、グロスとネットの両方のデータが必要であるが、それらはそれぞれ異なった方法で評価しなければならないと指摘した上で、重要なことはいずれの尺度で測っても、今回の危機に先立つ 30 年間にシャドーバンキングの規模が銀行セクターの拡大を上回る速さで劇的に拡大してきたことであると述べている（Turner, 2012）。

(3) シャドーバンキングの構造

　シャドーバンキングを銀行制度の枠外での金融取引として広義にとらえれば、そのような金融取引の歴史は近代的銀行制度成立以前にさかのぼることになる。しかし、現在問題になっているシャドーバンキングは、近代的銀行制度が確立した後に、銀行本体が行う預貸取引の外部（より正確にいえば、銀行の簿外）で発展したさまざまな市場取引を総称している。
　すでに触れたように、今回の金融恐慌の震源地となった米国では、1990 年代以降シャドーバンキング・セクターが急拡大したが、それをもたらした最大の要因は、さまざまな融資債権を架空資本に転換する証券化業務の進展であった。証券化に関して念頭に置く必要があるのは、それがローンを証券に転換する単純な作業ではなく、多くの手順を経て行われる複雑な作業だということである。
　ニューヨーク連銀のスタッフ（Pozsar et al., 2010）は、そのもっとも単純なプロセスの例証として、次の七つのステップを挙げている。

(1) 融資業務 (Loan Origination)：企業・家計向け融資の提供。これは銀行、ノンバンク、住宅金融会社その他によって担当される。
(2) ローン保管業務 (Loan Warehousing)：ローンが銀行の簿外ビークルに集められ、保管される。
(3) 資産担保証券の発行 (ABS Issuance)：投資銀行によって買い取られたローンが、簿外ビークルを利用して資産担保証券に組成される。
(4) 資産担保証券の保管業務 (ABS Warehousing)：組成された ABS のうち、投資家に販売されなかったトランシュは投資銀行のトレーディング部門に

移される。

(5) 債務担保証券の発行 (CDO Issuance)：トレーディング部門が保管するさまざまな ABS から、簿外ビークルを利用して債務担保証券 (CDO) が組成される。

(6) CDO 販売による信用／満期／流動性転換 (ABS Intermediation)：CDO が投資家に販売されることで、(1)の融資業務と投資家の資金運用が結びつけられ、金融仲介が連結される。

(7) 証券化業務のための資金供給 (Wholesale Funding)：以上の一連の証券化業務とそれを担当する投資銀行、さまざまな簿外ビークル、トレーディング・デスク他が必要とする資金は、レポ市場、CP/ABCP 市場、証券の貸し手、MMMF、年金基金、保険会社、その他の資金提供機関によって提供される。

このような銀行の預貸取引の外部でさまざまな金融取引や金融関連業務が成立・発展する理由は、金融機関と最終的資金提供者の双方にそれぞれあるが、シャドーバンキングが発展するためには、両者を銀行制度の枠外で市場取引あるいは相対取引として結びつける、大規模で効率的な仕組みが必要である。言い換えると、銀行のバランスシートの負債勘定を介さないで市場に提供され、金融仲介機能の一部を果たしながら企業、家計、証券発行体に「流動性」を供給するシステム化された仕組みが必要である。

そうした仕組みのなかでもっとも重要なものは、レポ市場と CP 市場である。レポ市場は、歴史的に見ると、米国とその他の諸国ではまったく異なった成立史をたどっている。社債市場が早くから発展した米国では、すでに 1920 年代に社債を担保とするレポ市場が発展し始めた。これに対して、英国および大陸欧州でレポ市場が成立するのは 1990 年代以降である。

　　　＊　日本における債券現先取引の歴史は詳らかにしないが、証券会社の資金調達手段として、金融機関、事業法人、共済組合などを出し手とする債権担保の短期資金取引が行われるようになったのは 1940 年代末の起債市場の再開と前後すると言われている。債券現先市場が短期金融市場として活発化するのを促した要因は、1960 年代後半期以降の国債発行の増加と、1970 年代の「安定成長」への移行で事業法人の資金繰りが緩和したことであった（日本

証券経済研究所編『現代証券事典』)。

　BISスタッフによる調査（Hördahl & King, 2008）によれば、2007年末段階でのレポ市場の規模（資金の借り手＝債券の売り手、資金の出し手＝債券の買い手を合わせたグロスの金額）は、米国とユーロ圏でそれぞれ10兆ドルに達しており、別に英国では1兆ドル規模の市場が成立している。米国とユーロ圏でのレポ市場の規模がこれほど膨大な規模に達している背景には、レポ市場を金融政策の対象とし、これを梃子にして金融市場の厚み、流動性、価格効率性を高めようとした金融当局の政策が関係している。

　レポ市場をもっとも活発に利用しているのはプライマリーディーラー（公開市場操作でFRBの直接の取引相手に指定されている大手銀行）であり、中でも大手投資銀行は、バランスシートのほぼ2分の1をレポ市場からの資金調達で支えている。他方ユーロ圏のレポ市場は2000年代前半期に規模を倍加させたが、国別ではドイツが4分の1を占め、他にはイタリア（13％）、フランス（11％）などとなっている。ユーロ圏には7500行余りの銀行が存在するが、その中で上位20行が取引の80％を占めている。レポ市場に関するデータの未整備と研究の立ち遅れは、とりわけ、レポ市場における資金の出し手についての情報の不足をもたらしてきた。

　他方、CP市場は、銀行融資にかわる低利の短期資金調達に対する企業の需要と安全で流動性の高い資産に対する機関投資家、とりわけMMMFの需要とがあいまって発展した短期金融市場である。無担保の約束手形の発行によって企業が資金を調達する取引自体は古くから行われていたが、それが大規模な短期金融市場として発展したのは1970年代以降である。

　1990年代以降、金融の証券化が進展し、銀行の証券化と関連して簿外投資ビークル(SIV)が開設されるようになると、SIVがCDOなど仕組み証券を裏付けとして発行するABCP市場が拡大した。その結果、90年代初頭には数百億ドルにすぎなかった発行額は、2000年代初めには7000億ドルを超え、企業が発行するCP発行額を上回るようになった。

3　シャドーバンキングはなぜ拡大したのか

　シャドーバンキングの拡大には、伝統的な預金・貸出業務に代わる、あるいは従来の銀行規制を回避できる新しい業務への参入をめざすサプライサイドの需要と、豊富な資金を安全に運用するために、伝統的な預金や財務省証券以外の資産あるいは投下先を必要とするデマンドサイドの需要の両方が作用している。

(1)　サプライサイド（金融仲介機関、金融市場）の要因

　シャドーバンキングの拡大を促した歴史的要因は、銀行・証券分離（グラス゠スティーガル法）、および銀行業に対する地理的規制を突破し、より大きな収益が見込まれる新しい業務への参入、さらには、規制監督のより緩い分野への参入 (regulatory arbitrage) をめざす金融機関の衝動であった。
　このような金融機関の衝動は、(1) 1970年代のスタグフレーションを契機とする企業の銀行離れ (dis-intermediation)、(2) ニクソンショックを契機とする国際通貨制度の変化、(3) ドルベースで規制監督から自由なユーロダラー市場の拡大、によって強められた。
　米国におけるシャドーバンキング拡大の最初の衝撃を与えたのは、銀行融資に代替する CP 市場の発展と、この市場に流動性を提供する MMMF の拡大であった。
　MMMF は、証券会社が発行する小切手勘定類似の利付投資信託勘定で、法的規制 (Investment Company Act of 1940, Rule2a-7) で預金と並ぶ安全性と流動性が保障され、銀行からの預金流出を引き起こした。さらに、MMMF による流動性提供に支えられた CP 市場は、銀行と並んで幅広い融資業務に従事するさまざまな「金融会社 (finance companies, nonbank-banks)」の増加を促した。とりわけ、フォードをはじめとする大手自動車会社、アメックス、GE、シアーズ・ローバックなど非銀行企業の関連子会社として運営される金融会社は、

CP市場に依存して銀行と競争しながら融資規模を拡張した。1980年段階で、MMMFの資産規模は総額764億ドルに達したが、その内の316億ドル (41%) がCP保有であった。商業銀行の総資産に比較した金融会社の資産の割合は、1980年代初めには6.2%であり、商業銀行の貯蓄性預金残高に比較したCP発行額の割合は8%超であった (D'Arista & Schlesinger, 1993)。

1970年のペンセントラル鉄道の破綻以降、商業銀行は企業や金融会社のCP発行の保証を提供するようになり、また、親会社の銀行持ち株会社が発行するCPを引き受けることで、銀行持ち株会社法の規制を回避して親会社に資金を供給する回路を確保した。

シャドーバンキングの拡大から最大の利益を受けたのは大手投資銀行と保険会社であった。投資銀行は年金基金や投資信託を顧客とする投資管理サービス、投資顧問業、トレーディング、リスク管理サービス他から収益を上げ、保険会社は同様に巨額の年金基金の運用にかかわる業務から大きな利益を上げるようになった。これらの業務はいずれも、高度の専門的知識と決済・情報処理能力を必要とするため投資銀行業と保険業の集中を促進した (Gordon, 1992)。

(2) デマンドサイド（預金者、投資家、企業）の要因

シャドーバンキングの拡大を促したもう一つの要因は、金利を規制された銀行預金以外の、安全で、市場ベースの利回りが期待できる流動的資産に対する預金者と企業を含む投資家の要求であった。この面で決定的に重要な変化は、年金基金の増大と家計貯蓄の変化であった。

1950～60年代を通じて、米国の年金基金は、年金加入者の増加、および有力労働組合が退職給付制度の充実として企業年金制度の充実を求めたことから、急速に運用資金が増加した。この間に民間労働者のうち、年金対象者の割合は15%から31%に上昇した。1970年代以降は、民間年金制度の伸びが低下する一方、州および地方公務員の年金制度が拡大した。連邦政府が年金を優遇する税制改正 (ERISA of 1974) を行ったことも年金の増大を後押しした。

1950年代以降、年金基金の資金運用はこの間の株価上昇に促されて、株式への運用を高めた。1952年には、年金の株式保有は全株式の1%であったが、この割合は、1991年には25%に上昇した。

年金基金と前記 MMMF の増加と結びついて、家計部門の資産構造が変化した。1952 年には家計部門の金融資産のうち年金と投資信託が占める割合はそれぞれ 6％、1％弱であったが、1991 年には、それぞれ 27％、10％弱に上昇した。言い換えると、家計部門の資産が直接保有から、機関投資家を介する間接保有に大きくシフトした。

　年金基金、余資を抱える企業、地方銀行や貯蓄金融機関などは、CP 市場とは別に市場ベースの短期金融市場で資金を運用するようになり、レポ市場とそれを補完する証券貸借市場が拡大するようになった。とくにレポ市場は、FRB の公開市場操作の対象でもあり、大規模な資金取引が可能で、巨額の資金を随時運用する必要のある機関投資家から資金が集中的に流入する市場として拡大し、大手投資銀行、ヘッジファンドなど、高レバレッジで、市場ベースの資金に依存する金融機関の資金活動を支える最大の市場に発展した。

　さらに、銀行預金の流出がとくに顕著であったのは、企業、富裕層、機関投資家の大口預金であった。これらは、預金保険の上限が 10 万ドル（金融危機発生後、25 万ドルに引き上げられた）に制限されていたために、安全で流動性の高い運用資産を求めていた。MMMF やレポ市場は、そうした需要に応える資産を提供することで、急速に市場規模を増大させた（Gordon, 1992）。

(3)　分水嶺となった金融証券化 (securitization)

　商業向け短期融資をめぐる銀行と金融会社の競争激化、および、家計部門の金融資産の銀行部門からの流出、とりわけ MMMF の増加と、市場ベースの利回りを求める年金基金の増大は、1980 年代の金利自由化を促進し、金利自由化はまた銀行部門に非金利収入をもたらす業務への参入を促した。

　1980 年代の金融自由化によって、貯蓄金融機関の業務自由化が進められ、貯蓄金融機関と銀行の競争が強まった。銀行は、不動産関連融資を伸ばし、部分的に、投資銀行業、投資信託や保険の取り扱いに参入した。

　米国では、金融産業における競争の激化とシャドーバンキングの拡大が、金融システム全体に引き起こした最大の変化は、証券化の急激な進展であった。従来市場性をもたなかった融資債権を束ねて、それらに付随するキャッシュフローを引き当てに受益証券を発行する証券化スキーム (securitization) は、1970

年代に政府系住宅モーゲッジ会社によって大規模に利用されるようになっていた。これらの機関が発行するモーゲッジ担保証券 (MBS) の最大の顧客は、年金基金、投資信託、保険会社を中心とする機関投資家であった。

　1970年代の dis-intermediation（企業の資金需要減少と銀行からの預金の流出）のもとで資金の伸び悩みと競争激化、利鞘縮小になやむ銀行は、CP 発行の引き受けに加えて、政府系モーゲッジ会社が開拓した証券化事業に参入し、公的保証によらない民間レベルでの信用保証、信用補完、格付け制度などに支えられた証券化に積極的に乗り出した。この結果、大手銀行のビジネスモデルは、伝統的な金利ベースの金融仲介ビジネスから、証券化事業を中核とするいわゆる組成・販売モデルに変質し、金融システム全体に歴史的な構造変化がもたらされた (Pozsar, 2008; 2013)。

　証券化は、すでに見たように、銀行が行う預貸業務とは異なり、融資、融資債券の集合・保管、資産担保証券の発行／引き受け、資産担保証券の集合／保管、再証券化、販売、投資ビークルを含む資金調達、融資回収、など、いくつかの段階に細分化された一連の金融仲介プロセスを含んでいる。それぞれのプロセスは、専門的に特化した組織によって担当され、さらに、多くの投資ビークルの資金と資産を管理するカストディあるいはトラスティ、信用を補完するモノラインやデリバティブ取引のカウンターパーティ、格付け会社などが関与する。

　こうしたプロセスは、主として引き受け業務やトラスティ業務を提供する大手銀行と、住宅金融会社、保険会社、ヘッジファンド、年金基金、投資信託その他のシャドーバンキング・セクターとの密接な相互依存・補完関係 (nonbank-bank nexsus) を作り出す (Potsar & Singh, 2011)。また、証券化の過程では、証券の発行と販売に絡んでおびただしい数の銀行簿外ビークル（CDO、CLO、SIV 他）が開設されるが、それらの大半はケイマン、デラウェアその他のタックスヘイブンに開設される。大手銀行が証券化プロセスを担当するために開設するさまざまな関連会社の多くもまた、タックスヘイブンに開設される。その結果、証券化は、大手金融機関の拠点である国内マネーセンターと、世界中に分散するタックスヘイブンとの間の取引を爆発的に膨張させる。ただし、念のために付記すれば、簿外ビークルや関連会社だけではなく、米大手銀行の親会社（持ち株会社）のほとんどはいわゆるデラウェア法人となっている。

今回の金融恐慌を契機に国際的にシャドーバンキングに関する関心が高まり、多くの調査・研究がなされてきたが、近年の調査研究が共通に明らかにしてきたのは、とくに 1990 年代以降のシャドーバンキングの急拡大は、基本的に証券化とそれにともなう銀行のビジネスモデルの転換によって促されたという経緯である。

4　シャドーバンキングの脆弱性とシステミック・リスク

(1)　短期、無保証の市場性資金に依存した証券化

　米国の金融専門家ゲイリー・ゴートン (Gary Gorton) は、金融恐慌発生の直後からいくつかの論文や議会証言他を通じて、金融恐慌の引き金となった仕組み証券の格付け引き下げを契機とする突然の「流動性の消失」の実体が、レポ市場の閉塞 (run on Repo) であることを明らかにした。そして、今回の金融恐慌がレポ市場における激しい取り付けによって引き金が引かれた背景に、金融の証券化あるいは銀行のビジネスモデルの変化 (securitized banking) が関係していることを明らかにした（Gorton, 2009）。

　米国とユーロ圏ではいずれもレポ市場が膨大な規模に膨らんでいるが、比較的に言えば、金融恐慌の過程で生じたレポ市場の混乱（市場収縮による流動性消失）は、米国の方がはるかに深刻であった。その理由は、米国では銀行に比べて市場流動性に敏感な投資銀行によるレポ市場からの資金調達が活発であったこと、投資銀行はいずれもレポ市場からの莫大な資金調達に依存して仕組み証券業務を拡大していたことであった。ユーロ圏と米国のこうした差異を引き起こしたより根本的な背景は、米国に比べてユーロ圏では銀行による証券化業務の進展が遅れ、証券化ビークルの資金源としてレポ市場を利用する度合いが小さかったことである（European Repo Council, 2012）。

　ゲイリー・ゴートンは金融恐慌の過程におけるレポ市場の動向を子細に検討した結論として、次のように指摘している。

「いかにしてサブプライムモーゲッジの問題がシステミックな出来事（金融危機、引用者）の原因になったのか。われわれの答えは、レポ市場で取り付けが発生したためである。レポ市場では、誰も自分の取引相手がサブプライム関連リスクをどこにどれほど抱えているかを知ることはできないために、担保の流動性が枯渇するのではないかという恐怖が、サブプライムと関連しない担保にまで及んだ。不確実性がレポ市場の『ヘアカット（担保の価値評価における割引率、いわゆる掛け目の逆数、引用者）』を上昇させ、それが銀行システムからの大量の資金流出と同じ結果をもたらした。……サブプライムの脆弱化自体がシステミックな問題を引き起こしたわけではない。2007年8月に、システミックな事象が最初に発生したのは、われわれが金利スプレッドのデータを用いて論証したように、レポ市場で生じたショックであった……」(Gorton, 2009, p.23)

要するに、投資銀行主導の金融証券化(securitized banking)は、レポ市場を中心とする短期の市場性資金を利用することで急激に進展した。レポ市場から調達した超短期の資金は、仕組み証券その他の架空資本の組成・販売、流通を支え、銀行の証券化ビークルや投資ビークルを通じて、満期転換（長期運用）された。同時に、シャドーバンキングを支えるレポ市場の流動性（資金供給余力）は、仕組み証券の市場価格に依存していた。サブプライム問題を契機とする仕組み証券の格付け引き下げは、もともと公的保証や中央銀行の「最後の貸し手機能」から隔離されているレポ市場取引の不確実性（投資家の不安）を高め、レポ市場からの資金流出＝取り付け（機関投資家によるヘアカットの大幅引き上げ、レポ市場からの資金引き揚げ、取引更新拒絶）を引き起こした。仕組み証券価格の波状的暴落と大手投資銀行の破綻を引き起こしたのは、この取り付けに他ならなかった。そして、同様の激しい取り付けは、SIVをはじめとする証券化ビークルに資金を供給していたABCP市場でも発生した。

(2) 「市場流動性」の変動増幅的影響

他方、今回の金融恐慌の発生メカニズムを研究してきた2人の研究者エイド

リアン／シン (Adrian & Shin) は、金融の証券化を主導し、今回の金融恐慌の震源地となった仕組み証券市場を支配してきた大手投資銀行のバランスシートの分析を通じて、大手投資銀行のバランスシートの拡大・収縮がレポ市場の「流動性」によって決定的に左右されること、恐慌発生に先だって見られた「過剰流動性」とそれにともなう信用の過度膨張が、レポ市場の流動性の増加に促された大手投資銀行のバランスシートの膨張であったことを解明した。そして、恐慌の最初の現象としての仕組み証券の暴落が、逆にレポ市場の流動性低下によって余儀なくされたバランスシートの収縮（オフバランスビークルの解消を含む）であったことを明らかにした（Adrian & Shin, 2008）。

　Adrian & Shin は、今回の金融バブルと金融危機の要因に上げられている組成・販売モデルのもとで保有証券価格の上昇が金融機関の信用膨張を促すメカニズムを、大手銀行の行動様式にもとづいて次のように説明している。

　かれらによれば、活発な証券投資需要によって証券価格が上昇すると、ポートフォリオをつねに値洗い（時価評価）している資本市場型金融機関では、正味資産の増加が発生する。債務の増加をともなわない正味資産の増加は、レバレッジの低下をもたらす。これら金融機関が利用できるレバレッジの上限は、主としてレポ市場で要求されるヘアカットによって決定されるから、正味資産の増加が起きた金融機関には、適正な水準以下へのレバレッジの低下（自己資本比率の上昇）という形で、一種の過剰資本（現実資本の過剰能力に相当）が発生する。この過剰資本を解消するために、金融機関はバランスシートを拡張し、レバレッジを適正な水準に高めるように促される。このバランスシートの拡張は、資産サイドでは信用供与や証券投資の形で、負債サイドではレポ市場を含む短期債務の増加を通じて行われる。金融市場で証券価格が下落した場合には、これとは逆のメカニズムが働き、バランスシートの縮小を余儀なくされる。これら二つのメカニズムはあきらかに金融市場の変動に対してプロサイクリカル（変動増幅的）であり、結果として金融市場における「流動性」と「信用」の膨張・収縮のサイクルを増幅させる（Adrian & Shin, ibid）。

　以上の説明は、証券価格の上昇が結果的に自己資本比率の上昇をもたらし、これを調整するために信用創造によらない信用膨張が起きる具体的メカニズムを説明している点で興味深い。かれらの説明によれば、金融産業における過剰資本の主要な存在形態とは、貸付可能な資本の過剰ストックや一般にいわれる

「過剰流動性」という曖昧な概念ではなく、金融機関の多くが適正水準以下のレバレッジ（バランスシートの規模に対して過大な自己資本）で運営されており、バランスシートを自己資本に見合う適正規模に拡大するために、投資可能な証券や貸し付け可能な借り手を積極的に捜している状態ということになる。そして、このようにして発生する信用膨張が、現実資本の再生産の拡大ではなくもっぱら証券市場で投機的活動を展開する別の機関投資家に向けられるとすれば、それが一層の証券価格上昇をもたらし、さらなる信用膨張を促すプロサイクリカルなプロセスを発動させるという説明には説得力がある。

> ＊ 以上に紹介したGortonとAdrian & Shinの所説は、今回の金融恐慌におけるレポ市場とそれに支えられたシャドーバンキングの重要性を強調する有力な見解として広く引用され、監督機関のシャドーバンキングの規制強化論にも論拠を提供してきた。これに対して、レポ市場に対する主要な流動性の出し手であるMMF（公社債投資信託）および証券貸し付け業者のデータにもとづいてレポ市場の収縮とその影響が、それらの研究が結論付けているほど大きくなかったこと、むしろ、最大の市場収縮を起こしたのがABCP市場であったことを指摘する研究（Kurishnamurthy et al., 2012）が公表されている。この論点については、本書の後論（221-222頁）で取り上げているので参照してほしい。

(3) 金融証券化の不透明なグローバルネットワーク

今回の金融恐慌を契機に、シャドーバンキングと金融恐慌の関係をめぐって浮上したもう一つの重要な問題は、シャドーバンキングとタックスヘイブンとの関係である。これまでは、シャドーバンキングと金融恐慌との関係は、主として金融市場の不透明化、銀行監督制度の有効性低下、銀行と市場取引との結びつきから生じる銀行リスクの不透明性や流動性問題が中心であった。他方、タックスヘイブンは、銀行を含む企業・金融機関、富裕層およびヘッジファンドをはじめとする投機組織の規制回避と課税避忌に関わる問題、さらには麻薬組織や武器密輸組織によるマネーロンダリング（貨幣洗浄）に関わる問題として関心を引いてきた。いずれにしても、シャドーバンキングとタックスヘイブンの関係が立ち入って議論されることは最近までほとんどなかった。

今回の金融危機を契機に、シャドーバンキングの基本的な役割が大手銀行の

証券化業務と密接に関連していること、その際、証券化業務の一部を担当する銀行の子会社や、銀行が簿外に開設する組織・ビークルの多くがタックスヘイブンに上場／登録されている事実が注目されるようになった。これはおそらく金融関係者には周知の事実であったが、タックスヘイブンなしには証券化業務が、したがってシャドーバンキング自体が機能しえないことが、金融恐慌を契機として改めて明らかになったのである。こうして、シャドーバンキングとタックスヘイブンの関係が一部の研究者と活動組織の新たな関心事として浮かび上がってきた。

しかし、シャドーバンキングとタックスヘイブンの関係について次第に関心が高まっているとは言え、専門家による立ち入った研究は、まだ今後の課題にとどまっている。この問題について概説した一資料（Polan & Nesvetallova, 2013）は、次のように述べている。

> 「シャドーバンキングについてのわれわれの理解はまだ緒に就いたばかりである。さらに、多くのタイプのシャドーバンキング組織の役割自体はタックスヘイブンおよび金融的秘匿スペースと不可分に結びついているにもかかわらず、シャドーバンキングがどのように規制できるのかという問題には、タックスヘイブンの規制をめぐる長期に続けられている議論と比較すると、わずかの努力しか払われてこなかった。……シャドーバンキングを利用した金融革新の不安定化作用が着目されたのは、2007-09年の危機を契機とするわずか数年来のことである」

因みに、この資料の著者は、オフショア金融センターとシャドーバンキングを合わせて、"black holes of the global economy"と呼んでいるが、至言であろう。

アイルランドの金融立国論にもとづいて近年急拡大してきたダブリンのタックスヘイブン (IFSC) を対象に、シャドーバンキングとタックスヘイブンないしオフショア金融センターとの関連について調査を行っているジム・スチュワート (Jim Stewart) は、シャドーバンキングが世界各地のタックスヘイブンをベースにして発展した経緯を強調している。この著者によれば、ウォール街を驚愕させた巨額ポンツィ金融 (Madof scandal) では、欧州の投資家からの巨額の資

金がアイルランドその他のオフショア金融センターを介して送金されており、アイルランドには Madof グループと組んで投資活動を行っていた複数の投資ファンドが存在したが、アイルランド金融当局はそれらに対する監督責任を否定している（Stewart, 2013）。

かれの調査によれば、ダブリンで上場されているヘッジファンドの多くは、ケイマンをはじめとするタックスヘイブンで登記されており、実際にはロンドンで活動している。ヘッジファンドは、しばしば多数のサブ・ファンドを含み、同時に、多数の特定目的ビークル (SPV) を活用している。欧州中銀の調査によれば、この種の SPV を利用する投資グループ (Financial Vehicle Corporation: FVCs) のうち、ユーロ圏全体の 26％に相当する 742 社がアイルランドを拠点にしている（因みに、2001 年時点では皆無であった）。これらの SPV の法的所有者は表向きはいずれかの慈善トラストとされているが、特定は難しい。

この著者は、世界中のほとんどの国際金融に従事する金融機関が IFSC に関係組織を開設するか、上場していると指摘している。例えば、ベア・スターンズは、二つのヘッジファンドと三つの子会社を IFSC で運営していたが、それらのレバレッジは 120 に達していた（BIS 規制に準拠する銀行の上限で 12.5）。同様に、リーマン・ブラザーズ、AIG、ゴールドマン・サックス、メリル・リンチ、UBS なども IFSC に複数の子会社を開設していた。

とりわけ IFSC との関連が深かったのはドイツの銀行であった。ドイツ銀行は自社が取り扱う多くの証券と系列ファンドを IFSC に上場しており、後に経営問題が発覚したザクセン銀行、IKB、Hypo Real Estate、Delpfa、WestDeutche LB などはいずれも IFSC を活用しており、それらの経営危機の原因は IFSC での活動と関係していた。著者によれば、これらの銀行の経営危機は、ドイツの監督制度の不備と IFSC の監督責任の欠如が相乗的に作用した結果であった。これにもかかわらず、欧州委員会が公表したシャドーバンキングに関するグリーンペーパー（European Commission, 2009）は、シャドーバンキングの組織として第一に SPV、SIV、ABCP conduits を挙げながら、それらの活動とタックスヘイブンとの関係については一言も言及していない。

* 前記の Jim Stewart は、別の機会に G20 の FSB にあてたコメントで、FSB が公表したシャドーバンキングの規制強化に関する回覧資料に関して、次の指摘を行っている。

(1) 回覧資料は、シャドーバンキングがタックスヘイブンあるいはオフショア金融センターを拠点に発展したことの説明が欠けている。
(2) IFSC で活動する Financial Vehicle Corporation (FVCs) は、現状では親会社と隔離された別会社の取り扱いのまま存続することになる。
(3) 監督強化の動きにもかかわらず、現在の監督制度は、実体のないホスト国の監督機能に委ねられている (Jim Stewart, 2013, January)。

しかし、最近の研究が浮き彫りにしているのは、主要国の金融センターにおいて表面化した監督体制の不備とタックスヘイブンを利用したシャドーバンキングの成長とは、二つの現象ではなく、同一のコインの表裏だということである。そして、シャドーバンキングの急成長がこれまで監督機関や金融専門家の関心を免れてきた主たる理由もまた、この点に見出すことができるのである (Troost & Liebert, 2009)。

5 シャドーバンキングの規制強化論をめぐって

(1) シャドーバンキングの不安定化作用

今回の金融恐慌を契機に、1980 年代の金融自由化以降、金融市場を効率化させる金融革新の表れとして積極的に評価され、包括的な規制・監督を免れてきたシャドーバンキング・セクターが、金融システム全体のリスクの隠れた温床であり、この隠されたリスクは銀行のリスクと不可分に結びついており、金融監督体制とそれが提供するセーフティネットの最大の盲点を作り出していることが明らかになった。

このため、金融恐慌への緊急対応が一段落するのと前後して、主要国の金融監督機関を中心に、シャドーバンキングの規制をめぐる議論が活発化した。これらの議論では、シャドーバンキングが金融システムにもたらすリスクについて、以下の3点に関心が集まっている。

① シャドーバンキングの最大の特徴である公的規制監督の欠如からもたらされる不透明性と情報の欠如が引き起こす問題、
② 公的セーフティネットへのアクセスを欠き、民間の信用補完に依存して行われる金融仲介機能の脆弱性が金融システムの脆弱性を高める問題、
③ 伝統的な銀行制度とシャドーバンキング・セクターとの直接的・間接的結びつき (interconnectedness) がもたらすリスク波及の問題。

① 公的規制の欠如と不透明性

シャドーバンキングはさまざまに定義されてきたが、いずれの定義にも共通する要点の一つは、それが銀行業に見られる公的規制・監督を免れているということである。むしろ、シャドーバンキングは、1970年代後半期に始まった銀行預金からMMMFへの資金流出や、金融会社をはじめとするノンバンク・バンクの拡大に見られるように、銀行に対する金利規制や業務規制、資本規制などを回避する「金融革新」あるいは、それに名を借りた規制回避 "regulatory arbitrage" の結果と見なされてきた。

公的規制・監督の欠如は、中央銀行を含む監督機関が収集・利用できる情報・データを制限し、監督機関の側が積極的に情報・データを収集するインセンティブを低下させる。例えばMMMFについて見ると、サブプライム問題を契機としてABCPへの投資家の不安が広がり、いくつかのMMMFが元本割れに陥っていることが明らかになるまで、MMMFが保有する資産の内容について詳細なデータは明らかではなかった。MMMFと並ぶ最大の短期金融市場であるレポ市場については、公式の統計は事実上皆無で、今現在この市場における資金の出し手と取り手に関する信頼できる情報は整備されていない。CDOを含む仕組み証券市場に関しても、情報は極度に未整備で、不足しており、これらの市場についてわれわれが知りうることのほとんどは大手格付け会社や投資銀行のディーラーが提供する情報に依存している。

MMMF、レポ市場、ABCP市場など、シャドーバンキング・セクターに資金を提供してきた短期金融市場に関する公式データが整備されなかった基本的な理由は、これらの取引が短期かつ安全な「卸売市場」での取引で、これらの市場で金融システムを揺るがす深刻な混乱が発生する可能性はほとんどないと考えられてきたためであった。しかし、シャドーバンキングに関する情報・デ

ータ不足の原因はそれだけではなく、それらの取引の多くが、監督機関の関与しない OTC（店頭取引、あるいは相対取引）の形で行われることにも因っている。シャドーバンキングの資金調達に関わるレポ市場や仕組み証券発行は、基本的に OTC 取引であり、大手金融機関とそれらが開設する SIV との取引も不透明である。

このような情報・データの未整備と不足は、シャドーバンキングのさまざまなセクターや金融仲介チャネルで生じるリスクを監督機関や投資家が早期に把握するのを不可能にするだけではない。最大の問題は、それが、このセクターで活動する金融機関の安全性評価、および、このセクターが発行する証券や債務のリスク評価の不確実性を高め、結果的に、金融市場のいずれかの部分で発生したショックに対する脆弱性を高めるという問題である。

シャドーバンキングの情報不足が引き起こす金融システムの不安定性を象徴的に表したのは、リーマン・ブラザーズの破綻とそれが欧州を含む国際金融市場に引き起こした劇的な資本フローの逆流であった。このいわゆるリーマンショックは、欧州の金融市場に巨額の資金を提供していた MMMF をはじめとする米国の機関投資家による「取り付け」を引き起こし、これが、ドイツをはじめとするユーロ圏主要国の金融機関による、ギリシャをはじめとする周縁国からの資金引き揚げという、二重の「取り付け」を引き起こし、欧州金融・財政危機の直接の引き金となった（高田, 2012）。

リーマンショックは、米国政府と FRB によるウォール街救済のための前例のない規模とやり方での危機対応策につながり、同時に、英国を含む欧州主要国の金融当局を挙げての危機対応策によって、1930 年型の世界恐慌に陥ることはかろうじて食い止められた。その後、連邦破産裁判所（ニューヨーク）の指示でリーマン・ブラザーズ社の内部資料を分析する専門家グループが発足し、1 年余の調査の結果が 2000 ページを超える報告書（*Report of Anton. R. Valukas, Examiner,* March 11, 2010）として公表された。この調査が明らかにしたのは、リーマン・ブラザーズが公表していたバランスシートにはレポ取引を利用したいわゆる「飛ばし」類似の方法で 500 億ドルもの巨額の損失が隠されていたこと、同社のデフォルトが欧州や日本の金融機関に巨額の損失をもたらしたメカニズムが、世界のさまざまなタックスヘイブンに開設された SPV を介する海外金融機関との証券、デリバティブ取引に関わっていたという事実で

ある。しかも、これらの財務操作には欧州の会計事務所が関与していたが、この事実を当時の同社の経営トップがどこまで把握していたのかは、いまもって不明である。以上から明らかになるのは、現代の巨大化し、多国籍化し、世界中に開設された数百の子会社、世界中のタックスヘイブンに開設された無数のペーパーカンパニーを利用して規制と課税を回避し、さらに監督機関の監視も理解も及ばない膨大なOTCデリバティブ取引を行っている大規模な金融持ち株会社は、人間による理性的な管理はほとんど不可能で、経営的には非効率で、それらの存続と健全な国民経済、安定した金融システムの維持とはもはや両立しえないということである。(詳しくは本書第9章を参照してほしい)

② 公的セーフティネットの欠如。民間・市場的「セーフティネット」への依存

シャドーバンキングの金融仲介機能のもう一つの大きな脆弱性は、預金保険制度や中央銀行の「最後の貸し手機能」に代表される公的セーフティネットへのアクセスを遮断されていることである。このため、MMMFやSIVは、制度設計の段階で厳しい「倒産隔離」が要件として課されており、CDOをはじめとするABSの場合には、格付け、モノライン、保険会社、CDS、さらにはプライマリー・ディーラーによるクレジット・ファシリティなどさまざまな民間の信用補完機能に依存している。

しかし、民間の信用補完機能は、全体としての金融市場が平穏に機能しており、市場流動性に問題がない(信用不安が起きていない)場合には有効性を発揮するが、いったん金融システムのいずれかで問題が発生すると、その信頼性は容易に損なわれてしまう。そのため、公的セーフティネットの欠如は、シャドーバンキングが高める金融システムの不透明性と相俟って、シャドーバンキングを金融システムの動揺に対して極度に脆弱化させる。

今回の金融恐慌の過程では、おびただしい銘柄ないしトランシュの仕組み証券を格付けしてきた大手格付け会社が、実際にはそれらの証券のリスクをまったく不完全にしか把握していなかった事実が明らかになった。また、仕組み証券に保険を提供してきたモノライン大手がいずれも深刻な財務的脆弱性(自己資本の欠如、支払準備金の不足)を抱えており、大量のデフォルトが発生すれば保険機能を維持できないことが明らかになった。さらに、巨額のCDSを販売

していた保険大手も、仕組み証券の格付け低下が資金調達コストの急上昇と資金繰りの行き詰まりを引き起こす問題を抱えていることが判明した。自社の仕組み証券業務を拡大するために大規模なSIVを簿外で運営していた大手金融機関は、簿外ビークルとの制度的隔離にもかかわらず、SIVの資産劣化が深刻化すると、SIVを自社のバランスシートに吸収し、あるいは巨額の不良資産を買い戻す行動をとり、結果的に親会社本体の経営問題を抱え込むことになった。こうした問題は、一部の事情に通じた、洞察力に富む専門家には予想されていたが、監督機関や大手金融機関の経営陣がこうした問題の所在に注意を促すことはほとんどなかった。

ただし、このような一連の現象として顕在化したシャドーバンキングの脆弱性は、金融恐慌の原因であると同時に、金融恐慌の結果でもある。なぜなら、ここでは信用補完機能自体が、信用補完の対象である証券やデリバティブの流動性に依存しており、恐慌を契機とする証券価格の暴落と流動性消失によって完全な機能不全に陥ったからである。このため、シャドーバンキングを支えるさまざまな信用補完機能がどれほど脆弱であるかを、金融恐慌の発生に先だって評価することは、原理的に困難である。

③　銀行とシャドーバンキングとの密接な結びつきがもたらす問題

2007年夏に表面化した仕組み証券市場およびABCP市場における「取り付け」は、短期間のうちに大手住宅ローン会社、大手投資銀行が運営するヘッジファンドのデフォルトとして波及し、その後仕組み証券の波状的な暴落、モノライン保険大手の事実上の破綻、さらにSIVをはじめとする証券化ビークルの破綻を通じて、金融当局支援のもとでの投資銀行や大手銀行の救済的買収を引き起こした。このような大手銀行とシャドーバンキング・セクターとの間の信用不安の連鎖が明らかにしたのは、大手銀行とシャドーバンキング・セクターとのきわめて密接な取引関係、両社の間の信用・資金取引の相互依存関係であった。

銀行部門とシャドーバンキングとの関係は(1)銀行と年金・投資信託その他の機関投資家 (institutional investors, asset managers) との資金取引や証券貸借、(2)銀行とヘッジファンドとの間の多重的な取引関係、(3)銀行とさまざまな証券化ビークルやSIVその他の簿外投資ビークルとの関係、を含んでいる。

IMF の資料（Claessens et al., 2012）は、"asset manager" を広義の機関投資家とほぼ同義に用いており、その中に、ヘッジファンド、政府系ファンド、年金基金、保険会社、投資信託を含んでいる。これらはいずれも豊富な金融資産を保有し、自己勘定での証券投資を行うだけではなく、レポ市場をはじめとする短期金融市場に必要な担保証券を提供している。これらの機関投資家が提供する担保証券は、さまざまな金融市場を通じて、複数の機関によって繰り返し利用され、担保付資金貸借関係の連鎖を作り出す（詳しくは本書第7章を参照してほしい）。

　さまざまな機関投資家は、その制度的特質に応じて、自己勘定取引、出資者からの払い戻し請求、リバースレポ（現金担保の証券借り入れ）の利用その他の必要から、相当規模の決済手段と流動性資産を保有している。このような流動性資産の必要は、銀行部門による担保付融資その他の短期信用によって充足される。

　銀行とヘッジファンドとの多重的な取引関係が両者を深く結びつけていることはかねてより知られていたが、その関係が証券化業務を介して新たな深まりに達していることが、ゴールドマン・サックスの仕組み証券組成に絡むスキャンダルによって明るみに出された。米国証券取引委員会 (SEC) がニューヨーク地裁に提出した訴状によれば、同社は、かねてより親密な取引関係にある大手ヘッジファンドのポールソングループと謀って、リスクの大きなモーゲッジ証券を組み込んだ CDO を米国内外の金融機関や投資家に販売した。その際、ポールソンはこの CDO の下落を見込んで「逆張り」をし、予想通りの下落によって莫大な利益を手にしたが、CDO を購入した海外の銀行を含む投資家は莫大な損失をこうむった。SEC の訴追に対して、同社は事実認定を争わず罰金の支払いに応じたが、最大の利益を手にしたポールソンは訴追されなかった。この事件については、その後上院の常設調査小委員会による調査が行われ、詳細な報告書（U.S. Senate, 2011）が公刊されている。

　　＊　詳しくは高田太久吉編著『現代資本主義とマルクス経済学』（新日本出版社、2013年）所収の「補論　米国投資銀行とヘッジファンドの関係」（藤本あかね）を参照してほしい。

　銀行とヘッジファンドを含むシャドーバンキングとの多重的な結びつきは、

両セクターのリスクを結びつけ、金融システム全体のリスクに不透明性と複雑性を付け加える。とりわけ大手銀行とシャドーバンキングとの間の資金・証券の貸借取引とOTCデリバティブ取引は、両者の間に不透明なリスクの連鎖を作り出す。

(2) シャドーバンキングの規制強化論

　今回の金融恐慌を契機に、主要国の金融監督機関、G20 (FSB) など国際フォーラムにおいて、シャドーバンキングの規制強化をめぐる議論が重ねられてきた。それらの議論は、全体として見ると、シャドーバンキングが金融仲介に果たす積極的な役割、とりわけ金融イノヴェーションの担い手として金融効率化を促進する役割を評価した上で、それらの不透明性、課税回避や資本規制をめぐる裁定行動、過度の競争、高レバレッジ構造、準備金や資本金などショック吸収力の弱さ、過度のリスクテーキングを促す報酬制度などの問題について、それらを改善するための制度的、政策的改革を提案するものである。

　　＊　このような立場からのもっとも包括的な改革提案については、FSBの提案 (Financial Stability Board, 2011b)、IMFスタッフによるサーベイ (Claessens et al., 2012) を参照してほしい。

　例えば、金融恐慌後シャドーバンキングに関する立ち入ったリポートを公表し、その後もこの問題についての国際的議論をリードしてきたニューヨーク連銀／IMFグループは、オバマ政権の金融制度改革の目玉として提案されたいわゆる「ヴォルカー・ルール」を念頭に置いて、銀行の自己勘定取引を制限し、銀行をヘッジファンドやデリバティブのOTC取引から隔離しようとする政策は、規制を嫌う資金を銀行組織から流出させ、シャドーバンキングの一層の拡大を招く可能性があると警告している。また、金融安定化に向けた監督機関の議論が投資銀行のレバレッジ抑制に焦点を当てている状況について、バランスシート上のレバレッジだけではなく、投資銀行を含む銀行組織が膨大な資金を非銀行セクターの機関投資家から調達している状況と、シャドーバンキングが形成する金融仲介の連鎖が、銀行の預金・貸し出しの単純な構造とは根本的に異なる点に目を向ける必要があると強調している。

金融恐慌の引き金を引いた一部 MMMF 破綻とレポ市場の取り付けに着目するゲイリー・ゴートンは、MMMF を「ナロー貯蓄銀行」として正式に銀行規制のもとに組み入れること、レポ市場に関しては、銀行がレポ市場に提供する担保証券を、銀行券発行の準備資産と同等の安全性の基準で制限するかわりに、レポ取引における銀行債務に何らかの公的保証を提供することを提案している。他方、非銀行組織については、銀行組織に対するよりも緩やかな規制基準でレポ取引を認可した上で、公的保証を提供する。これら二つのタイプ以外のまったく規制のないレポ取引に対しては、公的保証から隔離することで、過度の膨張を抑制できると主張している。

　他方、欧州委員会は資本規制指令 (capital requirement directive; CRD) を 2 度にわたって修正し、仕組み証券を発行する銀行に自社発行証券の一部保有を義務付けること、証券化ビークルを含めた自己資本規制の強化、情報開示の拡大などを提案している。これらは全体として、今後ユーロ圏においても証券化が一層進展するという想定の下で、証券化にともなうリスクから銀行の安全性を保護する観点から提案されたものである。

　銀行監督機関を中心に重ねられてきた規制強化論には、大きく分けると、(1) シャドーバンキング・セクターを銀行セクターとできるだけ同じレベルの規制の下に組み入れる発想と、(2)逆に、銀行セクターとシャドーバンキング・セクターとの隔離をより完全なものにすることで、シャドーバンキング・セクターのリスクが銀行セクターに波及するのを遮断するという発想とが混在している。しかし、銀行セクター自体についての監督・規制の抜本的強化をともなわないでシャドーバンキングの規制強化を図る考えは、前者の規制拡張論にせよ、後者の銀行・シャドーバンキング隔離論にせよ、これら二つのセクターの融合が大きく進んでいる状況、さらに、シャドーバンキングがすでに全体として銀行セクターを上回る規模の金融仲介を果たしている事実を念頭に置けば、成功する見込みはほとんどないであろう。

　以上の監督機関ないし「主流派」からの改革提案に対して、ハイマン・ミンスキーの「金融不安定性論」を継承するポストケインジアンの陣営は、はるかにラディカルな改革案を提起している。それらの中には、(1)適切に監督することも、合理的に管理することもできず、経営的に効率的でもない "Too Big To Fail" 金融機関（大規模で多角化、多国籍化した金融機関）の分割、(2)公的セーフ

ティネットの恩恵を受けているすべての金融機関による証券化業務の禁止、(3) 同様に、規制下にあるすべての金融機関による信用デリバティブの利用の禁止、(4)強い権限を付与された消費者金融保護機関の新設、などが含まれている。かれらは、これらの提案に不服な銀行は、銀行免許を返上し、規制を受けない非預金金融機関として活動する選択が残されていると述べている (Nersisyan & Wray, 2010)。

主流派経済学の陣営および監督機関関係者が提案する規制強化論は、基本的にシャドーバンキングの金融仲介機能を金融規制の弊害を打破し、金融システムを効率化させると評価した上で、その弊害をマクロプルーデンス政策を含む適切・効果的な制度改善によって防止しようとする、本質的に矛盾した改革案である。このような改革案が、すくなくとも長期的に成功しないことは、過去の金融制度改革の歴史が示している。また、主流派経済学の一部にも、「金融イノヴェーション」を後追いするパッチワーク的な規制強化の積み重ねが、所期の目的を達成せず、結果として規制の重層化・複雑化と、それを担当する監督機構の重複・肥大化を招く（規制の弁証法）と警告する見解がある。さらに、ゲイリー・ゴートンが提案するナローバンク案も、すでに1980年代米国の銀行制度改革をめぐって一部専門家から提起され、その後実現しないまま陳腐化した議論の焼き直しに過ぎない。

さらに、これまでの規制強化論に大きく欠けているのは、シャドーバンキングとタックスヘイブンの関連についての関心である。シャドーバンキングの重要な構成部分である大手銀行の証券化ビークルは、ほとんどがタックスヘイブンに開設されており、大手銀行自体もまた、デラウェアをはじめとするタックスヘイブンに登記されている。この問題を度外視して、伝統的な監督機構が自国内で収集・利用できる情報・データに依存してシャドーバンキングを監視し、そのリスクを評価し、それを制御しようとすることはまったく見当はずれである。

(3) 金融仲介の公的管理論

シャドーバンキングのなし崩し的な拡大を制御し、それを全体として適切に規制・監督することは銀行とシャドーバンキングとの浸透・融合が大きく進ん

だ現状に照らしてみれば、比類なく困難な課題である。FSB 他が提案している制度の不備に焦点を当てた改革案は、当面の方策としてまったく無意味というわけではないが、たとえそれらが実現できたとしても、それだけで金融市場の迷宮状態を大きく改善することはできないし、深刻な金融恐慌の再発を防止することもできない。金融恐慌の根本的な原因は、単なる金融市場と監督機関の失敗ではなく、価値増殖のあらゆる障害を回避、あるいは克服するために複雑な金融イノヴェーション、タックスヘイブン、実体のない簿外ビークルを含むあらゆる方策を利用する資本自体の失敗である。したがって、今回見られたようなシャドーバンキング発の恐慌を本気で封じ込めようとすれば、次には、銀行セクター発の恐慌に見舞われるであろう。

　金融恐慌を防止するためには、資本の過剰蓄積が貨幣資本の過剰として現れている現代資本主義の歴史的特質に焦点を当て、それが促している「経済の金融化」を転換しなければならない。その場合、現代資本主義のもとでは、「経済の金融化」を転換することは、厳しい規制・監督によって、金融システムを企業・家計を中心とする実体経済の要求に適合させるということにとどまらない。「経済の金融化」は、単に過去 30 年間の誤った規制・監督の結果であるだけではなく、現代資本主義の資本蓄積の構造的特質を示しているからである。すでに過剰な貨幣資本の蓄積が正常な再生産の運行を不可能にするほど顕著になっている現代資本主義のもとでは、企業の成長や家計の需要に適合するやり方で過剰な貨幣資本のために新たな価値増殖の方途を確保しようとすることは、出口のない自己矛盾である。

　貨幣恐慌が引き起こす再生産過程と世界貿易の深刻な混乱を未然に防止する根本的な手立ては、投機、裁定、さらには詐欺的取引によってしか価値増殖ができない過剰な貨幣資本を、引き続き民間金融機関と投資家の価値増殖欲に委ねるのではなく、何らかの方法で公的な制御の下に組み込む以外にない。

　金融を公的管理の下に組み入れるという考えは、かねてよりいろいろな形で提案されているが、これまでのところ、そうした議論が広く社会的関心を集めることも、政治レベルで取り上げられることもなかった。過去 30 年間についていえば、それとは逆に、新自由主義的イデオロギーのもとで、郵貯、保険、年金などかつて公的管理下で運営されていた資金や貯蓄を、民間金融機関の営利活動に委ねる動きが急速に進められてきた。

今回の金融恐慌を契機に、これまでの民営化の動きに反省を迫り、金融の重要な部分を民主的に決定された公的政策にもとづいて運営することを求める議論が広がっている。しかし、社会的に利用可能な資金の配分を公的観点から制御するというアイデアは、比較的近年になるまで、専門家の間で関心を持たれることが少なく、理論的な発展が立ち遅れた研究分野になっている。今回の金融恐慌は、この問題についての理論研究を深めることが喫緊の課題であることを研究者に示しているのである。

6　まとめ

　今回の金融恐慌を契機に、銀行制度の枠外で銀行類似の金融仲介機能を提供するシャドーバンキングに対する関心が、研究者と監督機関の間で高まった。シャドーバンキングは、金融市場の不透明性と脆弱性を高め、銀行セクターを監督機関の監視が届かず、公的セーフティネットを欠いた金融市場の不透明なリスクに結びつけることで、金融恐慌の最大の温床となったと見なされている。
　シャドーバンキングは、1980年代以降、規制を回避して新しい業務への参入をめざす銀行サイドの要求と、銀行預金や財務省証券以外の新しい安全資産を求める機関投資家の需要が相俟って、急速に業務と資産規模を広げてきた。しかし、シャドーバンキングについては、(1)銀行とは別の組織によって担われる金融仲介業務、(2)公的セーフティネットへのアクセスを遮断されている、(3)銀行に課せられる監督規制の多くを免れている、などが共通の特徴として挙げられているが、現在なお確定された定義はなく、それが包摂する金融仲介や金融取引の範囲、したがって、その規模も明確ではない。
　現在広く行われているように、シャドーバンキングを銀行制度の枠外で金融仲介に従事する金融セクターと特徴付けることは、シャドーバンキングが銀行自体の業務拡大の一環として拡大してきた経緯、シャドーバンキングの重要な部分が銀行の証券化業務を支える簿外ビークルとして発展してきた経緯、さらに、グラス゠スティーガル法撤廃以降、金融持ち株会社によるさまざまなシャドーバンキングの包摂が進み、銀行子会社とノンバンク子会社との区別が希薄

化している状況を念頭におくと、ミスリーディングな特徴付けである。

　歴史的に見ると、シャドーバンキングは、米国と欧州では異なった発展経過をたどっている。米国では、1980年代以降、金利規制との関連でMMMFが広がり、年金制度改革と関連して年金基金をはじめとする機関投資家が成長した。また、1970年代のスタグフレーションと企業の銀行離れ (dis-intermediation) で、ノンバンク・バンクや貯蓄金融機関との競争が激化し、業務の自由化をめざす銀行業界の動きが強まり、1999年のグラス゠スティーガル法撤廃を契機に銀行組織の業務の多様化が急速に進んだ。しかし、米国におけるシャドーバンキングの拡大を加速させた「分水嶺」は、70年代以降政府系住宅公社が開拓したモーゲッジ証券化が民間金融機関のローンにまで拡大し、90年代以降、証券化業務が大手銀行の新しい業務として爆発的に拡大したことであった。したがって、米国ではシャドーバンキングは、証券化業務の拡大とほとんど同義に議論されている。

　これに対して、ユーロ圏では、証券化は独自の発展が遅れ、米国で発行される仕組み証券への投資の形で銀行業務に浸透した。このために、ユーロ圏でもやはりシャドーバンキングの拡大は金融機関の規制回避と機関投資家の要求によって促されたが、直接証券化によって促進されたわけではなかった。

　短期・無保証の市場性資金への依存、証券化業務との密接な関係、監督・規制を受けない不透明な運営、公的セーフティネットへのアクセスの欠如、民間の多様な信用補完・リスク移転機構に依存した取引というシャドーバンキングの特徴は、それ自体深刻な脆弱性を孕んでいるだけではなく、銀行との複雑な"interconnectedness"を介して金融システム全体の不透明性と脆弱性を高め、信用の膨張・収縮を増幅させ、金融市場の景気増幅機能を拡張する。

　このため、金融恐慌を契機に主要国の金融監督機関やG20の金融安定化理事会 (FSB) などでシャドーバンキングの透明性を高め、規制を強化するための方策がさまざまに議論されてきた。それらの議論の要点は、シャドーバンキングの金融仲介機能を金融システム全体の効率化に資するように活用するために、その不透明性と脆弱性を改善する制度改革を実施する、言い換えれば、シャドーバンキングの効率性を減殺することなく、可能な限り銀行と同列の規制監督の下に組み入れるということである。

　1980年代以降の金融制度改革の歴史が示しているのは、そのような考え方

に立った制度改革は長期的には成功しないということである。シャドーバンキングを銀行と同列の規制・監督下に置くための改革は、シャドーバンキングが銀行セクターに比較して発揮している優位性を減殺し、金融システム全体の効率性向上につながらないだけではなく、さらに複雑・不透明で監督・監視が困難な金融仲介の新たな仕組みを拡大する結果になるであろう。金融持ち株会社の形態で銀行とシャドーバンキングとの融合が大きく進展している状況のもとで、銀行とシャドーバンキングとを完全に隔離することは、非現実的な願望であろう。

シャドーバンキングが金融システムにもたらしている問題を根本的に除去するためには、過去30年間に推進されてきた金融の規制緩和、とくに年金基金の民営化、保険の金融化、ヘッジファンドやタックスヘイブンの野放し状態を逆転し、可能な部分から、金融仲介システムを何らかの公的管理に移し替える方策を進めることが必要である（公的規制・監督から、公的管理へ）。このためには、金融システムが提供するさまざまな金融仲介機能を特殊な「公共財」あるいは「コモンズ (commons)」と見なす考え方が必要になる。

このような考え方はかねてより何人かの研究者によって提案されているが、それらが社会的関心を集めることはなかったし、公的な場での重要な議題に上ることもなかった。今回の金融恐慌を契機に、金融システムを公的管理に移し替えるという議論がさまざまに議論されるようになっているが、こうした議論がさらに国際的に広がることが必要である。この最後の論点は今後の研究課題である。

* この論点に関心のある読者には、Minns (1982)、宇沢 (2000) を読むことを勧めたい。

参考文献

宇沢弘文 (2000)『社会的共通資本』岩波新書。
高田太久吉 (2012)「欧州経済統合の矛盾と金融・財政危機」『前衛』日本共産党中央委員会、3月号。

―――編著 (2013)『現代資本主義とマルクス経済学』新日本出版社。
Adrian, T. & Ashcraft, A. (2012) Shadow Banking: A Review of the Literature, FRB of New York, Staff Reports (October)
Adrian, T. & Shin, H. (2008) Liquidity and Financial Cycles, BIS Working Paper (July)
Claessens et al. (2012) Shadow Banking: Economics and Policy, IMF stuff discussion note (December)
D'Arista, J. W. & Schlesinger, T. (1993) The Parallel Banking System, Economic Policy Institute, Briefing Paper (June)
DCFS (2012) *A Primer : The Ins and Outs of Shadow Banking*.
European Commission (2009) *Shadow Banking, Green Paper*, Brussels com.
European Repo Council (2012) *Shadow Banking and Repo* (March)
Financial Crisis Inquiry Commission (2010) Shadow Banking and The Financial Crisis, Preliminary Staff Report (May 4)
Financial Stability Board (2011a) *Shadow Banking : Scoping the Issues : A Background Note of the Financial Stability Board* (April 12)
―――― (2011b) Shadow Banking: Strengthening Oversight and Regulation (October)
―――― (2012) Global Shadow Banking Monitoring Report 2012 (November 18)
Gordon, H. (1992) Changes in Financial Intermediation: The Role of Pension and Mutual Funds, FRB of Kansas City, *Economic Review* (Third Quarter)
Gorton, G. (2009) Securitized Banking and the Run on Repo, Yale International Center for Finance, working paper (July)
Hannoun, H. (2008) Policy Lessons from the Recent Financial Market Turmoil, speech at 45th meeting of Central Bank Governors of the American Continent (May 8-9)
Hördahl, P & King, M. (2008) Development in Repo Markets during the Financial Turmoil, *BIS Quarterly Review* (December)
Kurishnamurthy, A. et al.. (2012) *Sizing Up Repo*, Stanford University (November)
McCulley, P. A. (2008) A Reverse Minsky Journey, in Credit, Market and the Real Economy: Is The Financial System Working? Proceedings, The Levy Institute of Bard College (April)
Minns, R. (1982) *Take over the City : The Case for Public Ownership of Financial Institutions*, Pluto Press.
Nersisyan, Y. & Wray, L. R. (2010) The Global Financial Crisis and the Shift to Shadow Banking, Levy Economic Institute, working paper (February)
Polan, R. & Nesvetallova, A. (2013) The Governance of the Black Holes of World Economy: Shadow Banking and Off-shore Center, City University London, (March)
Pozsar, Z. (2008) The Rise and Fall of the Shadow Banking System, Moody's, *Regional Financial Review* (July)
―――― (2013) Shadow Banking, FRB of New York, Economic Policy Review (forthcoming)

Pozsar, Z. et al. (2010) Shadow Banking, FRB of New York, Staff Report (July)
Pozsar, Z. & Singh, M. (2011) The Nonbank-Bank Nexus and the Shadow Banking System, IMF Working Paper (December)
Stewart, J. (2013) Low Tax Financial Centers and the Financial Crisis: The Case of the Irish Financial Services Centre (January)
Troost, A. & Liebert, N. (2009) *Trillion Down the Drain of Tax Haven and Shadow Banks*, Blätter für Deutsche und International Politik (Mai)
Turner, A. (2012) Shadow Banking and Financial Stability, Harvard Law School Forum on Corporate Governance and Financial Regulation (April 6)
U.S. Senate, Permanent Subcommittee on Investigation (2011) *Wall Street and the Financial Crisis : Anatomy of a Financial Collupse.*

第7章　シャドーバンキングとレポ市場
―現代金融恐慌のメカニズム―

1　はじめに

　2007年夏にサブプライム問題として顕在化し、翌08年のリーマンショックを経て欧州金融・財政危機、さらには世界不況(The Great Recession)へと繋がった今回の経済危機の基本的な性格をめぐっては、これまでさまざまな議論が重ねられてきた。当初、議論の焦点は米国住宅市場に発生したバブル崩壊と、住宅ローンを組み込んだ仕組み証券市場におけるバブル崩壊との、複合的バブル崩壊の解明に向けられた（高田, 2010）。これらの研究が明らかにしたのは、これら二つのバブルが住宅市場と証券市場でそれぞれ発生したバブルではなく、いずれも、1980年代以降大手金融機関が進めた証券化業務（仕組み証券の組成・販売、証券化銀行業）の急拡大の結果であること、さらに、この証券化業務の拡大が、大手金融機関だけではなく、むしろ、その後シャドーバンキングと総称されるようになった、大手金融機関の証券化関連組織によって担われてきたこと、であった。

　この結果、2009年以降、これまで学術的研究のテーマに取り上げられることが少なかったシャドーバンキング拡大の背景と現代金融システムにおけるその役割について、実証的研究が大きく前進した。これらの研究によって、1970年代に「企業の銀行離れ(dis-intermdediation)」および「預金のMMFへの流

195

出」として一部研究者に着目されたパラレル・バンキング (D'Arista & Schlesinger, 1993) が、1980 年代以降急拡大した大手金融機関の証券化業務と結びついて質的に変化し、むしろ金融証券化と金融イノヴェーションの主要部面として拡大してきた経緯が明らかにされてきた。

さらに近年の研究は、シャドーバンキングの膨張が、大手金融機関、とりわけその証券化部門と簿外組織に資金と証券を提供するレポ市場、証券貸し付け市場、資産担保コマーシャル・ペーパー (ABCP) 市場などの、証券取引を介するホールセール短期金融市場の著しい膨張によって支えられてきたこと、とりわけ、大手ディーラー銀行と年金基金、投資信託、保険会社、企業、ヘッジファンド、銀行などさまざまな機関投資家が参加する巨大で「流動的」なレポ市場が、金融市場に流入する資金と証券を、大手金融機関のディーラー部門とその関連組織に割り当てる、金融的転轍機の役割を果たしてきたことが明らかにされた。

これらの研究によれば、今回の金融危機の基本的な特徴を明らかにするためには、不動産バブルや仕組み証券バブルの解明だけではなく、第一に、大手金融機関の証券化業務拡大とシャドーバンキング拡大との関係を具体的に明らかにすること、第二に、シャドーバンキングの急拡大を可能にしたレポ市場の構造と役割を実証的に解明すること、が不可欠である。とりわけ、この第二の課題は、最近まで信頼できるデータの未整備から研究が立ち遅れてきたが、今回の金融恐慌を契機に研究が大きく進み、その成果をくみ上げることで、今回の恐慌の発生メカニズムに関する理解を深めることができるようになった。

本章では、以上のような金融恐慌に関する近年の研究動向を踏まえ、今回の金融恐慌の独自の性格を明らかにするために、以下の論点を順次取り上げて検討する。

(1) 1980 年代以降、パラレル・バンキングに代わる新しい形態のシャドーバンキングがなぜ拡大したのか

(2) シャドーバンキングの形成と膨張を支えたレポ市場の役割はどのようなものだったのか

(3) 大手金融機関の証券化業務およびシャドーバンキングの膨張と結びついたレポ市場の膨張はどのようにして起きたのか

(4) シャドーバンキングの不透明性とレポ市場の脆弱性がどのように相俟

って激しい「取り付け」と金融恐慌を引き起こしたのか

2　金融システムの変化と
　　新しいシャドーバンキングの膨張

　シャドーバンク (shadow banks) あるいはシャドーバンキング (shadow banking) という言葉がメディアと学術文献で流布するようになったのは、比較的近年のことである。これらの言葉を最初に使用したのは、大手債券投資ファンド PIMCO のマネージャーの一人 P. M. McCulley（McCulley, 2007; 2009）であると言われている。マカリーは、「影の銀行」を「預金保険制度や、FRB の割引窓口を利用できないレバレッジ・ベースの借り手」と定義した。その際、かれが「影の」という形容詞で含意したのは、それらの資金調達活動が本来の銀行セクターからバックアップを受けている場合も受けていない場合もあるが、いずれにしても、FRB の提供するセーフティネットとは直接繋がっておらず、したがって、伝統的な銀行監督規制の多くを免れているということであった。

　マカリーは、近年の金融市場の目覚ましいイノヴェーションが、その行きすぎた過熱の結果 2007-09 年の世界的金融危機を招いたが、この過熱の原因を明らかにするためには、相対的に厳しい規制監督のもとで活動する伝統的な銀行セクターではなく、銀行規制の枠外で発展したさまざまな金融仲介機関とそれらによって主導された「創造的」な金融イノヴェーションが金融システムに引き起こしたリスクに着目する必要があると指摘した。そしてかれは、このようなリスクが市場と監督機関の制御を超えて高まり、発展した資本主義の金融システムの資金の流れを攪乱して金融危機を引き起こすメカニズムを、ハイマン・ミンスキーの「金融不安定性仮説」に準えて、「ミンスキー・モメント (Minsky moments)」と呼んだ。

　　＊　シャドーバンキングと並んで、ミンスキー・モメントという用語も、今回の金融恐慌の発生メカニズムの説明に関連して、ポスト・ケインジアンの陣営を中心に、多くの学術文献で使用されるようになった。ただし、マカリーが Minsky moments という言葉を造語したのは、今回の金融恐慌を契機に

してではなく、アジア危機を契機とする 1998 年のロシア危機をめぐる議論においてである（Vercelli, 2009）。因みに、ミンスキー自身はこの言葉を使用していないし、また、今回の金融危機の発生をミンスキー・モメントの顕在化として理解するのが適切か否かをめぐっては、ポスト・ケインジアンの内部にも見解の相違がある（Whalen, 2008; Palley, 2010; Davidson, 2008）。

以上のように、シャドーバンキングという用語が流布するようになったのは比較的最近のことであるが、「預金保険制度や、FRB の割引窓口を利用できないレバレッジ・ベースの借り手」が銀行監督制度の枠外でさまざまな金融活動を展開するようになったのは、それよりもはるかに古い歴史をもっている。例えば、マルクスは「ニューヨーク・デイリー・トリビューン」への寄稿のなかでフランスのクレディ・モビリエ (Crédit Mobilier) のいかがわしい活動に再三言及している。アメリカでは、1907 年の重大な金融危機の要因としてトラスト・カンパニーと呼ばれる金融機関の役割が注目され、これをめぐる議論が 1913 年の連邦準備制度の設立に繋がっている。これらの金融機関の活動はいずれも今日のシャドーバンキングと共通性をもっている。

* 　クレディ・モビリエは、ナポレオンIII治下のフランスで政府認可の金融機関として設立（1852 年）された大規模な金融機関で、欧州だけではなく、北米や中東を含む広い地域で、鉄道をはじめとするインフラ投資や企業取得に従事し、フランスの対外侵略や戦争政策にも加担した。資金は富裕層や市民からの出資によって調達し、また自社の証券発行によって株式や債務の払い戻しを行うなど、特権的発券銀行としての性格も付与された。しかし、巨額の政府貸し付けや特権階級との癒着などから公衆の信頼を損ねるようになり、1870 年代の世界的な長期不況 (Great Recession) を背景に経営危機に陥った。クレディ・モビリエの活動とマルクスによる批判をシャドーバンキングをめぐる最近の議論と関わらせて検討した論文に Fisher & Bernardo (2014) がある。他方、ニューヨークのトラスト・カンパニーは規制が緩やかな州法にもとづいて設立され、発券こそできなかったが、本来の受託業務の他に、預金の受け入れ、貸し出しを行って銀行と競争し、株式をはじめとする証券への投資、証券発行の引き受けなどにも手を広げ、いわゆるユニバーサル銀行と言っても過言ではない広範な業務に従事した。1907 年秋に、一部投機集団による銅鉱山乗っ取り計画の破綻から、これらの集団傘下の銀行危機が表面化すると、これらの問題に直接関与していなかったトラスト・カ

ンパニーからも急激な資金の流出が発生した。とりわけ、経営者とくだんの投機集団との関係が疑われていた大手トラスト・カンパニー・ニッカボッカは、清算銀行による決済停止処置を受けて、激しい取り付けに見舞われた。窮地に陥ったニッカボッカは経営者を解雇するとともに、当時最大の金融機関であったJ. P. モルガン商会に助けを求めた。しかし、モルガン商会が救済に乗り出すのが遅れているうちに、ニッカボッカは破綻してしまった。同社の破綻は、もう一つの大手トラスト・カンパニー (Trust Company of America) に波及し、同社の預金の70％以上が流出した。しかし、同社と関係が深かったモルガン商会が組織した銀行団が提供した救済措置によって、同社は最終的破綻を免れ、金融危機はその後終息に向かった（Frydman, et al., 2012）。また、かねてから中国では、当局の監視を回避したシャドーバンクによる信用膨張が問題になっているが、シャドーバンクの担い手としてトラスト・カンパニーの役割が注目されている（Zhao, 2014）。

シャドーバンキングの膨張という観点で、金融恐慌に至る数十年間の金融システムの変化を見た場合、第一に着目される変化は、銀行部門（商業銀行および貯蓄貸付組合など預金取扱金融機関の合計）と比較したブローカー／ディーラー部門（投資銀行、証券会社など主として証券・デリバティブの引き受け、組成、発行、仲介、マーケット・メーキングに従事する金融機関）の保有資産の劇的増加である。米国では、1954年を基準とすると、2009年の銀行部門の資産保有額は80倍に増加しているが、ブローカー／ディーラー部門の資産保有額は約800倍に増加している（Adrian & Shin, 2010a）。同様に、債務総額に占める預金ベースの債務の割合は、1975年の31％から2005年には13％に低下している。

このようなブローカー／ディーラー部門の資産保有の急増が顕著になったのは、1980年代中期以降である。米国では80年代中期に今日シャドーバンキングと総称されるセクターの提供する信用額（年額）が、伝統的な銀行部門のそれと並ぶようになり、80年代末以降は、前者が後者を大幅に上回るようになった（Alexander & Dolega, 2014）。このようなシャドーバンキングの拡大は、一方で、住宅ローンをはじめとする、従来銀行セクターが保有していた債権の証券化の急激な普及と軌を一にしていた。

米国の家計所得に占める抵当債務 (mortgage debt) の割合は、1949～79年に20％から46％に上昇し、さらに2001年には73％に上昇した。同じ期間に、家

計部門の資産総額に対する抵当債務の割合は15％から41％に上昇した。同様に、GDPに対する抵当債務残高の割合は、1950年代初頭の14〜15％から、2000年代前半期には60％を超える水準に上昇した（Green & Wachter, 2005）。

このような米国における抵当債務の増加を促したのは、1930年代にニューディール政策の一環として整備された連邦政府の住宅保有促進政策とそれを担当する住宅公社の設立であった。連邦政府は、1933年に連邦預金保険制度および住宅保有者貸付公社設立に続いて、住宅抵当貸付に公的保証を提供する連邦住宅局(FHA)、さらに、住宅抵当証券の流通市場を整備するための連邦抵当金庫(FNMA)、退役軍人向け住宅ローンプログラムなどを相次いで設立したが、こうした住宅ローンとその保険・流通市場整備のための政策は、第二次世界大戦終結後も、政府住宅抵当金庫（GNMA、68年）、FNMAの株式会社転換、連邦住宅抵当貸付公社（FHLMC、70年設立、89年に株式会社転換）、さらに貯蓄貸付組合による変動金利型モーゲッジローン(ARMs)への投資やローン証券化の認可（82年）他の政策として継続された（Green & Wachter, ibid; 井村, 2002）。

以上のような公的住宅ローン制度の整備に支えられて、米国の抵当債務は1950年代以降GDPをはるかに上回る速さで増大したが、抵当債務の保有者構成で見ると、1970年代前半期まではその中心は貯蓄貸付組合(S&Ls)であった。1980年代以降、S&Lsに代わって政府系公社の供給する抵当債務の割合が急増するようになった。1970年代末の段階で、S&Lsは抵当債務の60％を保有していたが、1990年にはその割合は15％に低下し、逆に政府系公社の保有割合は60％に上昇した。因みに、FNMAとFHLMCが購入した抵当債務の割合は、1998年のロシア危機とLTCM破綻の前後では、全体の75％に達した。

政府系公社は、保有する抵当債務の次第に大きな割合を、モーゲッジを担保とする証券(MBS)に組成して投資家に販売するようになったが、この組成・販売を担当したのは、リーマン・ブラザーズ、ベア・スターンズ、メリル・リンチ、モルガン・スタンレー、ゴールドマン・サックスなどの大手投資銀行であり、これらと並んで、バンク・オブ・アメリカ、ウェルズ・ファーゴ、シティバンク他の大手銀行であった。1990年代に入ると、これら大手金融機関は、政府系公社が供給する抵当債務だけではなく、民間銀行が提供する抵当債務の証券化業務を急速に拡大するようになった。さらに、これらの金融機関は、抵当債務だけではなく、自動車ローン、学生ローン、カードローンなど、民間金

融機関が提供するあらゆる種類の債務を担保とする証券の組成・販売に従事するようになった。他方、これら大手金融機関が組成・販売するモーゲッジ担保証券 (MBS) をはじめとする証券を購入する主要な投資家は、保険会社、年金基金、地方銀行、投資信託、ヘッジファンドなど莫大な投資資金あるいは「余資」を抱える機関投資家であった (Fligstein, 2009)。

　住宅ローンをはじめとするさまざまな抵当債務やローンを証券の形態に組成し、投資家に販売する大手金融機関の活動が、従来投資銀行や証券会社が伝統的に行ってきた証券関連業務（証券の組成、発行、引き受け、販売、仲介など）と区別して、シャドーバンキングという新奇な名称で呼ばれるようになった所以は、この言葉の生みの親であるマカリーによれば次の通りである。

　　「規制された伝統的な銀行と異なり、規制のないシャドーバンクは預金保険の対象外の短期資金調達に依存しているが、これは銀行の与信枠で補完される場合もされない場合もある。シャドーバンクは伝統的な銀行規制を監視するレーダーの射程下で行われるために、それらのレバレッジのかかった金融仲介業務は連邦準備の割引窓口や連邦預金保険公社の預金保険による保証のないシャドーで運営されている」(McCulley, 2009, p.1)

　マカリーのこの説明は、規制下にあり、中央銀行の「最後の貸し手」機能や預金保険制度のセーフティネットへのアクセスを持つ銀行とそれらの便宜を持たないシャドーバンキングとの区別を強調するあまり、シャドーバンキングをきわめて形式的に定義し、現代の金融システムにおけるその役割を不明確にするミスリーディングな説明であった。マカリーの説明は、銀行以外のほとんどすべての金融機関に多かれ少なかれ該当し、とりわけ従来投資銀行や証券会社が行ってきたさまざまな証券関連業務と明確に区別することは困難である。

　今回の金融恐慌を契機に多くの研究者や監督機関によって行われたシャドーバンキングに関する調査・研究が明らかにしてきたのは、シャドーバンキングが、1970年代以降、投資銀行をはじめとする大手金融機関が証券化 (securitization) 業務を展開するために利用するようになった、さまざまな組織上、取引上の仕組みの総称に他ならないということである。そして、とりわけ1980年代以降に、それまで政府系公社主導で進められてきた証券化が、急速

に民間金融機関主導の証券化に転換した経緯が、シャドーバンキングの急激な拡張の最大の契機であった（高田, 2014a〈本書第6章〉）。

3　シャドーバンキングの膨張を支えたレポ市場の役割

　前節では、シャドーバンキングの実体が、大手金融機関が推進する証券化業務のための組織上、取引上のさまざまな仕組みあるいは活動の総称であることを説明した。これに関してまず注意が必要なことは、大手投資銀行や大手銀行がモーゲッジをはじめとするさまざまな債務を担保として新しい証券を組成・販売する業務は、単にオリジネーターと総称される金融機関からローンを購入し、それを束ねて投資家に販売する単純な「資産転換」業務ではないということである。

　証券化に関係する業務としては、(1)融資業務(loan origination)、(2)ローン債権保管業務(loan warehousing)、(3)資産担保証券の発行(ABC issuance)、(4)資産担保証券保管業務(ABC warehousing)、(5)債務担保証券の発行(CDO issuance)、(6) CDOの投資家への販売(distribution)、(7)以上のさまざまな業務に関わる資金の調達(wholesale funding)など、全体として相互に関係する多くの業務が含まれている(Pozsar et al., 2010)。

　　＊　以上の業務は、次のように書きなおすことができる。(1)証券化に必要な原材料（債権）の調達としての融資業務、(2)原材料および仕掛け在庫の保管・管理業務、(3)第一次（中間）製品としての資産担保証券の組成・発行、(4)第一次製品の保管・管理業務、(5)第一次製品の第二次製品（債務担保証券）への転換、(6)第二次製品の投資家への販売、(7)これらのさまざまな工程で必要な資金の調達・管理他である。容易に想像できるように、これらの工程は、さらにさまざまなサブ工程に分けることができる。例えば、融資業務は、ローン商品の企画・設計、マーケティング、販売、資金手当て、決済、記帳、回収、書類作成、監督機関への登録、その他の作業を含んでいる。また、資金調達は、融資だけではなく、工程のさまざまな段階での在庫確保・管理のためにも必要であり、後述する簿外組織の設立・運用のためにも巨額の手元資金が必要となる。

これらの業務の多くは、それ自体としては伝統的な証券業務にも含まれているが、近年の証券化を伝統的な証券業務から区別しているのは、第一に、伝統的な株式や社債など、発行企業の将来の収益を引き当てにするのではなく、金融機関が保有する住宅ローンをはじめとする債権にともなう将来の元利金の回収が引き当てにされていること。第二に、さまざまな債権をとりまとめて、それらのキャッシュフローを引き当てにした債券（これらは資産担保証券 (ABS) と総称される）の組成・販売にとどまらず、さらに、それらを二次的、三次的に加工した債務担保証券（CDO、CDO^2、CDO^3 など）が発行され、最初の債権額に比較して証券の発行額が水増しされること。第三に、これらの証券発行が大手金融機関本体ではなく、簿外に開設された特定目的ビークル (SPV) を通じて行われ、しかも、これらの SPV の多くが海外のオフショアセンターあるいはタックスヘイブンに登録されていること、である。

　　＊　1990 年代末以降、信用デリバティブと総称される、企業や資産の信用リスクに対する「保険」商品 (CDS) が取り引きされるようになった。CDS の売り手から CDS を買い取った投資銀行は、買い手（顧客）が将来支払う保険料 (Premium) を引き当てに、シンセティック（合成）CDO と呼ばれる担保証券を発行した。2000 年代の後半期には、高格付けの CDO が不足する中で、大手機関投資家や欧州金融機関などからの旺盛な証券需要に応える形で、CDO を上回る膨大なシンセティック CDO が発行されるようになった。サブプライム問題を契機とするこれらのシンセティック CDO の格付け引き下げと信用の動揺が、欧州金融機関の経営危機を呼び起こし、欧州金融危機の重要な引き金となった。本章では、紙幅の制約上、CDS およびシンセティック CDO をめぐる問題にはこれ以上立ち入らない。

　近年の証券化は、一方で膨大かつ多様な証券の発行、販売、保有によって大手金融機関が大きな収益を獲得するビジネスをもたらした (Greenwood & Scharfstein, 2012)。大手金融機関がこれらの証券関連ビジネスを首尾よく遂行するためには、一方で、爆発的に拡張する業務を支える膨大な資金の確保が必要であり、他方で、投資家に魅力のある多様かつ斬新な仕組み証券の品ぞろえと在庫管理のために、大量かつ多様な証券の確保が必要である。さらに、これらの資金と証券の取引にともなうリスクを管理し、バランスシートの「流動性」（資金と証券のタイムリーな取り入れと譲渡）を確保するために、付加的な資

金取引と証券取引を余儀なくされる。

このような証券化業務に必要な資金と証券を自己勘定でバランスシート上に保有することは、リスク管理の観点からだけではなく、収益性の観点からも望ましいことではない。さらに、大手金融機関の証券化業務は、単にバランスシートの膨張を支えるための資金と証券の確保だけではなく、文字通り日々の資産・負債管理 (ALM) のためにも膨大な資金と証券の出し入れをともなう。その際、投資銀行をはじめとする大手金融機関が、証券化業務に必要な資金と証券を弾力的に確保する効率的な方途を提供したのは、伝統的な資本市場ではなく、レポ市場、証券貸し付け市場、および金融コマーシャル・ペーパー市場などの、主として機関投資家が資金と証券を大口かつ短期で運用するホールセールの短期金融市場であった。また、このような短期金融市場は、資金運用の効率性を高めるために短期で「余資」や証券の貸し付けを行う年金、保険、投資信託、地方銀行、ヘッジファンドなど機関投資家に、格好の運用手段を提供したのである。

> * 大手ディーラー銀行による証券取引について、この分野に詳しい専門家は次のように説明している。
> 「ディーラーに対する担保証券の主要な提供者は、(a)ヘッジファンド、(b)年金、保険、公的機関のカストディアン(資金や証券の委託管理者)が行う証券貸し付け、(c)ディーラーと取引のある銀行、である」「ディーラーはさまざまな方法で担保を取得する。かれらは、ヘッジファンドとの取引、すなわちレポ取引やプライム・ブローカーの立場で提供するローンの担保として証券を受け取る。また、ディーラーは、年金、保険、公的機関のカストディアンと繋がっており、これらから借り入れやレポ取引を通じて安全な証券を手に入れる」(Singh, 2011, pp.4-5)

レポ市場をはじめとするこれらの市場は、さまざまな金融機関と機関投資家が参加する巨大な金融市場であり、かねてより、その取引が毎日膨大な金額に達しているということは、専門家には周知の事実であった。しかし、この市場に関する情報の多くは大手金融機関のディーラーからの断片的情報に依拠するもので、その市場規模と構造を正確に知ることのできる公式統計は作成されてこなかった。それどころか、今回の金融恐慌でレポ市場や金融コマーシャル・ペーパー市場の急激な閉塞(取り付け)が大手金融機関の破綻の引き金になり、

現代の金融システムの運行がこれらの市場の「流動性」に決定的に依存している実態が改めて明らかになるまで、監督機関や研究者による立ち入った調査や分析もほとんど行われてこなかった。

> ＊　レポ取引(repurchase agreement)は、ディーラー銀行、ヘッジファンドなどのレバレッジ・ベースの金融機関が、証券売却の形で機関投資家から大口の資金を借り入れ、約定期間後に証券買い戻しの形で資金を返済する、「買い戻し条件付き」証券売買である。逆に、機関投資家が証券担保でディーラー銀行から資金を借り入れる取引はリバースレポと呼ばれる。いずれの場合も証券取引の形態をとるために、レポ市場で中軸的役割を果たしているのは大手ディーラー銀行である。レポ市場に関する最初の学術的研究は、Duffie (1996)とされている。この論文は、担保資産の特性とレポ金利の関係を取り上げており、その後のいくつかの関連研究の嚆矢となった(Ewerhart & Tapking, 2008)。

　米国のレポ市場にはすでに100年にわたる歴史があり、1920年代以降、連邦準備銀行がこれを公開市場操作の対象としてきたにもかかわらず、レポ市場に関する情報や研究がこのように大きく立ち遅れてきた理由は詳らかにしない。考えられるのは、この市場が金融市場の事情に通じた金融機関の間で行われる、一般にきわめて短期の、担保付き取引（担保の市場価値は毎日値洗いされ、過不足が調整される）で、要するにきわめて安全で、監督機関が金融システムの安全確保の観点から重大な懸念をもつ必要のないホールセール市場と見なされてきたことではないかと思われる。

　今回の金融恐慌に先立つ数年間のレポ市場の動向についてある程度具体的な情報を提供している数少ない調査の一つは、国際決済銀行(BIS)のスタッフによるものである（Hördahl & King, 2008)。この調査の主要な情報はやはり世界で20社に満たない米国のプライマリー・ディーラーと、BISに情報を提供する約1000社の銀行持ち株会社から収集されているが、この調査によれば、レポ市場（残高ベース）は2002〜07年の間にその規模を2倍に増加させ、米国とユーロ圏の市場規模は、レポとリバースレポを合わせて、それぞれ10兆ドル、英国は1兆ドルとなっている。これらのレポ取引の中心は、大手投資銀行と大手銀行であり、米国について見ると、前者が総取引の約3分の2、後者が3分の1を占めている。また、ユーロ圏について見ると、独立した投資銀行が

発展していないためにディーラー取引と銀行取引の区別は明らかではないが、2000年代に入ってからのレポ市場の拡張ペースは、欧州の大手銀行の業務拡大を反映して、米国を上回っている。

* プライマリー・ディーラーは、米国の銀行・投資銀行の中で、ニューヨーク連邦準備銀行（連邦準備制度の代理として公開市場操作を行う）と直接政府証券の売買を行う大手金融機関で、グローバルな短期金融市場とデリバティブ市場の取引の大半に関与し、これらの市場のマーケット・メーカーとして主要な役割を果たしている。ヘッジファンドはその投機的ポジションを積み上げるために、ディーラー銀行とのレポ取引を積極的に利用している。ヘッジファンドの投資戦術は多様であるが、平均すれば、ヘッジファンドの値洗い後バランスシートの30％程度がレポ取引で可能になっている。利用可能なデータによれば、2007年末現在の世界のヘッジファンドの運用資金は2兆ドルで、ヘッジファンドの平均的なレバレッジを2倍と見積もると、バランスシートの規模は4兆ドルに上る。これに、ヘッジファンドがレポ以外の方法でディーラーから借り入れている資金を加えて、ディーラーからヘッジファンドへの担保融資の総額は1.6兆ドルに達すると見積もられている (Singh, 2011, pp.6-8)。

レポ取引は、伝統的には仲介機関を通さないバイラテラル・レポ (biratateral repo) の形で行われてきたが、1984～85年にかけて発生したブローカー／ディーラーの破綻を契機に、エージェント銀行あるいは清算銀行が仲介するトリ・パーティ・レポ (tri-party repo) が普及するようになった。とくに、大口資金の出し手で資産運用の高い安全性が求められるMMFはこの取引を利用しており、一般的に、レポ取引の中でも大手機関投資家による大口取引ではこの形式が用いられている。しかし、近年でもレポ取引の大半は依然としてバイラテラル・レポであり、トリ・パーティ・レポが占める割合は、15～20％と見られている。

* 1970年代にトリ・パーティ・レポの仕組みをレポ市場に持ち込んだのは、当時の債券ディーラー最大手ソロモン・ブラザーズ社であった。同社のトレーダーは、取引日の遅い時間に顧客から担保として持ち込まれ、まだ取引処理が完了していない証券と引き換えに、自社の清算銀行を通じて顧客に資金を融資するやり方で、証券取得のコストを節約できることを発見した。この

方法は、1980年代には、他のディーラー銀行にも普及した（Garbade, 2006, p.39）。

レポ市場では一般的に政府証券が担保として利用されているが、政府以外の公的機関が発行する債券やMBS、大手企業が発行する社債なども取引されている。信頼できるデータがえられないバイラテラル・レポについて詳細は明らかではないが、比較的豊富なデータが収集されている米国のトリ・パーティ・レポについて見ると、財務省証券、政府系住宅公社関連証券など、連邦準備銀行の担保適格証券が全体の82.7％を占めており、それ以外の非適格証券（ABS、コマーシャル・ペーパー、社債、株式、地方債その他）は17.5％にとどまっている（Copeland, Martin & Walker, 2010, p.18）。また、ユーロ圏のレポ市場では、担保証券の3分の2はユーロ参加国が発行する国債で、それ以外の国の公債が占める割合は28％となっている。また、ユーロ参加国の国債の中では、ドイツ国債が4分の1、続いてイタリア国債、フランス国債がそれぞれ13％、11％を占めている。

他方、証券貸し付け市場で貸借される証券の内訳を見ると、財務省証券をはじめとする適格証券の割合は3分の1で、残りの3分の2は、MBS、社債、株式などとなっている。また、欧州の証券貸し付け市場では、利用される証券の大半はEU加盟国政府の公債で占められている（FSB, 2012, p.31）。

レポ取引の中の大きな割合を占めるオーバーナイト取引の金利は、中央銀行の政策金利である無担保オーバーナイトもの金利と近似している。BISの調査によれば、2007年にサブプライム問題が顕在化する以前の段階では、レポ金利（正確には、レポ取引の中でもっともリスクが低いと考えられている、不特定の銘柄の国債を束ねて担保にする一般担保レポ(general collateral repo)の金利）は、金利スワップの一種で、短期の無リスク金利の基準金利とされているオーバーナイト・インデックス・スワップ(OIS)を数ベーシスポイント下回る水準で連動している（Hördahl & King, 2008, p.42）。レポ金利は通常OISレート金利を下回っているが、金融市場が逼迫すると両者の間に逆転現象が起きる。例えば、サブプライム問題が顕在化した2007年夏、さらに、リーマンショックが発生した2008年秋以降にこうした現象が見られた。

　　＊　オーバーナイト・インデックス・スワップは、オーバーナイト・コール・

レートの上昇にともなう金利リスクをヘッジするために、無担保コール・レートと引き換えに、固定金利を支払う金利スワップ取引である。日本では1997年に取引が始まった。

　いわゆるリーマンショックの後にニューヨーク連銀のスタッフが行った米国のレポ市場に関する調査（Copeland, Martin & Walker, 2010）は、清算銀行を仲介とするトリ・パーティ市場に関する調査であるが、この市場は、米国のプライマリー・ディーラーが大口の短期資金を調達するためにもっとも活発に利用する市場で、市場規模はピーク時で2.8兆ドルに達している。リーマンショックの後、この市場での資金調達を続けていたのはプライマリー・ディーラーを含めて40社余りであり、その中、上位5社が全取引の57％を占め、上位10社では88％を占めている。因みに、近年トリ・パーティ市場で清算銀行の役割を果たしているのは、JPモルガンチェースとバンク・オブ・ニューヨーク・メロンの2行である（詳細はCopeland, Martin & Walker, ibid, pp.8-17を参照）。

　レポ市場で資金を調達したディーラー銀行は、その資金の一部を、取引の必要に応じて、顧客であるヘッジファンドに清算銀行を介さないバイラテラル・レポの形で融通する。後述するように、この際ヘッジファンドが担保としてディーラー銀行に提供する証券を、ディーラー銀行は別のレポ取引の担保として利用したり、他のヘッジファンドに貸し付けるなどする。こうして、同一の資金、あるいは証券を、繰り返しレポ取引の担保として重複して利用することで、ディーラー銀行は資産運用の効率を高め、レバレッジを高めることができる。

　上記のリポートによれば、米国のトリ・パーティ市場には4000社を上回る多様な資金の出し手が参加している。このように、資金を提供する金融機関が多数に上るにもかかわらず、実際には、上位10社の金融機関が全資金の60％を提供しており、相当程度の集中が見られる。この中、レポ市場に供給される資金の4分の1から3分の1を提供しているのは、MMFである。これらに次いで主要な資金提供者は、証券貸し付け業者(security lenders)で、資金の4分の1を供給している。

　　＊　米国で証券貸し付け業者が活発に営業している理由の一つは、現物を保有しない証券を空売りする"naked short selling"がSECのレギュレーション

で禁止されているためである。このため、証券の空売りを大量に行うディーラー銀行やヘッジファンドは、あらかじめ証券貸し付け業者から現金担保で証券を借り入れる必要がある。この結果、証券貸し付け業者の手元には、莫大な資金が流入する。他方、証券貸し付け業者は、証券と引き換えに担保として入手した資金を、別の証券の入手、ポートフォリオ管理、あるいは短期の資金運用の目的で、レポ市場を通じて運用するのである（Adrian et al., 2013）。

大手金融機関が、毎営業日、トリ・パーティ市場から調達する資金額は、1社あたり1000億ドル前後に達しており、これと引き換えに担保として市場に供給する証券の総額は、資金の取引額にヘアカット分を上掛けした額になる。その他の小規模な市場参加者の場合には、営業日ベースの取引額は10億ドル程度と見られている（Copeland, Martin & Walker, 2010, p.28）。

4 レポ市場膨張の主たる要因

現代の欧米の金融システムでは、レポ市場は大手金融機関とさまざまな機関投資家が参加する、きわめて大規模なホールセール短期金融市場を形成している。ただし、レポ市場の歴史的発展の経緯は、米国と欧州では大きく異なっている。前者では、すでに1920年代以前（1918年）に現代のレポ取引に繋がる取引が始まっているが、その発展を後押ししたのは、連邦準備銀行が、輸出促進の観点から、銀行引き受け手形のディーラーに資金を供給する方策としてこれを利用したことであった。さらに、1920年代には、金融政策の手段として、財務省証券を対象とするレポ取引が開始された。連邦準備銀行とレポ市場との関係は、大恐慌と第二次世界大戦によっていったん途切れたが、1951年の「アコード」以降、再び復活するようになった（Garbade, 2006, p.28）。そして、1960年代には、ディーラー間の株式貸し付け市場が、次いで債券貸し付け市場が発展した。その後、1980年代に、資金調達の隘路を突破するために、投資銀行／証券会社によるレポ市場の利用が活発化し、現代の大規模なレポ市場

の発展に繋がった。さらに、1990年代以降は、証券化を中心とする金融イノヴェーションの進展によって、取引証券の種類、取引規模、市場参加者などあらゆる面で、レポ市場が爆発的に膨張するようになった。

* 「アコード (accord)」は、1951年3月に米国連邦準備制度と財務省との間に成立した国債管理政策をめぐる合意である。米国の長期国債の金利は、第二次世界大戦期を挟んで1940年代末まで2.5％以下の低い水準で推移した。この低金利は、財務省の意を受けた連銀による国債金利操作によって可能になったと考えられていた。アコードは、連銀の金融政策の独立性を確保するために、連銀の金融政策を国債金利の低位固定化政策から切り離すことを財務省が認めた結果と説明されている。ただし、40年代の低金利持続の背景については別の見方もある（富田, 2014）。

これに対して、欧州ではレポ取引が始まったのは、1970年代のことである。1973年に、西ドイツ（当時）のブンデスバンクは、為替手形を利用したレポ取引を初めて行った。同行は、1970年代末の金融逼迫に際して、流通量が少ない為替手形に加えて、連邦政府証券をレポ取引の適格証券に加えた。1980年代に入ると、欧州で活動する米国投資銀行によって、レポ取引が欧州市場に持ち込まれ、1985年以降、ブンデスバンクは、14日満期のレポ取引を金融政策の手段として、定期的に利用するようになった。他方、イングランド銀行が金融政策の手段としてレポ取引を正式に利用するようになったのは、1990年代中頃のことであり、スイスではさらに遅れて1990年代末以降である。しかし、これ以降、金融のグローバル化を背景に、欧州各国のレポ市場が急激に膨張するようになり、現在のユーロシステムでもレポ取引が金融政策の手段として大規模に利用されている（Szakàly & Tòth, 1999; Caseice Investor Services, 2010）。

* EU金融市場では、欧州中銀 (ECB) が銀行部門への「流動性」供給の手段としてレポ市場でのオペレーションを活発に利用してきたことから、オペ適格証券（加盟国発行の国債）を担保とするレポ取引が拡大した。2008年夏の段階で見ると、ユーロ圏の銀行間無担保取引は1200億ユーロであったが、レポ取引の規模は、6兆ユーロ（ユーロ圏のGDPの70％に相当）に達しており、圏内のソブリン債券の約80％相当がレポ市場で利用されていた。2008年のリーマンショックを契機に、ECBは金融市場の安定化のために信用支援強化プログラム（2008年10月）に加え、その後4次にわたってレポ取引の期間延長（最長3年）と適格証券拡張を行い、国債市場の「流動性」

維持に努めた（Gabor, 2012）。この追加的なレポ取引の拡大措置によって、欧州レポ市場はようやく安定を取り戻すことができた（Boissel et al., 2014）。

証券貸借取引市場とレポ市場の概況についてG20の金融安定理事会が作成した最近のリポート（Financial Stability Board, 2012）は、これらの市場がとくに2000年代に入って急激に膨張した要因として、次の五つを挙げている。

(1) さまざまな金融機関、機関投資家、政府関係機関、企業などから中央銀行預金や銀行預金に代替する安全で流動性の高い資産への需要が高まったこと。このような需要からレポ市場での資金運用を増大した投資家として、(a) MMF、(b)証券貸し付けと引き換えに受け取った資金を再投資する証券貸し付け業者、(c)公的機関の手元資金管理者（ソブリン・ウェルス・ファンド）、(d)流動性規制の条件を充足するために流動性の高い証券を必要とする銀行、(e)年金基金、投資ファンド、保険会社などの豊富な資金を運用する機関投資家、(f)手元資金を運用する金融機関以外の企業、(g)ネッティング清算機構の清算機関や連邦住宅貸付銀行など特殊な金融機関、(h)大手金融機関が証券化業務のために開設する仕組み金融ビークル。さらに、安全で流動性の高い証券に対する需要は、巨額の資金をグローバルに運用するいわゆる"Institutional Cash Pools"の成長によって急増してきた。

* インスティテューショナル・キャッシュ・プール(ICP)は、この語彙を世に広めたポッツァによれば、「グローバルな非金融企業と、資産管理機関、証券貸し付け業者、年金基金などの機関投資家が大規模かつ集中的に管理している、短期のキャッシュ・バランス」と定義される。ICPは豊富な資金を、流動性や担保管理のためだけではなく、短期の投資目的で運用するために、常に、M2（通貨および定期性預金）以外の安全な「貨幣代替資産」に対する巨大な需要を提供する。ICPは、(a)巨額の企業内資金をグローバルに運用・管理する多国籍企業の増加、(b)巨額の金融資産を運用する富裕層の世界的な増加、(c)リスク管理のために多角的なデリバティブ取引を利用する投資技法の普及、等の要因によって金融市場における重要性を高めてきた(Pozsar, 2011, pp.4-5; Perotti, 2011)。

(2) グローバルで多角的な活動を展開する大手金融機関にとって、レポ市場

と証券貸し付け市場は資金と証券を運用／調達するための、従来の短期金融市場に代わるもっとも重要な市場になった。とくに、ディーラー銀行は、これらの市場を利用することによって、(a)マーケット・メーキングのために必要な在庫証券の保有を大幅に節約することができる、(b)さまざまな金融取引の清算連鎖から生じるリスクを軽減（リスク移転あるいはリスク転換）することができる、(c)ロングポジションとショートポジションの望ましい組み合わせを容易に実現することができる、(d)他の金融取引から発生する信用リスクや市場リスクのヘッジ手段として利用できる、などの理由から、これらの市場への依存を高めてきた。その意味で、これらの市場は、大手金融機関が展開する証券化業務やデリバティブ取引にとっても、不可欠の役割を果たしているのである。

(3) ヘッジファンドをはじめとする、レバレッジ・ベースで大規模な取引を行う金融機関にとっても、資金と証券の運用・調達両面で、これらの市場は不可欠の手段を提供した。とりわけ、巨大な機関投資家に成長したヘッジファンドが、高レバレッジで高収益をねらう戦術や、大規模な空売り戦術を実行することは、これらの市場を利用しなければ不可能である。また近年では、年金基金のような従来は自己資金で証券を保有してきた機関投資家の間でも、市場金利の異常な低下を背景に、借り入れベースで証券保有を増大させる目的でこれらの市場を利用する動きが広がっている。

(4) ディーラー銀行がレポ市場や証券貸し付け市場に提供する担保の効率的利用の必要から、さまざまな担保管理とそのための付随的取引が増大すること。このような付随的取引には、(a)レポ取引、証券借り入れ、デリバティブ取引に際して、カウンターパーティに引き渡す担保証券をもっとも安価でかつ適格な証券にするために、トリ・パーティ・サービスを利用すること、(b)証券借り入れや担保スワップ取引を利用して、低格付けの担保を高格付けの担保に転換すること、(c)レポ取引、証券借り入れ、店頭 (OTC) デリバティブ取引で取得した担保証券を再利用すること、(d)プライムブローカー業務を通じて取得した顧客の資産を、自己取引の担保として再利用すること、(e)バイラテラルな取引でカウンターパーティに提供する担保資産として、低格付けの資産を受け入れてもらうためにオプションを利用すること。

(5) 証券貸し付けを利用して追加的な利回りを獲得し、保有ポートフォリオのリスクを減少させ、あるいは、保有コストを節約しようとする年金基金、保険会社、投資ファンドなど機関投資家の行動が活発化すること。機関投資家は、証券貸し付けの担保として入手した資金をレバレッジ引き上げのために再投資に利用する。その際、貸し付けた証券よりも低格付けの証券に投資することによって、より高い利回りを求める場合がある。また、入手した資金は、新たなOTCデリバティブ取引の証拠金として利用される場合もある。

以上のように、レポ市場や証券貸し付け市場での取引を膨張させる要因は、ディーラー銀行と機関投資家の双方にあるが、2000年代に見られたような急激な市場膨張が可能であったのは、まず第一に、これらの市場を利用することによって、ディーラー銀行は追加的な資本を必要としないで、自社のバランスシートを弾力的に伸縮させ、レバレッジを操作することができるからである。

このメカニズムのもっとも単純な例証は、以下のようなものである。ディーラー銀行は、10億ドルの自己資金で入手した証券を担保にしてレポ市場を通じて取引先の年金基金から資金を調達する。その際、当該証券の掛け目（リスクを勘案して証券の額面から差し引かれる割引率。ヘアカット(haircut)と呼ばれる）を5％とすれば、10億ドル相当の証券を担保にして9億5000万ドルの資金を調達できる。この資金で新たに証券を入手し、それをやはり5％の掛け目で担保に利用すれば、9億250万ドルの資金が調達できる。この取引を繰り返すことで、ディーラー銀行は10億ドルの自己資金で最終的に200億ドルの証券をポートフォリオに積み上げることができる（Copeland, Martin & Walker, 2010）。

  ＊ 国際決済銀行(BIS)がバーゼルIIで設定しているヘアカットの標準値は、満期1年未満の政府発行債券については0.5％、1年超〜5年未満の債券では2％、これを超える長期債については4％となっている。また、公債以外の証券については、AA以上の格付け証券が1％、AA以下の適格証券では4％、非適格証券では8％となっている。また、仕組み証券など複雑な証券については、額面と市場価格の比率をベースに計算される。ただし、これらの標準値が適用されるのは、金融市場が正常に機能している場合であり、金融市場におけるストレスが高まれば、当然、個別の取引ではこれらを上回るヘアカットが適用されることになる（Hördahl & King, 2008, p.41）。

レポ市場や証券貸し付け市場の急膨張を可能にした重要な仕組みは、これらの市場で広く普及している、担保再利用 (re-hypothecation) である。担保再利用とは、担保として提供された資金ならびに証券が、新しい保有者によって、あるいは、次々と持ち手を変えながら、貸し付けの手段として、または借り入れの担保として繰り返し重複して利用されることで、新たな資金や証券の流入を前提としないで、市場（取引残高ベース）を膨張させるメカニズムである。
　このような担保の再利用をもっとも活発に利用しているのは、ディーラー銀行である。ヘッジファンドはディーラー銀行からの資金借り入れと引き換えに担保証券をディーラー銀行に差し入れる。差し入れられた証券の占有権はディーラー銀行に移転し、ディーラー銀行はこの証券を自己勘定での新しい取引に担保として利用し、あるいは、貸し付けたり売却することができる。このような担保証券の差し入れは、融資だけではなく、証券の貸し付け、リバースレポ、一部のデリバティブ取引などでも行われる。

> ＊　差し入れられた担保の再利用には、米国では顧客資産に対する割合で一定の制限（SEC Rule 15c3-3、140％ルール）がある。しかし、英国では上限が設けられていない。このために、米国のヘッジファンドは英国の銀行から資金を借り入れることで、この上限を超えて借り入れをすることが容易になった。また、英国の銀行は、この仕組みを利用して、自己保有の資産に顧客差し入れの資産を合わせて、国際金融市場からの資金調達に利用することができた（Singh & Aitken, 2010, pp.4-5）。

　ヘッジファンドからディーラー銀行に差し入れられた担保は、ディーラー銀行が所有する資産ではないために、ディーラー銀行のバランスシート上には記載されない。それらは、バランスシートの脚注あるいは添付の覚書に記載されている。したがって、バランスシート上の情報にもとづいて作成されるフロー・オブ・ファンド (FoF) データに依拠して、ディーラー銀行の業務で担保再利用が果たす役割を明らかにすることはできない。このために、これまでのシャドーバンキングの研究では、担保再利用を介したディーラー銀行と顧客との取引関係が考察から除外され、結果としてシャドーバンキングの規模が過小評価されてきた。

この問題を、ヘッジファンド側の情報に依拠して検討した（Singh & Aitken, 2010）によれば、上位25社のヘッジファンドがプライム・ブローカーから行っている借り入れの平均は、2007年末の段階で、1社あたり300〜600億ドル（合計1兆ドル）に達する。この論文の著者の1人が行った別の推計（Singh, 2011）によれば、ヘッジファンドがディーラー銀行に差し入れている担保証券の総額は、融資関連が7500億ドル、レポ取引関係が8500億ドルで、合わせて1.6兆ドルに上っている。さらに、ヘッジファンド以外の顧客から差し入れられた担保を加えると、上位7社のディーラー銀行が再利用できる担保証券の総額は、4.5兆ドルに達している（ただし、金融危機後のデレバレッジの結果、2009年末には2.1兆ドルに減少した）。

　これらの研究によれば、世界には10〜14社のグローバルな規模で担保証券を再利用している大手金融機関が活動しており、これらの金融機関が行っている担保証券の再利用は、世界全体の再利用額の90％以上を占めており、これらの金融機関が受け入れている担保証券の総額は10兆ドルに上っている（ただし、金融危機後のデレバレッジの結果、2010年末には5.8兆ドルに減少した）。これらの数値には、ディーラー銀行が商業銀行に担保スワップなどの目的で差し入れる証券は含まれていない。

　以上の情報から明らかになるのは、大手ディーラー銀行に顧客から差し入れられる膨大な担保証券が、ディーラー銀行の手元で、少なくとも2回以上（Singhは平均3回程度と見積もっている。Singh, ibid, p.13）担保として再利用されているということ、このような担保証券の再利用によって自社のレバレッジを操作することは、世界でも少数の、グローバルに活動する大手ディーラー銀行に限られている、という事実である。そしてさらに、これらのディーラー銀行がヘッジファンドをはじめとするさまざまな機関投資家とのグローバルな取引ネットワークの中枢を占めているという事実と合わせて考えると、いわゆるシャドーバンキング・セクターの急激な膨張が、これらディーラー銀行の担保再利用によって支えられていたと考えることはおそらく的外れではないであろう。

　　＊　シャドーバンキングとその膨張を支えたレポ市場の拡大を引き起こしたもう一つ重要な要因として、多くの専門家は、米国とEUにおける破産法の適用をめぐる問題を指摘している（Perotti, 2013; Schwarcz, 2014; Schwarcz

& Sharon, 2013)。これらの論者によれば、米国と EU の破産法では、レポ取引やデリバティブ取引で差し入れられる担保の占有権は、破産法の執行停止命令から除外される。言い換えれば、差し入れられた担保は占有者の所有物ではないが、その処分（売却、貸付、その他）を即座かつ自由に行うことができる。例えば、リーマン・ブラザーズの破産に際しては、同社の膨大なレポ取引とデリバティブ取引のカウンターパーティが占有する資産の多くは即座に占有者によって処分された。このようなレポ取引とデリバティブ取引に関する破産法の特別な取り扱いは、ディーラー銀行と機関投資家がこれらの取引を利用する大きな誘因になったが、この恩恵を受けるカウンターパーティとその他の債権者との間に著しい利害の不均衡をもたらしている。この問題は、レポ市場とシャドーバンキングの膨張の背景を考える際に重要な論点であるが、ここではこれ以上立ち入らない。米国でレポ取引の担保に関わる所有権をめぐる司法および議会での議論を経て、1984 年の破産法改正によってレポ取引の債権が破産法の「自動的停止(automatic stay)」適用を除外されるに至った経緯については、Garbade (2006) を参照。

以上のような、レポ市場および証券貸し付け市場の弾力的な利用によって、米国における証券化が活発化した 1990 年代以降、大手ディーラー銀行は、預金に依存する伝統的な商業銀行に比較してはるかに急速に営業規模を拡張することができた。この変化は、1990 年に商業銀行の資産総額に対してわずか 6％に過ぎなかった大手投資銀行の資産が、2007 年には 30％に上昇していることに示されている（Gorton, 2009, p.10, p.42）。しかし、このデータも、ディーラー銀行の営業規模の増大を大幅に過小に評価していると見ておかなければならないであろう。なぜなら、ディーラー銀行のバランスシートには、レポ取引を通じる業務の拡大は一部しか反映されていないからである。

 ＊ 例えば、2008 年秋に破綻する直前、リーマン・ブラザーズのバランスシート上の資産総額は 6910 億ドルで、その中、担保付き融資残高（リバースレポ）が 44％を占めており、トレーディング用を中心とする長期保有証券（45％）とほぼ同じであった。他方、負債側を見ると、担保付借り入れ（レポ）が 37％を占めており、大手投資銀行のバランスシートの 3 分の 1 以上がレポ取引で構成されていることがわかる（Adrian & Shin, 2010b, p.7）。しかし、実際には、同社は、同じ時期に、上記の約 7000 億ドルの資産の他に、それを上回る約 8000 億ドルに上る、レポ取引で抵当に差し入れられた担保証券を欄外で保有しており、これらの証券は、同社自身の名義で自由に、売

却、貸付、再担保に利用することができたのである（Pozsar & Singh, 2011, p.14）。

5　シャドーバンキングの恐慌とレポ市場の取り付け

　1980年代以降、大手金融機関の証券化業務と結びついて発展したシャドーバンキングと、この発展を資金／証券の調達／運用両面で支えたレポ市場および証券貸し付け市場の著しい膨張は、今回の金融恐慌に特異な発現形態を与えた。この金融恐慌は、その早期の段階では米国の住宅市場でのバブル崩壊（サブプライム問題）として発現し、次いで、サブプライムローン関連の仕組み証券市場の崩壊、これに関係した大手投資銀行のビジネス・モデルの破綻として発現した。さらに、仕組み証券市場の崩壊は、これらの証券に投資していた欧州金融機関の経営危機と、国際的な資金フローの逆流を介して、欧州金融・財政危機へと波及した。

　その後、今回の金融恐慌の経緯を詳細に検討した多くの研究が明らかにしたのは、いわゆるサブプライム問題が恐慌の直接の引き金の役割を果たしたが、それ自体は、グローバルな金融恐慌を引き起こすほど重大なインパクトをもっていなかったということであった。今回の金融恐慌が、われわれが目の当たりにしたような歴史的な恐慌に発展した原因を理解するためには、現代のグローバルな金融システムの複雑に錯綜した信用連鎖の最重要な結節点に位置している、その意味で、世界的な資本フローの最大の転轍機の役割を果たしている、中枢的市場の構造と役割を具体的に解明することが必要である。

　このような意味で、システミックな重要性を備えた──その機能不全がシステミックな重大性をもつ──市場こそが、米欧の巨大なレポ市場と証券貸し付け市場であり、これらの市場で発生した大規模なパニックあるいは「取り付け(runs)」が、今回の金融恐慌の決定的な要因であることを早期に指摘した功績は、筆者が知る限りでは、米国の金融研究者ゲイリー・ゴートンに帰せられる（Gorton, 2008; 2009）。

　ゴートンは、1990年代以降のMBSからCDOへの仕組み証券の組成・販売

の拡大過程を実証的に跡付けた上で、これらの証券化業務の拡大と、この業務に関連して大手金融機関が利用したさまざまなビークル、とりわけ SIV（仕組み投資ビークル）の膨張が、一方でかれが証券化銀行業 (securitized banking) と名付けた金融仲介機構を膨張させ、他方で、銀行や機関投資家を含む金融システム全体の不透明性を極度に高めたことを指摘した。

ゴートンによれば、この不透明性は、大手金融機関が証券化を促進するために利用していた SIV をはじめ、短期金融市場に依存して仕組み証券を保有するビークルあるいは SPC を、金融市場におけるストレスに対してきわめて脆弱にした。このために、2006 年後半期以降住宅価格の上昇が頭打ちになり、サブプライムローンの延滞率が高まり、サブプライム絡みの仕組み証券とロンドン銀行間出し手金利 (LIBOR) のスプレッドが拡大すると、このストレスが、最初に、これらのビークルの資金調達難、さらにはこれらに対する機関投資家の「取り付け」を引き起こした。この取り付けは、具体的には SIV が依存していた資産担保コマーシャル・ペーパー (ABCP) 市場の急激な収縮の形で表面化した。ABCP 市場は、2007 年後半期だけで、ピーク時の 1.2 兆ドルから 4000 億ドル以上も減少した。

この取り付けの原因は、これらのビークルがサブプライムローン絡みの高リスク証券を過大に保有していたためではなかった。最大の問題は、ABCP 市場に資金を提供している機関投資家（最大部分は MMF）が、これらビークルのポートフォリオに組み込まれた CDO をはじめとする仕組み証券に関する十分な情報を持っていなかったことであった。このことが、もともと大きな流通市場を持たない仕組み証券の市場評価価格（時価）の急落を招き、これらのビークルに資金を提供している機関投資家からの追証請求 (collateral call) が急増した。この請求に応じるためには、ビークルは追加の証券を入手するための現金をレポ市場から調達するか、追加の証券を証券貸し付け市場から調達するかのいずれかの方途を余儀なくされた。

これらのビークルの多くは大手金融機関が簿外組織として開設したものであったが、ディーラー銀行がこれらの証券を担保として受け入れることは、2007 年夏の段階ではすでにきわめて困難であった。なぜなら、これらの証券には流通市場が事実上存在せず、適切な値付けの基準もなく、いったん保有すればディーラー銀行自体が甚大な市場リスクに曝されることになるからである。

米国の債券市場協会 (BMA) が 2004 年に実施した調査によれば、同年 6 月現在でレポ市場と証券貸し付け市場を合わせた市場規模は 8 兆 8400 億ドルであった。この調査時点では、これらの市場はさらに年率 10% の割合で膨張を続けると予想されていた。しかし、2007 年の夏に表面化した、ベア・スターンズがロンドンで運営する二つのヘッジファンドの破綻を契機に、これらの巨大な短期金融市場は数カ月にわたって「消滅」した (Gorton, 2008, pp.66-67)。その結果は、単にグローバルな金融市場に「流動性危機」を引き起こしただけではなく、米国の銀行セクターの最終的支払い能力 (solvency) を消失させたという意味で、システミックな出来事であった。これが、2007 年夏に発生したパニックの決定的なプロセスであった。言うまでもなく、リーマンショックを契機にしてグローバル金融システムを震撼させた 2008 年秋のパニックは、このプロセスの拡大版であった。

　かくしてゴートンによれば、2007-08 年のパニック（恐慌）とは、基本的にレポ市場における大規模な「取り付け」として理解することができる (Gorton, 2009, p.1)。

　「証券化銀行業の大きな領域——サブプライムモーゲッジの証券化——は、2007 年初めに弱含みとなり、2007 から 2008 年にかけて引き続き縮小した。しかし、サブプライムローンの問題自体は、システミックな問題を引き起こしたショックではなかった。2007 年夏に最初のシステミックな出来事が発生したのは、われわれが LIBOR と OIS（本書 207-208 頁の注を参照、引用者）のスプレッドに関するデータを使用して説明したように、レポ市場に生じたショックであった」(Gorton, 2009, p.22)

　ゴートンによれば、2007 年の第 2 四半期から 2009 年の第 1 四半期の間に、米国の銀行およびブローカー／ディーラーにレポ市場を通じて供与されるネットの資金量は、2.2 兆ドルから 9000 億ドルへと、約 1.3 兆ドルも減少した。この減少の詳細な内容はデータの制約で詳らかにできないが、われわれが知りうる情報から判断する限り、その主因は、海外の金融機関、オフショアおよび国内のヘッジファンド、その他規制をまぬがれている ICP による資金の一斉引きあげであった (Gorton, 2012, p.1)。

すでに述べたように、レポ市場にはバイラテラル市場と清算機関が介在するトリ・パーティ市場とがある。このうち、前者が市場全体の4分の3を占めており、後者は4分の1に過ぎない。また、前者でディーラー銀行のもっとも積極的な取引先はヘッジファンドであり、後者の最大の取引先はMMFである。2007年夏から2009年春の期間におけるレポ市場収縮の最大の要因は、バイラテラル市場で生じた収縮であった。これに対して、トリ・パーティ市場では、めだった収縮は見られなかった。これは、MMFによる資金回収がそれほど大幅ではなく、むしろ全体的には漸増したことを示している。

* 金融恐慌の前後で、とりわけバイラテラル市場の収縮の結果、米国のレポ市場の構成は大きく変化した。金融恐慌後の調査（Copeland, Davis, LeSueur & Martin, 2012）によれば、2012年5月現在のレポ取引の内訳は、バイラテラル（32％）、トリ・パーティ（53％）、一般担保（15％）となっている。また、リバースレポについて見ると、バイラテラルが81％を占めており、この市場では依然として清算機構が発達していないことが分かる。
* MMFのもう一つの重要な資金運用部面であるABCP市場では、2007年夏に40以上のMMFで資産価値の維持に困難が発生し、それらのスポンサー銀行から支援を受けなければならなかった。この支援を契機に、MMFへの資金流入が回復し、その一部はレポ市場に供給された。さらに、リーマンショックに際しては、MMFの中で元本を維持できないMMFが発生して金融市場に大きな衝撃を与えたが、政府の迅速な介入によってMMFの連鎖的破綻は食い止められた（Gorton, 2012, pp.5-6）。

　米国債券市場協会の前記の調査（2004年）によれば、レポ取引の総額は5.2兆ドルで、その中、バイラテラル・レポ取引は3.85兆ドルになっている。さらに、この中の40.6％はディーラー間取引で、ヘッジファンドとの取引は、オフショアヘッジファンドを含めると17％となっている。これらの他には、"Other US" および "Other Non-US" の二つのカテゴリーが含まれており、それらを合わせると22.7％を占めている。後者には、米国企業の海外関連会社、外国のディーラー、企業、保険会社、資金運用機関が含まれている。これらの取引の多くはフロー・オブ・ファンド・データには現れない。しかし、利用可能な情報から判断して、2007〜08年に生じたレポ市場の急激かつ大幅な収縮を引き起こしたのは、MMFではなく、ディーラー間取引とヘッジファンド、お

よび海外機関による取引の縮小であった（Gorton, 2012, p.9）。

* 今回の金融パニックの核心がレポ市場における大規模な取り付けと市場収縮であったというゴートンの指摘に対して、金融パニックを引き起こした最大の市場収縮がレポ市場ではなく、ABCP 市場で発生したと指摘する研究（Krishmamurthy, Nagel & Orlov, 2012）がある。これに対して、ゴートンは、この研究が、市場規模が全体の 4 分の 1 を占めるにすぎないトリ・パーティ市場に関するフロー・オブ・ファンド・データ依拠していること、トリ・パーティ市場は清算銀行の介在によって市場が比較的安定しており、市場の劇的収縮を評価する材料にはならないこと、また、FoFF データには市場収縮に大きな役割を果たしたヘッジファンドなど "non-reporting institutions" の動きが反映されていないこと、を挙げて反論している（Gorton, 2010）。この問題についてここでは立ち入らないが、関心のある読者は、Moro (2013)、Copeland, Martin & Walker (2012) 他を参照してほしい。

それでは、レポ市場収縮の大きな要因とされる、バイラテラル取引の急減はなぜ起きたのであろうか。この問題について、ゴートンは、米国下院の金融危機調査委員会における証言で、その理由として、担保証券のリスク顕在化を背景とする、レポ市場の投資家によるヘアカットの引き上げという要因を挙げている。ゴートンによれば、レポ市場におけるヘアカットの平均値は、2007 年 7 月までのほとんどゼロ水準から、2008 年 11 月には 45％に引き上げられた。これは、レポ市場の規模を 10 兆ドルと仮定すれば、銀行／ディーラー銀行は全体として 4 兆 5000 億ドルの追加の適格証券の入手が必要になることを意味するが、短期間にこれほどの規模の適格証券を新たに入手することはほとんど不可能である。

「ヘアカットの引き上げは、銀行からの（預金者による、引用者）資金引き揚げと同じである。これが大規模に行われれば、銀行パニックが発生する」（Gorton, 2010, p.12）

* ただし、ゴートンがあげる 10 兆ドルという数値は、二重計算を含む過大な数値であるという指摘がある。また、レポ市場で適用されるヘアカットについての公式データは存在しない。ヘアカットの大幅な上昇がレポ取引の急

激な収縮を引き起こしたとするゴートンの見解に対して、今回の金融危機の過程でのレポ市場におけるヘアカットの上昇はそれほど極端なものではなかったこと、レポ市場における投資家は市場のストレスに対して、ヘアカットの引き上げではなく、主としてクレジット・ラインの引き下げ、貸出期間の短縮、受け入れる債券の絞り込みなどの方策で対応したと指摘する資料がある（European Repo Council, 2012）。この資料は、主としてトリ・パーティ市場に資金を供給するMMFからの聞き取り情報にもとづいており、ヘアカットは公債もしくは高格付け債券に適用される数値である。したがって、この研究の論拠は、前記のKrishmamurthy, Nagel & Orlov (2012) と同様に、ゴートン他の研究を批判する直接の論拠とはなりえない。

　ディーラー銀行のレバレッジ操作を媒介とするバランスシートの伸縮について、より明快な説明を与えているのはAdrian & Shin (2008; 2010b) である。かれらはまず、バブルによる保有証券価格の上昇が大手金融機関の信用膨張を促すメカニズムを次のように説明している。

　かれらによれば、活発な証券投資需要によって証券価格が上昇すると、ポートフォリオをつねに値洗い（時価評価）している資本市場型金融機関では、正味資産の増加が発生する。債務の増加をともなわない正味資産の増加は、レバレッジの低下（自己資本比率の上昇）をもたらす。これら金融機関が利用できるレバレッジの上限は、主としてレポ市場で要求されるヘアカットによって決定されるから、賞味資産の増加が起きた金融機関には、適正な水準以下へのレバレッジの低下（自己資本比率の上昇）という形で、一種の過剰資本（現実資本の過剰能力に相当）が発生する。この過剰資本を解消するために、金融機関はバランスシートを拡張し、レバレッジを適正な水準に高めるように促される。このバランスシートの拡張は、資産サイドでは信用供与や証券投資の形で、負債サイドではレポ市場を含む短期債務の増加を通じて行われる。

　Adrian & Shinの以上の説明は、証券価格の上昇が結果的に大手金融機関の自己資本比率の上昇をもたらし、これを調整するために信用創造によらない、レポ取引を利用した信用膨張が起きる具体的メカニズムを説明している点で興味深い。かれらの説明によれば、金融産業における過剰資本の主要な存在形態とは、貸し付け可能な資本の過剰ストックや一般にいわれる「過剰流動性」という曖昧な概念ではなく、金融機関の多くが適正水準以下のレバレッジ（バラ

ンスシートの規模に対して過大な自己資本）で運営されており、バランスシートを自己資本に見合う適正規模に拡大するために、投資可能な証券や貸し付け可能な借り手を積極的に探している状態ということになる。そして、このように大手金融機関が必要に応じてレバレッジを弾力的に操作することができるのは、新たな信用創造——預金創出による貸出拡大——によってではなく、すでに見たような担保資産再利用を含むレポ市場での取引拡大を通じてである。

　かれらの説明は、金融拡張期におけるディーラー銀行のレバレッジ上昇に関するものであるが、このメカニズムは、それを逆転させれば、金融収縮期におけるレバレッジの低下を説明できる。言い換えれば、かれらによれば、金融の証券化が進んだ金融市場を襲う金融恐慌は、証券価格の変動が引き起こす激しいレバレッジ・サイクルにおけるレバレッジの急落局面として理解することができる（Geanakoplos, 2010; 2011）。そして、このような説明は、前記の、金融ストレスによるレポ取引やデリバティブ取引のヘアカットの急上昇がディーラー銀行やヘッジファンドのバランスシートの激しい収縮を引き起こしたというゴートンの説明とも整合性がある。

　　＊　レポ市場は、短期のホールセール市場であるために、金融市場のストレスに対してきわめて脆弱である。とくに、取引が基本的に証券担保の形態で行われるために、証券市場におけるストレスと証券価格の変動に対して、敏感である。レポ市場が、証券価格の変動と、それが引き起こすディーラー銀行のレバレッジ／バランスシートの伸縮作用を介して、金融市場の変動に著しく増幅的な影響を及ぼすメカニズムは、近年の研究によって大きく解明が進んだ点である。さらに、レポ市場が金融市場の変動を増幅する作用は、金融市場のストレスがレポ取引の担保適格な資産に対する需要を急増させ、これらの資産の需給バランスを急変させるメカニズムを介しても作用する（IMF, 2012）。なお、レポ市場は、機関投資家の大規模化と資金運用のグローバル化の結果、単に米国内だけではなく、米国金融機関／機関投資家とEU域内金融機関との活発なレポ取引を通じて、米国で発生した金融市場のストレスを、ただちにEU金融市場に波及させる経路としても作用した。この波及経路は、欧州金融・財政危機の発生メカニズムの解明に関わる重要な論点を提示しているが、ここでは紙幅の都合で立ち入らない。関心のある読者は、European Repo Council (2012, February 8)、BIS (2010)、Ewerhart & Tapking (2008)、Moro (2013)、Düwel (2013) 他を参照してほしい。

6 まとめ

　2007 年にサブプライム問題として表面化した信用不安が、2008 年秋のリーマンショックを契機に激しい金融恐慌が発生するまで、シャドーバンキングとレポ市場は、それぞれ理由は異なるが、いずれも多くの専門家の関心の外におかれていた。しかし、1980 年代以降、大手金融機関主導の「金融証券化」と「金融グローバル化」が急激に進む過程で、これらの金融セクターは、米国はもとより、グローバルな金融市場の運行のカギを握る、巨大かつ中枢的な金融機構に発展していた。

　今回の金融恐慌が、シャドーバンキングとレポ市場が金融恐慌の発生および波及の過程で果たした決定的に重要な役割に対する研究者の関心を高めたことは至極当然であった。この結果、従来ブラックボックスとして扱われてきたこれらの金融セクターに関する実証的、理論的研究が、恐慌後の比較的短期間に飛躍的に進んだ。現在ではわれわれは、これらの新しい研究に依拠することによって、現代資本主義の金融的不安定性と恐慌発生のメカニズムについて、わずか数年前に比べても、はるかに具体的で正確な理解をえることが可能になっている。

　筆者の理解では、近年の研究がわれわれに提供している知見の要点は、以下のように整理することができる。

(1)　シャドーバンキングは金融史の上で長い歴史をもっているが、今回の金融恐慌の要因となったシャドーバンキングの拡大は、1980 年代以降における大手金融機関主導の「証券化」と金融イノヴェーションによって促された金融システムの構造変化にともなうものである。この変化の過程で、大手金融機関は一つには規制上の理由から、もう一つには収益性とリスク管理の観点から、大手金融機関本体ではなく、その関連組織あるいは簿外ビークルを利用した活動を急膨張させた。したがって、シャドーバンキングは、セーフティ・ネットへのアクセスを保証されている金融機関の外部

で、これと並行して形成されたパラレル・バンキング (parallel banking) ではなく、その中心は、商業銀行を含む、証券化プロセスに参加する大手金融機関の関連業務の拡張であったと見なければならない。シャドーバンキングのグローバルな混乱として顕在化した今回の金融恐慌が、それにとどまらず、欧米の投資銀行をはじめとする大手金融機関の破綻や深刻な経営危機を連鎖的に引き起こした経緯は、これら大手金融機関とシャドーバンキングとの不可分の関係 (shadow interconnected-ness, nonbank-bank nexus) を度外視して説明することはできない（Gabor, 2013; Pozsar & Singh, 2011）。

(2) 預金業務を通じた資金調達に依存できないシャドーバンキングの担い手は、大手投資銀行を含めて、金融仲介活動に際して、証券担保の短期ホールセール市場であるレポ市場、および、証券貸し付け市場での資金／証券の調達／運用に大きく依存している。したがって、1990年代以降の証券化と結びついたシャドーバンキングの拡大は、レポ市場と証券貸し付け市場のグローバルな規模での拡大によって支えられた。他方、レポ市場は、中央銀行の金融政策（公開市場操作）の対象として重要な役割を果たしてきただけではなく、過去数十年間に資金規模を大きく成長させてきた年金基金、MMF、保険会社、ヘッジファンド、一般企業他に、資金／保有証券の過不足を調整するための、もっとも大規模、弾力的、効率的な市場を提供してきた。とくに、預金競合商品であるMMFの資金運用は、シャドーバンキングの資金調達と不可分に結びついている。

(3) 証券担保の短期ホールセール市場であるレポ市場は、その市場的特性（短期・証券依存・不透明性）から、金融市場全体のストレスを著しく増幅し、金融不安定性を高める多くのメカニズムを内蔵している。第一に、レポ市場は、証券価格の変動に対して極度に敏感で、証券価格の変動は投資銀行やヘッジファンドなどレバレッジ・ベースの活動を行う市場参加者のレバレッジ修正を通じて、それらのバランスシートを市場変動を増幅する方向で伸縮させる。第二に、金融市場のストレスが引き起こす証券価格急落は、レポ市場では、担保適格証券に対する需要を急増させるが、同時に、金融不安の増大は、適格証券のレポ市場への供給を急減させる。第三に、適格証券に対する需要増加と裏腹に、債務担保証券などのリスク証券を手放そうとする投資家が増加するが、これらの証券に対する需要は金融スト

レスの開始とともに急減する。以上のメカニズムは、市場のストレスが証券価格の急落と担保証券に適用されるヘアカットの急上昇を招来し、金融システム全体のストレスを一挙に高める（システミック・リスク）要因になる。厳しい金融ストレスの結果、レポ市場で発生する証券価格急落とヘアカットの急上昇は、この市場で大規模な「取り付け」が発生していることを示している。

(4) レポ市場が金融市場のストレスを増幅させるもう一つの重要な原因は、レポ市場では市場参加者の間で、担保に差し入れられた資金／証券を、自己名義の別の取引に自由に利用することが法的に認められ、実際にも活発に利用されていることから発生する。このような慣行は、市場のストレスが少ない条件のもとでは、現物証券の流通量に制約されないレポ取引の膨張を可能にする（流動性の幻想、liquidity illusion）が、いったん市場のストレスが高まると担保適格証券に対する需要を激増させ、その需給関係を一挙に窮迫させる。このような市場の不安定性は、とくに市場の大半を占める、不透明なバイラテラル・レポ取引において、市場参加者のショート取引（空売り）のために担保が再利用される場合には、著しい金融逼迫の原因となる。

(5) 以上を要するに、今回の金融恐慌の決定的なプロセスは、大手金融機関が主導する証券化およびグローバル化と相俟って拡大してきたシャドーバンキングの資金／証券の調達／運用を支えてきたレポ市場、証券貸し付け市場、ならびにABCP市場で発生した、大規模な「取り付け(runs)」あるいは「資金の逆流」として理解することができる。この取り付けは、英国のノーザンロックの事例を除けば、一般預金者による連鎖的な預金引き出しをともなわなかったが、レバレッジ・ベースでグローバルな活動を展開する大手金融機関とヘッジファンドに対する相次ぐ「追証」の請求、ヘアカット引き上げ、短期レポ取引の更新拒絶、適格担保の出し手による証券貸し出しの拒絶（安全資産の退蔵）などの形態で発生し、さらにこれら金融機関が自己勘定や簿外ビークルを介して保有する証券価格の急落（買い手の消失）と相俟って、グローバルな金融システム全体を激しい梗塞状態（資金／証券取引の停止）に陥らせたのである。

以上のような、近年の研究が明らかにしてきた今回の金融恐慌の経緯、とりわけ、ウォール街の大手金融機関とシャドーバンキングの絡み合いが引き起こしたシステミック・リスクを念頭において、最近、今回の恐慌を1930年代の大恐慌よりも、むしろ、アメリカの金融史上最悪の金融パニックの一つとされる1907年恐慌と比較し、両者の共通性を指摘する見解が増加している（Tallman & Wicker (2010); Bordo & Landon-Lane (2010)）。また、これと関連して、1907年の金融パニック自体を、シャドーバンキング（20世紀初頭のシャドーバンキングの中心は、トラスト・カンパニー。本書198-199頁参照）の拡大との関連で改めて検討する研究も行われている（Frydman, Hilt & Zhou, 2012）。

　おそらく、こうした学界の新しい動向を念頭において、バーナンキ連邦準備制度理事会議長（当時）は、IMF主催の会議（2013年）の席で、今回の金融危機と1907年パニックとの多くの共通点を挙げた上で、今回の危機が歴史的に見て特異な危機ではなく、むしろ1907年危機と同様に、古典的な金融パニック (classic financial panic) であるという見解を披露している（Bernanke, 2013）。

　今回の金融恐慌と20世紀初頭の金融パニックの類似性を強調するこのような議論は、今回の恐慌の基本的要因を、資本主義のもとで周期的に発生する過剰生産、あるいは過剰生産の形態で発現した資本の過剰蓄積ではなく、直接には金融システムの内部で発生したシステミック・リスクととらえる点で、正しい一面を備えている（高田, 2012）。また、20世紀初頭に発生したシャドーバンキングと現在のシャドーバンキングとの類似性を指摘すること自体も誤りではないであろう。

　しかし、金融恐慌発生後の世界経済の経緯——GDPの緩やかな「回復」に見られる不況の長期化、サブプライム問題からリーマンショックを経て欧州金融・財政危機に波及した経緯、各国中央銀行の「量的緩和」政策の長期化、何よりも危機の背景にある持続的大量失業と経済格差の急拡大——が示しているように、今回の恐慌を深刻ではあるが、ウォール街自身の共同介入で短期間に終わった1907年恐慌と同列に見ることは、今回の恐慌の歴史的背景（過去30年間の世界資本主義の歴史的構造変化、言葉の正しい意味での恐慌の原因）を無視することであり、このような表面的な見方から今後の制度改革と政策運営にむけての適切な教訓を引き出すことはできないであろう。

　念のために付言すれば、本章で参照してきた、今回の金融恐慌の発生メカニ

ズムに関する新しい研究は、現代の金融システムの構造と動態について豊富で有益な知見を提供しているが、これによって、今回の恐慌の歴史的背景と原因の解明が終わったわけではない。さらに、恐慌の発生過程で、レポ市場の仕組みと構造に内包される極度の不透明性と脆弱性が決定的な要因になった経緯が明らかにされたが、これは、単にシャドーバンキングとレポ市場の改革によって次の金融恐慌が未然に防止されることを意味するものではない。別の機会に指摘したように、恐慌の真の原因は資本の過剰蓄積であり、現代の恐慌の十分な解明のためには、現代資本主義における資本の過剰蓄積がなぜ本章で見たようなシャドーバンキングとレポ市場の膨張を引き起こしたのかという問題を明らかにすることが必要なのである（高田, 2014b; 2014c）。

参考文献

井村進哉(2002)『現代アメリカの住宅金融システム』東京大学出版会。
高田太久吉(2010)「2007-2009 国際金融危機の特質をどう見るか」『信用理論研究』信用理論研究学会編、第 28 号、2 月。
────(2012)「過剰生産恐慌と『独自の貨幣恐慌』──今次金融恐慌の基本的性格規定をめぐって」『商学論纂』中央大学商学研究会、第 54 巻第 3/4 号、12 月。
────(2014a)「金融恐慌とシャドーバンキング」『商学論纂』中央大学商学研究会、第 55 巻第 5/6 号、3 月。
────(2014b)「現代資本主義と『経済の金融化』──信用制度の役割と金融恐慌をめぐって」『経済』新日本出版社、2 月号。
────(2014c)「資本の過剰蓄積と貨幣資本の過剰──現代恐慌分析の方法をめぐって」『立教経済学研究』第 67 巻第 4 号、3 月。
富田俊基(2004)「財務省・連銀によるアコードの検証」『知的資産創造』、1 月。
Adrian, T., Begalle, B., Copeland, A. & Martin, A. (2013) Repo and Securities Lending, FRBNY staff reports (February)
Adrian, T. & Shin, H. S. (2008) Liquidity and Financial Cycle, BIS working paper, No.256.
──── (2010a) The Changing Nature of Financial Intermediation and the Financial Crisis of 2007-09, FRBNY, staff paper (April)
──── (2010b) Liquidity and Leverage, FRBNY, staff paper (December)
Alexander, C. & Dolega, M. (2014) Shadow Banking in America: Back in the Spotlight,

TD Economics, *Observation* (May 20)
Bank for International Settlement (BIS, 2010) The Role of Margin Requirement and Haircuts in Procyclicality, CGFS Papers (March)
Bernanke, B. (2013) The Crisis as a Classic Financial Panic, Remarks at Fourteenth Jacques Polak Annual Research Conference (November 8)
Boissel, C. et al. (2014) Sovereign Crises and Bank Financing: Evidence from the European Repo Market (April)
Bordo, M. D. & Landon-Lane, J. S. (2010) The Global Financial Crisis of 2007-08: Is It Unprecedented? NBER working paper (December)
Caseice Investor Services (2010) *Securities Lending and Repomarkets* (October)
Copeland, A., Davis, I., LeSueur, E. & Martin, A. (2012) Mapping and Sizing the U.S. Repo Market, FRBNY Liberty Street Economics (June 25)
Copeland, A., Martin, A. & Walker, M. (2010) The Tri-Party Repo Market Before the 2010 Reforms, FRBNY, staff report (November)
―――― (2012) Repo Runs: Evidence from the Tri-Party Repo Market, FRBNY staff report (March)
Copeland, A., Duffie, D., Martin, A. & McLaughlin, S. (2012) Key Mechanics of the U.S. Tri-Party Repo Market, FRBNY *Economic Policy Review* (November)
D'Arista, J. W. & Schlesinger, T. (1993) The Parallel Banking System, Economic Policy Institute, briefing paper (June)
Davidson, P. (2008) Is the Current Financial Distress Caused by the Subprime Mortgage Crisis a Minsky Moment? Or is It the Result of Attempting to Securitize Illiquid Non Commercial Mortgage Loans?
Duffie, D. (1996) Special Repo Rates, Journal of Finance, 51(2).
Düwel, C. (2013) Repo Funding and Internal Capital Markets in the Financial Crisis, Deutsche Bundesbank, discussion paper, No.16.
European Repo Council (2012) Haircuts and Initial Margins in the Repo Market (February)
Ewerhart, C. & Tapking, J. (2008) Repo Markets, Counterparty Risk, and the 2007/2008 Liquidity Crisis, European Central Bank, working paper (June)
Financial Stability Board (FSB, 2012) Securities Lending and Repos: Market Overview and Financial Stability Issues, Interim report of the FSB Workstream on Securities Lending and Repos (April 27)
Fisher, E. & Bernardo, J. L. (2014) The Political Economy of Shadow Banking: Debt, Finance, and Distributive Politics under a Kalecki-Goodwin-Minsky SFC Framework, Levy Economic Institute, working paper (May)
Fligstein, N. (2009) The Anatomy of the Mortgage Securitization Crisis.
Frydman, C., Hilt, E. & Zhou, L. Y. (2012) The Panic of 1907: JP Morgan, Trust Companies, and the Impact of the Financial Crisis, Preliminary Draft.

Gabor, D. (2012) The Power of Collateral: The ECB and Bank Funding Strategies in Crisis (May)

―――― (2013) Shadow Interconnectedness: The Political Economy of (European) Shadow Banking.

Garbade, K. D. (2006) The Evolution of Repo Contracting Conventions in the 1980s, FRBNY *Economic Policy Review* (May)

Geanakoplos, J. (2010) The Leverage Cycle, Cowles Foundation Paper, No.1304.

―――― (2011) What's Missing from Macroeconomics: Endougenous Leverage and Default, Cowles Foundation Paper, No.1332.

Gorton, G. B. (2008) The Panic of 2007, NBER working paper (September)

―――― (2009) Securitized Banking and the Run on Repo, Yake International Center for Finance, working paper (November)

―――― (2010) Questions and Answers about the Financial Crisis, Prepared for the U.S. Financial Crisis Inquiry Commission (February 20)

―――― (2012) Who Run on Repo? (October)

Green, R. K. & Wachter, S. M. (2005) The American Mortgage in Historical and International Context, *Journal of Economic Perspectives*, 19(4) (Fall).

Greenwood, R. & Scharfstein, D. (2012) The Growth of Modern Finance (July)

Hördahl, P. & King, M. R. (2008) Development in Repo Markets during the Financial Turmoil, BIS Quarterly Review (December)

International Monetary Fund (IMF, 2012) Safe Assets: Financial System Cornerstone? *Global Financial Stability Report*, Chapter 3. (April)

Krishmamurthy, A., Nagel, S. & Orlov, D. (2012) Sizing Up Repo (June)

McCulley, P. (2007) Teton Reflections, *Global Central Bank Focus* (September)

―――― (2009) The Shadow Banking System and Hyman Minsky's Economic Journey, PIMCO *Global Central Bank Focus* (May)

Moro, B. (2013) The Run on Repo and the Liquidity Shortage Problems of the Current Global Financial Crisis: Europe vs. The US, *Ekonomi-tek* (January)

Palley, T. (2010) The Limits of Minsky's Financial Instability Hypothesis as an Explanation of the Crisis, *Monthly Review* (April)

Perotti, E. (2011) Institutional Cash Pools and the Triffin Dilemma of the U.S. Banking System, IMF working paper (August)

―――― (2013) The Roots of Shadow Banking, *CEPR Policy Insight*, 69 (December)

Pozsar, Z. (2011) Institutional Cash Pools and the Triffin Dilemma of the U.S. Banking System, IMF working paper (August)

Pozsar, Z. & Singh, M. (2011) The Nonbank-Bank Nexus and the Shadow Banking System, IMF working paper (December)

Pozsar, Z. et al. (2010) Shadow Banking, FRBNY, staff report (July)

Schwarcz, S. L. (2014) Derivatives and Collateral: Balancing Remedies and Systemic

Risk, *Washington & Lee Law Review* (May)

Schwarcz, S. L. & Sharon, O. (2013) The Bankruptcy-Law Safe Harbor for Derivatives: A Path-Dependence Analysis, paper prepared for FRB Chicago-IMF conference on Shadow Banking Within and Across National Borders (November)

Singh, M. (2011) Velocity of Pledged Collateral: Analysis and Implications, IMF working paper (November)

Singh, M. & Aitken, J. (2010) The (sizable) Role of Rehypothecation in the Shadow Banking System, IMF working paper (July)

Szakàly, D. & Tòth, H. (1999) *Repo Markets : Experiences and Opportunities in Hungary* (October)

Tallman, E. W. & Wicker, E. R. (2010) Banking and Financial Crises in United States History: What Guidance Can History Offer Policymakers? working paper (July)

Vercelli, A. (2009) A Perspective on Minsky Moments: The Core of the Financial Instability Hypothesis in Light of the Subprime Crisis, The Levy Economic Institute, working paper (October)

Whalen, C. (2008) Understanding the Credit Crunch as a Minsky Moment, *Challenge* (Jonuary-February)

Zhao, H. (2014) China Targets Trust Firms in Shadow-Bank Crackdown: Sources, http://reuters.com/assets/print?aid, (April 14)

第 8 章　現代資本主義の蓄積様式とデリバティブ市場

「トレーダーが望んでいるのは、信用が通貨、——均質で、標準化され、市場で取引ができ、流動性のある——のようになることである」

(Satyajit Das)

「経済の金融化は、デリバティブなしにはまったく考えられない。デリバティブは手が『付けられない』投機手段ではなく、抽象的なリスク範疇を形成し、社会的力関係を組織するための、根本的な前提条件である」

(Lapatsioras et al., 2008)

1　はじめに

1970年代以前にはほとんど存在しなかったか、あるいは違法であった金融デリバティブ取引（本章では、とくに断らない限り商品デリバティブではなく、先物、オプションおよびスワップを中心とする金融デリバティブを問題にする）は、2000年代初頭には総額（想定元本ベース）で200兆ドルを超える世界最大の金融市場に成長し、その後2007年には総額520兆ドル、金利・通貨関連デリバティブだけで400兆ドルを超える市場規模に達した。現代では、国際金融活動に従事する金融機関や機関投資家、さまざまな通貨建ての取引に従事する多国籍企業だけではなく、それほど深く国際経済に組み込まれていない中小規模の金融機関や企業を含めて、幅広い企業と投資家が財務活動の手段としてデリバ

ティブを利用している。

　しかし、デリバティブとは何であるかについて明確な定義は存在しないし、この膨大な規模に成長した市場が現代資本主義の蓄積様式とどのように関連しているのかという重要な問題について体系的に解明した研究は筆者の見る限り存在しない。デリバティブに関する解説書のほとんどは、スワップやオプションに代表されるデリバティブ取引の仕組み、価格、損益等についての数学的・技術的な説明に終わっている。

　デリバティブ市場は、後述するように、現代資本主義の蓄積様式の変化に照応した信用制度の発展から歴史的に派生した市場であると同時に、新古典派経済学の応用分野としてのファイナンス論および金融工学の目覚ましい発展によって「人為的に」作り出された市場でもある。多くの専門家が認めているように、1970年代におけるファイナンス論、とりわけブラック゠ショールズモデルに代表されるオプション理論の画期的な発展がなければ、現在の規模のデリバティブ市場は成立しなかったであろう（MacKenzie & Millo, 2003）。

　しかし、現代ファイナンス論（効率的市場論、資本資産評価モデル (CAPM) 他）も、その理論的基礎としての新古典派経済学の教義も、今回の金融恐慌とこれを契機とする世界不況によって、その虚構性が露になった。そのため、金融専門家やウォール街関係者も、それ以前のように、デリバティブを現代の金融市場における最大のイノヴェーションとして無邪気に礼賛することはできなくなった。

　他方、デリバティブ市場の急激な成長を、主としてヘッジファンドや投資銀行の投機活動と結び付け、これを現代資本主義の腐朽化の表れとして批判的に扱ってきたマルクス学派は、一部の例外（井村, 2010; Bryan & Rafferty, 2006）を除いて、デリバティブ市場の成長を資本主義の蓄積様式の発展過程と結び付け、その歴史的意義を立ち入って考察することを怠ってきた。かれらの多くは、この巨大で不断に成長する市場をいわば資本主義の腐朽化、金融化から生じた胡散臭い「あだ花」として取り扱ってきた。かれらにとって、デリバティブ市場は信用制度の歴史的発展の結果ではなく、ウォール街に代表される大手金融機関の過大な利潤欲に端を発し、金融市場をグローバルなカジノに変貌させ、個別企業と投資家のリスクを世界中に伝播させ、国際金融市場を震撼させるシステミック・リスクの温床であった。

さらに、デリバティブ市場の重要性に着目した少数の研究者も、デリバティブ市場の急激な成長によって可能になった1980年代以降の世界的な資本蓄積を、マルクス経済学の基礎理論である価値論や貨幣論との関係でどのように理解すればよいのか、という問題を解決するに至っていない。マルクス経済学の陣営は、この間の資本蓄積と利潤率の回復を、一方では搾取の強化によって(Shaikh, 2010)、もう一方では資産価格のバブルによる架空的(fictitious)もしくは「虚(virtual)」の価値の利潤化として説明した（井村, 2010）が、これらはマルクス学派の内部でも十分な説明として受け入れられているわけではない。

　しかし、ひるがえって現代資本主義の蓄積様式を冷静に観察すれば、現代の信用制度が全体としてデリバティブ市場なしには機能せず、総資本の蓄積様式自体がデリバティブなしには成り立たなくなっている現実を無視することはできないであろう。今回の金融恐慌では債務担保証券(CDO)を中心とする仕組み証券市場が恐慌の震源地となったことから、現代のデリバティブ市場とグローバル金融危機との関連が専門家の関心を集めているが、全体としてのデリバティブ市場が今回の恐慌を契機に崩壊したわけではない。確かにAIGやリーマン・ブラザーズ破綻の要因となった仕組み証券市場は事実上崩壊し、信用デリバティブ(CDS)市場も半減したが、本来の通貨・金利関連のデリバティブ市場は伸び率こそ低下したものの、恐慌後も依然増加を続けている。

　したがってわれわれは、現代資本主義と向き合うためには、デリバティブ市場を単に一時的な「あだ花」と見なすことをひとまずやめて、信用制度の歴史的発展とデリバティブ市場の関係を立ち入って考察することが必要である。また、今回発生した金融恐慌についても、現代ファイナンス論とデリバティブ市場についての理論的、実証的分析を踏まえることなく、その具体的メカニズムと歴史的特質を明らかにすることはできない。

　要するに、マルクス経済学が現代資本主義の分析において引き続き有効性を発揮するためには、新古典派経済学とファイナンス論の理論的批判にとどまらず、現代資本主義の資本蓄積がデリバティブ市場の急激な成長を必要条件としている理由、さらに、世界最大の市場にまで成長したデリバティブ市場が、従来の信用制度に代わって、現代資本主義の運動に及ぼしている重要な作用を解明することが不可欠になっているのである。

　　＊　オーストラリアの二人の研究者 Dick Bryan & Michael Rafferty による労

作 *"Capitalism with Derivatives"* (2006) は、マルクス学派における本格的なデリバティブ研究の空白を埋める先駆的研究である。以後、この書物はマルクス経済学者のデリバティブ研究において必ず言及される重要な書物になっている。かれらの業績は、マルクス経済学の観点からデリバティブ市場の発展を資本主義生産様式と国際通貨制度の矛盾に関わらせて分析した画期的研究であり、現代金融の理論的分析としても多くの示唆に富む労作と言える。しかし、かれらの論述には、現代資本主義におけるデリバティブの重要性、不可欠性を強調するあまり、デリバティブを現代資本主義におけるドル体制の矛盾を補完する新しい基軸通貨、普遍的価値尺度、あらゆる資産評価のアンカーとして規定するなど、その役割についての過大評価が見られるだけではなく、理論的展開においてもやや難解な論証を残しており、かれらの議論の説得力を損なっている点が惜しまれる。かれらの議論の最新かつ簡潔な要約としては、Bryan & Rafferty (2010) がある。また、かれらの主著の書評には Harvie (2006) がある。

　本章の主要な目的は、このような現代資本主義とデリバティブ市場の関係を理論的に解明するための一つの観点を試論的に提示することである。この課題を筆者なりに果たすために、本章では以下の論点を順次取り上げる。
　まずはじめに、資本蓄積とデリバティブの理論的関係を理解する手がかりとして、資本の循環と信用制度との関係を手短に検討する。ここでは、経済取引、とりわけ金融取引にはさまざまな不確実性とコストがともなうこと、したがって資本主義の歴史的発展に信用制度の機能が照応するためには、金融取引にともなう不確実性とコストを軽減し、これらを個別企業と投資家が合理的に管理するための仕組みや制度の発展が不可欠であり、この課題を解決する方途として信用制度の内部からさまざまなリスク管理の仕組みと技法が生み出され、そうした歴史の延長線上でデリバティブ市場が発生した経緯を考察する。
　第二に、以上のようなリスク管理手法としてのデリバティブ発生の経緯は、主流派経済学の内部に「デリバティブ＝保険」説と呼ぶべき言説を生み出したこと、しかしながら、本来の保険制度と金融「保険」としてのデリバティブ市場の間には両者を同一視できないいくつかの根本的な違いがあるということ、したがって、デリバティブ市場の成立と発展を理論的に解明するためには、「デリバティブ＝保険」説の不十分性を克服する別の観点からの考察が必要で

あることを説明する。

　第三に、以上の問題意識にもとづいて、デリバティブ市場を保険機能に即してではなく、旧来の架空資本（株式、債券）市場に代わるvirtual（非現物的）な架空資本市場として考察する観点を試論的に提示する。この観点からは、デリバティブが金融機関と企業に、旧来の架空資本の現物取引に依存したポートフォリオが提供しえなかった弾力的で可塑的なリスク管理手段を提供するということ、さらにデリバティブは、それ自体が投機取引の対象であるだけではなく、その大きな弾力性と可塑性を通じて、企業と投資家が、現代の極度に変動的な金融市場で価格変動を利用した投機取引と裁定取引を行うための格好の手段を提供していることが重視される。こうして、現代の企業と投資家が、「経済の金融化」が進むもとで、現実資本の蓄積から遊離した——平均利潤に拘束されない——独自の価値増殖の方途を見出し、資本蓄積の制限を克服してきたことを明らかにする。

　最後に、デリバティブは、その"virtuality"（現物からの遊離性）の故に、架空資本の形態としては過度の投機性と市場弾力性を備えており、デリバティブ市場の積極的役割を担保する監督体制の不備、デリバティブの組成で利用される金融工学の理論的・技術的欠陥その他によって、デリバティブ市場の膨張には、グローバル金融市場のシステミックな危機を引き起こす可能性が付随するという問題点に触れる。ただし、この論点についての立ち入った検討は別の機会に譲られる。

2　資本の循環と信用制度

　現代資本主義の資本蓄積とデリバティブ市場の関係を分析する出発点は、資本の循環と信用制度の関係である。その理由は、現代の金融デリバティブ市場は、歴史的に見れば、資本主義の発展にともなって急速に複雑化と多様化を遂げる金融市場の不確実性を制御し、資本蓄積を促進する信用制度の利用可能性を拡張する新しいリスク管理の仕組みとして発展したからである。

　ところで、資本蓄積の形式である資本の循環は、何よりも貨幣資本の循環に

よってもっとも一般的に表現される。なぜなら貨幣資本の循環では、「価値増殖する価値」としての資本の本質が、もっとも直接的に表現されるからである。
　周知のように、貨幣資本の循環は、以下の三つの形態をとる。

　　商業資本の循環　　G—W—G'
　　産業資本の循環　　G—W（Pm+A）—P—W'—G'
　　利子生み資本の循環　G—G'

　　＊　上記の循環式で、Gは前貸し（投下）された貨幣資本、WはGの形態変化としての商品資本、G'は価値増殖を終えて還流した貨幣資本、W'は剰余価値を含んだ商品資本、Pmは生産手段、Aは労働力である。

　これら三つの貨幣資本の循環式の中で、価値増殖する価値としての資本の本質を直接的・無媒介的に表現しているのは利子生み資本の循環式G—G'である。
　この循環式は、資本の運動の目的が価値増殖であること、さらに資本の価値増殖は資本自体の物的な存在形態やそれらの間の形態転換（メタモルフォーゼ）とは基本的に無関係であること、言い換えれば、貨幣資本の運動は、商業資本や産業資本の運動から自立した、独自の価値増殖の形態であることを表している。
　しかし、資本の本質を表現する循環式としては、G—G'はなお不完全である。第一に、資本の価値増殖は、G'の実現によって完結することはできないからである。価値増殖は資本の本性であり、価値増殖を停止すれば、G'は単なる貨幣に転化する。G'が資本であるためには、還流したG'は出発点にもどり、再度価値増殖を再開、継続しなければならない。したがって、利子生み資本としての貨幣資本の運動は、正確には、G—G'—G''—G'''—G''''—である。
　連続的な価値増殖を表す貨幣資本の回転G—G'—G''—G'''—G''''—は、資本が循環を停止することができないだけではなく、一つの循環に要する時間（および費用）＝回転時間が価値増殖と競争の重要な決定要因であることを端的に表している。利潤率（G'—G）／Gが一定であれば、同一期間中の価値増殖の大きさは回転速度によって規定される。したがって、個別資本の価値増殖の観点

からは、GであれWであれ、同一の価値形態で休止することは、価値増殖を妨げる障害であり、回転時間を可能な限り短くすることが競争上の要件である。

価値増殖を促進するための資本の回転の加速は、二つの方法で達成される。第一は、循環のそれぞれの段階で、次の段階の貨幣、要するに自分自身が将来その形態を獲得することを予定している貨幣、ただし、まだ現実には獲得していない潜在的なGを、現実の循環の推移を待つことなく、何らかの方法で先取り（貨幣表示された価値、あるいは、貨幣資本として利用可能な形態で取得）することである。典型的には、商品の譲渡と引き換えに入手した手形を銀行で割り引くことがこれに当たる。

第二は、次の循環過程を開始するのに必要な貨幣資本が準備されるのを待たないで、何らかの方法で必要な貨幣資本を入手し、新しい循環を開始することである。例えば、新しい設備投資を実行するのに十分な資金が蓄積される前に、銀行信用や証券発行を利用して投資に必要な資金を調達することである。

以上の二つの資金調達のうちで、第一の方法が将来の貨幣の先取りであるとすれば、第二の方法は、将来の循環（を開始するための資本）の先取りということができる。

ここで一つの重要な理論問題に触れておく。それは、上記のような意味で信用によって「先取り」される貨幣は、単なる「架空の貨幣」、現実の貨幣とは何の関係も持たない空想上の貨幣ではないということである。なぜなら、ここで先取りされる貨幣は、資本の循環において実現ないし還流が予定されている将来の貨幣であり、この場合資本は循環の完了を待たずに信用の助けを借りて将来の貨幣を先行取得し、資本の循環を先に進めているのである。言い換えれば、ここで先取りされる貨幣は、まったく何の根拠もない空想上の貨幣ではなく、現実の貨幣ではないが資本の循環に実現の根拠を持ち、貸し手と借り手との間の契約に明記され、一定の手順で価値評価が可能なという意味でvirtualな貨幣なのである。

> ＊ 周知のように"virtual"には「虚の」「仮想上の」「擬似的な」という意味と同時に、「事実上」あるいは「実際上」という意味がある。また、「虚の」という意味で使用される場合にも、それはまったく根も葉もないという意味ではない。例えば、virtual imageは虚像と訳されるが、虚像は空想上の像

ではなく、視覚で確認することができる可視的な像である。厳密な意味では実在しないが、実際的・機能的には存在する性質を"virtual"と呼び、その意味で、デリバティブを"virtual"（非現物的）な資産、あるいは"virtual"な財として理論的に考察することを試みた興味深い研究にArnoldi (2011)がある。かれが示唆したこの視点は、「虚の価値」の膨張を意味する資産バブルの理論的分析にも有益と思われるが、この問題は本書第10章で議論する。

　本論にもどれば、これら二つの意味での、資本循環の加速と効率化を助ける社会的仕組みは、銀行制度を中心とする信用制度に他ならない。
　銀行による貨幣前貸しは、前述の資本の循環・回転を加速する二つの方法の区別に即して見れば、いわゆる「通貨の前貸し」と「資本の前貸し」という異なった二つの内容を含んでいる。前者は、すでに生産され、流通過程に存在する商品の「貨幣形態」そのものの前貸しであり、後者は、新たな循環を開始する資本、循環の出発点としての「貨幣資本」そのものの前貸しである。
　これら二つの貨幣前貸しの区別は、信用制度が資本蓄積との関係で果たす役割の点で基本的に異なっているが、ここではこれ以上立ち入らない。

> ＊　貨幣前貸しは、資本が貨幣形態で循環過程に投入されることを意味している。その際、すでに商品形態で存在している貨幣価値の先取りとして貨幣が投入される場合が「通貨の前貸し」であり、新たな価値増殖過程としての循環を開始する資本として貨幣が投入される場合が「資本の前貸し」である。銀行による貨幣貸し付けも、借り手資本の貨幣需要の内容に応じて、これら二つの形態の貨幣前貸しに対応する。この貨幣と資本循環との関連をめぐる重要な理論問題を最初に立ち入って考察したのは久留間(2000)の業績である。

　本章の目的との関連で重要なことは、貨幣前貸しはそれら二つのいずれであっても、利子生み資本の観点からはさまざまな不確実性（リスク）を含んでいるということである。

> ＊　周知のように、経済過程における将来の不確実性あるいは予測困難性を、過去のデータにもとづいて確率的な予測が可能なリスクと、必要なデータや情報が利用できず確率的にさえ予測困難な不確実性とに区別する議論がある。これらの議論では、ケインズとナイトの言説が参照されることが多いが、本

章ではこの議論には立ち入らず、不確実性＝リスクとして議論を進める。なお、さまざまな経済活動に付随する不確実性を"fictionality"として概念化し、さまざまな不確実性の形態を理論的に考察した興味深い論稿にBeckert (2011) がある。

　通貨の前貸しにおいては、主として流通過程における商品の実現の不確実性が問題になる。マルクスのいわゆる「命がけの飛躍」である。他方、資本の前貸しにおいては、二つの流通過程（G—WおよびW'—G'）の実現、および生産過程（—P—）の順調な進行をめぐる不確実性が問題になる。したがって、資本の前貸しは通貨の前貸しに比べて一般に複合的かつ大きな不確実性をともなっている。

　通貨の前貸しであれ、資本の前貸しであれ、貨幣前貸しを、このような不確実性を含めて考えれば、それは、不確実性のない現在の貨幣と、不確実性をともなう将来の貨幣（正確には確定された金額の貨幣ではなく、一定期間にわたるキャッシュフロー）との交換に帰着する。

　これら二つの時間的に異なる貨幣の交換が市場取引として実際に成立する要件は、貸し手と借り手の双方に、これら二つの貨幣を等価と考える合理的理由が存在することである。言い換えると、借り手が支払う「資本」の代価＝利子は、貸し手の立場からは将来の貨幣の先取りに付随する不確実性（＝リスク＝コスト）に見合うものでなければならない。他方、借り手の立場からは、利子は信用を利用してえられる便益の一部が貨幣資本の提供者に分与されたものである。

　この問題を、ケインズは、「利子は流動性を手放す代償である」という言い方で説明したが、これは信用の本性としての不確実性＝リスクに着目した、貸し手の立場からの「利子論」である。

　他方、マルクスは、利子の成立を、平均利潤を生むという貨幣資本の「使用価値」概念を導入することで説明する。マルクスによれば、貨幣の貸借は、平均利潤を生むという独特の使用価値をもつ商品（貨幣資本）の売買である。したがって、借り手が払う利子の最高限度は平均利潤である。しかし、マルクスによれば、平均利潤は、利子率の基準＝アンカーではない。利子率には自然的利子率は存在せず、平均利潤とゼロとの間で、資本貸借の需給関係よって決定

される。

> * 利子に関するマルクスの説明とケインズの説明の差異は、無リスク利子とリスクプレミアムの関係という、利子率についての興味深い理論問題に関係する。利子と剰余価値との関係をひとまず措いて利子率に注目すれば、現実に市場で成立する利子率は、無リスク利子とリスクプレミアムの合成として、つまり、無リスク利子に借り手の個別的信用度に照応するリスクプレミアムを上乗せした利子率として成立している。一般に、無リスク利子は政府短期証券などリスクが無視しうる安全資産に付される利子であり、金融市場の全体的な需給関係、言い換えれば貨幣資本の相対的豊富さを反映して変動する。他方、リスクプレミアムは個別取引の期間、確実な担保や保証の有無、借り手の信用度、借入目的その他の諸要因の全体的なリスクに照応して、先の無リスク利子に上乗せされる。つまり、リスクプレミアムは借り手のリスクの大きさを無リスク資産との関係で相対的に評価した相対的利子率である。したがって、本来の利子概念は、これら二つの利子の複合物として成立する利子を説明しうるものでなければならない。

本章の目的との関係で言えば、本節の議論は次のように要約することができる。

信用制度は、二つの意味での将来の貨幣の先取りを可能にすることによって、借り手にとって資本の回転時間を短縮し、資本循環を早め、資本の価値増殖を促進する。

しかし、現実の貨幣と交換される将来の貨幣はさまざまな不確実性を含んだvirtualな貨幣である。すでに手元にある商品が生産者の望む価格で貨幣に転化する保証はない。銀行が前貸しした資本が利潤をともなって無事に還流するかどうかはさらに不確実である。これらの不確実性は、取引の当事者の観点からは何らかの対処が必要になるという意味で費用である。貸し手の立場からは、借り手がこの費用を負担しうると合理的に判断できることが金融取引に応じるための前提条件である。他方、借り手の立場からは、信用制度を利用するかどうかの判断は、信用制度を利用することによって期待される資本蓄積の利益（平均利潤）と、信用制度の利用に必要な費用との秤量によって決定される。

資本主義が歴史的に発展し、資本の過剰蓄積が進むにつれて資本間の競争が激化し、平均利潤率が傾向的に低下すれば、信用に依存した資本蓄積のリスク

が増大し、平均利潤とリスクプレミアムが抵触するようになる。このために、信用に付随する不確実性（信用のリスク＝コスト）を如何にして軽減するかが、信用制度に依存した資本蓄積にとって大きな課題になる。現代の資本市場における貨幣資本の運動はリスクと利回りの関係によって律せられているために、不確実性から派生する信用のコストが限度を超えて大きくなれば、金融取引が、言い換えれば信用の利用自体が資本にとって不可能になる。それは、貸し手としての金融産業の立場から見れば、収益機会の隘路として現象する。

とりわけ、金ドル交換の停止によって基軸通貨ドルの貨幣価値が不安定化した状況のもとでは、あらゆる通貨の価値基準が不明確になり、その結果増幅される為替レートの不安定性が国際取引の大きな障害になる。さらに、現代資本主義に特有の「経済の金融化」、「金融の証券化」、「金融のグローバル化」が大きく進展した段階では、企業活動が資本市場の予測不可能な変動から大きな影響を受けるようになり、この不確実性を調整し、資本による信用制度の利用を促進する社会的仕組みを作り出すことが、円滑な企業活動にとっても、金融産業の価値増殖にとっても、不可欠の条件になってくる。これが、デリバティブ市場を発展させた歴史的な契機である。

* 金ドル交換停止と変動相場制移行がもたらした国際通貨制度の不安定性、金との関連を失った国民通貨が国際通貨の役割を担い続けることの矛盾を克服し、ドル基軸通貨制度の統合性を回復する方途としてデリバティブ市場が発展したと論じたのは前述の Bryan & Rafferty (2006) である。

3 「デリバティブ＝保険」説の批判的検討

1970年代のスタグフレーションを画期として、資本主義の高度成長期が終焉し、その後資本主義は、耐久消費財部門や素材産業部門など基幹産業における慢性的な過剰生産能力、その結果としての実物投資の停滞、高失業率と労働組合の組織率低下、生産性上昇率と賃金上昇率の乖離、経済成長率と利潤率の傾向的低下、拡大する国際不均衡、深刻化する財政危機、これにともなう福祉国家の後退、資本取引の自由化と活発化、これによる金融グローバル化、金融

産業の業務・再編の自由化、金融「革命」と金融産業の肥大化、株価と財務的業績を重視する企業経営等々の現象を特徴とする新しい段階に入った。こうして、1980年代以降、大手企業の収益と資本蓄積は次第に本来の生産・サービス活動から金融・財務活動（M&A、自社株買い、株式分割や配当政策、資産負債管理、ストックオプション、オフバランスビークルの活用他）にシフトし、これにつれて企業活動は金融市場、とりわけ証券市場を中心とする資本市場への依存を強めるようになっていった（「経済の金融化」「金融主導型経済」他）。

　以上に列挙した現代資本主義の特徴付けは、国によって当てはまりの程度は異なる。また、論者の間で、それぞれの現象のとらえ方には差異がある。例えば、80年代以降に新自由主義政策の導入、IT化の進展、賃金低下その他の歴史的要因によって回復した企業の利潤率をどのように評価するのか、これを資本主義が70年代にスタグフレーションとして発現した資本の過剰蓄積を一応克服した証拠と見るのか、それとも、この時期の利潤率の回復は一時的で、70年代に顕在化した資本主義の矛盾は基本的に克服されなかったと見るのか、をめぐって論争がある。この論点は、今回の金融危機と世界不況の歴史的特徴付けに関わる重要な論点であるが、ここでは立ち入らない（本書第10章第4節を参照してほしい）。

　論者の間に残るこうした理解の相違をさしあたり措いて見れば、1970年代以降の世界資本主義の動向を大きく特徴付けたのは、世界的な資本の過剰蓄積を背景にした経済成長率と利潤率の傾向的低下、それまでの高度成長を牽引してきた装置産業を中心とする実物投資の停滞であり、さらに、経済循環の波動が比較的穏やかになる「大いなる平穏(great moderation)」（バーナンキFRB議長）と呼ばれる実体経済の見かけ上の安定と、同時に過去30年間で100回を超える国際通貨・金融危機に象徴される金融市場の極度の不安定性が並存する複雑な状況であった。

　この実体経済の「平穏」と金融市場の不安定性と危機という一見相反する現象は、別個の現象としてではなく、現代資本主義の蓄積様式がはらむ歴史的・構造的矛盾のいわば表裏として一体的に理解する必要がある。金融市場の不安定性と金融危機の頻発をもたらしている貨幣資本、とりわけ短期資本の大規模で激しい国際的移動は、他方における慢性的な過剰設備の存在、その結果としての資本蓄積率の低下、実物投資の停滞がもたらしたものだからである。

したがって、現代資本主義の蓄積様式が直面している基本的かつ構造的問題は、単なる金融市場と金融産業の「失敗」ではない。より基本的な問題は、50～60年代の高度成長によって資本の過剰蓄積が世界的に顕在化し、国際競争が激化した結果、利潤率が傾向的に低下し、失業率の上昇と厳しい賃金抑制、金融・財政政策による景気刺激にもかかわらず、現実資本の継続的蓄積によって高度成長を維持することがいずれの国でも次第に困難になったことである（成長率の長期的低落と利潤率の傾向的低下）。

1980年代以降、賃金圧縮、財政依存、金融緩和などを梃子(てこ)として生み出された企業利潤は、現実資本として新しい循環を開始することができないまま、さまざまな経路を通じて金融機関と年金をはじめとする機関投資家の手元に、さらにはヘッジファンドに代表される投機組織の手元に、現実資本から遊離した貨幣資本の形態で集中されるようになった。この過剰な――現実資本として価値増殖を実現する機会を見出せないという意味で過剰な――貨幣資本は、現実資本の蓄積に依存しない貨幣資本として、自立的な循環あるいは価値増殖を実現する方途を開拓する必要に迫られた。こうした傾向（貨幣資本の過剰蓄積）は、国際貿易で次第に劣位に立たされて国内投資が停滞した米英だけではなく、輸出依存の経済成長を遂げてきた独・日を含む各国でも顕著に見られるようになった。

* 例えば日本では、1970年代中期以降銀行貸し出しにおける企業向け融資比率の顕著な低下（国債保有、住宅ローンを含む不動産担保融資の増加）と、資金循環勘定（マネーフロー表）における非金融企業部門の資金不足（赤字）幅の顕著な収縮さらには資金余剰の発生、いわゆる企業の「減量経営」と銀行離れ(dis-intermediation)、証券市場や不動産市場への急激な資金流入とバブル現象、その後のバブル崩壊と金融危機、これらに続く長期不況が見られたが、これらはいずれも貨幣資本の過剰蓄積を表す典型的な現象である。

しかし、成長率と利潤率が傾向的に低下し、投資部面の隘路が伝統的な基幹産業から周辺的セクターにまで広がり、グローバル化のもとで国際不均衡が拡大し、金融危機と通貨危機が常態化し、金利、為替、金融資産価格の変動が通貨当局の国際的協調によっても満足にコントロールできなくなった状況下では、国内的か国際的かを問わず、あらゆる金融取引に付随する不確実性、あるいは

リスクが、平均利潤の制限や個別企業のリスク管理能力を超えて増大する。

さらに、1980年代以降、国際的競争に直面している大手企業では、生産活動よりも次第に財務活動に依存して財務的利潤を追求する傾向を強めるようになった。言い換えれば、あらゆる分野の大手企業が、機能資本ではなく貨幣資本としての価値増殖に傾斜するようになった。その結果、企業の業績と競争力が、生産管理や研究開発よりも、むしろ財務活動に依存する度合いが高まった。企業経営者にとっては、財務的利益を増進するために最適の金融取引の機会を追求し、こうした金融取引にともなうリスクを最適に管理することが、厳しい競争に勝利するための至上命令になってきたのである。米国の『フォーチュン』誌リスト500社に代表される大手企業の経営者の多くが、近年では、マネジメントではなくファイナンスの学位をもつ人々で占められるようになったのは、こうした事情を反映している（Fligstein, 1990）。

大手企業のこうした活発化する財務活動は、M&Aやストックオプションに見られるように、何よりも外国為替市場や株式市場をはじめとする金融市場の動向に大きく左右される。現代の大手企業にとっては、証券市場や外国為替市場の不安定性はそれ自体が大きなリスクであり、経営的視点から対処を迫られるという意味でコストである。しかも、個別資本の信用リスクとは異なり、金利や為替レートの変動にともなう市場リスクは、事柄の性質上予測が不可能であり、それらを旧来の財務操作に依存した個別的なリスク管理で処理することは至難の業である。

こうして、1980年代以降、金融取引にともなう多様で予測困難な市場リスクを効率的に管理し、リスク管理にともなう財務的コストを軽減するための新しい金融技術に対する需要が急激に増大した。したがって、この需要に応える新しい金融技術が金融産業によって競争的に開発・商品化され、このような金融商品の取引自体が新しい金融ビジネスとして急激に発展した歴史的経緯それ自体は、現代資本主義の蓄積様式を念頭におけばきわめて自然な成り行きであった。

　　＊「今回の金融危機の特異性は、過去35年間に不確実性の商品化が極度に普及した経過によってもたらされている。リスク、保険、銀行業、投資、担保、資本引当義務等が意味する内容がこの短期間に根本的な変化を遂げた。……グローバル化の進展に付随するあれこれの新しい不確実性を取り扱うために、

新しいリスク市場が作り出されるのにともなって、これまでよりもはるかに広範な種類の不確実性を商品化するための数量化、値付け、交換、集成、流通、ヘッジ、第三者への転送を可能にするビジョンが開発された。……交換価値が使用価値から抽象され、抽象的人間労働が具体的労働から抽象されたように、ますます多くの不確実性が特定の資産と結び付いた具体的リスクから抽象されて商品化された」（Lohmann, 2009, p.162）

　主流派経済学とその応用分野としてのファイナンス論の専門家は、以上のような金融市場の不確実性の高まりとそれに付随する金融取引のコストを管理する金融手段としてのデリバティブの役割に着目し、この面から、デリバティブ市場の基本的な役割を「金融保険」機能として説明してきた。
　例えば、世界の先物市場の中心であるシカゴ先物市場（CBTとCME）の「教祖」的存在で、デリバティブ市場とその理論の熱烈な擁護者であるマートン・ミラーは、この点について次のように述べている。
　「先物とオプション取引の組み合わせと、それらが取引される市場——形式の如何を問わず——は、巨大な保険会社のようなものとなったのであり、まさしく保険会社そのものであった。先物、オプション革命とは、効率的なリスク配分を達成したものだといっても過言ではなかろう」（M.ミラー『デリバティブとは何か』邦訳、11頁）。さらにかれは、金融先物市場をここまで急激に膨張させた理由は何かと問い、「何が世間で広く求められている商品なのか？　答えは『保険』である。人々は、価格リスクに対する保険を欲しているのである」（同上、126頁）と答えている。
　以上のように、主流派経済学によれば、デリバティブ市場の成立と発展を促したのは、現代資本主義に特有の信用制度（金融市場）の不安定性の高まりであり、この不安定性をコントロールするための新しい保険技術の必要であった。
　しかし、デリバティブ市場を、このような意味での保険市場として考察する「デリバティブ＝保険」説の是非を評価するためには、検討しなければならないいくつかの問題点が存在する。
　まず第一に、本来の保険とデリバティブが取り扱うリスクの間には根本的な違いがある。本来の保険が取り扱うのは、同質の事故に遭遇するリスクを共通にかかえた多数集団で繰り返し発生し、その予測に大数法則が適用できる類の

リスクである。これに対して、金融リスクは、通常の事故とは異なり、純粋リスク（想定上の事象が発生すれば必ず経済的損失をともなう）ではなく、不確実性すなわち投機的なリスク（想定上の事象が発生すれば損失だけではなく、逆に予想外の利益が発生する場合もある。しかし、そのうちどちらが発生するかは不確実で操作不能という意味でのリスク）であり、その中でももっとも深刻なシステミック・リスクは大数法則が適用できないカタストロフィックなリスクである。

　また、本来の保険は、想定事象が生起して実際に損失が発生した場合に、その損失の範囲内で保険者が補填する契約であり、それ自体はただちに投機取引の手段とはならない。これに対してデリバティブは損失の発生を前提とせず、契約当事者の双方が市場の将来の動向を予想し、予想が的中した側に対してはずれた側から計算上の「差金」が支払われる契約である。したがってデリバティブ市場には、将来の価格変動を予想して積極的にポジションをとる投機取引だけではなく、割高な資産を売ると同時に割安な資産を購入することで売買差益を獲得する裁定（鞘取り）取引のさまざまな機会も存在する。しかも、デリバティブ契約はきわめて少額の証拠金で巨額の契約を結ぶことができる投機性の高い取引であり、財務的操作による利益を重視する金融機関や企業を含む機関投資家にとっては、デリバティブを利用した投機取引や裁定取引は、金融的収益を上げるための格好の取引手段となるのである。

　　＊　ただし、大手金融機関を含む企業がリスク管理の手段としてデリバティブを実際にどのように活用しているのかについて信頼できる実証的な研究はきわめて少ない。米国の銀行持ち株会社による信用デリバティブの利用状況について貴重な実証研究を行った Minton et al. (2009) は、かれらの調査を踏まえて次のように結論付けている。「われわれがサンプルとして取り上げた銀行持ち株会社（資産規模が10億ドル超の395社、そのうち大手23社が信用デリバティブを利用、引用者）の開示情報によれば、これらの金融機関の信用デリバティブ契約高はそれらの与信総額を上回っているが、与信残高のうち信用デリバティブによってヘッジされているのは2％以下である。……信用デリバティブが銀行の健全性を向上させるという議論は多いが、われわれの結論によれば、こうした議論はもっと慎重になされる必要がある。信用デリバティブが銀行に自己資本を圧縮し、その価値を最大化する方途を提供する限りでは、その利用は銀行の健全性を高めない。われわれが見出した証拠が全体として示しているのは、銀行の信用デリバティブ利用が、銀行融資の

ヘッジ目的ではなく、圧倒的にディーラーとしての役割（手数料と投機目的の取引、引用者）に関係しているということである」（pp.21-22）。この点に関しては、合わせて FitchRatings (2007) を参照されたい。

　第二に、デリバティブ市場には、本来の保険制度のような、多数の保険加入者の拠出金から積み立てられる、保険金支払いのための基金が制度的に存在しない。デリバティブが実現するのは、個別企業や投資家のリスクを金融工学の手法で加工し、他の企業や投資家に移転することだけである。デリバティブ市場が財・サービス市場の何倍もの規模に膨張した現在においても、この無数のグローバルな契約連鎖で構成されている市場を支える共通基金の必要という考えは市場関係者や監督機関の視野には入ってこない。たとえ、基金の必要性は認めても、そのために金融機関の収益を犠牲にするつもりはない。むしろ金融機関と機関投資家は、かれらが運用する貨幣資本の投資効率を高めるために、要するに、本来は損失のバッファーとして必要な自己資本を徹底的に圧縮するための手段として、デリバティブを利用している。このため、デリバティブ市場の内部には、大規模なバブル崩壊や大手金融機関の破綻などによって現実に巨額の損失（証券価格の暴落、先物契約の失効他）が発生した場合に、それらの損失を市場内部で吸収する仕組みが存在しないのである。

　第三に、デリバティブ市場では、予想されるリスク事象に、交通事故や個人の死亡の場合のような、「独立の定理」は成立しない。深刻で大規模な金融危機は、市場参加者全体の心理と行動に影響を及ぼし、その結果多かれ少なかれ広範で連鎖的な市場変動を誘発する。特定の企業や個人が、相互に独立に一定の確率でリスク事象に遭遇するわけではない。金融危機は、本来連鎖的でシステミックな現象であるから、危機なのである。それにもかかわらず、デリバティブ取引が一般に想定するリスク移転は、個別的な企業間あるいは個人間の関係であり、その場合のリスクは、一般的には、過去の市場データにもとづいて、死亡表と同様に、確率的に算定される（その確率が、正規分布しているという仮定の問題はここでは立ち入らない）。

　　＊　「独立の定理」とは、ある事象の発生が、同様の事象の発生の頻度や程度に影響を及ぼさないという原則で、現代ファイナンス論が依拠する確率論の大前提である。例えば、サイコロを振ってある数字が出た場合、次にサイコ

ロを振って同じ数字が出る確率はやはり6分の1で、その確率は何度サイコロを振っても変わらない。したがってサイコロを使った賭博には確率論が妥当する。しかし、連鎖的な契約の集合として構成され、将来の市場の動向に市場参加者の予想が大きく影響する金融市場では、いくつかの実証研究が証明しているように、株価暴落や為替下落などの深刻な金融危機の発生は、その後に同様の危機を誘発させる可能性を孕んでいる。例えば、確率的にはきわめて稀にしか起きないはずの株価暴落が実際に発生すると、それに近い暴落が短期間に反復して発生することは珍しいことではない (De Grauwe, 2008; Cook Pine Capital LLC, 2008)。なお市場の不確実性を取り扱う上での、現代ファイナンス論が依拠する確率論の限界については、Du Toit (2004) を参照されたい。

第四に、デリバティブ市場には市場全体を実効的に監督できる監督機関は存在しない。大手金融機関や多国籍企業によるデリバティブ取引の多くがタックスヘイブンに置かれたペーパーカンパニーや関連会社を通じて行われているが、これらの会社を直接監視する権限をもった監督機関は存在しない。取引所を介して行われる取引はその取引情報が取引所に集中され、一応所管監督機関の監視下にあるが、これらの監督機関は市場の活発化と拡大に関心をもっても、取引の実態、とりわけデリバティブ商品が金融機関や企業によってどのように利用されているのかについてはほとんど関心がない。そのために、全体としての市場はきわめて不透明なまま放置されてきた。デリバティブ取引の8割を占めると言われるOTC取引を取引所に集中し、監督機関の監視下に組み込む必要があるという提案は、これまでも事情に通じた専門家によって繰り返しなされてきたが、それらはいずれもウォール街のロビー活動と監督機関の反対で葬られてきた。

 ＊ OTCデリバティブの米国内取引所への集中の必要性を議会に訴えた商品先物取引委員会委員長（当時）B. ボーン (Brooksley Born) の提案を当時のグリーンスパンFRB議長、ルービン財務長官、レヴィットSEC委員長、ルービンの補佐官であったサマーズなどウォール街に近い有力者が協力して葬っただけではなく、議会も先物取引への監督機関の規制を禁止する立法措置（商品先物近代化法）を制定した事件（1996-97）がある。この結果、後に「エンロン・ループホール」と呼ばれるようになった、米国の監督機関の監

視が届かないロンドン市場を通じる先物取引が膨張し、LTCM 破綻（1998年）、エンロン事件（2001 年）、さらには 2008 年の異常な原油先物価格の暴騰他の国際的金融スキャンダルの重要な要因となった（Goodman, 2008）。信用デリバティブをはじめとする OTC 市場の不透明性と監督体制の不備が大手金融機関のリスク取り入れを促進し、金融市場のシステミック・リスクを高めるという問題については、GAO (2009)、Singh (2010) 他を参照。

　以上のように、デリバティブ市場成立の歴史的な要因が、単に新しい投機手段に対する投資家の需要だけではなく、増大する金融市場の不安定性＝金融リスクを管理する効率的な手段を求める金融産業と企業の需要にも見出せることは間違いないとしても、そのことはただちに、デリバティブ市場を保険市場と同一視する主流派経済学の見解を正当化する理由にはならないのである。
　＊　デリバティブ取引による保険機能の代替現象、およびこの現象が本来の保険産業に及ぼした影響については、知見 (2012) を参照されたい。

4　架空資本としてのデリバティブのリスク管理機能

　現代のデリバティブ市場の急激な成長と、その構造的および機能的特徴をより適切に記述するためには、「デリバティブ＝保険」説に代わる、もっと別の観点からの説明が必要である。筆者の理解では、このためにはデリバティブを保険制度との共通性という観点ではなく、株式・債券市場に代わる架空資本市場の新しい発展という観点から考察することが有益である。
　株式や債券に代表される架空資本（資本証券、あるいは狭義の有価証券）もまた、あらゆる金融取引と共通の不確実性（リスク）を含んでいる。貨幣資本家が株式や債券に投入した資本の価値増殖は、機能資本家あるいは債務者が契約義務を履行するかどうかに懸っており、後者が契約義務を履行できるか否かは、企業の将来の業績に依存している。その場合、機能資本家は、貨幣資本家に対して、将来の事業から期待できる利潤の一部を配当あるいは利子として還元することを約束するだけで、事業の失敗に対して個人的に無限責任を負うわけで

はない。

　したがって、業績が期待を下回れば株主への配当は見送られ、万一事業が失敗すれば株式は無価値になる。債券所有者の場合にも、事業が失敗して支払い不能になれば、投下資本を予定通り回収することは困難になる。一般に株主や債券保有者の場合、前貸しした資本を必要に応じて機能資本家から直接回収することができないだけではなく、株主の場合には失敗した事業の残余財産に対する請求権に関しても他の債権者に劣後する。このような関係の内部では、株主や債券保有者が自らの資本の価値を保全するために、言い換えれば投資リスクを管理するために、自立的になしうることは限られている。

　このような自ら管理できない投資リスクは、貨幣資本家にとって重大な制約であり、資本蓄積の制限である。この制約を突破し、貨幣資本家の投資を促進するためには、貨幣資本家が必要に応じてポートフォリオを組み替え、必要な場合には、機能資本家からの返済とは別途に、前貸しした資本を回収し、自ら投資リスクを管理できる方途を制度的に準備することが必要になる。このためには、当該事業からの利益に与（あずか）る貨幣資本の権利自体を、事業に投下され、建物や機械設備などの形で生産過程に固定されている現実資本から分離し、新たな資本形態として自立化させ、さらに、貨幣資本家がこの自立した権利を市場で第三者を相手に自由に売買することを保証する制度が必要になる。

　貨幣資本が、現実資本とは別に受け取る、新しい自立的な資本形態は架空資本 (fictitious capital) と呼ばれる。株式や債券などの架空資本は、現実資本から分離された想定上の資本であるという意味ですでに架空であり、virtual な資本である。現実資本とは異なり、即物的な価値を持たない架空資本は、配当や利子を資本価値に還元する「資本還元 (capitalization)」と呼ばれる手法によって貨幣資本として独自の価値を獲得し、現実資本の価値増殖から遊離した自立的な価格変動を展開する（Nitzan & Bichler, 2009, Part 3）。

　架空資本の成立によって、事業に投下（前貸し）された貨幣資本は、第一に、工場や機械設備その他の形態で生産過程に固定された資本の形態で、第二に、これらの固定資本を利用して遂行された事業から上がる利潤に与る権利を表す資本証券の形態で、同一の資本が二重の形態で登場する。これによって、価値増殖する資本自体が2倍に増加するわけではなく、生産される剰余価値が2倍になるわけではないが、同一の資本が、一つには現実に剰余価値を生む資本と

して循環（G—W（Pm+A）—W'—G'）し、もう一つには、その剰余価値の一部に与る貨幣資本として循環（G—G'）する。

こうして資本の二重化によって、本来は生産過程に投じられた同一資本が、一方で生産過程に固定され、流動性を持たない現実資本と、他方で生産過程から解放され、それ自体商品として市場価格および「流動性」を備えた架空資本、言い換えれば virtual な貨幣資本とに分裂する。架空資本は、それ自体が商品として市場での価格変動に曝されるために、価値増殖する貨幣資本の存在形態となるだけではなく、それ自体が直接に貨幣資本の投機取引および裁定取引の対象になる。

このように、一つの事業に投下（前貸し）された同じ資本が現実資本と架空資本に分離し、後者が、現実資本とは別の自立的な商品形態を与えられ、資本市場の独自の論理（資本還元）で値付けされて流通するための制度化された市場は、証券取引所に他ならない。

証券取引所が十分に発展すれば、貨幣資本家は、取引所に上場された株式の中から自らの希望する銘柄の株式を随時、任意の規模で、自由に売買することができるようになる。証券市場における上場銘柄の価格情報を集中し、それをすべての投資家がリアルタイムで利用できる方法で公表する証券取引所は、架空資本の値動きを利用した投機取引と裁定取引の機会を飛躍的に拡大する。こうして、証券取引所の成立によって、貨幣資本家は機能資本の価値増殖過程から遊離した――機能資本の平均利潤から乖離した――独自の価値増殖のための制度的条件を獲得する。

証券取引所が有価証券に付与する大きな「流動性」によって、株主は特定の事業に対して固定的に結び付けられたステークホルダーではなくなり、事業の推移を見ながらステークホルダーとして留まるか、それとも株式を売却して事業との関係をひとまず切断するかを自ら決定することができる「流動的な」ステークホルダーに転化する。言い換えると、株主は企業のインサイダーから、ポートフォリオ投資家に変化し、当該企業に対するかれの利害関係は自分で管理可能なポートフォリオのパフォーマンスにすぎない関係になる。

  ＊ 株主が企業の業績に不満を持つ場合（投資リスクが利回りに比べて高いと判断した場合）、株式を売却することで利害関係（リスク）を排除する行動を選択する傾向は、ウォールストリート・ルールと呼ばれる。このような傾

向は、大手企業の主要株主が創業者株主ではなく、他人の資金を預託されて運用する機関投資家に移行した現代の株式会社に関して一般的に指摘されている。その場合、このような株主の行動が経営者の行動に、また企業の業績にどのような影響を及ぼすのかについては論争がある。この問題をめぐっては、有名なハーシュマン (Hirschman) の「退出と抗議」の理論が参照されることが多いが、ここでは取り上げない。

　このように、証券取引所は、貨幣資本家が必要とする自立的なリスク管理の可能性を提供し、投機取引と裁定取引の機会を飛躍的に拡大することで、架空資本市場を銀行制度にかわる新たな信用制度＝資本市場として発展させる。しかし、架空資本と証券取引所が提供するこのようなリスク管理と市場取引の可能性は、貨幣資本のリスク管理と資本蓄積の立場からは、なおさまざまな限界を持っている。

　第一に、株式においても社債においても、貨幣資本家は投資対象のリスクと利回りの関係を自らの必要に応じて弾力的に調整することができないという問題がある。市場で容易に売買できる株式のリスクと利回りの関係が、貨幣資本家の目標と一致する保証はない。高度に発展した証券取引所においても、投資家はつねに自分の目標に完全に合致する銘柄を希望する分量で随時購入できるわけではない。株式においても社債においても、市場で流通している銘柄のリスクと利回りのプロフィールは投資家にとって所与である。

　第二に、投資家は、新しいポートフォリオを組成しようとすれば、証券取引所を介して現物の証券を購入しなければならない。逆に、既存のポートフォリオを組み替えようとすれば、保有する現物を売却しなければならない。現物証券の売買は、取引時間や売買手数料が必要になるだけではなく、追加的現金を必要とする。さらに、売買が不活発な証券の場合には、当該証券の売り手もしくは買い手を随時見つけることが難しい場合がある。したがって、投資家は証券取引所を利用していつでも自分の思い通りのポートフォリオを作り上げることができるとは限らないのである。

　第三に、個人投資家の場合にも、年金基金や保険会社に代表される機関投資家の場合にも、投資に関する制度的な制約が課せられている。例えば、投資信託市場が完全に自由化されていない国では、個人投資家がヘッジファンドやエ

クイティ・ファンドなどいわゆる「代替的投資」に資金を運用することには何らかの規制が加えられる。また、年金基金など機関投資家の場合にも、株式投資や代替的投資に関する規制が加えられる。周知のように、一般に商業銀行は企業の株式保有に関して厳しい制約を受けている。要するに、個人投資家も機関投資家も、市場に出回っているあらゆる架空資本を自由に売買し、保有することができるわけではない。

　第四に、近年の株式市場で顕著に見られるように、莫大な資金を運用する年金基金に代表される機関投資家の場合には、バルク取引と呼ばれる大規模な売買を行った場合、その取引が当該銘柄の価格に大きな変動を誘発し、市場に攪乱的な影響を及ぼすだけではなく、自らのポートフォリオにも大きな評価損などの影響がでる可能性がある。このために、一般に機関投資家の場合には、ネガティブな判断を下した企業の株を前述のウォールストリート・ルールにもとづいて自由に売却することが困難になっており（ウォールストリート・ルールの終焉）、分散投資の観点からも株価指数などを利用した指数取引が一般化している。言い換えると、機関投資家の場合、その規模が巨大であればあるほど、現物の自由な売買が制約され、ポートフォリオの流動性が低下するという結果になる（日本貿易振興会海外調査部, 2003）。

　以上のように、貨幣資本家による架空資本市場に依存した投資リスクの管理は、この市場自体の機能的、制度的制約によって依然として不完全であり、貨幣資本家は自らの目標に応じてポートフォリオを随時自由に調整し、管理することができるわけではない。また、現物取引に付随するさまざまな制約は、企業や貨幣資本家が金融市場の変動に即応して大規模な投機取引や裁定取引を実行することを困難にする。

　1980年代以降に顕著になった、金利と為替レートの大幅かつ頻繁な変動に備えるためのスワップやオプションに代表されるデリバティブ取引の急激かつ持続的な拡大は、とりわけ国際金融市場を利用して大規模かつ頻繁な投資・財務活動を展開する大手金融機関、機関投資家さらには多国籍企業における、現物取引を必要としない自由なポートフォリオ組成を可能にする新たな金融手段に対する需要と、極度に変動的な通貨市場や金融市場における投機と裁定の機会を積極的に利用するための取引手段に対する需要の著しい増大を反映しているのである。

このような理解に立てば、新しい架空資本市場としてのデリバティブ市場の役割は、以下の点に整理することができる。

(1)　デリバティブ取引は、企業と投資家が恣意的に操作できない既存の金融資産のリスクと利回りを、アンバンダリング（分解）という手法で切り離し、企業と投資家が求めるリスクおよび利回りだけを選別的に取り出して別の架空資本に組成し、投資家の多様な投資目標に適合する virtual な金融資産を作り出すことができる。こうして、企業と投資家は、デリバティブを利用して、市場に実在する金融資産（現物）の組み合わせだけでは実現できない理想的なポートフォリオを実現することが可能になる。

(2)　企業と投資家は、デリバティブ取引を利用することで、既存のポートフォリオの組み替えを、現物資産を売買することなしに行うことができる。この結果、貨幣資本家は、ポートフォリオの組み替えに際して、証券取引所における現物取引に付随する制度的制約、時間、および売買手数料などのコストを軽減することができる。また、企業はバランスシート上の資産・負債構成を組み替えることなしに、バランスシートの財務リスクを修正することが可能になる。さらに、銀行をはじめとする金融機関は、現物での証券保有にともなう自己資本積み増しの必要を緩和される。

(3)　デリバティブ契約では、株価指数や標準化された債券など現実には存在しない virtual な資産を「原資産」として約定することが可能である。さらに、取引所取引においても、大手金融機関のディーラーを介する店頭取引 (OTC) においても、企業や投資家は比較的少額の証拠金を提出することで、自己資本の準備を大幅に上回る取引が可能である（大きなレバレッジの利用）。レバレッジの利用可能性は、きわめてマージンの薄い鞘取りを巨額に行うことで大きな利益を上げる投機的・裁定的投資家にとっては、限られた自己資本で大きな利益を上げるための不可欠の条件である。

(4)　現代のデリバティブ取引の中心である店頭取引においては、国際スワップ・デリバティブ協会 (ISDA) が作成した基本的フォーム（雛形）が約定書作成の参考にされるが、具体的な契約内容は当事者間の合意にもとづいて自由に決定することができる。これは、OTC 市場の不透明性を高める要因であり、カウンターパーティのどちらかに事故が発生した場合の事後処

理の不確実性を高める要因であるが、現代の金融市場における投資家や企業のきわめて多様な金融ニーズに柔軟に応えるオーダーメイドの取引を成立させるのに適している。

　1980年代以降、旧来の先物市場だけではなく、スワップ、オプションに代表されるデリバティブ取引が爆発的に増加し、その増加傾向は、大方の予想に反して、今回の金融恐慌の過程でも逆転しなかった。このようなデリバティブ市場の継続的な拡大を促している重要な経済的理由の一端は、以上のようなデリバティブ取引が備えている大きな利便性と可塑性に見出すことができる。デリバティブ市場は、一方で、多様かつ複雑なリスク管理や財務操作を日常的に迫られている現代の金融機関、機関投資家、さらには企業のリスク管理の必要に適応し、他方で、経済の金融化が進み、現実資本の価値増殖から自立した独自の価値増殖の方途を必要とする「過剰な貨幣資本」に、さまざまな投機取引と裁定取引を利用した価値増殖の機会と手段を提供する。

　ところで、投機取引も裁定取引も、同一の貨幣資本の運動が、さまざまなカウンターパーティの間に波及的・連鎖的に関連取引を誘発し、見かけ上の市場規模を急激に膨張させる傾向を備えている。例えば、外貨建ての受取勘定を保有する企業が、為替リスクをヘッジするために取引銀行との間で先物契約を結べば、銀行は自行のポジションを調整するために、別の銀行や企業との間で逆の先物契約を結ぶ。その場合、銀行のポジション調整の必要から、最初の取引が複数の派生取引に分割されることもある。さらに、これらの取引のカウンターパーティが、自らのリスク調整のために、新しいデリバティブ取引を別の銀行と結ぶこともありうる。こうした取引は、一部はヘッジ目的で、他の一部は投機目的で、さらに他の一部は裁定目的で行われるが、こうした取引の波及と連鎖には理論的な限界は存在しない。

　　＊　オプション理論の金字塔とされるブラック゠ショールズモデルでは、投機取引や裁定取引を可能にする市場の「不完備性」やアノマリー（歪み）は、市場でオプション取引が繰り返されれば、投資家によって利用し尽くされ、市場には裁定機会のない「無裁定価格」が成立することになる。金融工学の立場からは、一般にデリバティブはこのような意味で市場の不完備性やアノマリーを取り除く機能を果たすことで、経済資源の最適配分に寄与するとさ

れる（刈谷, 2000）。しかし、現実の市場は閉鎖的ではなく、不断の技術革新、政策的介入、人々の期待や予想の変化その他無数の要因の影響を受けて変動し、進化するシステムであり、そこには「無裁定価格」が成立する可能性は存在しない。

　今回の金融恐慌を契機に、仕組み証券市場と信用デリバティブ市場が事実上崩壊し、大手投資銀行、格付け会社、モノラインなど金融証券化に関わってきた金融産業に対する企業や投資家の信頼が大きく損なわれ、一般にハイリスク投資に対する警戒感が著しく強まった。これにもかかわらず、全体としてのデリバティブ市場は大幅な収縮に見舞われることなく、現在なお急速な拡大を続けている。このようなデリバティブ市場の大きな弾力性あるいは復元力は、この市場を単に資本主義の腐朽性を示す「あだ花」と見ることでは説明できないであろう。このような現況を合理的に説明するためには、デリバティブ市場が世界中の金融機関、企業および投資家に提供しているリスク管理と金融取引の大きな利便性を評価し、現代資本主義のデリバティブ市場への依存関係を具体的に検討することが必要である。

　　＊　米国最大手投資銀行ゴールドマン・サックス社の会長兼CEOであるロイド・ブランクファインは、2009年2月8日付Financial Times紙に寄稿した記事の中で、今回の金融危機に先だって多くの金融機関が採用していたリスクモデルには、「ポジションはすべてヘッジできるという誤った認識があった」と述懐しているが、このような誤った認識が広がった背景に、リスク管理手法としてのデリバティブのリスク調整機能および金融取引としての利便性に対する、市場関係者の過信と同時に強い需要があったことは間違いないであろう。

5　まとめ

　本章では、近年におけるデリバティブ市場の目覚ましい発展を、「金融のグローバル化」と「経済の金融化」、さらには「金融の証券化」という現象をともなって変化する金融産業、機関投資家ならびに大手企業の投資・財務活動の

変化との関係で考察するための一つの観点を試論的に提示した。

　このため、本章ではまずはじめに、資本蓄積とデリバティブの理論的関係を理解する手がかりとして、資本の循環と信用制度との関係を手短に検討した。ここでは、信用制度は資本の循環を貨幣の制約から部分的に解放することで資本蓄積を促進するが、こうした信用制度の機能は、資本が信用を利用するコスト（不確実性とリスク）が平均利潤を上回らないという前提条件に制約されていること、したがって、極度に不安定で脆弱な現代の金融市場に依存した現代企業の資本蓄積を支えるためには、金融取引にともなう不確実性とコストを軽減する課題が避けて通れず、このリスク管理の隘路を突破するために、旧来の金融市場に代わる新しい弾力的で可塑的な金融取引がデリバティブ市場として成立した事情を考察した。

　第二に、以上のようなリスク管理の新しい手法としてのデリバティブ市場成立の経緯が、主流派経済学の内部に「デリバティブ＝保険」説と呼ぶべき言説を生み出したこと、しかしながら、本来の保険制度と金融「保険」としてのデリバティブ市場の間には理論的にも制度的にも両者を同一視できない根本的な違いがあるということ、「デリバティブ＝保険」説には保険制度に関する重大な理論的誤解が含まれていること、さらに、金融産業や現実資本が実際にデリバティブを保険目的で利用している度合いは、利用可能な証拠に拠る限り「デリバティブ＝保険」説を裏付けるものではないことを論じた。

　第三に、「デリバティブ＝保険」説の限界を克服するアプローチとして、デリバティブ市場を架空資本の新しい発展形態として考察する筆者の観点を試論的に提示した。この観点によれば、架空資本と証券取引所の成立によって、貨幣資本は現実資本の価値増殖から遊離した独自の価値増殖の条件を獲得し、資本市場の論理によって平均利潤の制約から解放される。しかし、貨幣資本の過剰蓄積が深刻化し、金融市場の不安定性が極度に高まった現代資本主義の下では、大手金融機関、機関投資家および企業からは、現物取引に依存した伝統的なリスク管理の手法に代わる、より柔軟で可塑的なリスク管理手段に対する需要が高まってくる。デリバティブ取引は、その大きな弾力性と可塑性によって、そうした金融機関や企業の需要に応える金融技術の提供を可能にし、それを梃子に急激な拡大を遂げた。さらに、デリバティブ市場は、過剰な貨幣資本の運用をめざす企業と投資家に対して、金融市場の変動を利用する投機取引と裁定

取引の効果的な手段を提供したが、これらの取引はその特異な波及性と連鎖性によって、デリバティブ市場の膨張を加速させた。

　最後に、ありうべき誤解を解くために付言すれば、現代資本主義におけるデリバティブ市場の経済的役割を明らかにしようと試みる筆者の意図は、これまでマルクス経済学者やポスト・ケインジアンの多くが厳しく指摘してきた、デリバティブ市場の投機市場としての性格、さらには、デリバティブの組成に関わる「金融工学」の理論的・技術的欠陥を軽視するものでも、弁明するものでもない。また、デリバティブ市場を支配する大手金融機関の業務が、本文で説明した意味でのリスク管理サービスの提供を主たる目的としていると主張するものでもない。

　改めて指摘するまでもなく、デリバティブはその二重の意味での"virtuality"の故に、本章で取り上げた積極的なリスク調整機能の裏面として、過度の投機性と市場弾力性を備えている。だからこそデリバティブは、機関投資家や投機組織の投機取引や裁定取引の格好の手段として膨張したのである。その意味で、拡張されたリスク管理機能と裁定機能は、拡張された投機性と表裏一体になっている。

　さらに、貨幣資本の過剰蓄積を背景として金融機関の競争が激化し、金融市場の不安定性と脆弱性が極度に高まっている現代資本主義のもとでは、大手金融機関がデリバティブをリスク管理の手段としてよりも、投機的・詐欺的利潤追求のための金融商品として組成・販売する機会が広がり、大手金融機関とそのディーラーがこの機会を合理的限度を超えて、詐欺的・犯罪的な形で利用したことも歴史的事実である。

　デリバティブ市場、とりわけ仕組み証券市場や信用デリバティブなどのOTC市場を支配する大手投資銀行と投機組織は、これらの市場に対する監督機関の不在と不作為に乗じて、また、格付け会社やモノラインを利用しながら、虚構的で詐欺的なデリバティブ取引を膨張させ、結果として、グローバル金融市場全体を崩壊の危機に追いやる未曾有のシステミック・リスクを引き起こした。

　しかしながら、このようなデリバティブ市場の膨張と金融市場のシステミック・リスクとの関連を解明するためには、本章で取り上げた論点に加え、デリバティブ取引が作り出す信用とリスクのグローバルな連鎖の特異性と脆弱性、

この市場の大半を占める店頭市場 (OTC) における不透明性と情報の欠如、とりわけ店頭市場を仲介する少数の大手金融機関への取引の過度の集中、取引所取引を含め監督機関の消極的な監督姿勢あるいは監督権限の欠如、デリバティブ商品の組成に利用される「金融工学」の理論的、技術的欠陥、いわゆる BIS 規制や時価会計制度が内包する問題点、さらには、米国ウォール街と密接な利害関係をもち、大手金融機関の証券化 (securitization) ビジネスをサポートすることで莫大な利益をあげてきた格付け会社やモノライン保険の利益相反問題など、多くの論点を立ち入って検討することが必要である。

本章ではすでに許された紙幅を大幅に超えており、これらの問題点についての検討は、別の機会に譲る他はない。本章における検討から引き出される一つの結論は、Bryan & Rafferty がつとに強調している通り、現代資本主義の蓄積様式がすでに不可分かつ不可逆的な形でデリバティブ市場に依存しており、デリバティブなしの資本蓄積が考えられない状況になっていること、したがって、全体としてのデリバティブ市場の今後の発展経路が、単に金融市場だけではなく、資本主義それ自体の帰趨に甚大な影響を及ぼすであろうということである。その意味で、デリバティブ市場の立ち入った研究は、マルクス経済学の理論的発展にとっても不可避の課題になっているのである。

参考文献

井村喜代子 (2010)『世界的金融危機の構図』勁草書房。
刈谷武昭 (2000)『金融工学とは何か』岩波新書。
久留間健 (2000)『貨幣・信用論と現代不換制の理論』大月書店。
知見邦彦 (2012)「米国における保険の金融化」『季刊経済理論』経済理論学会編、第 49 巻第 2 号、7 月。
日本貿易振興会海外調査部 (2003)『米国の企業統治　インタビュー調査報告書』5 月。
マートン・ミラー (2001)『デリバティブとは何か』齋藤治彦訳、東洋経済新報社。
Arnoldi, J. (2011) Derivatives: Virtual Values and Real Risks, *Theory, Culture & Society*, Vol.21(6) (August)
Beckert, J. (2011) Imagined Futures: Fictionality in Economic Action, MPIfG Discussion Paper (August)

Bryan, D. & Rafferty M. (2006) *Capitalism with Derivatives : A Political Economy of Financial Derivatives, Capital and Class,* Palgrave.
―――― (2010) Deriving Capital's (and Lobour's) Future, *Socialist Register* (September)
Cook Pine Capital LLC (2008) Study of Fat-Tail Risk (November)
De Grauwe, P. (2008) The Banking Crisis: Causes, Consequences and Remedies, CEPS Policy Brief (November)
Du Toit, B. (2004) Risk, Theory, Reflection: Limitation of the Stochastic Model of Uncertainty in Financial Risk Analysis (June)
FitchRatings (2007) CDx Survey: Market Volumes Continue Growing While New Concerns Emerge (November 17)
Fligstein, N. (1990) *The Transformation of Corporate Control,* Harvard University Press.
Goodman, P. (2008) Taking Hard New Look at a Greenspan Legacy, *The New York Times* (October 9)
Harvie, D. (2006) Capitalism with Derivatives, *Economic Issues,* Vol.13, Part 2.
Lohmann, L. (2009) Regulatory Challenges for Financial and Carbon Markets, HeinOnline, *Carbon & Climate Law Review.*
MacKenzie, D. & Millo, Y. (2003) Constructing a Market, Performing Theory: The Historical Sociology of a Financial Derivatives Exchange, *American Journal of Sociology* (July)
Minton, A., Stulz, R. & Williamson, R. (2009) How Much Do Banks Use Credit Derivatives to Hedge Loans, *J Finan Serv Res,* No.35.
Nitzan, J. & Bichler, S. (2009) *Capital as Power : A Study of Order and Creorder,* Routledge.
Shaikh, A. (2010) The First Great Depression of the 21st Century, *Socialist Register.*
Singh, M. (2010) Collateral, Netting and Systemic Risk in the OTC Derivatives Market, IMF Working Paper.
US Government Accounting Office (GAO) (2009) *Systemic Risk : Regulatory Oversight and Recent Initiatives to Address Risk Posed by Credit Default Swaps,* Testimony (March 5)

第9章　国際金融危機と Too Big To Fail 問題

「われわれが解決を迫られている決定的に重要な問題は、Too Big To Fail 問題である」

（グリーンスパン FRB 前議長、2009 年 10 月の講演）

「もしも今回の危機が一つの教訓を与えるとすれば、それは、Too Big To Fail 問題は解決されなければならないということである」

（バーナンキ FRB 議長、金融危機調査委員会での証言）

「銀行セクターに対して世界中で提供された莫大な支援は、おそらく歴史上最大のモラルハザードを生み出した」

（キング・イングランド銀行総裁、2009 年 10 月 20 日のスピーチ）

1　はじめに

　今回の金融危機は、金融市場の規制監督をめぐる複雑な問題の一つとしてかねてより議論のあった「Too Big To Fail（政府監督機関は大規模な金融機関を破綻させられない）」問題を、今後の金融制度改革の大きな焦点に浮かび上がらせた。
　とくに金融危機の震源地となったアメリカでは、2008 年 3 月のベア・スターンズの危機、さらに同年 9 月のリーマン・ブラザーズの破綻を契機に、大手銀行の資金繰りを支えてきたレポ市場および金融 CP 市場が梗塞状態に陥り、

これを放置すればすでに崩壊状態にある仕組み証券市場が完全に崩壊し、この市場に大きく依存している大手銀行のオフバランス・ビークルの破綻から莫大な追加損失が発生する可能性があった。このために、アメリカ政府は議会に対して 7000 億ドル規模の銀行救済プログラム (TARP) の承認を求める一方、財務省と FRB は、相次いで大手銀行への流動性供給、不良資産の買い取りおよび保証などを実施した。また、FRB は、従来「最後の貸し手機能」を提供しなかったプライマリー・ディーラー（大手投資銀行）や MMMF などの「シャドーバンキング」セクターに対しても、流動性を供給する方策を実施した。

* イングランド銀行理事の Haldane は、今回の金融危機で英国と米国の政府と中央銀行の介入による銀行支援の総額を 14 兆ドル（世界の GDP の約 4 分の 1 に相当）と見積もっている。このうち、米国は 10.48 兆ドル（政府保証を含む、GDP の 73％）、英国は 1.71 兆ドル（同 74％）となっている。詳細は、Haldane & Alessandri (2009) を参照。

破綻に瀕した金融機関を政府・監督機関が救済するということは今回が最初ではない。しかし、今回の金融危機に際しては、米国政府・監督機関の対応が、前例のない規模とやり方での財政支出や中央銀行信用の提供をともなった。このため、過大なリスク取り入れによって破綻に瀕した大規模金融機関を政府・監督機関が救済する政策（以下 TBTF 政策と略記。ただし、これをめぐる一連の問題は TBTF 問題と表記）の是正、あるいはこうした事態を今後引き起こさないための効果的な方策をめぐる議論が、かつてなく活発化したのは当然の成り行きであった。

2010 年 7 月に成立したいわゆるオバマ金融制度改革（ドッド＝フランク法）をめぐる米国議会の審議過程でも、TBTF 問題は、最重要な課題として位置づけられ、公聴会等でもその検討に多くの時間が当てられた。しかし、TBTF 問題を改善する方策については専門家の意見は多様で、各国金融制度の違いもあって、米国と EU 諸国の間では、見解の相違が表面化しており (Goldstein & Véron, 2011)、国際的な調整は困難な状態である。また効果的な方策を実施した場合に大手金融機関の業務に加えられる制約などをめぐって金融界からの反発も強く、今回のドッド＝フランク法では、結果的に自己勘定取引やファンドとの取引に対する制限条項、大規模金融機関の集中制限に関する条項などが盛

り込まれたが、それらの運用細目の策定は監督機関にゆだねられており、最終的に今回の改正が TBTF 問題の効果的かつ永続的な改善につながると考える専門家は多くない（Acharya et al. (ed), 2011）。

本章では、このような現状を念頭に置いて、今回の金融危機で浮かび上がった TBTF 問題に改めて焦点をあて、(1) TBTF 政策をめぐる歴史的経緯、(2)今回の金融危機を契機とする TBTF 問題をめぐる議論の経緯(3) TBTF 政策のジレンマとこれが容易に解決されない背景、(4) TBTF 問題の改善あるいは解決のための可能な選択肢について検討する。

2　Too Big To Fail 問題をめぐる歴史的経緯
——米国における TBTF 問題の歴史

TBTF 問題は、金融業の規制監督、金融システム自体のリスク（システミック・リスク）の制御、および一般的に金融市場の効率性評価などの観点からも深刻なジレンマを含む複雑な問題であり、米国では 80 年代以降、長い論争の経緯がある。日本でも 1990 年代バブル崩壊後の金融危機に際して大規模な銀行救済策が実施されたが、これをめぐる議論はもっぱら国会での議論が中心で、学界レベルでは継続的な検討がなされてこなかった（米田, 2007、415 頁）。イングランド銀行理事の Haldane は、金融システムのリスクに関わる議論は 1930 年代の大不況以来行われてきたが、現代のシステミック・リスクに関する議論はやっと緒に就いたばかりであると指摘している（Haldane, 2010, p.2）。

(1) Too Big To Fail 政策の起源

戦後のアメリカで最初に発生した本格的な大規模銀行破綻は、1980 年に起きたファースト・ペンシルベニア銀行の破綻であった。同行は、1782 年設立で破産当時の総資産 92 億ドル、ペンシルベニア州最大の銀行であったが、安定的な預金よりも短期金融市場での資金調達に依存して長期債券に投資していた。このために、1979 年のいわゆるヴォルカーショックのあおりで短期金利

が急上昇すると、資金繰りに行き詰まったのである。金利上昇で銀行セクター全体の不安定性が高まっているという懸念から、FRBは同行に5億ドルの救済資金を提供し、合わせて10億ドルのクレジットラインを設定するとともに、民間銀行にも協力を呼びかけた。こうした意味では、この事件はその後のTBTF政策の原型となるものであった。

しかし、多くの研究者は、1984年に発生したコンチネンタル・イリノイ銀行（総資産470億ドルで当時全米7位）の破綻処理（最終的にFDIC〈連邦預金保険公社〉の負担は11億ドル）が、TBTF政策を当局が明言した最初の歴史的事例であったと考えている。その理由は、その同行の破綻処理にあたって、コノバーOCC長官（当時）が、議会に対する破綻処理の説明の中で、当時11行の大規模で国際業務に従事する銀行組織が同様に救済の対象となりうるTBTF銀行であると証言したことであった。

その後、1980年代後半期の不動産バブルとその崩壊、これにともなう銀行危機の過程で1990年に発生した、ニューイングランド地域の大手地方銀行バンク・オブ・ニューイングランド（BNE、総資産300億ドル）の破綻処理が、先のコノバー長官の証言を事実で裏付ける形となった。その処理にあたって、OCCは三つのブリッジバンクを設立し、預金保険対象外の預金を含むすべての預金を保護した上で、最終的に1991年、同行をフリート・ノースター・ファイナンシャルグループに売却した。

この、BNE処理および80年代後半期に発生した貯蓄貸付組合(S&L)の大量倒産とこれにともなう破綻処理のための巨額財政資金の投入、テキサス州における複数大規模銀行の倒産、などを背景に、預金保険制度の改革と併せて、TBTF政策の是非をめぐる論争が活発化した。

TBTF政策に対して厳しい批判を展開したのは、Shadow Financial Regulatory Committeeと称する専門家グループ（G. Kaufman, E. Kane, G. Benstonなどを中心に12人の専門家が1985年に結成。詳細は、Kaufman, G., 1990, pp.13-17を参照）であった。かれらは、この一連の金融危機と預金保険制度の事実上の破綻の原因を、個別銀行のリスクを反映しない一律保険料制度が引き起こす金融機関および預金者双方のモラルハザードであると指摘した。その上で、①TBTF政策を理由とする預金保証の禁止、②市場リスクを念頭に入れた新しいリスク評価基準の導入、③自己資本比率を基準とする早期是正措置導

入、を骨子とする預金保険制度改革案を提案した。その後、預金保険制度改革をめぐる議会の審議では、かれらの主張が大きな影響力を発揮し、1991年に成立した連邦預金保険公社改善法 (FDICIA) には以下の制度変更が盛り込まれた。
① 銀行破綻処理における「最小費用原則」の選択義務（ただし具体的な実施手続きを定めた例外規定を残した）
② 自己資本比率の低下に対する早期是正措置
③ 自己資本比率未達銀行に対する「最後の貸し手機能」提供の制限
④ システミック・リスク防止のための銀行間（コルレス取引を含む）取引制限他

FDICIA の成立を推進した前記の人々は、FDICIA はその後の銀行経営の健全化に大きく貢献したと主張し、その具体的な効果としては以下の点を挙げている。
① 米銀の自己資本比率改善
② 預金保険対象外預金の保護事例が破綻件数ベースで50％以下に低下
③ 大規模銀行の破綻例（TBTF を理由とする救済）がなくなった
　　＊ 以上の経過については、Hetzel, (1991) pp.3-14、高田 (1999) を参照。また、FDIC の銀行破綻処理については、FDIC (1998) が詳細である。

(2) Too Big To Fail 政策をめぐる論争

前述のように、FDICIA は大規模銀行を含む銀行破綻の処理に際して政府・金融当局が採用できる処理方法に一定の制約を加え、その制約を順守できない場合の特別な措置に関して厳しい手続き上の規定を定めた。しかし、金融専門家の間では、これによって TBTF 問題が基本的に除去されたと考える人は、むしろ少数であった。

いうまでもなく、現代の政府・監督機関が TBTF 問題から解放されていないと考えている実務家（代表的には後述のヴォルカー元 FRB 議長、H. カウフマンなど）や専門家の多くは、TBTF 政策を望ましい政策と信じているわけではない。それどころか、それは現行の金融監督体制の不備が引き起こす「必要悪」

であり、永久に容認されるべきではないと考えられている。しかし、現状では主要国の政府・監督機関は大規模で複雑な機構を持つ金融機関が破綻した場合にそれらを秩序だって清算するのに必要な法的権限、方法と手段、実施体制を持っているわけではない。そのために、実際に大規模金融機関の破綻が差し迫った場合には、政府・監督機関の介入と多かれ少なかれ財政負担をともなう公的救済なしに、金融制度を甚大な混乱あるいは最悪の場合には完全な崩壊から救い出すことができないと認識しているのである。

　TBTF政策、言い換えれば「一定規模以上の大きな銀行が破綻した場合に、金融システムや当該地域経済に甚大な影響が及ぶのを回避するために、当該銀行を何らかの方法で救済するか、あるいは銀行自体は救済しない場合にも、預金者および債権者を保護する公的措置を実施すべき合理的理由がある」とする考え（当然のことであるが、監督機関関係者は伝統的にこの立場が多い）は、これまで次のような論拠によって正当化されてきた。

(1) 大規模銀行の破綻が引き起こす金融システムと決済システムの大きな混乱（システミック・リスク）とそれがもたらす莫大な社会的コストを回避する必要。
(2) 大規模で多角化した巨大銀行の破綻がもたらす損失、混乱をタイムリーに予測することの困難性（とりあえず、救済せざるをえない）。
(3) 破綻に瀕した大規模銀行を、預金保護なしに長期間放置して破綻処理に必要な検査や手続きを進める時間的余裕はない（預金流出による破綻、合併の受け皿が直ちに見つからない問題）。
(4) 膨大な数の預金者、コルレス先などから資金調達している大規模銀行を清算して、ペイオフ処理することの実際的困難。

　これに対して、前述のシャドー金融規制委員会をはじめとする人々は、次のような根拠によってTBTF政策を批判し、その必要性に疑問を提起してきた。

(1) 預金保険制度と「最後の貸し手機能」が確立されていれば、銀行の連鎖倒産や流動性危機によるシステミック・リスクは発生しない。
(2) TBTF政策は、銀行行政のダブルスタンダードを生み出し、結果として大手銀行と預金者の双方に深刻なモラルハザードを引き起こす。
(3) 大規模で経営効率の悪い銀行を救済すれば、銀行業の効率性を損なう。

これまでの議論を全体として見ると、TBTF 政策は、モラルハザードをはじめ深刻な外部不経済をともない、望ましい政策ではないが、実際には廃棄されていないし、銀行業の集中とグローバル化が進んだ現状ではどの国の政府も廃棄できないという見解が多数を占めている。

　　＊　例えば、1997 年 7 月、アジア通貨危機の発生を背景にして G30 に提出したレポートの中で、ヴォルカー元 FRB 議長は、次のように指摘した。
　　　「近年では、多くの政府が、金融の安定性を維持する上で、自国の銀行制度に流動性を供給し、あるいは資本注入することが必要であるか、望ましいことであると考えている。銀行と他の金融機関との区別が次第に曖昧になり、同時にそれらの国際的性格が顕著になりつつある現在、セーフティネットとそれが金融機関の行動にとって有する意味合いについて再検討が必要になっている」(Global Institutions, National Supervision and Systemic Risk, 1997, July)
　　　また、かつてソロモン・ブラザーズのアナリストとして名声をはせた H. カウフマン (H) は、その著書で次のようにのべている。
　　　「巨大な包囲型金融機関は急速に金融の舞台に登場してきている。シティコープ――おそらく最も目立つ金融機関――は、その傘下に銀行、保険会社、投資銀行関連会社、金融会社がある。そのような機関がもっと多く組織されるほど、『大き過ぎて潰せない』ということが多くなる」(Kaufman, H., 2000,『カウフマンの証言』邦訳、268 頁)

　このような立場からの包括的な議論としては、Stern (1997) および Stern & Feldman (2004) を参照されたいが、要約的に言えば、この立場は、以下のようなものである。
(1)　金融自由化と独占禁止政策の後退によって、かつては考えられなかった大規模で多角化した巨大銀行が成立しており、これらの銀行が実際に破綻に瀕した場合には当局が救済に乗り出す可能性がきわめて高い。
(2)　大規模で多角化した銀行は、巨額の資金を預金対象外の資金に依存している。したがってこれらの銀行の破綻に際しては、預金保険制度はセーフティネットとしての機能を果たさない。1998 年の上位 10 社の総資産に対する預金の割合は 48％、このうち、国内預金は 28％にすぎない（保険対象預金の割合はさらにその一部）。

(3) 大規模銀行が破綻した場合には、それが少数であっても FDIC の基金が一挙に底をつく危険性が高い。しかも、近年の銀行集中によって、その破綻が FDIC の資金枯渇を引き起こす可能性の高い銀行の数は急激に増大している。

(4) 大規模銀行は、バランスシートに計上された総資産の 20 倍から 40 倍に達する莫大なオフバランス勘定を維持しており、その大半は OTC 取引である。オフバランス取引や OTC デリバティブ取引に関する信頼できる情報は非常に少なく、それらの取引スキームはきわめて複雑である。そのために、これらの銀行が破綻した場合にオフバランス取引やデリバティブ市場の混乱を通じてどのような問題が金融システムに波及するかを事前に予測することは困難である（なお、こうした議論の紹介と整理については、Wall, 1993, pp.1-14 を見られたい）。

(3) Too Big To Fail 政策のジレンマ

以上のように、TBTF 政策の是非については、いくつかの見解があるが、いずれの立場に立つにせよ共通に認識されていることは、それが非常に深刻なジレンマをはらんでいるということである。

　1980 年代以降、主要国は金融自由化を進め、あわせて独占禁止政策の運用緩和を進めてきた。その結果、銀行集中が急激に進み、銀行組織が大規模化すると同時に、その業務分野と地理的拡大が歯止めなく進行した。こうして、かつてのコンチネンタル・イリノイ銀行や BNE とは比較にならない大規模で複雑な銀行組織が数多く成立している。

　これらの銀行組織が実際に破綻に瀕した場合、金融当局が手をこまねいて見過ごすと信じている人は、実際にはほとんどいない。ウォール街の関係者の間では、TBTF 政策は、いわば常識であり、銀行の格付け評価、リスクマネジメント、さらには短期金融市場における資金調達コストの設定等の暗黙の前提になっている（Baker & McArthur, 2009）。要するに、金融当局は、1980 年代以降、一方で、民間銀行組織の集中と業務多様化をほとんど手放しで容認しながら、他方で、これらの銀行組織が破綻に瀕すれば中央銀行と財政資金を使って救済する「責任」を引き受けているのである。これは明らかにジレンマであ

る。

　TBTF政策のジレンマはそれだけではない。実際に深刻な金融危機が発生して銀行が破綻すると、破綻した銀行を清算することができないために、政府支援のもとで他の銀行に買収され、その結果ますます銀行集中が進むことになる。破綻した銀行が大規模であればあるほど、それの受け皿となる銀行も大規模であり、金融危機の後には超大規模な銀行が成立することになる。これは、TBTF政策のもう一つの深刻なジレンマである。

　TBTF政策が銀行経営者のリスク取り入れを促進し、銀行経営の健全性を損なう可能性を高めることは多くの専門家によって指摘されているが、これに関連するもう一つの問題は、TBTF政策の対象となる大規模金融機関に規模の経済性や範囲の経済性が働いていることが検証できないことである。

　金融機関の規模の経済性および範囲の経済性をめぐる問題はかねてより専門研究者の大きな関心の的であり、すでに膨大な実証研究が蓄積されている。それらの研究が見出した結果はさまざまであるが、全体として言えば、現在TBTF銀行として想定されているような資産規模が1兆ドルを超えるような大規模な金融機関が更なる合併や買収で規模と範囲を拡大するのを許容する合理的な理由は存在しないというものである（Wilmarth, 1995）。ある実証研究によれば、銀行経営者が規模拡大を追求する最大の理由は、効率性改善ではなく、経営者の報酬が一般に機関の規模に比例することである（Berger & Mester, 1997）。しかも、金融機関の規模が大きくなり、組織が複雑になるにつれて、組織の統合性と効率を確保するための費用が増大するだけではなく、経営者にさえ認識や予想が困難な「隠れたリスク(hidden risks)」が増大することは避けがたく、これを考慮に入れないで効率性を議論することはきわめて問題含みといわなければならない（Taleb & Tapiero, 2009）。

3 金融危機と Too Big To Fail 問題

(1) 金融危機を契機とする TBTF 問題の浮上

　アメリカにおける 1930 年改革以来の包括的な金融制度改革を不可避の課題として浮上させたのは、2008 年 3 月のベア・スターンズ破綻とその救済であった。

　同社は、傘下の二つのヘッジファンドの破綻（2007 年 7 月）に加え、自ら大きく関与していた仕組み証券市場と信用デリバティブ市場の混乱、格付け会社による格付け見直しの影響を受けて、レポ市場および CP 市場からの資金調達が困難になった。ベア・スターンズ以外にも大手投資銀行の資金繰りが行き詰まることを懸念した FRB は、政府系機関 (GSEs) のモーゲッジ担保証券を担保としてプライマリー・ディーラー（大手投資銀行）に融資窓口 (TSLF) を開くことを公表した。しかし、それを実施するまでに、さらに 2 週間程度の手続き期間が必要であったが、ベア・スターンズの資金繰りがそれまで維持できる見通しはなかった。このため、同社はかねてからの清算銀行である JP モルガンに救済を求めたが、同行は自身の抱える大きなリスクを理由に救済を拒絶した。ベア・スターンズの資金繰りが完全に行き詰まったという報告を受けて、同社経営陣、財務省、ニューヨーク連銀、JP モルガンが協議した結果、連銀が連邦準備法第 13 条の 3 項（異常かつ窮迫した状況への対応）にもとづき、JP モルガンを経由してベア・スターンズに 129 億ドルを融資し、ついで 300 億ドル相当の資産買い上げを行った。さらにその後、JP モルガンに 290 億ドル相当の資金を提供し、損失補填を約束した上で、同行がベア・スターンズを買収することになった。こうして、ベア・スターンズの破綻とその救済は、FRB に前例のない大規模な救済措置を余儀なくさせたが、その間、同社の旧経営陣は莫大な退職金を手にして同社を去った。

　その後、2008 年夏に二つの大規模な政府系住宅公社の経営危機が表面化し、

政府がこれを管理下に置く措置がとられた。さらに、かねてから経営危機の風評が流れ、一部ヘッジファンドの株式カラ売り攻撃にさらされていた大手投資銀行リーマン・ブラザーズと最大手保険会社であるAIGが相次いで経営危機に陥った。政府・中央銀行は、一方でリーマン・ブラザーズを破綻させながら、本来連邦政府に監督責任のないAIGを数次にわたる莫大な財政資金を拠出して救済する措置をとった。

　ベア・スターンズよりも規模の大きいリーマン・ブラザーズは、ベア・スターンズが救済されたこともあって、金融関係者からは当然TBTF銀行に該当する金融機関と考えられていた。それにもかかわらず同社が破綻したこと、しかも、財務省と連銀が同社の破綻を黙認した理由がその後も明らかにならなかったことから、TBTF政策に対する米国関係当局の判断基準が市場参加者にとって不透明になり、金融市場の混乱を拡大する要因になった。また、リーマン・ブラザーズの破綻は、同社の莫大な信用デリバティブ(CDS)取引を介して国際金融市場に広範かつ深刻な混乱を引き起こした。このため、この事件はほぼ同時に発生したグローバルな活動を展開していた巨大保険会社AIGの破綻・救済と相まって、TBTF政策をめぐる問題がG20など国際的なフォーラムで活発に議論される要因になった。

　　＊　リーマン・ブラザーズはグループとしては、50カ国にわたり、2000社超の法人から構成されており、そのうちの半数は米国外の監督機関の監督を受けていた。同社は、グループ全体のキャッシュフローをニューヨーク本社で一元的に管理すると同時に、これらの関連会社の取引を自由に別の会社の取引に付け替えたり、移転していた。こうした同社の操作は、破綻後の損失補償をめぐる権利関係を不透明にし、訴訟をきわめて複雑にしている（Herring, 2010, p.145）。他方、AIGの主要な取引先（Societe Generale、Goldman Sacks、Deutsche Bank、Barclays、Merrill Lynch、UBS）は、AIGが救済されなかった場合、破綻の余波がもたらす予測不能な損失を別として、それぞれ自己資本の20〜77％の損失を被ったと見積もられている。このうちドイツ銀行の場合、FRBから受け取った資金は同行の資本の37％に相当した（Blundell-Wingnal et al., 2009, p.13）。

(2) オバマ政権の改革提案とドッド゠フランク法

　金融危機への緊急対応と並行して開始された、米国議会における金融制度改革をめぐる議論は、当初から監督体制の強化、金融機関のリスク抑制、経営者報酬制度の見直し、店頭デリバティブの規制、格付け会社の規制、金融消費者保護の強化、ヘッジファンドへの監視強化など多くの項目を含む包括的な制度改革になることが予想されていた。
　新大統領に選出されたばかりのオバマ大統領は、TBTF 問題が今後の金融制度改革の最重要な、かつもっとも複雑な課題の一つであることを明確に理解していた。2008 年 9 月、同大統領は金融危機を踏まえた金融制度の包括的な改革を議会に提案するのに先立って、以下の六つの原則を明らかにした。

(1) 政府から借り入れをすることのできる金融機関はすべて政府の監督下に置かれる。納税者はウォールストリートが過大なリスクを取らないことを期待するあらゆる権利を有する。
(2) すべての被規制金融機関の順守すべき要件の見直し、格付け会社およびそのありうべき利益相反の調査、金融機関の株主に対する全面的な情報開示。
(3) お互いに権限の重複と競合関係を含んでいるために、大規模で複雑な金融機関を効果的に監視できない監督機関の関係の見直し。
(4) 金融機関が何であるか（免許の種類による機関主義的規制）ではなく、現に行っている業務に即した規制（機能主義的規制）を行う。
(5) 市場操作の疑いのあるトレーディング業務を防止する。監督機関は市場操作を見過ごすことなく監督責任を果たさなければならない、また SEC は、市場操作を行ったものを調査し処罰しなければならない。
(6) 今回発生したような金融システムに対するリスクを認知するプロセスを確立する。大統領、議会、および監督機関に対して金融市場の状態とリスクについて助言するための常設の顧問グループが必要である。危機が全面的に顕在化する前にそれを予測しなければならない（Obama's Six Points, USA Today blogs, 2008/09/22）。

大統領が提示した上記六つの原則は、全体的に見れば、その経営破綻が金融システムに対して脅威となりうる大規模で複雑な金融機関（Systemically Important Financial Institutions あるいは Large Complex Financial Institutions、以下それぞれ SIFIs、LCFIs と略記）に対してどのようにして適切な監視を確保し、その過大なリスク取り入れを抑制し、万一破綻した場合に政府救済によらない秩序だった処理を行うべきか、という最大の問題を中心に提起されていたと考えるべきであろう。
　その際、同大統領がもっとも重視したのは、SIFIs による過大なリスク取り入れをいかにして防止するかという問題であった。とりわけ、大手銀行が自己勘定取引、ヘッジファンドやプライベート投資ファンドなどとの密接な取引、簿外の投資ビークルを利用した投資などを通じて過大なリスクを取り入れることが、金融機関の経営の安定性と健全性を損ない、結果的に金融システム全体にとって深刻な脅威をもたらすという問題は、もはや放置できない問題であった。
　2010年1月21日にホワイトハウスで開催された記者会見で、大統領は経済政策顧問グループ（責任者はヴォルカー元FRB議長）との協議を踏まえ、金融制度改革についての自身の立場を説明した。その中で、同大統領は、今回の経済危機が、金融危機として始まったこと、この危機の主因は、銀行をはじめとする金融機関が短期的利益と高額報酬を追うあまり無謀なリスクを取り入れたことであると指摘し、大手金融機関が監督機関の目を逃れてヘッジファンドやエクイティ・ファンドを運営し、高リスクの投資を行うことを制限する必要性を強調した。
　この会見の中で、同大統領は上記の必要性にそった制度改革の基本原則を「ヴォルカー・ルール」と呼んだ。そして、このルールによって、「銀行は今後ヘッジファンド、プライベート・エクイティ・ファンドを所有し、投資し、そのスポンサーになることを禁止され、顧客へのサービスとは無関係に自己勘定でのトレーディングに従事することも禁止される」と説明した。これに加えて、大統領は、これ以上の銀行集中を防止する措置を盛り込むことを明らかにした。「アメリカ国民は、わずか数社の巨大金融機関で構成される金融システムによってサービスを提供されてはならない。それは、消費者にとって良いことでは

なく、経済にとって良いことでもない」(Remarks by the President on Financial Reform, The White House, January 21, 2010.)

 ＊ オバマ改革におけるヴォルカー・ルールの意義についてはCrotty et al. (2010) を参照されたい。なお、この論文は筆者のホームページ http://www.takuyoshi.sakura.ne.jp に全文を訳出している。関心のある方はご覧いただきたい。

 オバマ政権が議会に提案した金融制度改革案は、その後複雑な紆余曲折を経て、2010年7月にドッド＝フランク法として成立にこぎつけた。同法は2000ページを超える長大な条文と言われているが、TBTF問題に関連して次の条項が含まれている。

(1) 資産規模が500億ドル超の銀行持ち株会社はすべて、より強化された健全性基準が求められる
(2) システム上重要と認定されたノンバンク金融機関は180日以内にFRBに登録しなければならない
(3) FRBは、システム上重要な銀行およびノンバンク金融機関に適用する、より高い基準のリスク・ベース自己資本、レバレッジおよび流動性の規準、全般的なリスク管理基準、清算計画、信用エクスポージャー報告、集中制限、早期是正措置について基準を定める
(4) より強化された健全性基準は、米国外の銀行持ち株会社の米国内での活動に対しても適用される。ただし、それが米国外にある本社に対しても適用されるか否かは不明である
(5) いくつかの例外と経過期間を別として、いかなる銀行組織も自己勘定取引、ヘッジファンドおよびプライベート・エクイティ・ファンドの所有またはスポンサーを禁止される。システム上重要なノンバンク金融機関はそうした活動を禁止されないが、十分な追加的資本の保持およびこれらの活動に関するその他の量的制限を課せられる（ヴォルカーの第一ルール）
(6) いかなる預金保険対象金融機関あるいはシステム上重要なノンバンク金融機関も、合併あるいは買収後の連結負債が全金融機関の10%を超える場合には、他の会社を合併もしくは買収することを禁止される（ヴォルカーの第二ルール）

(7) システム上重要なノンバンク金融機関および大規模で広範かつ密接な相互取引関係をもつ (large, interconnected) 銀行組織は、FRB および FDIC の承認を受けた、迅速かつ秩序だった清算のための計画を準備し、保持しなければならない（Goldstein & Vèron, 2011, pp.9-10）

* ドッド゠フランク法の全体的な紹介と解説については、松尾 (2011) を参照されたい。また、同法の審議過程で議論された主要論点についての専門家による集団的な検討としては、Acharya et al., ed. (2011) がある。

これらの条項は、一見したところ大手金融機関のリスク取り入れを厳格に制限しているように見えるが、具体的な運用基準の作成は今後監督機関や議会の検討にゆだねられており、これらがどの程度実効的な制限となるかは未知数である（2011 年段階）。いずれの条項に関しても、条文には曖昧な表現が数多く残されており、その解釈、運用次第では金融機関が実質的に大きなリスクを取る余地が残されることになる。

* 米国の金融制度改革法（いわゆるドッド゠フランク法）は 2010 年 7 月に成立し、ただちに適用が開始されたが、改革の目玉となるヴォルカー・ルールをはじめ多くの項目の実施細則に関する連邦監督機関のすり合わせは 2013 年 12 月にいくつかの適用除外事項を認める形でようやく決着を見た。連邦準備制度理事会は、管轄下の金融機関に対して、このルールを 2015 年 7 月（オバマ大統領による同法へのサインから 5 年後）までに順守できるように準備することを求めている。その意味では、同法は 2015 年 2 月現在、なお完全な実施には到っていない。

(3) システミック・リスクをめぐる国際的議論

国際的な業務を展開する大規模な金融機関の破綻がもたらすシステミック・リスクをめぐる問題は、アメリカをはじめとする各国レベルでの議論と並行して、一連の G20 金融サミットの場でも活発な議論が重ねられてきた。ここでの議論は、米国で普及した TBTF 銀行という概念よりも、「システム上重要な金融機関 (SIFIs)」という概念を中心にして議論されてきた。

* アメリカでも最近は次第に TBTFs ではなく、「システム上重要な金融機関 (SIFIs)」という表現がより一般的に使用されるようになっている。その

理由は、金融機関が破綻した場合に予想されるシステム上の影響あるいは混乱は、当該金融機関の資産、預金、株式時価総額などの単純な規模ランキングに必ずしも比例しないためである。しかし、システム上重要な金融機関をどのような基準で認定するかは、きわめて複雑な問題である。この問題についての立ち入った議論としては、Thomson (2009) を見られたい。

リーマンショック直後の2008年11月に開催されたG20ワシントン金融サミットでは、従来進められてきたバーゼル規制（自己資本比率規制あるいはBIS規制）を中心とする銀行規制に加えて、ヘッジファンドなどノンバンクを含めて「システム上重要な金融機関」という基準から金融規制・監督体制の見直しが必要であるとの認識が打ち出された。

さらに、2009年4月のG20ロンドン金融サミットの共同声明は、個別の金融機関、商品、市場の枠組みにとらわれず、マクロ経済上の問題や幅広い市場参加者の行動を視野に入れたマクロ・プルーデンス政策の重要性に注意を喚起し、「ヘッジファンドを含むすべての金融機関、商品、市場に規制と監督をいきわたらせる」必要性が盛り込まれた。

これに関連して、同時に発表された「金融システム強化に関する宣言」では、それまでの金融安定フォーラムを金融安定理事会 (FSB) に改組することが合意された。同理事会は、「金融システムに影響を与える脆弱性を評価し、これらに対処するために必要な措置を特定し、監視すること」さらに、「マクロ経済上および金融上のリスクの高まりおよびそれに対処するために必要な行動を特定し、国際通貨金融委員会 (IMFC) およびG20財務大臣・中央銀行総裁会議に報告するため、IMFと協議すること」がその役割とされた。

ロンドンサミットでは、次回のG20金融サミットまでに各国金融当局が金融機関、市場、商品がシステム上重要であるか否かを評価するためのガイダンスの作成をIMFと新たに設立が合意されたFSBに求めた。このガイダンスは、2009年11月にFSB、IMF、およびBISの連名で発表された (FSB, 2009; 小立, 2010a)。

この文書では、システム上の重要性を評価する主要な基準として、①規模（金融サービスの総量）、②代替性（システムの他の構成要素が同じサービスを提供しうる程度）、③相互関連性の三つの基準をあげた上で、これらを補完する要

素としてレバレッジ、流動性リスク、構造上の複雑性、清算・決済システムの整備度合いなどが指摘された。

　この提案の含意は、システム上の重要性の評価に関してあらゆる国、あらゆる金融機関に画一的に適用できる基準は存在せず、さまざまな定量分析に加えて相当程度の定性的評価が必要であり、その最終的判断は各国当局に委ねられるべきだということである。

　　＊　以上の経緯について詳しくは、淵田 (2010)、また合わせて、Goldstein & Vèron (2011) を参照されたい。

2009 年 9 月の G20（ピッツバーグ）では、各国は、以下のような取り組み強化の必要性で合意した。

(1) より高い基準でより良質の資本充足、レバレッジとおそらくはカウンターサイクリカルなリスク吸収の仕組みを含めた新しい資本比率に関するルールを 2010 年末までに決定し、2012 年末までに実施に移す。
(2) 流動性リスクの改善された測定と管理の奨励、金融機関のリスク管理基準の強化。
(3) 情報開示の強化、簿外ポジションを考慮に入れる。
(4) 格付け会社に対する監督を強化、会計基準を統一化。
(5) 市場の取引慣行および引受基準に対する規制の改善。
(6) 信用デリバティブ契約の集中清算、および標準化された OTC デリバティブの取引所取引を 2012 年末までに完了する。
(7) 長期的な価値創造と整合的な経営者の報酬基準。透明かつ独立した報酬委員会および処罰権限を有する監督機関によるレビュー。
(8) 国際的な活動に従事する企業に関わるリスク管理のために、監督当局者グループ (college) を発足、各社ごとの危機対応計画策定、危機介入と緊急時における情報共有のための法的枠組み。
(9) さらに、金融機関の破綻が引き起こす混乱とモラルハザードを緩和し、金融機関を効果的に清算するための手段の開発が望ましい。システム上重要な金融機関のための健全性基準は、それらが破綻した場合に予想される費用に照応しなければならない。金融安定理事会は、2010 年 10 月末までに監督強化、追加資本充足、流動性およびその他の健全性要件を提案する

(Blundell-Wignall et al., 2009)。

　2010年6月のトロントサミットでは、金融規制強化に直接関連する事項は、それほど大きく取り上げられなかった。同宣言では、金融危機後の金融制度改革の進展をふまえ、銀行組織の健全性強化に関するこれまでの合意事項を再確認したのにとどまった。また、金融危機に際して各国が実施する対応策は一律ではなく、各国の事情が反映されるべきであるという点でも意見が一致した（The G-20 Toronto Summit Declaration, June 27, 2010）。

　前記ピッツバーグサミットの合意事項を引き継いだ2010年11月のソウルサミットでは、「システム上重要な金融機関がもたらすモラルハザードの抑制」と題する報告書（FSB, 2010）が採択された。その中には、SIFIsに対して目下検討中のバーゼルIIIで他の金融機関に求められるよりも高い基準での損失負担能力（自己資本あるいは自己資本に転換可能な債務）の保持を求めること、同時に、SIFIsに対しては、明確な使命、独立性、監督手段、権限を有する監督機関による、いっそう集中的で効果的な監督体制を確立する必要があるという提案が盛り込まれた。また、金融安定理事会と各国金融当局は、2011年中期までに、合意された基準にもとづいてグローバルな基準でSIFIsに認定されるべき金融機関のリストを作成することが確認された。

　また同サミットは、各国はSIFIsを秩序だって清算することのできる手続きと枠組みを持つ必要があるという点、清算に際しては預金者の便益が継承される必要があるという点で合意した。グローバルなSIFIsの清算に関連して難しい問題の一つは、それらの機関の活動が複数の国にまたがっており、関係国の監督権限をどのように調整し、首尾一貫した整理手続きを採用するのかという問題である。この問題をめぐっては、それぞれの金融機関ごとに、その活動範囲を踏まえて、関係国が監督権限を調整し、預金者保護の点でも関係国間で不平等が生じない配慮が必要であると指摘している。

　また、かねてよりEU諸国で重視されてきたSIFIsの独自の清算プラン（living will、生前遺言の意）の作成と監督機関への提出の義務付けについても盛り込まれた。これは、監督機関が当該金融機関の健全性と破綻した場合の清算処理に必要な手続きや時間等に関して適宜必要な情報を確保するための措置である。因みに、ドッド゠フランク法では、ノンバンク金融機関を含むSIFIsは

実施可能な清算プランを作成し、FRB および FDIC の承認をえることになっている。

> * このような清算プランには、以下の情報が含まれると想定されている。
> ① 清算プロセスが関係すると考えられる業務の範囲
> ② 清算のための手順と、それに必要な日時
> ③ 関係会社間の相互取引関係および情報システムを含む相互依存関係
> ④ 清算担当機関が必要とする情報を保存するデータの開発および維持のための取り決め
> ⑤ 重要な情報の所在、およびその操作担当者
> ⑥ システム上の問題に関連するすべての活動および関連組織、清算過程でのそれらの活動の取り扱い
> ⑦ 清算担当機関の活動が取引所、清算機関、証券保管機関、その他重要なインフラ機構に及ぼす影響
> ⑧ なお、清算計画は、もしも合併・買収あるいは組織の複雑性を高める変更があった場合には毎年あるいはさらに頻繁に見直される必要がある

4 Too Big To Fail 問題克服の障害

以上のように、今回の金融危機を背景にして TBTF 問題（あるいは SIFIs 問題）の重大性が改めて浮き彫りにされ、監督機関と金融専門家の多くがその重大性を再認識したと思われるにもかかわらず、この問題の有効な解決策については、政府・監督機関も専門家も依然として共通の理解に達することができないままである。

TBTF 問題が、やっかいな問題であることは間違いないが、これだけの議論を重ねながらなお明確な解決の糸口がつかめない理由として、(1) TBTF 問題および金融危機についての専門家の認識上の問題、(2) 金融機関の破綻処理を困難にする法的、実務的な問題、(3) SIFI の膨大な関係会社、それらの連結会計制度上の問題を含め、組織の全体を短期間で把握することの困難、等が浮かび上がっている。

(1) 監督機関と経済学者の認識上の問題

　これまで監督機関と経済学者が TBTF 問題を軽視してきた背景として、これらの人々に共通な以下のような認識上の特徴を指摘することができる。

① 金融危機の核心を「流動性危機」としてとらえる考え方。
　一部の金融専門家は、大規模銀行の破綻が引き起こす最大の問題は、連鎖的な決済不能（銀行間取引に典型的に現れる流動性危機）であると考えている。かれらによれば、流動性危機は一過的な問題で、時間がたてば銀行セクターから流出した資金が再び銀行セクターに流入することで解決する。中央銀行は、その経過期間中に最後の貸し手機能を活用し、流動性を補給すればよい。

　　＊　この議論は、前述のシャドー金融規制委員会の共同議長であり、シカゴ学派を代表する金融論専門家の一人である Kaufman (1989; 2002) に典型的に現れている。2007 年夏のサブプライム問題発生以来、アメリカ政府と各国通貨当局が実施してきた対応策の基軸は「流動性供給」による銀行間取引の正常化であった。2008 年秋以降、この対応策の不適切性が明らかになり、銀行への直接的な資本注入と部分的国有化が実施されるようになっている。問題は流動性消失ではなく、自己資本の消失（solvency 問題）である。また、現実の金融危機に際しては、多くの場合、流動性リスクと solvency 問題とは密接に絡み合って発現する。

② 市場は効率的で、銀行のリスクは、劣後債などのリスクスプレッドに反映され、銀行による過度のリスク取り入れは、政府の介入によらなくても、市場規律によって制御可能であるという市場信仰。
　このような市場機能への強い信頼は、現代金融論の一般的傾向である。ここから、システミック・リスクおよび TBTF 問題を過度に深刻に考える必要はないという楽観論が成立する。

　　＊　このような見解を代表する論者としては、Mishkin (2006) がある。これは、今回の金融危機勃発のわずか半年前の論文である。

③ 洗練された金融政策運営によって、1980 年代以降、景気変動が長期的

かつ大幅に緩和され、TBTF政策を必要とする深刻な景気後退や金融危機は今後発生しないという楽観論。

　　＊　代表的な言説として、Bernanke (2004) がある。また、Greenspan前FRB議長を先頭とする米国通貨当局の怠慢（バブルは実際に崩壊するまで認識できないというGreenspanの証言）と責任（かれは、その後、市場が政府よりも賢明であるという考えが誤りであったことを認めている）については、Kaufman, H. (2007) を参照。ただし、Great Moderationというフレーズを誰が最初に使用したのかについては、筆者は詳らかにしない。GreenspanからBernankeに継承された、金融政策のスタンスに対するポスト・ケインジアン（とくにH. Minskyの金融不安定性論を継承する系譜）の批判については、The Levy Economic Instituteのグループ（R. Wray他）が有益なワーキングペーパーを多数公表しているので参照してほしい。

④　大手金融機関やヘッジファンドのリスクマネジメントに対する過大評価。

　金融証券化、デリバティブ取引拡大を背景に、従来の信用リスクよりもむしろ市場リスクが重要になり、市場リスク評価の一般的手法としてValue at Risk (VAR) とよばれる手法が普及した。現行のBIS規制では、大手銀行に内部基準でのリスク評価を容認し、格付け会社の格付けをリスクウェイト基準として採用することを認めている。これは、大手銀行と格付け会社が政府・監督機関よりもよりよくリスクを評価・管理できるという根拠のない楽観論に依拠している。この結果、BIS規制は実質的に大手銀行のリスク管理モデルと格付け制度に依存するようになり、公的規制としての性格を希薄化させている。

　現実には、VARは、たとえ厳密なストレステストを行っていても、システミック・リスクが懸念される局面での市場リスク評価手法としては利用価値が低いことが判明した。その主要な理由は、確率分布を評価するデータが短期的で評価方法が不適切、金融市場の構造変化と市場間の複雑な相互関係の捨象、金融機関が曝される競争圧力の軽視、その他である。ただし、大手銀行のリスクマネジメントの脆弱性は、VARをベースとするリスク評価手法の問題だけではなく、組織内のリスク管理体制や投資銀行化（Originate & Distribute、組成販売モデル）戦略自体にも潜んでいたことが指摘されている。

　　＊　各国監督機関による銀行のリスクマネジメントの現状に関する調査リポートとしては、Senior Supervisors Group (2008) を参照。なお、ヨーロッパ最

大の金融コングロマリット UBS のリスクマネジメントの実態についてのスイス連邦銀行委員会の調査（Eigenössische Bankenkommission (2008a) および、同 (2008b)）が興味深い情報を提供している。これによれば、UBS では従業員 22000 人のうち、3400 人が高給を受けてリスク管理を担当していたと記されている。この人々は何を「管理」していたのか？　なお、グラス＝スティーガル法撤廃による大手銀行のユニバーサルバンク化がもたらすリスク増大の危険性については、Willmarth (2002) が必読文献。あわせて、高田 (1997) を参照。また、サブプライム問題と G＝S 法の関連については、Willmarth (2008) および Moss (2009) を参照。

⑤　時価会計主義と結合された BIS 規制の景気増幅作用に対する過小評価。BIS の自己資本比率規制は、バブル期における資産拡張とバブル崩壊期における資産収縮のサイクルに対して大きな増幅作用を持つ。さらに、大手銀行の保有する有価証券に対する時価会計適用は、その増幅作用を倍化させる。その結果、大規模で巨額の有価証券を保有し、同時に大きなレバレッジを利用している大規模投資銀行では、資産価格の変動がバランスシートの大幅な伸縮を引き起こし、結果的に大きな景気増幅作用を持つ。この問題はかねてから指摘されていたが、今回の危機が発生するまで監督機関は大きな関心を払ってこなかった。

　　＊　時価会計が投資銀行など高レバレッジ金融機関に適用された場合のサイクル増幅効果については、Adrian & Shin (2006)、Shin (2010) が明快な説明を提供している。

(2)　一般企業と金融機関の破綻処理の法制度上の差異

　専門家によれば、SIFIs と見なされる大規模で複雑な金融機関が破綻した場合の監督機関の処理には、法制度上、いくつかの重大な困難が予想される。
 (1)　監督機関は破綻した金融機関の清算にあたって、営業部門の売却、閉鎖、清算、既存の契約の再交渉や取り消し、残余資産の管理を別の組織にゆだねるなどの措置に必要な法的権限および執行手段を持っていないかもしれない。
 (2)　かりに監督機関が金融機関に対する監督権限を持っていても、外国の監

督権限のもとで営業している子会社などにその権限が及ばない。この問題の改善のためには国際的な協約が必要であるが、いまだその条件はととのっていない。
(3) 監督機関は大規模で複雑な金融機関の本社（持ち株会社）内の各部門間、関連会社間、他の企業などとの相互取引関係の全貌を掴むことがきわめて困難である（Squam Lake Working Group on Financial Regulation, 2009, p.2）。
   ＊ 国際的な破産手続きの差異が、グローバルな活動を展開する企業の破産処理に関連して引き起こす問題については、Herring (2010, pp.146-148)。

　以上のような制約は、一般にグローバルな活動を展開する大規模で複雑な企業組織の清算にともなうことが予想される困難であるが、これらに加え、SIFIs の場合には、金融機関であることから発生する特別な問題が存在する。それらのなかで特別な考慮が求められる問題は、「取り付け (runs)」である。
　金融機関の場合には、その規模や沿革に関わりなく、経営危機に陥って資金繰りに窮すれば、預金者や貸し手などさまざまな債権者による取り付けに直面する。今回の金融危機におけるベア・スターンズやリーマン・ブラザーズの事例が示しているように、いったん取り付け（これらの投資銀行の場合には、「取り付け」は、通常の預金者による預金の引き出しではなく、レポ市場や CP 市場で短期資金を供給している機関投資家が資金提供を停止する「密かな取り付け (silent runs)」の形で発生する）が発生すると、数百億ドルという手元資金が数日で消失する。しかも、多くのノンバンク SIFIs は、預金以外の、きわめて短期（多くが翌日満期）の借り入れに依存しており、経営危機に陥ったり格付けを下げられると取引先は資金の提供（レポ取引の更新）に消極的になり、担保の積み増しを請求したり、取引の更新を拒絶する。このため、金融機関の破綻処理にあたっては、監督機関は通常の企業の破産手続きにゆだねる時間はなく、可及的速やかに当該機関の資産や負債の実効的な管理を行う必要に迫られる。
   ＊ ある専門家は米国の破産法第 11 条が金融機関の破綻処理に利用できない理由を次のように説明している。「第 11 条が金融会社に適用されなかった（例外はリーマン・ブラザーズのケース）理由は、危機が進展する速度が通常の破産手続きを不可能にするからである。これは、金融セクター以外では当てはまらない。……リーマン・ブラザーズの場合には、破産の費用が大き

く過小評価されていたように見える。標準的な第11条の手続きは、金融危機の渦中に巻き込まれた大規模な金融機関に対して効果的に適用するのは費用がかかりすぎる。したがって、われわれは将来に備えて、金融機関の破綻を処理するための特別な破産手続きを作成することに賛成する」(Altman & Phillipon, 2009)

なお、レポ市場を中心とする今回の取り付けについては、Gorton (2009; 2010) を参照。

金融機関の破綻処理にともなうもう一つのやっかいな問題は、SIFIs の既存の契約の中で、スワップやレポ取引等きわめて金額の大きな契約が通常の破産手続きにもとづいて処理することができない優先事項になっているということである。専門家によれば、スワップ契約の相方は、必要とあれば破産手続きによることなく、国際スワップ・デリバティブ協会 (ISDA) の定めた基本契約の雛形によって、直ちにポジションを閉じ、保有する担保を処分することができる。このために、監督機関あるいは指定された管財人等が資産価値保全のために債権者に執行停止を求めること (stay order) が困難になる。リーマン・ブラザーズのケースでは、同社は破綻時に93万人の取引相手とスワップ契約を残しており、そのうち73万人以上が契約解消を求め、これが同社の資産価値の保全を著しく損なったと指摘されている (Herring, 2010, p.146)。同様の問題は、レポ市場でも予想される。レポ取引の多くは翌日満期の契約で更新されているが、レポの出し手は担保権を有しており、その請求権は他の債権者に優先する (Squam Lake Working Group on Financial Regulation, 2009, p.7)。従来、専門家や市場関係者は、スワップ取引やレポ取引で、債権者の権利を通常の破産処理の場合と同様に一定期間執行停止状態に置くことは、これらの取引におけるカウンターパーティ・リスクを大きくし、市場機能を損なうと主張してきた。

いずれにしても、国によって事情は異なるが、現行の破産手続きは、そのままでは SIFIs の破綻処理には効果的に適用できない。

(3) グローバルな活動を展開する大規模で複雑な金融機関の営業と
バランスシート、取引の実態を全体的に把握する困難

　秩序だった破産処理を進めるためには、当該企業の関連会社、海外現地法人を含む全体の資産・負債の内容、外部取引先および関連会社間の取引の内容、さまざまな取引契約の内容とその執行状況、その他に関する膨大で正確な情報が必要である。しかし、グローバルな活動を展開する SIFIs については、こうした情報を監督機関が短期間に入手し、評価することは著しく困難である。
　一般に多国籍企業と呼ばれる国際的活動を展開する企業や、多くの関連会社を持つ大規模産業企業などの場合には、その営業、組織、財務、取引の全体を把握することは容易ではないが、SIFIs の場合には、一般的にいって、情報入手とその評価にかかわる困難と複雑性はさらに一段と大きなものがあると考えられている。例えば、イングランド銀行の調査によれば、最大規模のグローバルな金融機関は、同様にグローバルな多国籍企業と比較して、平均して2.5倍の数の子会社（最低でも数百社、最大で2500社程度に達する。さらに、その多くが本社とは異なる多数の国で活動している）を持っている（Herring & Carmassi, 2009）。さらに、金融機関は一般企業に比べてより厳しい監督下に置かれており、その制約を回避するための行動（オフバランス・ビークルや海外子会社の多用）が機構の複雑化と極度の不透明性をもたらしている。
　また、SIFIs が支配する数百の別会社や海外現地法人などは、法人格としては独立し、それぞれ本社とは別の監督機関の監督下に置かれていても、実際には、そうした法人格や本来の監督機関に関わりなく、多くの場合本社による一元的な管理がなされている。こうした事情によって、一部の金融専門家は、金融機関は一般に産業企業に比べて不透明で、このことは、格付け会社間で見られる格付けのバラつきに表れていると考えている。いずれにしても、金融イノヴェーション、金融グローバル化、金融再編が急激に進展する現代の金融産業を、監督機関が効果的に監視し、適切な規制を行うことはほとんど絶望的と言ってよいほど難しくなっている。

　　　＊　この点について、Kaufman (2000) は次のように警告している。「巨大金融
　　　　コングロマリットはわれわれの金融市場の不透明性を高めている。かれらの

活動は、消費者ビジネス、トレーディングや投資、証券の引受、貸付、自己勘定取引、保険の引受、不動産の仲介、何十億ドルもの他人の資金の管理、コンサルティングやアドヴァイス、など多くのセクターにわたっている。かれらはますます活発にグローバルな活動を展開しており、いくつかの機関は利益の半分以上を海外活動で生み出している。かれらの規模、業務範囲、金融市場のインフラとしての重要性を、公表されているバランスシートから分析することは不可能である。これらの金融ビヒモス（聖書にでてくる巨獣の名、引用者）は、かれらの活動範囲があまりにも広大でつかみ所がない(deep) ために、否応なく TBTF である」（*Wall Street Journal*, 2007/11/13 の論稿）。さらにかれは、「公的監視当局は金融機関が携わっている多様なオペレーションについてもっと知識を持つべきだ……その知識には、金融機関のリスクテーキング活動のすべて、リスクのモデル化の品質、貸借対照表の欄外の活動が金融機関の健全性に与える影響などを含んでいる」（Kaufman, H. 2000, 邦訳 291 頁）。

　複雑で大規模な金融機関の組織と活動の実態を把握する困難は、監督機関をはじめとする外部者に限られたことではない。筆者は、『金融グローバル化を読み解く』（新日本出版社、2000 年）で、現代の金融機関のいくつかが、健全な金融システムの維持と両立できないほど巨大化しており、機構の分割と再編が必要である」と指摘した上で、次のように記したことがある。

　「近年の金融再編は、数千億ドルもの資金を支配し、数万人の職員を使用し、世界数十カ国に数百カ所もの営業拠点を有し、きわめて広範な業務に従事する、巨大で多国籍化した金融コングロマリットを生み出している。これらの巨大組織は、その活動が主権国家と地域コミュニティの存続にとって大きな脅威となっているだけではなく、基本的に、人間による管理や操縦と両立しない存在と化している」（254-255 頁）

　筆者がこれを記して以来、世界的な金融集中はさらに急激に進み、現状は当時の筆者の想定をさらに大きく超えるものになっている。金融危機発生前の時点（2007 年 6 月）で、米国最大の銀行組織の資産総額は 2 兆ドルを超え、これ以外に資産規模が 1 兆ドルを超える金融組織が 5 社に上った。資産規模で世界

トップ20位の大規模銀行の全銀行資産に占める割合は、1999年の26%から、2009年には41%に上昇している（IFSL Research, Banking 2010, Feb. 2010）。それらのうち8社は、全世界に1000社以上の関連会社(majority-owned subsidiaries)を持っている（最大は2435社、そのうち半数は海外子会社）。イングランド銀行が公表した2006年の調査によれば、世界で1兆ドル超の資産を持つ金融機関の数は13社で、それらの子会社数は平均で1110社、活動している国は平均で47カ国に上っている。こうした状況は、国際金融市場と世界的な決済メカニズムで主導的な役割を果たす巨大金融コングロマリットが、外部者だけではなく、その経営陣にとってももはや十分には組織と活動を把握できない巨大なブラックボックスになっていることを意味している。

  * 例えば、リーマン・ブラザーズの破綻に直面して、財務省とFRBは同社の資産や負債、未処理の取引契約の全体が正確に把握できないことが適切な破綻処理を困難にする大きな原因になった。その後、ニューヨーク連邦裁判所は専門家グループに公式調査を依頼し、全9部、2200ページの文書（*Report of Anton R. Valukas, Examiner*, United States Bankruptcy Court, Southern District of New York, 2010, Vol.1-9）が2010年3月13日に公表され、現在ダウンロード可能となっている。ただし、この報告書が注目に値するのは、ページ数の多さではなく、参照された資料、情報のとてつもない膨大さである。ある解説によれば、リーマン・ブラザーズがデジタル化して蓄積していた文書・情報の総量は、3ペタバイト（ペタは10の15乗）に上り、プリントアウトすると、3500億ページに達すると言われている。これは、米国議会図書館（世界最大）の所蔵する全資料の150倍に相当する分量である。調査を担当したグループ（チーフはシカゴで法律事務所を運営するA. R. Valukas）は、専属スタッフの他に70名以上の契約弁護士を使い、1年かけてそのうち500万点、4000万ページ相当分を点検した。この作業に要した総費用は30億円以上である。この報告書によれば、リーマン・ブラザーズは、Repo 105と呼ばれる偽装的取引で500億ドルの資産を毎決算期直前に簿外に隠蔽するのを繰り返していたこと。これは通常のRepo取引（証券担保の借り入れ）の形を取りながら、会計上は資産を売却したように会計処理をするやり方で、実態はかつて山一證券がやっていた「とばし」に類似している。また、これには、ロンドンの一流法律事務所が関与している。さらに、リーマンの最高経営責任者(R. Fuld)も、議会で質問されたバーナンキFRB議長やヴォルカー元FRB議長（オバマ大統領の金融制度改革のアドバイザー）も、この調査報告が公表されるまで、このような取引の存在

を知らなかったと答えている。

　このようにSIFIsが引き起こす金融のシステミック・リスクの脅威を改善するためには、何よりもまず世界で30社前後と想定されるSIFIsの組織と活動について正確な情報が必要であるにもかかわらず、各国の政府・監督機関はこれまで、こうした情報をえるための系統的な調査をほとんど行ってこなかった。とくに、今回の金融危機では、監督機関による監視が商業銀行に比べて格段に緩い投資銀行と実質的に監督圏外に放置されてきたさまざまなシャドーバンキング・セクターの破綻と混乱が、危機の深刻化と伝播・拡大の大きな要因になった（Duffie, 2011）。こうした状況は、現代の国際金融市場におけるSIFIsのシステム上の中心的な役割(centrality)と、それらの金融機能の不全がシステム全体の安定性を損なう危険性(systemic risk)を考慮にいれると、早急に改善される必要がある。

　＊　Gorton (2009) は、今回の金融危機を従来の銀行取り付けに端を発する銀行恐慌と比較して、証券化された銀行業(securitized banking)の危機として特徴づけている。証券化された銀行業の主たる活動部面は、仕組み証券市場、OTCデリバティブ市場、レポ市場他であるが、今回の金融危機が勃発したとき、われわれはこれらの市場の実態について信頼できる情報をほとんど持っていなかったし、基本的には現在もなお十分な情報を持っていない。こうした事態に至った重要な原因は、いずれの国の監督機関もこれらの市場の効率性と流動性を過大評価し、それらの実態を系統的に把握し、監督機関の立場からデータを収集する必要性を認識していなかったことである。例えば、レポ市場は大手投資銀行やヘッジファンドが毎日数兆ドル規模の短期取引を繰り返し、FRBやイングランド銀行などの金融政策（公開市場操作）の主要な対象になっている重要かつ膨大な市場である（Fisher, 1997; Ewerhart & Tapking 2008; Hördahl & King 2008）。しかし、レポ取引は、多くが格付けの高い証券を担保とし、大手金融機関や機関投資家の間の短期取引であるという理由で、システミック・リスクに関与する可能性があるとは考えられてこなかったし、系統的な統計も整備されてこなかった。

　今回の金融危機を契機に、G20を中心にグローバルな活動を行うSIFIsの規制・監督についての監督機関の関心が高まり、これをめぐる国際的議論が重ねられた。これが背景になって、SIFIsの組織や活動に関する情報の欠落を改善

する試みが各国政府・監督機関および業界団体などによってなされるようになった。前記のロンドン・金融サミットの共同声明および「金融システム強化に関する宣言」、これにもとづいて金融安定理事会が設立された経緯も、そうした動きの重要なステップである。また、米国のドッド゠フランク法では、金融安定カウンシル (FSOC) の設立が定められたが、その活動を支える調査機関として、データセンターを備えた金融調査庁 (OFR) が設立されることになった。

このように、金融のシステミック・リスクに関わるグローバル・大規模・複雑な金融機関の活動を監視する必要性についての認識は国際的に高まってきたが、これをめぐる議論は、これまでのところ、どのような基準で SIFIs を認定するのか、それらの監督責任と権限をどのような監督機構に委ねるのか、それらの監督権限が複数の機関、多数の国にわたっている問題を国際的にどのように調整するのか、といった議論にとどまっている。大規模・複雑・不透明な SIFIs の組織と活動の実態をどのようにして全体的かつ正確に把握するのかという肝心の問題については、具体的な前進は見られない状況である。

* 欧州中央銀行は、近年ユーロ圏における大規模で複雑な金融機関 (LCFIs) の増大に関心を向け、その特定を試みてきた。同行の立場は、システム上の重要性は、バランスシートの規模で測られた金融機関の大きさだけでは決められない、オフバランスシート取引を含めた、相互取引関係 (interconnectedness) が重要であるというもので、考慮されるべき指標として、資産、偶発債務、インターバンク資産、インターバンク負債、純金利収入、その他全体で 13 の指標（その後、さらにクロスボーダー資産、株式時価総額など 6 つの指標が追加された）を挙げている。これらの指標にもとづいて同行は、ユーロ圏で活動する 415 行の銀行の中で 36 の銀行グループを大規模で複雑な金融機関に指定した。このうち、ユーロ圏に本部を置く組織は 21 社で、残りの 15 社は米国、日本などの海外に拠点を置いている。また、イングランド銀行の *Financial Stability Report* (2007) は、別の指標にもとづいて、世界で 16 社の銀行組織を LCFIs として認定した（リーマン・ブラザーズ〈当時〉を含む）。*Financial Times* の記事（Jenkins & Davies, Nov.29, 2009）は、24 社のグローバルな銀行と 6 社の同様にグローバルな保険会社が国際的な監督の対象に挙がっていることを報じた（以上の経過について詳細は、Goldstein & Vèron, 2011, pp.16-20）、Herring & Carmassi (2009) などを見られたい）。なお、LCFIs の用語が最初に使用されるようになったのは、金融安定フォーラムの作業部会（2000 年）とされている。その際、

LCFIs の選定基準に採用されたのは、国際債券市場、株式発行市場、シンジケートローンの組成などのうち、すくなくとも二つ以上の市場で上位10位以内（ハーグテーブル）に入っていることである。

5　Too Big To Fail 政策のジレンマをどう改善するか

　今回の金融危機は、システミック・リスクを除去し、金融システムの健全性・安定性を維持する上で、TBTF 問題の改善が喫緊の課題であることを改めて浮き彫りにした。この問題は、アメリカではすでに述べたように相当な議論の蓄積があるが、日本を含め、世界的に見ると、それが活発化したのはやっと最近のことである。

　今回の金融危機を踏まえ、金融監督体制の再編を視野にいれて活発化してきた TBTF 問題の改善策をめぐる国際的議論では、かつてシャドー金融規制委員会のグループが展開したような、単純な市場機能強化論は影を潜めている。

　言うまでもなく、OTC 取引の取引所集中、格付け基準の公表と格付け会社の競争促進、仕組み証券の担保内容や組成プロセスの透明化、銀行とヘッジファンド、簿外ビークルとの関係の透明化など、市場の透明性を高めるための制度的改善の必要性はもとより否定すべきではない。しかし、これらの措置によって、大手金融機関のリスク取り入れあるいはエクスポージャーを外部者が正確に評価できる保証はない。また、大手金融機関は、こうした安全性基準やリスク評価基準を回避あるいは粉飾する方法を遅かれ早かれ開発すると想定しておくべきである（Kane, (1977) のいわゆる規制の弁証法）。

　TBTF 問題の解決のためには、監督機関は二つの課題で大きな前進を達成する必要がある。第一は、大規模金融機関のリスク取り入れをどのようにして抑制するか、言い換えれば、大規模金融機関が経営破綻する可能性をどのようにして減少させるかという事前的 (ex ante) な対策をめぐる課題であり、第二は、それにもかかわらず大規模金融機関が経営破綻した場合に、それを公的支援によらないで、どのように秩序だって処理するのかという、事後的 (ex post) な対処をめぐる課題である。

まず、第一の課題に関しては、これまでの議論でいくつかの方策が提案されてきた。

(1) 自己資本比率など金融機関のリスク吸収能力を強化する必要があるという立場

周知のようにバーゼル規制はもともと、1980年代以降の金融自由化とグローバル化を背景に、国際金融市場に参加する各国の大手銀行組織を、国際的に調整された仕組みで包括的に規制する必要性から合意されたものである。米国の監督機関である財務省およびFRBは、1990年代以降、金融証券化の進展を念頭において、投資銀行を含む金融機関の過大なレバレッジに焦点をあて、バーゼル規制の見直しと整合的な方向でレバレッジ規制の強化を打ち出す方針を選んだ。これらの監督機関は、大規模な金融機関に対して、他の金融機関の水準を上回る安全性基準を求めることを中心目標に置こうとした。また、最近では、この立場からの議論は、個別金融機関の健全性にとどまらず、金融機関および金融市場の相関性や、マクロ経済との関連まで視野にいれたマクロ・プルーデンス政策という拡張された監督体制に焦点が移りつつある。

(2) 預金保険制度のモラルハザード問題を改善する必要があるという立場

これは、ミネアポリス連銀のグループ (Stern, 1997; 2009a; 2009b; Stern & Feldman, 2004; 2009) がかねてより強調していた改革案で、要点は、1991年の預金保険制度改革執行法で不徹底に終わった保険対象外の預金者の損失負担を厳格化することで、銀行と預金者双方のモラルハザードを防止するという考えである。この見解は、預金者保護に制限を設けることで預金保険制度のモラルハザードを改善しようと考える点で、先のシャドー金融規制委員会の議論の流れを踏む見解ということができる。ただし、かれらはシャドー金融規制委員会とは異なり、TBTF問題を軽視せず、それが政策当局にとって放置できない問題であると認識している。

(3) 大手金融機関の高リスク投資・取引の制限

オバマ大統領の経済顧問に招かれたヴォルカー元FRB議長は、銀行の

過大なリスク取り入れを可能にする高リスクな取引や投資を制限する必要性を強調した。とくに、銀行の自己勘定取引および銀行とヘッジファンドや投資ファンドなどとの大規模な取引を原則禁止することがかれの主たる関心事であった。これは、銀行業界の要求に押し切られた形でグラス゠スティーガル法が撤廃された経緯が今回の金融危機の発生の重要な要因の一つであり、同法を復活することは非現実的であることを認めながら、現状に適応した方法で銀行業のリスク取り入れを制限する必要があると考える立場でもある。

(4) 大規模で複雑な金融機関の分割なしに TBTF 問題の解決はありえないとする見解

著名な経済学者を含む一部の研究者は、急激で複雑な金融イノヴェーションが展開され、銀行業の競争と集中が高まっている金融市場の現状を踏まえれば、いかなる規制も長期的に銀行のリスク取り入れを抑止することは困難であり、したがって、破綻しても潰すことができない銀行は存在すべきではなく、すでに存在している場合には、政府はそれを秩序だった清算が可能な規模に分割すべきであるという立場である (Cassidy, 2010)。

筆者の見解では、これらのうち(1)～(3)の政策は、それ自体としてはいずれも正当であるが、同時に、いずれもそれだけで効果的な対策とはなりえない。

バーゼル規制が今回の金融危機の防止に何の役にも立たなかっただけではなく、むしろその重要な要因になったことは専門家の間で広く認識されている。バーゼル規制は1990年代中期以降の検討を踏まえ、バーゼルIIに拡大され、すでに相当程度に複雑になっており、今回の事態を見れば、それをさらに複雑にすることは無意味である。筆者の理解では、バーゼルIIは、二つの点で致命的な欠陥をはらんでいる。一つは、今回破綻した大手銀行組織のほとんどが、開示された財務情報によれば、自己資本基準を満たしていたことに示されているように、自己資本比率という基準が銀行業の健全性とほとんど関係がないということである。このことは、過去の大規模金融機関の多くの破綻例で証明されているが、今回の危機においても、例えばリーマン・ブラザーズは破綻のわずか1週間前まで、バーゼルII基準で11%の自己資本 (Tier 1) 比率を維持して

いた。もう一つは、個別銀行のリスク評価を銀行自体のリスク評価モデルと外部格付け会社の格付けに委ねることで、規制の民営化を進めたということである。この第二の点への反省は、個別銀行の枠組みを超えたマクロ・プルーデンス政策という概念の導入をもたらしたが、それは、筆者の理解では、バーゼル規制の意味合いをいっそう曖昧にするだけである。そもそも銀行業と投資銀行業との区分がなくなり、金融のグローバル化と証券化が大きく進展し、OTCデリバティブの利用がオフ・バランスで極度に膨張している状況のもとで、SIFIsの信用リスクと市場リスクを意味ある精度で測定することは、いかなる「モデル」に依拠するにせよ、ほとんど望むべくもない作業と言わなければならないであろう。

預金保険制度の改善によって、モラルハザードを防止するという政策は、1991年の連邦預金保険公社改善法 (FDICIA) によって、すでにその効果と限界が明らかにされている。この政策の致命的な欠陥は、たとえ法律によって大規模銀行の保険対象外預金や債権は完全には保護されないと明記されたとしても、市場関係者はそれを無視するということ、したがって、大規模銀行はもし必要とあれば法律の規定に関わりなく預金保険対象ではないさまざまな外部負債に依存して資産を膨張させること、その結果、実際に大規模銀行が破綻すれば、政府・監督機関はこれから何度でも「超法規的措置」を講じて銀行および債権者を救済するであろうということである。

  * 今回の金融危機の背景を論じたどちらかと言えばウォール街に近い論者たちでさえ、次のように記している。
  「多くの銀行とそれ以外の金融仲介機関が、自己資本規制のループホールを利用してリスクを移転し、過少資本、高レバレッジの状態で、住宅用不動産、商業用不動産および消費者信用に対して一方的かつ莫大な賭けを行った。この莫大な賭けに必要な資金は、正当にも事実上の政府保証を予想した債権者たちによって供給された。かれらは、ファニーメイ、フレディマック、およびTBTF銀行の保険対象および非保険対象の預金者と債権者たちで、かれらは何が起きても救済されると高をくくっていた。……事態は、リーマンのケースを除いては、まさにかれらが期待した通りに進行した」(Richardson, Smith & Walter, 2011, p.184)

  要するに、法律の条文にTBTF政策を禁じる条項を盛り込むことが、TBTF問題の解決であると公衆が信じるとすれば、金融危機の過程で政府

支援の合併を進め、さらに大規模化した金融機関とその債権者・投資家にとってはまさに「思うつぼ」以外の何物でもない。

　銀行組織の自己勘定取引、ヘッジファンドやプライベート・投資ファンドへの投資やそれらとの取引の制限（ヴォルカー・ルール）は、これら三つの政策の中ではもっとも問題の核心に近い、したがって金融界からもっとも激しい抵抗が予想される政策である。その理由は、現代の大手投資銀行をはじめとするTBTF金融機関にとって、自己勘定でのリスク取り入れと、ヘッジファンドとのさまざまな取引は、収益の大きな割合を占めており、また、国際金融市場における競争力と主導権を維持する上で不可欠になっているからである（Crotty, Epstein & Levina, 2010; 高田, 2001）。果たして、ドッド゠フランク法では、一応この条項は盛り込まれたが、ウォール街のロビー活動でその基準が希釈され、さらに、それをどの程度厳格に運用するかは、監督機関が今後定める運用規則に委ねられた。

　もともと、ヴォルカー・ルールは、今回の条文に取り入れられた範囲の規制だけでは完結しない限界をもっている。そもそも、投資銀行におけるリスク・テーキングを自己勘定取引とそれ以外（自社のリスクマネジメントのためのヘッジ、マーケット・メーキング、顧客の注文に応じる仲介など）と厳密に仕分けすることは実際上困難である。それらはつねに、さまざまな組み合わせで絡み合って行われているからである。また、投資銀行のトレーディングデスクだけを監視しても、親会社の銀行は同じポジションあるいはリスクを取るためのさまざまな迂回的方法を利用することができる。さらに、現行の会計制度のもとでは、一般に金融機関の投資とポジションの量および質に関して十分な情報をえることはできない（Crotty, Epstein & Levina, 2010）。こうした点でヴォルカー・ルールを拡張するためには、会計基準と情報開示基準の大幅な整備と、そのための国際的な調整が必要であるが、その見通しは今の段階では見通すことはできない。

　理論的に考えるなら、TBTF問題の唯一合理的な予防策は、TBTF銀行を消去することである（「もしそれらがTBTFであるというのであれば、それらは存在するには大きすぎるということである」グリーンスパンFRB前議長）。この解決策は、万一TBTF銀行が破綻した場合に、政府支援（納税者の負担）によらず、

また金融システムに甚大な混乱を引き起こすことなく秩序だった処理をどうするか、という第二のやっかいな問題について心配する必要性も同時に取り除いてくれる。

　TBTF銀行の解体を積極的に支持する見解は従来きわめて少数であったが、今回の金融危機を契機にこの見解をとる専門家が次第に増加している（Reich, 2009; Johnson, 2009b; Stiglitz, 2009; Roubini & Mihm, 2010）。筆者も基本的にこの立場であるが、この解決策の最大の難点は、ウォール街を含む世界のSIFIsとそのロビー組織はおそらく絶対に賛成しないし、そうした政策が実施されるのを座視しないであろうということである（こうした問題についてはJohnson, 2009; Johnson & Kwak, 2010を見られたい）。また、この間のG20などでの議論では、ユーロ圏の政府・監督機関はこの解決策には全体として懐疑的であるように見受けられる。

　こうした政治的障害に加えて、この解決策には、どのような基準で解体の対象となるべきTBTFを選別し、どのような方法と手順で作業をすすめるのか、という複雑な問題が付随する（Stern & Feldman, 2009）。これまでのTBTFあるいはSIFIの認定基準をめぐる議論によれば、国際的に適用できる分かりやすい基準は存在しない。これまでのいくつかの組織と機関がSIFIsの「想定リスト」を公表してきたが、その選定はそれぞれ独自の基準によっている。

　仮に、それぞれの国で選定基準についての合意が成立したとして、さらに、政府・監督機関が公共的利益の観点から自国のSIFIsを分割する権限を付託されたとして、具体的にどのような方法手順でその作業をすすめるべきであろうか。

　まずは、それぞれの国が自国の金融産業の実情にあった市場占有率など規模の上限を設定する。この上限を超える金融機関については、自主的な企業分割、部門の売却などを義務付け、必要であれば、また、しかるべき機会があれば、行政的な手段で大規模金融機関が上限基準を達成することを迫る。一般的には、大規模金融機関の分割は、性急かつ強制的に行うのではなく、上記のプルーデンス政策を強めることで、長期的に、金融機関自体の自主的な解体を促すやりかたが望ましい。

　H. Kaufmanをはじめ何人かの専門家は、巨大で複雑な金融機関について、それらをその他の金融機関とは別に専門的に監視するための特別の監視体制

(強い権限をもった専門の監督機関)を構築する必要があると指摘している。その上で、これらの金融機関には、他の金融機関とは異なるプルーデンス基準(高い自己資本比率、高い流動性比率、高い支払準備率、高い預金保険料、その他)を課し、さらに可能であれば万一の破綻処理に備えた高率の法人税や清算準備金積み立てなどを課すことによって、TBTFsのレント(事実上の公的補助金)が発生しないようにする。そうすれば、「大手金融機関が実際に規模の経済を利用できるかどうかまだ証明されていない」(Kaufman, H., 2000、邦訳428頁)から、レントも規模の経済も利用できない金融機関がさらに巨大化・多角化をめざすインセンティブは軽減されるとかれらは期待している。こうした政策は、たしかに理論的には受け入れやすいが、長期的に見てどれほど実際的効力を発揮するかは、予想困難である。その理由は、金融機関の経営者が、これらの人々が想定するほど「合理的」に行動する保証がないからである。組織の規模と経営者の報酬および経営者としての社会的評価が相関しているもとでは、経営者が自社の経営効率や長期的健全性を損なう「不合理な」選択をする可能性は排除できないのである。

　TBTFsあるいはSIFIsを政策的に除去するという合理的解決が政治的、制度的その他の理由で実行不可能な場合には、われわれは、その破綻処理をどうするかという第二の問題と向き合わざるをえない。市場原理を信仰する多くの経済学者を含め、ほとんどすべての専門家は巨大金融組織の破綻の可能性を完全に排除することは、不可能であると信じている。それどころか、歴史的経験に照らせば、巨大金融組織が破綻する確率は、それ以外の金融機関の場合よりもいっそう高いと想定しておく必要がある。

　G20をはじめとする国際的フォーラムや監督機関、さらには民間シンクタンク他によるこれまでの議論の範囲では、筆者が納得できる合理的な破綻処理の方策は見当たらない。現在のところ、米国とユーロ圏で共有されている一つの考えは、ひとまず何らかの基準でSIFIsが認定されることを前提に、認定された金融組織が自らの資産・負債構成、対外的・社内的な取引関係、金融システムと決済システムにおける自社の役割などを勘案し、破綻した場合に実行可能な清算計画をあらかじめ「生前遺言 (living will)」として作成し、それを監督機関に提出して承認を受けるという案である。清算計画は、原則として毎年あるいはそれ以上の頻度で見直され、その都度監督機関の承認をえる必要がある。

一部の研究者によれば、通常の破産手続きと区別される生前遺言の概念は次のようなものである。すなわち、大規模銀行が支払い不能に陥った場合、遺言にもとづいてまずもっとも劣後する債権者の債権が資本に転換され、優先債権者に対する弁済に充てられる。それが発生した損失の補填に不足する場合には、次の劣後債権が資本に転換される。こうして、完全に必要な弁済が完了するまで、このプロセスが繰り返される。これは、大規模銀行の破綻は、株主の責任だけでは処理できないこと、従来のように政府・監督機関からの支援の道が断たれていることを前提に、債権者に対しその優先劣後の序列にしたがって負担を求めるという考え方である。

　　＊　米国では2010年5月、連邦預金保険公社(FDIC)が総資産1000億ドル超の銀行組織に適用される清算計画（生前遺言）の要件と基本要綱についての提案を行った（FDIC, 2010; 小立, 2010b）。その後成立したドッド=フランク法では、FDICが担当する秩序だった清算手続き(orderly liquidation)のための機関の創設を定めているが、これとは別に、ユーロ圏で活発に議論されてきた「生前遺言」に相当する条項を含んでいる。しかし、その規定は曖昧で、FRBやFDICがどのような基準で銀行組織が提出する計画を承認するのかは不明である。したがって、今後この方法が実際に有効に活用される保証はない。

　生前遺言のはらむ最大の問題は、大規模金融機関が正確で実行可能な清算計画を作成する保証がなく、さらに、前述したように数十カ国で数百から2000社にも上る関連会社を運営する銀行組織について、毎年提出される清算計画の妥当性を当局が適切に判定することはできないということである。もしも、銀行組織が自主的に作成する計画が、当該銀行組織の清算に関係する情報を全体として正確に反映しているということが担保されるなら、この方法は、大規模銀行の破綻処理を政府・中央銀行の支援なしに行う代替的な方法になりうるかもしれない。しかし、現在の会計基準や情報開示基準のほとんど望みえないほど抜本的な改革を前提しなければ、信頼できる清算計画の自主的作成を銀行経営者に期待することはあまりにもナイーブであろう。同様のことは、当局の判定能力についてもあてはまる。

　以上のように、TBTF問題については、それを効果的に予防する方策も、また、政府・監督機関による救済に頼らない秩序だった処理方法についても、

これまでのところ決め手となりうる提案は国際的にもなされていない。今回の金融危機を契機とする金融再編によって、金融集中は一層進み、TBTF問題は、さらに深刻な脅威として残されている。われわれは、TBTF問題のジレンマから、いまだ解放されていないのである。

6 まとめ

　今回の金融危機は、金融集中が進展した金融システムがはらむTBTF問題の重大性をあらためて浮き彫りにした。これを契機としてさまざまなフォーラムや研究機関などでこの問題をめぐる議論が、これまでになく積極的に積み重ねられてきた。また、アメリカで成立した金融制度改革法（ドッド＝フランク法）では、この問題に関連していわゆるヴォルカー・ルール条項、生前遺言導入、特別な監督機関創設をはじめとするいくつかの条項が盛り込まれることになった。

　しかし、TBTF問題の直接の要因である大規模銀行組織による過度のリスク取り入れ、あるいはその結果としての破綻の危険性を効果的に除去する方法は見出されておらず、今後ともシステム上重要な金融組織の破綻が発生する可能性は残されている。

　それにもかかわらず、そのような大規模な金融組織が破綻した場合、これまでのように政府・監督機関による救済という方法によらず、金融システムと実体経済に甚大な影響を及ぼすことなく秩序だった処理を行うための有効な手だても、依然見出されていない。

　こうした状況には、さまざまな理由がある。金融界がそのロビー活動を通じて行使する強大な政治的影響力をおくとしても、現代の金融システムが構造的に内包する脆弱性についても、大規模で複雑な金融機関の運営に付随する難しさについても、監督機関を含めた専門家の認識はまだ十分なレベルに達しているとは考えられない。すくなくとも、正統派経済学あるいは主流派経済学と呼ばれてきた従来の支配的な経済学の前提と枠組み、方法論が、現代の金融システムの運動とその過程で発生する収束困難な矛盾（システミック・リスク）の

問題を理論的に取り扱うのに適していないことは明らかである。

　経済学はシステミック・リスクをさまざまに定義し、「測定」してきた (Bandt & Hartmann, 2000; Schwarcz, 2008; Hellvig, 2008; Taylor, 2009; Gerlach, 2009; Hendricks, 2009; IMF, 2010) が、それらの多くは、深刻かつ広範な金融危機が発生するメカニズムの特徴を記述したものであり、主として大規模銀行の競争と過大なリスク取り入れ、決済システムの連鎖と大手クリアリング銀行への集中、大規模銀行の決済不能が引き起こす波及効果、銀行間市場の不安定性（流動性喪失）などに焦点をあてている。つまり、こうした見解は、システミック・リスクを集中化が進んだ現代金融システムに固有の問題としてとらえ、その原因を個別金融機関のリスクマネジメント、決済システムの安全装置、金融政策の運営、プルーデンス基準などの欠陥に求めているのである。

　現代の金融システムが構造的に内包するこうしたさまざまな脆弱性を全体的に解明するためには、金融システムのネットワーク構造と階層性、集中性 (centrality) について、マルクス経済学、制度学派、複雑系、さらには進化経済学他の知見を取り入れた新しい方法論による考察が必要であろう (Haldane, 2009)。しかし、TBTF 問題がわれわれに提起する課題はここにとどまるものではない。TBTF 問題は単なる「金融市場の失敗」を超えた「資本の失敗」であり、その解明は、現代資本主義の恐慌、とりわけ金融恐慌についての理論の革新的な発展を必要としている。

　TBTF 問題のさらにやっかいな点は、かりにわれわれがその根源を突き止め、それを根本的に改善する方策を見出したとしても、金融界の利害とその強大な政治的影響力がおそらくその採用を許さないであろうということである。言い換えれば、TBTF 問題の解決は、金融界の政治的影響力を排除し、国民のための政治を回復するという課題を含んでいるのである。経済学が、このような方向で有益な議論を発展させるためには、金融システムの公共財としての役割、公益としての価値を分析し、とりわけさまざまな機関投資家の管理する貨幣資本の運動を公共的な基準で管理するための新しい政治経済学の理論を発展させる必要があるであろう。一部の経済学者はすでにこうした課題に取り組んでいるが (CRESC, 2009; Froud et al., 2009; Lapavitsas, 2009; Epstein, 2010)、こうした努力から今後経済学の発展に結び付く有益な成果が生まれることを期待したい。

参考文献

小立敬 (2010a)「システム上重要な金融機関の評価ガイダンスの公表」野村證券『資本市場クォータリー』Winter.
―――― (2010b)「米国 FDIC による『リビング・ウィル』の提案」野村資本市場研究所.
高田太久吉 (1997)「ユニバーサルバンキング論の批判的検討」『企業研究所年報』中央大学企業研究所, 第 18 号.
―――― (1999)「大規模銀行合併と Too-Big-To-Fail 問題」『立命館経済学』第 48 巻第 5 号.
―――― (2001)「アメリカの大手銀行とヘッジファンドの関係」『信用理論研究』第 19 号.
淵田康之 (2010)「システミック・リスクと金融規制監督」野村資本市場研究所『金融・資本市場動向レポート』(7 月 28 日).
松尾直彦 (2011)『Q&A　アメリカ金融改革法　ドッド゠フランク法のすべて』金融財政事情研究会.
米田貢 (2007)『現代日本の金融危機管理体制　日本型 TBTF 政策の検証』中央大学出版部.
Acharya, V., Cooley, T., Richardson, M. & Walter, I. (ed) (2011) *Regulating Wall Street : The Dodd-Frank Act and The New Architecture of Global Finance*, NYU Stern.
Adrian & Shin (2006) Leverage and Liquidity, Working Paper.
Altman, E. & Phillipon, T. (2009) The Financial Sector Bailout: Sowing the Seeds of the Next Crisis?, in Acharya & Richardson (ed), *Restoring Financial Stability : How to Repair a Failed System*, Chapter 17, p.355.
Baker, D. & McArthur, T. (2009) The Value of the "Too Big to Fail" Big Bank Subsidy, Center for Economic and Policy Research (September)
Bandt, O. & Hartmann, P. (2000) Systemic Risk: A Survey, European Central Bank, Working Paper No.35 (November)
Berger & Mester (1997) Efficiency and Productivity Change in the U.S. Commercial Banking Industry: A Comparison of the 1980s and 1990s, FRB Philadelphia Working Paper.
Bernanke, B. S. (2004) The Great Moderation, speech at the meeting of the Eastern Economic Association (Feb.20)
Blundell-Wignall, A., Whinger, G. & Slovik, P. (2009) The Elephant in the Boom: The Need to Deal with What Banks Do, Financial Market Trends, OECD.
Cassidy, J. (2010) The Volcker Rule, *The New Yorker* (July 26)
CRESC (Centre for Research on Socio Cultural Change, University of Manchester) (2009) An Alternative Report on UK Banking Reform.
Crotty, J., Epstein, G. & Levina, I. (2010) Proprietary Trading is a Bigger Deal than Many Bankers and Pundits Claim, UMASS Policy Brief, No.20 (February)
Duffie, D. (2011) *How Big Banks Fail and What to Do about It*, Princeton University

Press.

Eigenössische Bankenkommission (2008a) Subprime-Krise: Untersuchung der EBK zu den Ursachen der Wertberichtungen der UBS AG.

—— (2008b) Globalisierte Kreditkrise—Konsequenzen fur die Bankenaufsicht.

Epstein, G. (2010) Confronting The Kindleberger Moment: Credit, Fiscal and Regulatory Policy to Avoid Economics Disaster (August)

Ewerhart, C. & Tapking, J. (2008) Repo Markets, Counterparty Risk, and The 2007/2008 Liquidity Crisis, European Central Bank, Working Paper (June)

FDIC (1998) *Managing the Crisis : The FDIC and RTC Experience 1980-1994*.

—— (2010) Special Reporting, Analysis and Contingent Resolution Plan at Certain Large Insured Depository Institutions.

Financial Times, Special Report, 2008/12/16.

Fisher, P. (1997) Views on the Repo Market, Remarks before The PSA's Second annual Repo and Securities Lending Conference.

Froud, J. et al. (2009) Escaping the Tyranny of Earned Income? The Failure of Finance as Social Innovation, CRESC Working Paper (March)

FSB (2009) Guidance to Assess the Systemically Important Financial Institutions, Markets and Instruments: Initial Considerations (October)

—— (2010) Reducing the Moral Hazard Posed by Systemically Important Financial Institutions: FSB Recommendation and Time Lines (October)

Gerlach, S. (2009) Defining and Measuring Systemic Risk, European Parliament (November)

Goldstein, M. & Vèron, N. (2011) Too Big to Fail: The Transatlantic Debate, Peterson Institute for International Economics (January)

Gorton, G. (2009) Securitized Banking and the Run On Repo, Yale ICF Working Paper (November)

—— (2010) Questions and Answers about the Financial Crisis (Februay)

Haldane, A. (2009) Rethinking the Financial Network, Speech Delivered at the Financial Student Association (April)

—— (2010) *The 100 Billion Question*, Bank of England.

Haldane, A. & Alessandri P. (2009) Banking on the State (September)

Hellvig, M. (2008) Systemic Risk in the Financial Sector: An Analysis of the Subprime-Mortgate Financial Crisis, Max Planck Institute (Bonn) (November)

Hendricks, D. (2009) Defining Systemic Risk, Financial Reform Project, Briefing Paper.

Herring, R. (2010) Wind-down Plans as an Alternative to Bailouts: The Cross-Border Challenges.

Herring, R. & Carmassi, J. (2009) The Corporate Structure of International Financial Conglomerates: Complexity and Its Implications for Safety & Soundness, Chapter 8 in *Oxford Handbook of Banking*, Oxford University Press.

Hetzel, R. L. (1991) Too Big To Fail: Origins, Consequences, and Outlook, *Economic Review*, FRB Richmond (Nov/Dec)

Hördahl, P. & King, M. (2008) Developments in Repo Markets during the Financial Turmoil, *BIS Quaterly Review* (December)

IMF (2010) Systemic Risk and the Redesign of Financial Regulation, *Global Financial Stability Report* (April)

Johnson, S. (2009a) The Quiet Coup, *The Atlantic* (May)

────── (2009b) Too Big to Fail or Too Big to Save?: Examining the Systemic Threats of Large financial Institutions, Peterson Institute for International economics (April 21)

Johnson, S. & Kwak, J. (2010) *13 Bankers : The Wall Street Takeover and the Next Financial Meltdown*, Pantheon Books.

Kane, E. (1977) Good Intension and Unintended Evil: The Case against Selective Credit Allocation, *J. of Money, Credit and Banking* (February)

Kaufman, G. (1989) Are Some Banks too Large to Fail?: Myth and Reality, FRB Chicago, Working Paper (June)

────── (1990) Make FDIC Insurance Redundant, *Challenge* (Jan/Feb)

────── (2002) Too Big To Fail in US Banking: Quo Vadis? *Quarterly Review of Economics and Finance* (Summer) pp.423-436.

Kaufman, H. (2000) On Money and Markets: A Wall Street Memoir, McGraw-Hill.（伊豆村房一訳『カウフマンの証言』東洋経済新報社、2001年）

────── (2007) Who's Watching the Big Banks?, *WSJ*, 2007/11/13.

Lapavitsas, C. (2009) Systemic Failure of Private Banking: A Case for Public Banks, SOAS RMF discussion paper (August)

Mishkin, F. S. (2006) How Big a Problem is Too Big To Fail?: A Review of Gary Stern and Ron Feldman's Too Big To Fail: The Hazards of Bank Bailouts, *J. of Eco. Literature* (December) pp.988-1004.

Moss, D. (2009) An Ounce of Prevention: The Power of Public Risk Management in Stbilizing the Financial System, Harvard Business School, Working Paper.

Reich, R. (2009) Breaking Up the Big Banks, and Why Congress Won't Do It, Huffpost Business (October 26)

Richardson, M., Smith, R. & Walter, I. (2011) Large Banks and the Volcker Rule, in *Regulating Wall Street : The Dodd-Frank Act and the New Architecture of Global Finance*, Acharya et al. (ed), NUY Stern, p.184.

Roubini, N. & Mihm, S. (2010) *Crisis Exonomics : A Crash Course in the Future of Finance*, The Penguin Press.

Schwarcz, S. (2008) Systemic Risk, Duke Law School, Research Paper, No.163 (March)

Senior Supervisors Group (2008) Observations on Risk Management Practices during the Recent Market Turbulence (March 6)

Shin, H. S. (2010) Risk and Liquidity, Clarence Lectures in Finance, Oxford.

Squam Lake Working Group on Financial Regulation (2009) Improving resolution Options for Systemically Relevant Financial Institutions (October)

Stern, G. (1997) The Too Big to Fail Problem: A Proposal to Reform Deposit Insurance (September)

―――― (2009a) Banking Policies and Too Big To Fail (March)

―――― (2009b) Addressing the TooBig To Fail Problem, Statement Before the Committee on Banking, Housing, and Urban Affairs, U.S. Senate (May 6)

Stern, G. & Feldman, R. (2004) Too Big To Fail: The Hazards of Bank Bailouts, Brookings Institution.

―――― (2009) Addressing TBTF by Shrinking Financial Institutions: An Initial Assessment (June)

Stiglitz, J. (2009) Too Big To Live, project Syndicate (December 7)

Taylor, J. (2009) Defining Systemic Risk Operationally, in G. Schultz et al.(ed), *Ending Government Bailouts As We Know Them*.

Taleb, N. & Tapiero, C. (2009) Too Big to Fail, Hidden Risks, and the Fallacy of Large Institutions, New York University Polytechnic Institute (May)

Thomson, J. (2009) On Systemically Important Financial Institutions and Progressive Systemic Mitigation, FRB of Cleveland, Policy Discussion Papers (August)

Wall, L. (1993) Too-Big-To-Fail after FDICIA, *Economic Review*, FRB Atlanta, 78/1, pp.1-14.

Wilmarth, A. (1995) Too Good to Be True? The Unfulfilled Promises Behind Big Bank Mergers, *Stanford Journal of Law*, Business & Finance, Vol.2, No.1 (Fall)

―――― (2002) The Transformation of the US Financial Services Industry, 1975-2000: Competition, Consolidation, and Increased Risks, *University of Illinois Law Review*, pp.215-476.

―――― (2008) Subprime Crisis Confirms Wisdom of Separating Banking and Commerce, George Washington University Law School, Policy Report, No.5 (May)

第10章 マルクス経済学と「経済の金融化」論

1 はじめに

　現代資本主義の資本蓄積と運動を全体的に特徴付ける有力なアプローチの一つとして「経済の金融化」論（Theory of Financialization, 以下、金融化論と表記する）が注目されている。このアプローチを早期に提起したのは、フランスのレギュラシオン学派および米国のポスト・ケインジアンを含むラディカル政治経済学の系譜に属する研究者であるが、マルクス経済学の陣営では、スウィージーの独占資本論を継承しながら『マンスリー・レヴュー』誌に拠る人々が、現代資本主義の金融化という論点を比較的早い時期から繰り返し提起してきた。
　後述するように、今日では、現代資本主義分析のアプローチとしての金融化論は、新古典派の純粋な命題を信奉する人々を別とすれば、経済学の学派を超えて幅広く浸透しており、マルクス経済学も例外ではない。仮に現代資本主義を1970年代の経済危機以降の資本主義と想定した場合、エプシュタイン(Epstein, G. A.)の有名な定義が言い表している「国内経済および国際経済の運営において、金融的動機、金融市場、金融的アクター、および金融機関の役割が増大していること」が、現代資本主義のきわめて顕著な特徴をなしており、この変化が資本主義の新しい態様と運動に決定的な影響を及ぼしている事実を否定することは難しいからである。
　しかし、金融化論は、すでに膨大な業績に結実しているとはいえ、理論枠組

みとして看過できないさまざまな不備を残している。第一に、金融化とは何か、について未だに確定された定義は存在しない。金融化論の内部でも、金融市場と金融産業の肥大化を重視する見解、企業活動の金融依存を重視する見解、さらには、家計・個人の経済活動における金融の重要性に着目する見解など、さまざまな立場が混在している。さらに、企業活動の金融化をめぐっても、いわゆる株主価値重視のコーポレートガバナンスに焦点を当てる立場や、金融的ルートを通じる利潤の増大に焦点を当てる見解など複数の見解がある。

　金融化論は、その成立の経緯からも予想されるように、マルクス経済学が伝統的に発展させてきた基本的な概念と理論枠組みの中に、そのまますんなりと組み込める議論ではない。とくにミンスキーをはじめとするポスト・ケインジアンによって先導的に発展させられてきた金融化論の理論枠組みは、ケインズの流動性選好説に依拠しており、労働価値説や厳密な貨幣論を基礎に置くマルクス経済学の体系と必ずしも整合的ではない。

　このために、マルクス経済学の陣営内では、金融化論の影響が広がるのに合わせて、これに対するさまざまな異論や批判が提起されてきた。とりわけ、ポスト・ケインジアンへの理解が十分とは言えない日本のマルクス経済学の内部で、金融化論の評価や受容をめぐって、懐疑や疑問が根強く残っていることは避けがたいことであった。さらに、『資本論』第1巻の労働価値説を理論的基礎として組み立てられているマルクス経済学にとって、現代の金融市場と金融産業の急激な拡大、なかでも複雑な架空資本市場や投機取引の異常とも言える膨張と、それが一般産業を含む資本主義の再生産プロセスに及ぼしている作用を理論的にどのように分析するのかは、大きなチャレンジである。

　しかし、世界的な視野で経済学の状況を俯瞰すれば、マルクス経済学においても、金融化論が提供する豊富な知見を排除して、現代資本主義を包括的に分析することはすでに困難な状況になっている。ミンスキーの有名な金融不安定性仮説をどのように評価するかにかかわらず、過去数十年の間に、企業活動はもとより、政府や家計を含むあらゆる経済主体に及ぼす金融市場、金融的動機、金融産業の作用が急激に高まっている現実、要するに金融システムと金融活動の急激な拡大が産業循環を含めた資本主義の態様と動態に大きな変化を引き起こしてきた事実を無視することは困難である。

　筆者の考えでは、学派を超えて現代経済学が直面しているこのような状況は、

それをマルクス経済学の伝統的立場に対する否定的契機としてではなく、むしろ新たな研究を促すチャレンジととらえれば、近年の金融化論の発展を無視することは賢明ではない。逆に金融化論が焦点を当ててきたさまざまな問題に正面から向き合って、理論的・実証的考察を加えることが、マルクス経済学の新しい発展の契機になることが期待される。

本章では、以上の問題意識にもとづいて、マルクス経済学と金融化論の関係を以下の順序で検討する。

第2節では、現代資本主義分析の方法としての金融化論が、1970年代以降、ポスト・ケインジアン、レギュラシオン学派、「資本蓄積の社会的構造(SSA)」学派をはじめとする、非主流派のさまざまな陣営によって積極的に発展させられてきた経緯を説明する。合わせて、金融化論が経済学の分野だけではなく、経営学、社会学、政治学、経済地理学、国際関係論、階級論を含む社会科学のさまざまな領域に大きな影響を及ぼしている状況を説明する。

第3節では、現実の資本主義における金融化の進展を背景に、金融化論の影響がマルクス経済学の陣営にもすでに広く及んでいる事実を説明し、マルクス経済学の伝統的見解に依拠しながら、金融化論の成果を積極的に発展させようとする人々の見解を紹介する。

第4節では、マルクス経済学が金融化論を受け入れる上で大きな論争点となっている二つの問題、すなわち、マルクス恐慌論と金融化論の複雑な関係、および、金融化が引き起こしている資本蓄積の変容をめぐる理論問題について検討する。

第5節では、現代資本主義の富の主要な形態が一般的な商品の集合から、企業、富裕層、機関投資家が管理する膨大な架空資本に移っている問題をとりあげ、マルクス経済学における架空資本論の再検討を通じて、富の存在形態としての架空資本の価値規定について試論的な見解を提示する。

2　現代資本主義論としての金融化論の普及

金融化(financialization)という言葉は、その幾分新奇な語感が示すように、

古くから使用されてきた用語ではなく、比較的新しく経済学のキーワードに加えられた用語である。それが最初にいつ、誰によって使用されたのかは詳らかにしないが、少なくとも1990年代の前半期には一部研究者の間で使用されるようになっていた（本書第1章）。ただし、金融化については、前記のエプシュタインの有名な定義がしばしば引用されるが、これもまだ研究者の間で確定された定義とはなっていないし、必ずしも明快な定義とは言えない。

* 本章の執筆中に、德永潤二氏のご教示によって、"financialization" の用語が最初に使用された事例が、一人の研究者が1988年にメキシコで行った報告の中であったという情報（Rochon, 2013）を得た。これは、用語の使用例としてはもっとも早いと思われるが、金融化を経済概念として定義する試みが始まるのは1990年代前半期である。

しかし、金融化をどのように定義するにせよ、金融化を学術用語として使用する人々の間では、以下の認識が共有されている。すなわち、1970年代以降の資本主義において、経済成長を上回る金融市場・金融資産・金融産業の膨張、ファイナンス論の発展に促された急激な金融イノヴェーション、企業経営者の間での金融（財務および株価）重視の傾向、金融的資金フローを管理する機関投資家の成長、金融グローバル化（国際資本取引の増大）、住宅ローンや消費者ローンをはじめとする家計の金融依存、財政の金融市場依存他の現象が顕著に進展してきたこと、同時に、このような意味での金融化の進展が地域的あるいはグローバルな金融市場の深刻かつ頻繁な危機——不動産市場を含むバブル崩壊、相次ぐ為替市場の混乱、銀行危機、財政危機、投機取引の活発化——をともなってきたこと、したがって2007年に顕在化した今回の金融恐慌も、以上のような金融化の文脈の中で分析する必要があるということである（本書第2章）。

このような現代資本主義の状況が、多くの経済学者に金融市場と金融事象への関心を高め、金融化とそれがともなう金融危機の歴史的・理論的解明を通じて、現代資本主義をトータルに分析する理論枠組みの構想を促したことは、きわめて当然のことであった。その際、これらの研究者が具体的な着眼点や分析方法まで共有したわけではかったが、これらの人々の多くが、金融化論をポートフォリオ論や効率的市場仮説に代表されるモダンファイナンス論の応用問題

ではなく、現代資本主義の歴史的考察のための政治経済学的アプローチとして理解したことは明らかである。

　以上のことから予想されるように、本書全体を通じて筆者が金融化論という用語を使用する場合、それは狭義の金融論の一部ではなく、いずれの定義を選ぶにせよ、金融化に焦点を当てることで現代資本主義の歴史的特徴を解明することをめざす現代資本主義論のアプローチと見なされている。要するに、金融化論は、単に金融事象や金融理論の研究に限定されるものではなく、現代資本主義を金融化の視点から特徴付け、トータルに分析する現代経済学に広まった新しい試みの総称なのである（第1章）。

　　＊　近年における経済学の分野での金融化論の発展については、Palley (2007) を、経済学を含むさまざまな社会科学分野への金融化論の多面的な浸透の状況については、Van der Zwan (2014) を参照してほしい。

　金融化論の観点から現代資本主義の歴史的・構造的特徴を明らかにしようとする多くの経済学者の試みは、スウィージー／マグドフによる独占資本主義に関する早期の論稿を別としても、1990年代以降すでに膨大な業績を生み出してきた。それらの業績の全貌をここで詳しく紹介することはできないが、それらが着目する問題にもとづいて、大きく以下のように分類できるであろう。

　第一は、いわゆる実体経済に比べての、金融市場と金融産業の急激な膨張および、金融的技術革新とそれを支えるモダンファイナンス論の発展に着目する研究である。

　我が国での金融化論研究に先鞭をつけた小倉将志郎は、『「経済の金融化」と金融機関行動』（学位論文、2014年）において、アメリカに焦点を当てながら、1980年代以降に顕著になったGDPの成長と比較した金融資産・負債のより急速な増大、全産業利潤に占める金融部門利潤のシェアの増大に着目している。小倉は、このような変化に現れている金融化の進展を、金融産業と金融市場の歴史的な構造変化——資金循環構造の変化、M&A活動の活発化、いわゆる影の銀行システムの展開、大手金融機関の収益とリスクテイキング、の四つの指標にもとづいて考察している。

　小倉によれば、経済の金融化は、すぐれて金融産業によって主導された動きであったが、単に経済活動に占める金融部門の比重が高まったということに留

まるものではない。それは、金融部門の担い手の多様化、新たなビジネスモデルの展開と変質、家計部門における金融資産・負債の拡大、企業経営と企業支配の金融化、さらに、政府の政策決定における金融産業と金融市場の影響の強まりを意味している。

小倉は、金融化論（金融化アプローチ）を「1970年代後半以降、米国を中心に先進諸国で進展しつつある、経済における『金融』の地位や影響力の絶対的・相対的な拡大という現象をとらえ、それを一時的な現象としてではなく、現代資本主義を特徴付ける構造的・長期的な変化と位置付けた上で、理論的・実証的に分析を試みる諸研究の総称である」と定義し、従来これらの研究の主流をなしてきたのは、企業利潤に占める金融所得の拡大、企業統治における株主の優位性などに着目する「企業の金融化」論であったと指摘する。こうした研究の傾向は、金融化を主導した金融産業と金融市場の分析を手薄にしており、現代資本主義分析の有力なアプローチとして金融化論を発展させるためには、「金融部門の深化の内実の分析、具体的には、金融化の進展における金融機関、特に大手金融機関の役割や、それらの実際の業務・収益源の内実・変容、そしてそれらによる政治権力の行使など、金融機関行動に焦点を当てた詳細な分析」を進める作業が不可欠であると結論付けている。

金融化論の発展を先導してきたレギュラシオンおよびポスト・ケインジアンの陣営に属する研究者たちは、現代資本主義を金融主導型資本主義 (finance-led capitalism, finance-dominated capitalism) として特徴付け、金融市場の増大する影響力によって特徴付けられる資本主義の新しい態様の分析に力を注いできた。しかし、これらの陣営の内部には、本来の意味で金融産業や金融市場の専門家は少なく、最新の金融機関の行動やビジネスモデル、とりわけ金融化のもとでの大手金融機関の収益構造の変化に立ち入って具体的な分析を試みる研究は意外に見当たらない。

    * 例えば、アメリカ経済の金融化を実証的に分析した Krippner (2005) や Orhangazi (2008) は、アメリカ経済における金融の重要性の高まりを詳細なデータで裏付けているが、金融産業と金融市場自体の変化の分析は手薄である。他方、米国における金融化論の発展に独自の貢献を行ってきたジェームズ・クロッティは、米国における金融化論の不備を次のように指摘している。「過去四半世紀の間に、先進的な研究者によって、『金融化』——とりわけ、

非金融企業の経済活動に対する、および国民的ならびにグローバルな経済活動一般に対する、金融市場の作用——についておびただしい研究業績が生み出されてきた。しかしその割に、なぜ金融セクターがこれほど有力になったのか、どのような力学的動力が今日の金融プロセスを推進しているのかについてのわれわれの集団的理解は不十分である。われわれは、金融化の『もう一つの側面』について、十分な理解に達していないと言ってよいであろう」（Crottey, 2007, p.3）

ところで、実体経済と比較しての金融産業と金融市場の急速な膨張という場合、実体経済を担う現実資本と金融産業を担う貨幣資本との関係をどのように理解するのかという問題がある。19世紀中期までの資本主義においては、貨幣資本の役割は、基本的に現実資本の再生産の弾力性を高め、資本蓄積を促進する「僕(しもべ)」の役割でとらえることができた。これに対して、19世紀末から20世紀初頭にかけての時期は、ヒルファーディングやレーニンが解明したように、独占的な現実資本と独占的な銀行資本とのさまざまな結びつきが——国によって程度や態様の違いがあるが——強まり、「金融資本」が主要国の中軸的資本として発展した時期であった。

しかし、第二次世界大戦後のいわゆる高度成長期を経て、アメリカを含む主要国でヒルファーディングやレーニンの定式化した金融資本概念をそのまま適用して中軸的資本を特徴付けることは困難になった。さらに、1980年代以降に多くの国で金融化が進展するようになると、金融産業と金融市場が現実資本の蓄積や経済成長からむしろ乖離して、独自の拡大と深化を遂げる傾向が明らかになってきた。こうした状況は、現代資本主義における現実資本と貨幣資本との関係を再検討する課題を提起している。

第二は、金融市場と金融産業の膨張と関連して進行する資本蓄積の金融化に着目する一群の研究である。もともと、金融化論の発展に先導的役割を果たしたレギュラシオン学派では、金融化論は始めから、いわゆるフォーディズムに代わる、資本主義の新しい蓄積レジームをめぐる議論として提起されてきた経緯があった。レギュラシオン学派の立場から金融化論を先導したボワイエは、しばしば引用される有名な論文（Boyer, 2000）で、金融化を、フォーディズムに代わるものとして想定されるさまざまなレジーム——サービス主導、インフ

ォメーション・コミュニケーション技術主導、知識ベースの経済、輸出主導等々——を凌駕して、1990年代に顕著かつ優勢になった新しい蓄積レジームの成立としてとらえている。そして、フォーディズムの後退は、いわゆるケインズ的福祉国家の後退、したがって新自由主義の台頭と同意であり、金融化によって特徴付けられる新しい蓄積レジームは、新自由主義的規制様式と不可分である。

　ボワイエは、金融主導型蓄積レジームの特徴を、フォーディズムにおける労使交渉に代わって金融システムの作用が資本蓄積に最大の影響を及ぼすようになったこと、本質的に不安定な金融の作用を調整する中央銀行の役割が財政に代わって重要になったこと、と特徴付けた上で、金融主導の蓄積レジームが実際に機能するメカニズムは、それぞれの国によって大きな差異があると指摘している。これに対して、2000年代以降に広がった資本主義の金融化に着目して現代資本主義を研究する人々は、金融化を利潤とその再投資という狭い意味の資本蓄積に関わる現象だけではなく、また、労使関係に直接作用する諸要因だけではなく、新しい資本蓄積の様式を規定するさまざまな諸現象を含意する用語として使用している。

　「金融化の概念は、次のような広範な現象を含んでいる。すなわち、金融セクターの規制緩和、新しい金融商品の蔓延、国際資本取引の自由化、外国為替市場の高まる不安定性、(銀行主導から、引用者)市場ベースの金融システムへの移転、金融市場における主要な参加者としての機関投資家の登場、資産市場におけるブームとバブル崩壊、株主価値重視の傾向と企業統治の変化、以前には銀行取引から排除されていた階層の信用へのアクセスの増大、実質利子率の水準の変化などである。金融化はさらに、人々の心理およびイデオロギー構造の変化を浮き彫りにする用語としても使用される。このリストはさらに容易に延長することができる。」(Stockhammer, 2009)

　　＊　ストックハマーは、金融化を上記のように広くとらえる観点から、金融化を金融的規範が企業の投資決定と労使関係に及ぼす影響に焦点を当てるボワイエの「金融主導資本主義」から区別して、「金融優位の資本主義(finance-dominated capitalism)」の用語を選んでいる。

金融化を現代資本主義の蓄積レジームに関わる問題としてとらえるレギュラシオン学派の立場は、現代資本主義の新しい特徴を「資本蓄積の社会構造(Social Structure of Accumulation, SSA)」の変化としてとらえるSSA学派の考え方と共通性をもっている。SSA学派は、周知のように、米国で制度学派、マルクス経済学およびケインズ経済学の影響を受けながらスタグフレーションの分析で独自の業績を残したボールズ／ゴードン／ワイスコフの3人によって創始されたアプローチであり（Bowles, Gordon & Weiskopf, 1983）、現在なおこのアプローチを採用する研究者たちが現代資本主義分析と新自由主義批判の分野で活発な研究活動を展開している（McDonough, Reich & Kotz, 2010）。
　SSA学派のアプローチは、その提唱者たちによれば、次のように特徴付けられている。
　「資本主義の歴史に見られる成長と停滞の長期的波動を、資本主義の制度的構造の変化の局面と結び付ける」分析方法を提起していることである。かれらによれば、資本主義の長期的波動は、新古典派の楽観的な均衡論によって説明不可能であり、他方、一部のマルクス経済学者が想定しているような慢性的不況論とも整合的ではない。資本主義の波動は、時に異常に深刻かつ甚大な危機の局面を含んでいるが、その後には相対的に力強く、安定的な成長と蓄積の時期が続いている。資本主義の歴史から見られるこのような長期波動を単に計量的観点だけではなく、資本蓄積の構造的・歴史的要因を踏まえて理論的に説明する課題は、1970年代のスタグフレーションによって経済学にとって一層重要なものとなった（McDonough et al., ibid）。
　このように、SSA学派はレギュラシオンと同様に、1970年代のスタグフレーションを契機とするケインジアン的蓄積レジームから新自由主義的蓄積レジームへの移行によって形成された新しい資本主義の分析のためには、1980年代以降に成立した蓄積レジームの構造的特徴と安定条件を総体的に分析する必要があると考えている。このような問題意識から、現在のSSA学派では、新しい蓄積レジームの重要な特徴として金融化に着目している。
　近年では、金融化論を資本主義の蓄積様式の新しい段階を解き明かす理論枠組みとしてとらえる立場は、レギュラシオン学派やSSA学派の枠内にとどまらず、非主流派の他の陣営にも広がっている。この傾向を促しているのは、今回の経済危機が金融革新と金融のグローバル化を主導するウォール街発の金融

恐慌として発生したことであった。このような恐慌の発現は、金融化が促進する経済の不安定性、とりわけ金融化にともなう所得と資産の格差拡大、実体経済に比較しての金融市場の急激な拡大、有形の財に比較してその何倍にも膨張したさまざまな金融資産の激しい価格変動、国際金融市場でしばしば発生する資本取引の激しい逆流等々と深く関連していると考えられたからである。

* 今回の金融恐慌を契機にして、さまざまな視角から、金融化と現代資本主義の危機との関連に焦点を当てた研究が増加しているが、それらの詳しい紹介は割愛したい。これについては、Wolfson & Epstein eds. (2013), Stockhammer (2009), Gutttmann (2008), Taus (2012), Hein & Truger (2010), Stravelakis (2012), Ogman (2013), Lapavitsas (2010), Tomé (2011), Huffschmid (2008), Panitch & Gindin (2009) 他を参照してほしい。

さらに、金融化論の普及は、企業活動に対する金融化の作用と、それが引き起こす産業および企業財務の変化を実証的に分析する研究を促進している。このような研究を先導したのは、米国の経済社会学者ラゾニックの一連の研究である。ラゾニックは、オサリバンと共同で 2000 年 1 月の *Economy and Society* 誌に公表し、現在でも「株主価値重視の企業統治」を批判した先駆的研究としてしばしば引用される論文 (Lazonick & O'Sullivan, 2000) において、米国における株主価値重視の企業統治が優勢になった経緯を歴史的に検討し、このような企業統治の強まりが米国経済の長期的繁栄を掘り崩す危険性について警告を発している。ラゾニックは、米国企業における株主価値重視の経営が経済成長の停滞、失業の増大、格差の拡大、自社株買いと M&A の蔓延、金融化その他の問題を通じて、米国経済の競争力の低下と産業構造の変化を引き起こした経緯を実証的に解明する研究を続けている。

* ラゾニックには前記の論文以降多くの研究業績があるが、金融化に直接関わる論文としては、Lazonick (2010; 2012; 2013) がある。また、かれの中心的研究テーマである自社株買いと M&A の分析としては、Lazonick (2008; 2009) がある。なお、『ダイアモンド・ハーバード・ビジネス・レヴュー』誌 (2015 年 1 月号) に、自社株買いについてのラゾニックの簡潔な批判論文「欺瞞だらけの自社株買い」が翻訳掲載されているので興味のある人は参照してほしい。なお、この記事の所在について徳永潤二氏からご教示をいただ

いた。記して感謝の意を表したい。

　金融化が企業活動——投資行動、増資や配当政策を含む財務活動、雇用・賃金政策その他——にもたらしてきたさまざまな変化は、ラゾニック以外にも、金融化論を採用する多くの研究者の関心を掻き立て、数多くの有益な研究をもたらしてきた。例えば、かねてより多国籍企業のグローバル化とバリュー・チェーンの問題を研究してきたミルバーグは、こうした活動の活発化が米国を中心とする国際的資金フローを膨張させ、金融化のプロセスを持続させる条件を作り出している問題に注意を促している（Milberg, 2008）。金融化と非金融産業との関係については他にも多くの研究が知られているが、ここではこれ以上立ち入らない。

　第三は、個人と家計の金融市場への参入、あるいは金融市場への依存の増大に注目する研究である。金融化を介する資本主義の歴史的変貌に関心を寄せる研究者の間では、1980年代以降に進展した金融化の結果、企業部門の「銀行離れ (dis-intermediation)」と対照的に、住宅ローンや消費者ローンをはじめとする家計部門の債務が顕著に増加し、富裕層を含む家計部門の貯蓄を集中する年金、保険、投資信託その他の機関投資家が管理する資産と影響力が強まったことに着目してきた。とりわけ、今回の危機の引き金になったサブプライム問題に表れているように、従来伝統的な銀行取引から排除されてきた低所得層の信用利用の機会が拡張され、他方における新自由主義が促進した失業増加や企業の賃金抑制政策と相俟って、中間層を含む家計の債務を、所得に比べて著しく増大させてきた（Montgomerie, 2007）。家計部門の所得に対する債務の割合は、1995～2005年の10年間に限って見ても、米国では93%から135%へ、EU平均では91%から139%へ、失われた20年から脱却できない日本でさえ113%から132%へと上昇している。

　金融化が家計部門の経済活動に及ぼす影響に着目する人々は、家計部門の債務増加をめぐる問題の裏面にある、家計部門の金融資産の増大という問題にも関心を向けている。かつてクリントン政権の労働長官を務めたロバート・ライシュは今回の金融恐慌の直前に公刊された著作（Reich, 2007）で、経済効率や金融利得に関心をもつ消費者・投資家としての市民と、生活のために働き、給与や福利厚生に関心をもつ生活者としての市民の「われわれの中にある二面

性」が資本主義経済の合理的な調整を困難にしていると指摘した。

　米国におけるマルクス経済学の有力な系譜をなす『マンスリー・レヴュー』誌のグループも、今回の金融恐慌に先立つ30年以上にわたって、家計部門の債務が可処分所得に比べて急速に増大してきた問題に着目している（Foster & Magdoff, 2009）。かれらによれば、米国の家計を含む全セクターの債務総額は、スウィージー／マグドフ(H)が観察した1980年代に比べて1990年代以降大きく増加したが、より注目すべき問題は債務の増大自体よりも、むしろその結果増大する債務弁済の負担である。家計の可処分所得に占める債務弁済額（利払いを含む）の割合は、1980年代の10％台から13.5％に上昇しているが、この割合は所得階層によって異なっており、所得上位10％の階層に比べて、中間層を含むそれ以下の階層では、負担率ははるかに高くなっている。かれらは、このような家計部門の債務と弁済負担の増大は、主要には金融当局(FRB)の金融緩和政策によって可能になったものであり、短期的には経済成長を促進する効果があっても、長期的には経済の停滞と不安定性を引き起こすと主張している。

　金融化が個人あるいは家計の日常生活にまで深く浸透することで、人々の暮らしぶり、考え方、経済行動にさまざまな変化を引き起こしている問題は、金融化を社会学の見地から研究してきた人々によって取り上げられてきた。米国の社会学者ランディ・マーティンは、金融化は単に経済学の新しい概念ではなく、われわれの現実の生活の一部になっていると主張している（Martin, 2002）。かれによれば、われわれの日常生活への金融化の「浸透」は、住宅ローンをはじめとする家計債務の証券化によって大きく促進されたが、それだけではなく、投資信託や年金・保険などを介する金融資産が個人の貯蓄の大きな割合を占めるようになったことにも関係している。

　金融化のもとでは、人々は住宅を生存のためのシェルターあるいは家族の安息の場所としてではなく、不断の価格変動（リスク）にさらされ、幸運であれば大きなキャピタルゲインが期待できる金融資産あるいは投資資産と見なすようになる（Aalbers, 2008）。たとえ莫大なローンを利用して取得した住宅であっても、その価格が上昇すれば、その上昇分は所有者にとって自由に処分できる正味資産（エクイティ）、あるいは新しい借り入れのための担保となる。こうして、かつては福祉国家が担当した社会保障機能が、401k（確定拠出型年金）に

典型的な、個人あるいは家計の裁量と責任に移転される。所得水準に関わりなくローンに依存して「豊かな」生活を享受することが、「金融の民主化」と呼ばれ、市民の社会的権利として吹聴される (Erturk, Froud, Johal, Leaver & Williams, 2005)。そのあげく、この「権利」を行使するために、市民には「金融リテラシー」の習得が推奨される。

近年の金融化論の射程は、以上のような意味での「日常生活の金融化」とその具体的な現象形態および付随する経済的・社会的問題を掘り下げて分析する方向に拡大されており、すでに多くの有益な業績が生み出されている。例えば、一部の研究者は、途上国の年金制度に及ぼしている金融化の作用に関心を寄せている。また、欧州では、大学運営への金融化の作用が研究者の関心を呼んでいる。これらを含む社会生活のさまざまな領域を対象とする金融化論の発展は、経済学と社会学の多様な分野を結びつける学際的研究を促しており、現代社会科学の新しい領域を形成している。

3 金融化論のマルクス経済学への浸透

すでに指摘したように、近年の金融化アプローチに繋がる研究をマルクス経済学の領域で先駆的に展開したのは、スウィージー／マグドフ(H)の独占資本主義研究である。よく知られているように、かれらは独占段階の資本主義に特有の実物投資の停滞傾向が、一方で経済成長を停滞させ、他方で独占利潤によって嵩上げされた利潤を利用した自己金融を促進し、結果的に企業の留保利益の増大と金融的投資への依存を引き起こすと考えた。スウィージーは、最晩年の短い論文 (Sweezy, 1997) で、1970年代の危機以降の現代資本主義を特徴付ける主要な傾向として、(1)全般的な成長率の低下、(2)独占的多国籍企業の世界的な増殖、とならんで、(3)資本蓄積過程の金融化 (financialization of the capital accumulation process) を挙げ、これらいずれの傾向も単にグローバル化や情報通信技術の所産ではなく、19世紀末以来の資本主義の蓄積過程の集中と独占の進展に帰せられると述べている。

スウィージー／マグドフ(H)の独占資本主義論の分析枠組みは、現在の『マ

ンスリー・レヴュー』誌に拠るグループに継承されており、同グループでマグドフ (F) と並んで主導的な役割を果たしているフォスターは、同誌 (2007 年 4 月) に公表した論文 (Foster, 2007) で、現代資本主義を特徴付ける三つのキーワードとして新自由主義、グローバル化、金融化が研究者の間で広く認知されているが、これらの中で金融化に関する研究が立ち遅れていると指摘している。かれによれば、金融化——経済活動の重心が生産から金融へシフトする現象——は今やわれわれにとって基本的な問題 (key issues) になっており、資本主義が新しい段階に入ったことを意味するのか、という根本的問題をわれわれに提起している。

　フォスターはこの論文で、1970 年代以降、スウィージーがハリー・マグドフと共に金融の急膨張 (financial explosion) に着目して新たな研究に取り組み、「独占・金融資本 (Monopoly-Finance Capital)」の用語を提起し、現代資本主義における金融の重要性、金融の生産からの相対的自立、家計の金融依存、金融の投機化、国家の役割の変化、などの問題に注意を促した経緯を、かれらの業績を辿りながら詳細に説明している。ただし、フォスター他の人々にとって、現在では金融化の用語で総称される資本主義の変容はきわめて重要であるが、それらはいずれも独占資本主義の不可避的な結果であり、独占資本主義自体が新たな別の資本主義の段階に移行したことを意味しない。

　フォスターが詳述しているように、また、マルクス経済学者ではないロバート・ポーリン (Pollin, 2004) も指摘するように、スウィージー／マグドフ (H) がマルクス経済学の陣営で他のグループに先駆けて資本主義の金融化をめぐる問題にいち早く着目したことは、かれらの歴史的功績として評価することができる。しかし、近年のマルクス経済学における金融化論の広がりは、スウィージー／マグドフ (H) の独占資本主義論あるいは、独占・金融資本論の射程をはるかに超えて、新しいマルクス経済学的金融化論の領域を形成しつつあると見る方が正確であろう。

　金融化論のマルクス経済学への浸透は、ポスト・ケインジアンの影響が大きい米英や、レギュラシオン学派が影響力をもつフランスに比べると、ドイツや日本では比較的遅れて始まっている。この原因は、第二次世界大戦後のドイツや日本の資本主義がいずれも家電や自動車を含む消費財や機械製品の輸出に依存する輸出主導型の成長パターンで成功を収めたこと、戦後復興期以降の輸出

産業の発展が、米英のような「市場型金融」ではなく、主として銀行信用によって支えられた事情と関係していると考えられる。

ドイツで先駆的に金融化論を発展させてきたのは、マクロ経済研究所 (IMK) のエッカート・ハイン (Hein, 2008)、ヴァン・トリーク (Van Treeck, 2009) をはじめとするケインズ - カレツキの系譜に属するマクロ経済学の研究者であったが、前後して経営学や社会学の分野でも金融化論への関心が広まっていった。この背景にあったのは、1990年代に顕著になった金融のグローバル化と証券化であり、これらの金融分野で進展する変化がドイツの企業経営と福祉国家の在り方に大きな変化を引き起こすという問題意識であった。

 * このような事情を背景とするドイツでの金融化論への関心の高まりを示す証左は、ドイツのマックスプランク研究所が関係する著名な社会学雑誌 *"Kölner Zeitschrift für Soziologie und Sozialpsychologie"* が幅広い研究者の協力を得て、現代資本主義の金融化を多面的に分析する特集号 Paul Windolf (Hrsg.) Hefte 45 (2005) を公刊したことであった。

ポストケインジアンやレギュラシオン学派の影響とは別に、ドイツのマルクス経済学における金融化論に先鞭をつけた研究者の一人は、ヨルク・フフシュミット (2009年12月死去) であった。かれは、かねてよりドイツの反体制グループが発行する経済年誌 *Memorandum* の共同編集者を務め、欧州の左翼・労働運動や ATTAC（金融取引税の導入やタックスヘイブンの規制に取り組む国際的 NGO）にも助言者として関わってきた研究者で、学術活動としては、ローザルクセンブルク財団その他のワークショップでの報告やマルクス主義系の雑誌に寄せた論文などで、金融主導資本主義 (Finanzmarktgetriebenen Kapitalismus) のテーマで見解を公表している (Huffschmid, 2008)。この他、現代資本主義と福祉国家の変容を金融化の観点から取り上げている論者としては、ヨルク・ビショフ (Bischoff, 2006) がいる。しかし、フフシュミットやビショフの言説は、これまでのところ、理論的に十分掘り下げられておらず、記述的な論述にとどまっている。

他方、フランスのマルクス経済学者で第四インターに属するミシェル・ウッソン (Husson, M.) は、せまい意味での金融化論の立場ではないが、今回の金融恐慌の背景を現代資本主義における新自由主義の優勢、グローバル化、および

金融化と関連させて考察している（Husson, 2009）。

　ウッソンによれば、過去数十年の間に、利潤、賃金、資本蓄積の関係が大きく変化し、その結果、生産資本と金融資本の関係も根本的に変化してきた。両者の関係は、かつての銀行信用が生産資本の蓄積を促進した時代から、企業自体が自ら金融活動を活発に展開する時代に移っており、企業にとって金融的収益はますます重要になっており、一部の論者のように、生産資本と金融資本を対立的にとらえる見方は、むしろ逆に資本蓄積と金融の関係がかつてなく深化している経済 (financialized economy) の現実を見誤っている。かれの見解では、現代資本主義の主要な特徴は、金融と生産の分離ではなく、労働力の価値減価（賃金抑制）と、金融化を促進する資本の間の強まった競争である。

>　＊　イギリス、ドイツ、フランスを中心とする欧州諸国のマルクス経済学の陣営における金融化論の浸透の状況については、欧州資本主義の金融化をメインテーマとして公刊された Grahl (eds) (2009) でうかがうことができる。本書には、編者のジョン・グラールの他に、トレバー・エバンス、ジャン・トポロウスキー、フォティス・リサンドロー、ヨルク・フフシュミットなどの論文が収録されている。また、欧州労連が関係する雑誌 *"Transfer : European Review of Labour and Research"* (Sage Publications), 2009(2) が、欧州労働運動の視点から金融化問題の特集号を公刊している。

　さらに、ドイツの左翼系雑誌 *Plokla* (Heft 166, 42, Jg. March, 2011) に公表され、英語版がローザルクセンブルク財団から刊行された Demirovic & Sablowski (2011) は、「金融優先型レジーム」の用語をレギュラシオンの代表的論者であるアグリエッタ (Aglietta) から援用したと断りながら、欧州危機の基本的性格を金融化論の見地から分析している。かれらによれば、この危機は「金融優先型蓄積レジームの危機であり、このレジームは1970年代以降にフォーディズムの危機に対応する価値増殖の支配的形態として成立した」、そして、この蓄積レジームの危機を理解するためには、産業資本、利子生み資本、架空資本、およびデリバティブの循環の発展、とりわけ架空資本の増大と運動を立ち入って考察することが必要である。金融優先の蓄積レジームのもとでは貨幣資本は現実資本を上回って増大する傾向があり、今回の危機の根底には、貨幣資本の過剰蓄積が引き起こした架空資本の増加と価格上昇がある。したがって、今回の危機の解決のためには、金融制度の部分的手直しに止まらず、過剰に蓄積さ

れた貨幣資本を公的な銀行に集中し、民主的に管理することが必要であると結論付けている。

　他方、ロンドン大学のジラド・イサークス（Isaacs, 2011）は、政治経済学としてのマルクス経済学の理論枠組みの俎上に金融化のさまざまな現象を乗せることで、その理論的含意と歴史的経緯をより明らかにできると考えている。かれによれば、金融化の過程は、かねてよりラパヴィツァス（Lapavitsas）が指摘するように（後述）、生産と流通の関係が後者に有利な方向に移行したことを表しているが、多くの人が考えるように、これら二つの側面を対立的にとらえることは間違っている。金融化は、資本間の競争と労使関係の重要な側面が質的に変化したことを示している。

　イサークスは、資本主義経済の歴史的発展にともなう信用の役割の変化を、高利金融、商業金融、産業金融、さらに株式会社と金融資本の登場へと辿った上で、19世紀から20世紀への転換を画期に起きた金融の役割の根本的な変化とそれが促した企業組織と生産過程の歴史的変化に注意を促している。

　イサークスによれば、現在議論されている金融化のルーツは、1970年代の経済危機とそれに対応する新自由主義の台頭という歴史的経緯に求められる。1970年代の経済危機とそれに続くスタグフレーションは、資本主義の最大の推進要因である利潤率の低下と、その根底にある過剰生産能力とグローバルな競争激化によってもたらされた。これらの変化は、株主価値重視の企業統治に見られる企業組織と経営目標の変化を招来した。前述のラゾニックが強調したように、企業利潤のますます多くが自社株買いと配当に充てられる傾向は、こうした変化の現れである。この変化は、株主と経営者の関係にとどまらず、労使関係の劇的変化によって促されており、労働者家計の金融市場への依存を通じて「賃金の金融化」と「社会保障制度の金融化」を引き起こしている。要するに、かれにとって金融化論の中心的命題は、資本の過剰蓄積に起因する企業活動の金融化であり、その結果としての金融システムの拡大と階級関係の変容である。

　マルクス経済学的金融化論の可能性を近年もっとも積極的に提示し、影響力のある多くの業績を発表してきたのは、イギリスのロンドン大学東洋アフリカ研究学院（SOAS）を拠点とするコスタス・ラパヴィツァスである。

　ラパヴィツァスによれば、今回の金融危機は前例のないもので、マルクス経

済学の伝統的な理論枠組みではうまく説明することができない。その理由は、この危機が1970年代の危機とは異なり、収益性の危機（過剰生産に帰因する利潤率低下、引用者）と関連をもっていないためである。これに対して、金融化論は「危機の並はずれた特徴を金融の長期的な成長に関連付ける」ことで、新しい形態で発現する現代資本主義の危機の分析アプローチとして有望性を示している。かれによれば、今回の危機は、「モーゲッジ信用に燃料を供給され、証券化によって維持された純粋に金融上のバブル」が2001-07年に発生したことに起因するが、そのプロセスは、企業、政府・家計部門の債務の急激な増加によって支えられていた。

　このような金融危機の発生は、多くの経済学者が共通に指摘するように、過去30年間における先進国経済の金融化の進展と深く関連している。金融化にはいまだに確定された定義がなく、研究者の焦点もさまざまであるが、金融の極度の肥大化の結果、生産と流通との均衡が変化したという認識、および、この変化の背景に、生産部門における長期的な収益性の問題と、金融を中心とする流通分野に新たな収益源を求める資本の動きが作用しているという認識が共有されている（Lapavitsas, 2009）。

> ＊　ラパヴィツァスはさまざまな雑誌に論文を発表しているが、金融化に関するかれの見解をコンパクトに提示した論文としては、かれが『季刊経済理論』に〈特別寄稿〉として公表した論考（Lapavitsas, 横内正雄訳, 2010）およびLapavitsas (2011) がある。

　ラパヴィツァスは、スウィージー／マグドフ(H)と同様に、金融化を産業資本と金融資本の関係の歴史的変化という側面から説明する。かれによれば、大手産業／商業資本は資金調達における銀行依存を低下させ、開かれた金融市場にますます依存するようになっただけではなく、金融資産の取得と金融負債の発行を通じて、自ら金融化を押し進めた。他方、企業向け融資の重要性が低下した銀行は、個人所得に利益の源泉を求めるようになり、手数料収入やトレーディング収益に依存する投資銀行業への傾斜を強めた。公的社会保障制度の後退によって住宅、健康、教育、年金その他が金融機関のビジネスに取り込まれ、「金融的略取 (financial expropriation)」と呼ばれる過程がつくり出された。しかし、停滞する賃金と増大する個人金融の組み合わせは、一方で家計財務の不安

定化を招き、他方で、住宅ローンに依存した住宅取得が住宅の金融資産化を招き、住宅ローンの増大と住宅価格の上昇が不可避的に不動産バブルを引き起こした。

ラパヴィツァスの理解では、労働者の所得に依存した銀行業務の増大は、金融化の下での利潤の変容を意味している。銀行は新しい利潤源泉を獲得するために、業務を企業の貨幣取り扱いの仲介および企業向け融資から、労働者の所得の仲介に移行させた。ここから得られる利潤は、流通の領域に根差しており、賃金および俸給から直接に派生する。

銀行業の変容を顕著に表しているのは、商業銀行の投資銀行化、言い換えれば銀行の証券化業務への参入と、この業務の利潤源泉としての重要性の増大である。証券化は、銀行の融資業務に付随するリスクの評価と管理に劇的な変化を引き起こす。大量の情報を高度の情報処理技術を駆使して処理できる大手銀行は、住宅ローンをはじめとする大量かつ多様な個人向け信用のリスク評価を低コストで行い、さらに、リスクを「加工」して利益をひねり出すことが可能になる。金融化によって金融機関と企業が、生産過程だけではなく流通過程の仲介、とりわけ金融活動から莫大な利益を上げることが可能になっている状況は、資本主義の金融化の顕著な特徴をなしている。

かれが提示する現代資本主義論は、産業から金融への経済活動の移動を、金融産業と金融市場の肥大化だけではなく、一般企業の金融化、労働者・家計所得の金融化、社会保障制度の金融化、これらと結び付いた証券化業務の発展を、企業利潤の源泉の変化と結び付けることで、現代資本主義が示すさまざまな特徴を包括的に分析する一つの理論枠組みを提示している。しかし、この試みは、折衷論的弱点を免れることが難しく、実際に、いくつかの点で理論的不備をともなっている。マルクス経済学的金融化論の展開のためには、さらなる検討課題が残されている。

4 金融化論がマルクス経済学に提起する理論問題

前節では、金融化論のマルクス経済学への浸透と、マルクス経済学の理論枠

組みの上で金融化を論じるいくつかの試みについて説明してきた。ここまでの論述から予想されるように、このような試みは、一方で金融主導の特徴を強める現代資本主義の分析に新しい可能性を切り開くと同時に、マルクス経済学の伝統的な理論枠組みと金融化論との関係をめぐる複雑な理論問題を引き起こしている。それらを立ち入って検討しようとすると、さらに多くの派生的問題が伏在していることに気づくが、本節では、恐慌分析における利潤率低下論と金融化論の関係、金融化のもとで増大する金融的利得の源泉、をめぐる二つの問題に焦点を絞って検討することにしたい。

(1) 恐慌の原因としての利潤率低下と金融化の関係

今回の金融恐慌は、すでに金融化論を現代資本主義分析の有望なアプローチとして受け入れているマルクス経済学者の間では、金融化論を組み入れた現代恐慌論あるいはマルクス経済学的金融化論に対する関心を高める契機になった。しかし、マルクスの恐慌論の理論枠組みの中心をいわゆる利潤率の傾向的低下の法則に見出しているマルクス経済学者の間からは、このような動きに対してかねてより厳しい批判が寄せられている。

利潤率の傾向的低下の法則に依拠する恐慌論の代表的論者の一人であるアンドルー・クリマン (Kliman, A.) は、最近の共著論文 (Kliman & Williams, 2012) で、新自由主義が優勢になった近年の米国資本主義について見ると、金融化論が指摘する生産的投資の停滞や、生産から金融市場への利潤源泉の移行は起きていないと指摘している。かれらによれば、この事実は、企業の金融市場での活動が活発化している事実と矛盾するように見えるかもしれないが、これら二つの事実を両立させているのは、企業の債務依存の増大である。企業は、実物投資を犠牲にしてではなく、外部負債への依存を高めることで、金融的投資を増大しているのである。

かれらによれば、新自由主義のもとで、企業が利潤から投資に振り向ける割合は確かに減少しているが、その理由は金融化論の説明とは異なり、1980年代の利潤率が異常に高く、2000年代に入ってその水準が通常の水準に低下したことによっている。金融化論は、新自由主義のもとで企業利潤のますます多くの割合が配当や自社株買いに充てられたために、投資の停滞を招くと主張し

ているが (Lazonick, 2008; 2012; Duménil & Lévy, 2013)、企業は配当や投資を信用（負債）に依存して維持しており、これによって投資が圧迫されるということは生じていない。

> * 金融的投資の増大が実物投資の停滞によって賄われていないというクリマンの主張に対する反証としては、1980年代以降の利潤率の回復と対照的な蓄積率の低下を分析した Bakir & Campbell (2009), Clévenot, Guy & Mazier (2010) を参照してほしい。

　クリマン他の人々は、金融化論が強調する経済成長に比較しての金融市場と金融資産の増大、金融的利益の増大、企業が保有する金融資産の増大その他を事実として承認する。また、産業企業の資本蓄積率が顕著に低下したことも承認する。しかし、これらは利潤のますます多くが実物投資から金融投資に移されたことを意味しないし、資本蓄積率の低下の主因は金融投資の増大ではなく、利潤率の低下であると主張している。

　かれらによれば、企業の生産的投資と借入との間には強い相関関係がある。企業が配当や自社株買いを維持しながら投資を増加させようとすれば、豊富かつ弾力的な借り入れ資金に依存することができる。さらに、利潤率の変動は、つねに投資の変動に先行している。これら二つの事実を念頭に置けば、新自由主義の下での投資の停滞（蓄積率の低下）は、金融化の結果ではなく、利潤率の低下によって起きているという結論になる。したがって、今回の経済危機の真の原因も、新自由主義とそれが促進した金融化ではなく、利潤率の低落とそれが引き起こす投資の収縮に帰せられることになる。

　経済恐慌を利潤率の低下によって引き起こされる「利潤サイクル (profit cycle)」現象として説明する見解は、マルクス経済学の陣営で現在でも大きな影響力を保持しており（Alan Freeman, Chris Herman, Anwar Shaikh, Fred Moseley, Guglielmo Carchedi, Nikos Stravelakis 他）、この見解を支持しない人々との間で長い論争が続いている。今回の金融恐慌を、利潤率の低下にもとづく経済危機として説明する代表的な業績としては、Shaikh (2010)、Kliman (2011)、Roberts (2009) がある。しかし、これらの人々の間でも、どのように現実の利潤率（分子と分母の両方）を測定するのか、現実の利潤率が過去30年間にどのように低下ないし変動してきたのか、利潤率の変動はどのような要因によって

説明できるのか、利潤率の低下がどのようなメカニズムを通じて恐慌の原因になるのか等について見解の相違がある。

かれらの主張の一つの難点は、恐慌の歴史によれば、直前に利潤率が急落して恐慌が発生した事例が、必ずしも一般的ではないことである。1970年代前半期の経済危機では、危機発生に先立って利潤率の顕著な低下が見られたが、これはむしろ珍しい事例である。また他に、恐慌に先立って利潤率が低下した事例が存在したとしても、後者が前者の「原因」であることを無条件に証明しない。

> * 「1973-75年の危機には60年代中ごろ以来の利潤率の顕著な下落が先行した。マルクス経済学者は、この利潤率低下に着目し、利潤率の傾向的低下論、賃金による利潤圧縮論、さらにはフォーディズムの終焉によって危機を説明した。……事実を言えば、その危機は利潤率の顕著な低下が先行したという点で、資本主義的危機の稀な例であった。」(Thomas, 2011)

マルクスの記述(『資本論』第3巻第3篇)に依拠して利潤率の傾向的低下法則を論証することは、すでに何人かの研究者が指摘しているように、理論的に困難なだけではなく、その理論を実証的に適用して現実の恐慌を説明することはさらに困難である。前記のクリマンは、独自の利潤率の指標を採用することで、1970年代以降の米国における利潤率が長期的に低下したことを論証しているが、これに対しては、1980年代における利潤率の回復を証明する別の論証が複数存在する。Duménil & Lévy (2005; 2011) は、米国の製造業の利潤率をいくつかの指標で計測しているが、いずれの指標で見ても、1980年代に利潤率が相当程度回復しており、クリマン他が主張する長期的低落は見られない。同様の利潤率の回復は、フランスのマルクス経済学者ミシェル・ウッソンも繰り返し指摘している (Husson, 2009; 2010) し、米国の経済学者にも同様の指摘がある (Bakir & Campbell, 2009)。そして、Duménil & Lévy の場合にも、Husson の場合にも、利潤率の回復に寄与したのは経営者の権力の回復の結果生じた労働分配率の傾向的低下であった。

米国の非金融企業の利潤率の動向については、クリマンが依拠しているデータ (National Income and Product Accounts: NIPA) と FRB のフロー・オブ・ファンド (FOF) データに依拠して、より詳細な分析を行った研究 (Basu &

Vasudevan, 2011) がある。かれらの分析によれば、1940年から1980年代までは、景気変動による上下動を含みながら、利潤率は下降傾向を続けた。しかし、1980年代以降、利潤率は上昇傾向に転じた。この上昇は、1990年代末の低落を挟んでいるとはいえ、今回の経済危機に先立って利潤率が長期的に低下し続けたという論証に有力な反証を提示している。ただし、クリマンが行っているように生産財の価格変動を考慮に入れない簿価ベース (historical cost) で資本ストックを評価し、金融コストや税金を含めたグロスの営業利益で利潤を評価する場合にのみ、全期間を通して低下傾向が見られる。

> * 生産設備の簿価ベースでの利潤率評価は、生産財の価格変動を捨象するが、この要因は名目的な利潤率の変動に大きな影響を及ぼす。簿価ベースでの利潤率は、生産財部門の生産性上昇による価格低下を利潤率に反映せず、利潤率を低く評価する傾向を生み出す。なお、マルクスが利潤率を簿価ベースではなく、固定資本の価格変動を考慮する時価ベースで考えていた点については、Basu & Vasudevan, ibid, note 6 を参照。

さらに、かれらがFOFデータに依拠して行った分析でも、利子や税金を含めるか否かにかかわらず、また、簿価ベースか時価ベースかにかかわらず、利潤率の低下傾向は1980年代で終了し、その後は上昇傾向に転じている。ただし、この上昇傾向は、簿価ベースで計測した場合には、時価ベースでの計測に比べて不明瞭になる。かれらは、米国の非農業部門の利潤率について以上の傾向を確認した上で、利潤率の変動に作用した要因を、労働分配率と生産性など技術的要因の二つに分けて、立ち入った分析を加えている。

かれらによれば、第二次世界大戦後の技術革新には(1)戦争終結〜1968年、(2)1968〜1982年、(3)1982〜2000年、(4)2000〜2009年、の四つの段階が区別される。段階(1)は、安定した労働分配率と上昇する生産性の組み合わせによって利潤率が上昇した。(2)では、生産性の停滞と労働分配率の上昇によって利潤率が低下した。さらに、新自由主義が優勢になった(3)以降、生産性の上昇と労働分配率の低下による利潤率の回復、とりわけ、金融部門における利潤率の上昇が顕著になった。しかし、2000年代以降は再び生産性が低下し、利潤率は金融化による資産バブル、資本家階級の所得増と労働者階級の債務増によってかろうじて支えられた。

それでは利潤率に作用する生産性の変動は何によって生じているのであろうか。かれらは資本生産性を労働生産性（一人当たり産出高）と資本集約度（一人当たり固定資本）の割合と定義し、前記の各時代区分についてその作用を分析している。その結果、(2)の期間では労働生産性が年率 0.78％上昇したにもかかわらず、資本集約度が 3.16％も上昇したために、資本生産性は年あたり 2.38％の割合で低下している。(3)では、労働生産性が 2.11％上昇したが、資本集約度は緩やかにしか上昇しなかったために、資本生産性は年率 1.39％上昇し、利潤率回復に寄与している。同様に (4) では、労働生産性が 2.03％上昇したにもかかわらず、資本集約度が年率 4.46％も上昇したために資本生産性は 2.43％低落している。この結果は、2000 年代に入って生じた約 8 年間にわたる資本生産性の大幅な低下が、今回の経済危機の、さらにその後のはかばかしくない景気回復の、重要な要因であることを示唆している。

　Basu & Vasudevan の研究は、利用可能なデータに依拠して利潤率の低下を論証し、それによって経済危機を説明する作業の困難性を浮き彫りにしているが、利潤率の重要性自体を否定しているわけではない。かれらは、1960 年代以降の世界的な資本の過剰蓄積と競争激化によって利潤率が低下したことを重視するブレナーの議論や、利潤率の低下と金融化の関連を重視するデュメニル／レヴィの議論を参照している。筆者の理解では、これらの論者も広い意味で利潤率低下説と見なすことができるが、かれらの議論は、『資本論』第 3 巻第 3 篇でのマルクスの議論に直接依拠するものではない。

(2) 金融化のもとでの金融的利益の源泉をめぐる問題

　マルクス経済学の陣営で議論を集めているもう一つの重要な問題は、現代資本主義のもとでは、「一般的な収益性が低迷する一方で膨大な金融利益が存在している」事実である。金融部門と非金融部門（極度に資本集約的な鉄道や電力部門、および農業を除く）の利潤の動向について比較分析を行ったデュメニル／レヴィ（Duménil & Lévy, 2005）は、金融化論に関心を寄せるマルクス経済学者とケインジアンの双方にとって、金融部門の利潤率の動向と、それが非金融部門の利潤率に及ぼす影響が大きな関心事になっているが、これまでのところ、これらの問題に立ち入った実証研究は現れていないと指摘している。

かれらによれば、非金融企業における金融資産および債務の有形資産に対する割合は、1950年代から60年代にかけて上昇したが、70年代に低下した後、新自由主義が優勢になった80年代以降再び上昇するようになった。この中、債務の割合は90年代末には上昇が止まり、企業の債務比率は今では逆にマイナスに転化しているが、金融資産の割合はその後も上昇を続けた。

　1970年代を通じて非金融企業の金融的所得は実質ベースでマイナス（物価上昇率＞利子率）を記録していたが、79年のヴォルカーショックによる金利上昇によってこの関係が逆転し、それ以後、金融的（粗）利益は非金融企業の総利益（租税および利払いを含む）の12％程度を占めるようになった。ヴォルカーショックによる企業の金利コストの上昇と、金融的利益増大の組み合わせは、幾分パラドクシカルであるが、実際には、米国の企業部門は全体として金融資産からの利益を上回る費用を債務ストックの弁済に充てている。

　年金や投資信託を除いた狭義金融部門の利益は、受け取り金利、配当、さまざまな手数料、キャピタルゲインなどから構成されるが、これら全体の利益は新自由主義が優勢になるにつれて増大した。1952-61年の高度成長期を通じて、金融部門の利潤率は非金融部門より低かったが、1961-86年の期間は両者の関係が逆転し、さらに、1986年以降は、金融部門の優勢がいっそう顕著になった。この結果、金融部門の正味資産総額の非金融部門のそれに対する割合は、1980年代初めの18％前後から90年代後半期には30％前後に急上昇した。金融政策の変更や金融制度改革は、金融部門の利益率に大きな影響を及ぼしているが、両部門の利潤率の相対関係は、非金融部門から金融部門への資本の移動を引き起こしている。

　他方、米国の金融化について包括的な分析を行ったOrhangazi (2008) が提示するデータによれば、米国の広義の金融部門（金融・保険・不動産を合わせた、いわゆるFIRE部門）の利益が国民所得に占める割合は、1950年代初頭の10％強から60～70年代には13％前後で安定的に推移した後、80年代以降は急上昇を始め、1990年代には16～18％の水準に達している。これにともなって、非金融企業の利益に対する金融企業の利益の割合も、1980年代前半までは、概ね10～20％で推移した後、80年代後半期以降は上昇に転じ、2000年代初頭には70％を超える高い水準を記録している。

　このような金融部門の利益の相対的かつ顕著な増大は、多くの研究者の関心

を呼んできたが、これまでのところ、この現象を実証的に分析した研究は、前記の小倉の業績を含めてもそれほど多くない。米国の著名なラディカル政治経済学者のクロッティは、新古典派や金融当局者が強調する金融セクターにおける激しい競争と、金融セクターが手にする莫大な利益との関係を「ヴォルカー・パラドックス」と呼び、その背景を、(1)金融商品と金融サービスに対する需要の増大、(2)金融部門の資本集中による競争の変化と市場支配力の作用、(3)見かけの利潤率を押し上げる金融機関による積極的なリスクテイキング、(4)高い利潤マージンを可能にする店頭 (OTC) デリバティブをはじめとする金融イノヴェーション、の四つの要因によって説明している。その上で、かれはこれらの要因によって金融部門が永続的に高利益を上げ続けることは困難で、金融システムのいずれかの部分でデフォルト率が上昇すれば、潜んでいたシステム全体のリスク（システミック・リスク）が近い将来表面化する可能性が高いと警告している（Crotty, 2007）。この指摘は、クロッティの洞察力を示しているが、かれは金融部門の大きな利益の源泉について立ち入った考察は加えていない。

前節で紹介したように、マルクス経済学の陣営で金融化論の発展に積極的に関わってきたラパヴィツァスは、企業の価値増殖の主要な領域が生産過程から流通過程に移行し、金融部門の利益のますます大きな源泉が、企業向けの融資ではなく、個人・家計の所得と消費を媒介する業務に依存するようになった点に着目している。ラパヴィツァスと同じくロンドン大学のSOASに属するドス・サントス（Dos Santos, 2009）は、近年における目覚ましい金融イノヴェーションを背景とする銀行業務の変化が、かつての企業融資に代わる金融産業の収益機会を増大させたことを重視している。その際、かれもまた、ラパヴィツァスと同様に、金融産業の利益が、家計の賃金やその他所得の仲介から生み出される問題に関心を向けている。

ラパヴィツァスやドス・サントスの議論は、マルクス経済学が自らの理論枠組みに金融化論を組み入れようと試みた場合、困難な理論問題が伏在することを示唆している。とりわけ、かれらが重視する金融的利益（流通過程からの利益、あるいは、所得と消費の仲介からの利益）を、マルクスの労働価値説とどのように整合させるのかという問題は十分には説明されていない。

このような理論的不備は、当然のことながら、労働価値説に依拠するマルクス経済学の陣営からさまざまな批判を招いている。前述した利潤率低下説のグ

ループは、ラパヴィツァスやドス・サントスの議論はマルクス経済学的議論の装いをしているが、マルクスの価値論にも、恐慌論にも依拠していない、価値論なき価値増殖論、根拠なき金融自立論だという批判を提起している（Desai & Freeman, 2011）。かれらによれば、今回の経済危機がマルクス経済学の恐慌分析の伝統的枠組みでは説明が困難というラパヴィツァスの見解は、マルクスの恐慌論に対する無理解を示している。

　利潤率低下論からのこのような批判は、筆者の判断では、現代資本主義論としての金融化論の可能性を「盥もろとも流してしまう」類の批判で、生産的とは言えないが、マルクス経済学的金融化論の発展を目指す議論に残されている重要な理論的課題を言い当てている点では正当である。そして、こうした批判の根源に目を向けると、結局、金融化論の人々の基本的な言説とマルクス経済学の理論的基礎である労働価値説との曖昧な関係が浮かび上がってくる。

5　現代資本主義の富と架空資本の価値

　金融化に付随する顕著な現象の一つは、さまざまな金融資産（架空資本）が、富裕層の個人資産としてだけではなく、機関投資家、および企業の資産としても――債務と両建てで――急激に増大し、労働者を含む多くの市民の将来の生活が、年金、保険、投資信託その他が管理する架空資本の運動に依存する度合いが高まっている事実である。このため、マルクス経済学においても、過去30年にわたり、実物資産に比べて金融資産（その大半は株式、債券、デリバティブ、その他の架空資本）が急速に増大し、これに付随してさまざまな通貨・金融・財政危機が世界的に頻発している問題をどのように分析するのかは、重要な理論的課題になっている。

　マルクスは『資本論』の第1巻第1篇第1章の冒頭を、「資本主義的生産様式が支配している諸社会の富は、『商品の巨大な集まり』として現われ、個々の商品はその富の要素形態として現われる。それゆえ、われわれの研究は、商品の分析から始まる」（『資本論』①59頁）という有名な文章で書き起こしている。しかしながら、金融化が進展した現代資本主義のもとでは、社会の富は有

形財の集合としてよりも、むしろ膨大な架空資本の集合として現れ、株式や債券がその要素形態として現れている。同様に、資本の蓄積も、生産資本（工場、機械、原材料など）の集積をはるかに上回る貨幣資本の蓄積として現れている。そして、ラパヴィツァス他が指摘するように、その蓄積は純粋な生産活動や商業活動、要するに産業 (industries) から次第に遊離し、架空資本の組成・加工・売買・保有とそれらに付随する業務、要するに広い意味での金融業務を介して実現されている。

マルクスは、『資本論』第3巻第5篇第21章（利子生み資本）において、「資本の使用価値は、利潤を生産するということである」と指摘した上で、「資本としての貨幣または諸商品の価値は、貨幣または諸商品としてのそれら価値によってではなく、それらがその所有者のために生産する剰余価値の分量によって規定されている」（『資本論』⑩ 601頁）と述べている。

上記の記述は、貨幣資本の価値が商品の価値を規定する価値法則とは異なる法則によって決定されることを示唆しているが、同時にそれが、価値と無関係なものではなく、価値（正確には剰余価値）によって規定されることを示している。他方、マルクスは『資本論』第3巻第5篇第29章（銀行資本の構成諸部分）で架空資本の価値についてまとまった考察を行っており、そこでは、架空資本が資本還元と呼ばれる「計算」によって形成されると指摘し、その価値は「資本還元された収益」言い換えれば「幻想的な資本に対して現行の利子率に従って計算された収益」にすぎないと述べ、さらに以下のような論述を続けている（『資本論』⑪）。

「（有価、引用者）証券の資本価値は、純粋に幻想的なものである」、「これらの証券の価値減少または価値増大が、それらが代表する現実資本の価値運動にかかわりのないものである限り、一国民の富の大きさは、価値減少または価値増大の前も後もまったく同じである」、「これらの証券の価値減少が、生産ならびに鉄道および運河交通の現実の停止、もしくは着手されている企業の中止、または明らかに無価値な企業での資本の浪費を表わしたものでない限り、国民は、名目的貨幣資本のこれらのシャボン玉の破裂によっては、びた一文も貧しくはならなかった」（『資本論』同810頁）

これまで多くのマルクス経済学者は、上記のマルクスの論述にもとづいて、架空資本を将来の所得に対する単なる請求権と見なし、それらの「価値」を、現実の価値に裏付けられていない虚の価値 (virtual value) あるいは、架空的価値 (fictitious value)、さらには幻想的価値 (illusional value)、と見なしてきた。これらはいずれもマルクスの論述に含まれている言葉であるが、架空資本の価値が現実の価値と何の関係もない単なる計算上の価値、あるいは架空で幻想的な価値にすぎないとすれば、その価値はどのようにして「剰余価値によって規定される」のであろうか。

　　＊　架空資本を実際の商品取引の裏付けのない詐欺的証券と見なす見解は、マルクスよりもはるかに古い時期から継承されている。この用語の歴史を詳細に調査したペレルマンによれば、架空資本についての早期の言及は、南海バブル事件（1720年）に関する資料に現れている。そこでは、資本の本当の価値を上回る株価の上昇は、投機家の計算がつくり出した架空の価値 (fictitious value) であり、それは誰か他人の損失であると説明されている。その後の架空資本に関する資料には、「架空の、また想像上の貨幣」、「架空手形」「融通手形」他の語が、類似語として登場する (Perelman, 1987)。

　マルクスが剰余価値と架空資本の価値を関連付ける論理として説明している資本還元論は、おそらくマルクスの創見ではなく、すでに当時金融界で普及していた「慣行」であったと考えられる。資本還元は、どのような形態の資本であれ、資本の利潤率を一般的な利子率で割り引くことによって、当該資本の資本としての価値を評価する計算手法である。しかし、マルクスはこの論理を簡単な数値例で説明しているだけで、それを資本の価値を説明する経済学的概念として詳しく展開していない。

　架空資本についてのマルクスの考察を継承し、20世紀初頭の株式会社の発展に適用して分析したヒルファーディングは、『金融資本論』第2篇第7章（株式会社）において、株式は、証券取引所の発展によって自由な販売（実現）可能性を与えられ、「貨幣資本の性格を完全に与えられる」と述べている。この結果、貨幣資本家には、貨幣を利子生み資本として確定利子つきで貸し出すか、それとも株式や国債など証券の形態に投資するかを自由に選択することが可能になる。ヒルファーディングによれば、このようなさまざまな投資可能性をめぐる競争は、「証券の価格を確定利子つき投資の価格に接近させ、収益を

株主にとっては産業利潤ではなく利子たらしめる」。

　証券価格と利子つき投資の等価性、および、株式会社における株主収益の利子化という把握は、ヒルファーディングを、株式会社の設立に際して発生し、創業者が期待利潤の資本還元によって手に入れる創業者利得の発見に導いた。かれは、それをマルクスの「資本還元」論に依拠しながら、次のように説明した。

　平均利潤率と利子率との間に乖離があれば、利子率によって資本還元された株式価格総額と最初に創業資本として投下された貨幣資本額とが一致する必要はない。平均利潤率を15％、支配的利子率を5％とすると、例えば、投資家が投じた100万マルクの創業資本で年平均15万マルクの利潤を期待できる企業の価値は、それを投資家が期待する利子率（5％）で資本還元すれば100万マルクではなく300万マルクの資本に相当する。すなわち、創業者の手元には、管理費用や役員報酬を度外視すれば、200万マルクの創業者利得が成立する。

　ヒルファーディングによれば、この利得は、「利潤生み資本を利子生み資本の形態に転化すること」から湧き出た (entspringt) ものである。したがって、創業者利得として発生する貨幣資本は「純粋計算的」な資本であるが、計算上は「現存」し、「株式資本」として示されることを妨げるものではない（林要訳〔上〕、国民文庫、212-214頁）。このようにかれは、創業者利得が少なくとも計算上「現存」することを認め、それが資本主義の発展の歴史的所産であることを指摘しているが、それをさらに資本の価値と関連付けて論じてはいない。

　創業者利得は、創業された企業の将来の期待利潤率を利子率で還元することで発生するが、実際の労働によって新たに創造された価値ではない。資本の原理は、利子率を上回る利潤が期待できる資本の価値を、最初に投下された資本の価値以上に評価するのであり、この評価の結果発生する利得は、作為による第三者の損失ではないし、資本の原理に反する異常な利得でもない。創業者利得の源泉は、当該資本によって新たに創造された剰余価値ではないが、単に架空のものではなく、価値増殖する価値としての資本が「商品」の形態規定を受けることから与えられる社会的な価値規定と考えなければならない。

　現代資本主義を特徴付けている膨大な架空資本の価値も、投資家の計算が資本の原理と無関係につくり出したものではなく、価値増殖する価値としての資本の運動を規律付ける資本還元の仕組みによって形成されている。例えばウォ

レン・バフェットやビル・ゲイツをはじめ世界の大富豪たちの「富＝財産」の大半をなすさまざまな架空資本も、詐欺や犯罪によってではなく、資本還元の論理によって生み出され、増殖されたものである。そして、資本主義が存続し、資本の競争を規律付ける一般的原理として資本還元の論理が作用している限りは、その富は単なる幻想ではなく、リアルな富――社会関係の現象形態としての富――である。

これに対して、マルクス経済学の陣営で多く見られる、生産過程で生み出された富を「現実的富 (real wealth)」と呼び、膨大な架空資本の集合として現れる富を「非現実的、あるいは虚の富 (virtual wealth)」あるいは「紙上の富 (paper wealth)」と呼んで、架空資本の形態での富の実在性を否認する見解は、価値の概念を労働生産物としての商品だけに適用できる概念として狭くとらえ、その論理を資本の価値に適用しようとしない見解である。しかし、価値という概念は、単に労働生産物だけではなく、資本主義のもとで市場に現れるすべての商品に適用される、資本主義のもっとも一般的な概念である。

周知のように、資本主義社会は、人間労働の所産ではない労働力に商品としての形態規定を与え、労働力を「価値あるもの」として売買し、労働力に単なる有用物ではなく、価値を生産させることによって存続する社会である。誰でも知っているように、資本主義社会では、人間労働の所産ではない自然（土地、飲用水や流水、温泉、地中の資源、森林その他）も、私有され、商品として市場で売買される。さらに、スポーツ選手や有名なタレントも、所属会社によって商品化され、実際に商品として市場でトレードされる。また、多くの骨董品や美術品が、製作者の投下労働量とはほとんど無関係の価格で取引される。こうした事象は、価値法則を損なうことでも、価値法則に反することでもない。資本は、売買可能なあらゆるものを商品化して交換価値に還元し、価格を付けて市場に投げ込むが、それらさまざまな商品価値の運動を資本主義の存続と両立するように調整する原理が価値法則なのである。

しかし、労働生産物であれ、それ以外のものであれ、市場で売買するためには他のどのような商品とも交換可能なものとして等置されなければ売買は成立しない。だから、商品は使用価値の他に、交換価値（等価性）を持たなければならないのである。その際、素材、形状、使用目的を異にするあらゆる労働生産物を等しく交換可能な商品として等置する市場の参照基準は、投下された労

働以外に存在せず、さらにその労働は、具体的な有用物を生産する具体的労働ではなく、単なる人間労働、つまり、労働力の単なる支出としての抽象的人間労働でなければならない。そして、価値の量的規定性について言えば、個々の労働者が実際に費やした労働時間ではなく、当該生産物を生産するのに社会的に必要な——言い換えれば、市場が「認知」する——労働時間に還元される。

　労働価値説を理解する場合に忘れてはならない重要なことは、労働生産物は人間労働の所産であるがゆえに、価値を持つのではないということである。そうではなく、資本主義社会では労働生産物が商品の形態規定を受ける（むしろ、受けなければならない）がゆえに、労働が価値を生産する（むしろ、価値を生産しなければならない）のだということである。資本主義が商品生産に依拠する限り——もちろん、それ以外の資本主義は在り得ないのであるが——価値法則から免れることはできないのであり、だからこそ、価値法則は資本主義経済の運行を規定する一般的法則なのである。そして、さらに忘れてはならないことは、この法則が、資本主義社会の根本的な矛盾を表しているということである。

　商品が具体的な有用物としての使用価値だけではなく、それとはさしあたり無関係な、他のさまざまな商品との交換可能性、あるいは等価性（交換価値）を持たなければ商品たり得ないということは商品の制限であり矛盾である。この商品の矛盾は、労働生産物が商品の形態規定を受けることから生じる、商品の本性に含まれる矛盾であるが、これは、本来人間の生存条件である経済活動（生産手段や消費手段その他生存に不可欠の財の生産、加工、分配、輸送、交換、貯蔵、その他）が、人間の社会的生存という本来の目的のためではなく、資本の価値増殖と蓄積のための活動、要するに資本の利潤追求（剰余価値生産）という転倒し、ゆがめられた形態ないし目的で行われることに起因している。

　　＊　マルクスが『資本論』第１巻で考察している価値は、商品化された、有形の労働生産物の価値である。それは、『資本論』第１巻でマルクスが考察の対象として表象に浮かべている商品が、富の要素形態である具体的な商品に限定されており、商品としての資本の価値はまだ考察の対象になっていないからである。この限定は、価値形態の理論的分析のために必要な抽象であるが、この抽象は、商品としての資本の考察においては、拡張されなければならない。価値法則は、商品の価値だけに適用される法則ではないのである。

資本還元という資本の論理は、これまで、マルクス経済学の陣営では貨幣資本家的な視点がひねり出した、きわめて技術的な計算問題として以上の考察を加えられてこなかった。しかし、創業者利得を形成し、架空資本の価格を形成する資本還元は、マルクス以前の経済学者が考えたような、現実の経済活動を経由することなく金融的利益を上げようと目論む横着なペテン師たちの手品ではない。手品はその種が明かされれば単なる冗談になるが、資本還元には見破られるべき秘密などはない。マルクスも言うように、資本還元は手続きとしては「簡単な事柄」である。この簡単な計算が、マルクスの時代から150年以上も経った現代資本主義において、陳腐な手品として見捨てられるどころか、ますます重要かつ強力な「資本の論理」として、あらゆる所得と価値形態の運動に適用され、貨幣資本だけではなく現実資本（企業）の運動までも規定している事実に目を向けることが必要である。

　経済の金融化が極度に進行した現代資本主義分析のためには、マルクス経済学においても資本還元を、空虚な計算手続きとしてではなく、「商品としての資本」の運動を規律付ける「資本の価値法則」として、理論的に分析することが必要である。言い換えれば、これまで行ってきたように、架空資本の価値を単なる「虚の価値」、「架空の価値」と呼んで済ませるのではなく、その価値の社会的本質を立ち入って分析することが必要なのである。

　架空資本の価値を架空の、幻想的な価値として論じる人々は、マルクスにならって、バブルによって膨張した架空資本の価値が、バブル崩壊によって消失する現象を取り上げて、これを架空資本の価値の「架空性」の証明と考えている。その論拠は、これらの人々によれば、架空資本の価値は、現実資本が生み出す将来の所得や利潤への不確実な期待が形成した「期待値」に過ぎず、この期待の実現如何に掛かっている。しかし、バブルは必ず崩壊し、その崩壊の前兆によって投資家の期待が揺らげば、架空資本の市場取引が停止し（流動性の消失）、見せかけの価値は雲散霧消してしまうことに求められる。

　しかし、筆者の理解では、このような現象は架空資本市場でしばしば観察される事実であるが、それは、架空資本の価値の「架空性」や「幻想性」を証明しているわけではない。バブルが意味しているのは、架空資本の供給を上回る貨幣資本が資本市場に投じられ、架空資本の価格が資本還元の論理と整合的な価値の限度を超えて上昇することである。言い換えれば、架空資本の価格が、

参照基準としての資本還元ではなく、市場の気配から、価格上昇が今後も継続するという投資家の単なる期待や予想によって自己実現的に上昇することを意味している。したがって、この期待や予想が覆ることで発生するバブル崩壊は、「資本の価値法則」から遊離して押し上げられていた架空資本の価格が、資本還元によって価値の水準に暴力的に引き戻される現象である。その限りでは、信用に支えられた商業資本の思惑と過剰取引によって、再生産の限度を超えて上昇した商品価格が、価値法則の作用によって価値の水準に引き戻されるのと同じである。その場合、どれだけの架空資本の価値が破壊されるかは、あらかじめ決まっているわけではない。ある条件のもとでは膨張した価値の一部が破壊され、別の条件のもとでは、膨張した価値を上回る価値が破壊される。つまり、バブル崩壊では、バブルの過程で幻想的につくり出された虚の価値が、幻想的であるがゆえに一掃されるわけではないのである。

 ＊ 架空資本の価値規定および運動を価値論と関連付けて考察する課題は、金融恐慌の理論的解明を目指してきた筆者の長い間の懸案であった。この課題を、マルクスの架空資本論の新しい解釈によってではなく、価値の概念と価値法則の再検討によって、理論的に解決するアプローチを示唆してくれたのは、カナダの経済思想家ジョフ・マンの刺激的で洞察に富む論稿であった (Mann, 2010; 2011?)。かれによれば、「価値は、……資本の組織原理であり、資本主義のもとで富がまとう商品形態の本質である。資本主義が批判に値するのは、労働が自ら生み出した価値を取り返せないからではなく、この関係のもとでは、労働が価値の生産を強いられるからである。資本主義のもとでは、労働は価値を生産しなければならないのである。……この意味では、労働価値説 (the labour-theory of value) は、本来は、価値労働説 (the value-theory of labour) と解されるべきである」(Mann, 2010, p.175)。「価値は本質的に超感覚的で非物質的であり、追跡困難であるが……このことは価値が架空、虚、まがい物であることを意味しない。……現在の危機を架空資本の産物、想像上の資産の非現実性が露呈した結果として批判するのは、致命的な誤りである」(Mann, ibid, p.178)。

現代資本主義のもとでは、膨大な架空資本の蓄積とそれらの運動が、資本主義の再生産と運行に、したがって資本蓄積の在り方に、甚大な影響を及ぼしている。資本市場では、架空資本は資本還元によって、きわめて不確実ではあるが、「価値増殖する価値」にふさわしい客観的かつリアルな価値を与えられ、

この価値は架空資本の価格として独自の運動を行う。そして、資本は、あらゆる資産や所得を資本還元によって資本に加工し、商品として市場に投げ入れる。こうして、架空資本の組成、販売、加工、保有とこれらに関連するさまざまな作業が、資本にとって新たな価値増殖の手段になる。これらの活動によって、資本は新たな価値を自ら創造するわけではないが、価値増殖の新しい方途を手にするのである。

現代資本主義の金融化を特徴付けているこのような現実を理論的に説明するためには、現代の金融市場と貨幣資本の運動、とりわけ架空資本の運動とその作用を分析する有効な理論が求められている。過去10年にわたって金融化論が積み上げてきた膨大な業績は、マルクス経済学がそうした理論的課題に取り組む上で参照すべき有益な成果をもたらしているが、その成果を十分に活用するためには、マルクス経済学自体の一層の理論的発展が不可欠である。

6 まとめ

本章では、現代資本主義分析のアプローチとしての金融化論が、経済学のさまざまな陣営に学派を超えて浸透してきた経緯を説明し、このことが、とりわけマルクス経済学の陣営では、複雑な議論を引き起こしている状況を紹介した。その上で、マルクス経済学が金融化論を分析枠組みの一部として組み入れる場合、伝統的な恐慌論、利子生み資本論、架空資本論などに複雑な理論問題を引き起こしていることを指摘した。

さらに、現代資本主義における富の存在形態が商品から架空資本に移っていることを取り上げて、架空資本の運動を介する資本の価値増殖をめぐる問題を考察し、この問題を資本主義の一般法則としての価値法則との関連で考察する必要性を指摘した。そして、マルクスの架空資本に関する記述を継承しながら、架空資本の価値を「虚の価値」「幻想上の価値」あるいは「架空の価値」と呼ぶことで、架空資本の運動と価値法則の作用との関連を事実上問題にしない考え方を批判的に検討し、架空資本に価値を形成する「資本還元」が、価値法則と矛盾しない、資本の運動原理の一つであり、むしろ、「商品としての資本」

の価値を規定する価値法則であることを明らかにしようとした。

　本章で提示した筆者の見解は、多くの先行研究に依拠しているとは言え、さまざまな理論的不備を残しており、取り上げるべき論点の多くを、論じ残していることを承知している。要するに、ここに提示した見解は、架空資本論をはじめとするマルクス信用論の理論的発展を念願する筆者の考察結果を試論的に論証したものであり、筆者自身の考察としてもこれで最終的な結論に達したわけではない。今回の金融恐慌を契機に、マルクス経済学の陣営においても架空資本研究は著しい進歩を遂げており、筆者としては、新しい研究成果を参照しながら、問題意識を共有する人たちから予想される忌憚のない批判を参考にして、今後も考察を続けたいと考えている。

参考文献

小倉将志郎『「経済の金融化」と金融機関行動』（学位論文、一橋大学、2014 年）。

Aalbers, M. B. (2008) The Financialization of Home and Mortgage Market Crisis, Competition and Change, Vol. 12, No. 2.

Bakir, E. & Campbell, A. (2009) Neoliberalism, the Rate of Profit and the Rate of Accumulation (December)

Basu, D. & Vasudevan, R. (2011) Technology, Distribution and the Rate of Profit in the U.S. Ecnomy: Understanding the Current Crisis (August)

Bischoff, J. (2006) Zukunft des Finanzmarkt-Kapitalismus: Strukturen, Widersprüche, Alternativen, VSA-Verlag.

Bowles, S., Gordon, D. M. & Weiskopf, T. E. (1983) Beyond the Waste Land, A Democratic Alternative to Economic Decline, Doubleday and Company, Inc. New York,『アメリカ衰退の経済学、スタグフレーションの解剖と克服』都留康／磯谷明徳訳、東洋経済新報社、1986 年。

Boyer, R. (2000) Is a Finance-led Growth Regime a Viable Alternative to Fordism? A Preliminary Analysis, *Economy & Society,* Vol. 29.

Brenner, R. (2009) What is Good for Goldman Sachs is Good for America: The Origin of the Present Crisis, UC Los Angels (October)

Clévenot, M., Guy, Y. & Mazier, J. (2010) Investment and the Rate of Profit in a Financial Context: The French Case, International Review of Applied Economics, Vol. 24, No. 6 (November)

Crotty, J. (2007) If Financial Market Competition is so Intense, Why are Financial Firm Profits so High?: Reflections on the Current 'Golden Age of Finance'. PERI working paper, No.134 (April)

Demirovic, A. & Sablowski, T. (2011) The Finance-Dominated Regime of Accumulation and the Crisis in Europe, Rosa Luxemburg Stiftung, Analysen Series.

Desai, R. & Freeman, A. (2011) Value and Crisis Theory in the 'Great Recession', MPRA paper, No.48645 (July)

Dos Santos, P. (2009) On the Content of Banking in Contemporary Capitalism, *Historical Materialism*, Vol.17, Issue 2.

Duménil, G. & Lévy, D. (2005) The Real and Financial Components of Profitability (USA 1948-2000), MODEM-CNRS (May)

────── (2011) The Crisis of the Early 21st Century: A Critical Review of Alternative Interpretation, CNRS.

────── (2013) The Crisis of the Early 21st Century: General; Interpretation, recent Developments, and Perspectives, CNRS 6 PSE=CNRS.

Erturk, I., Froud, J., Johal, S., Leaver, A. & Williams, K. (2005) The Democratisation of Finance?: Promises, Outcomes and Conditions, CRESE working paper, No.9 (November)

Foster, J. B. (2007) The Financialization of Capitalism, *Monthly Review* (April)

Foster, J. B. & Magdoff, F. (2009) The Great Financial Crisis: Causes and Consequences, Monthly Review Press, New York.

Grahl, J. (eds) (2009) *Global Finance and Social Europe*, Edward Elgar, Cheltenham UK.

Hein, A. & Truger, A. (2010) Finance-dominated Capitalism in Crisis: The Case for a Global Keynesian New Deal, MPRA working paper No.6 (February)

Hein, E. (2008) Financialisation in a Compratative Static, Stock-Flow Consitent Post-Kaleckian Distribution and Growth Model, IMK working paper (December)

Huffschmid, J. (2008) Die Finanzmarktkrise────das Ende des Finanzmarktgetriebenen Kapitalismus? Thesen zum internationalen Workshop, Dir Rosa-Luxemburg-Stiftung (November)

Husson, M. (2009) Financial Crisis or Crisis of Capitalism? English version of: Crise de la finance ou crise du capitalism, In Denknetz Jahrbuch (2009)

────── (2010) The Debate on the Rate fo Profit, International Viewpoint-Online Socialist Magazine (July)

Isaacs, G. (2011) Contemporary Financialization: Marxian Analysis, Journal of Political Inquiry, No.4.

Kliman, A. (2011) The Failure of Capitasist Froduction: Underlying Causes of the Great Recession, Pluto Books.

Kliman, A. & Williams, S. D. (2012) Why "Financialization" Hasn't Depressed US

Productive Investment, paper for presentation at Association for Heterodox Ecnomics Conference (July)
Krippner, G. R. (2005) The Financialization of the American Economy, *Socio-Economic Review* (May)
Lapavitsas, C. (2009) Financialization, or the Search for Profits in the Sphere of Circulation, SOAS discussion paper No.10 (May)
―― (2010) Financialization and Capitalist Accumulation: Structural Accounts of the Crisis of 2007-9, SOAS discussion paper No.16 (February), 横内正雄訳「金融化と資本主義的蓄積――2007-09年危機の構造的説明」『季刊経済理論』第47巻第1号 (2010年4月)
―― (2011) Theorizing Financialization, Employment & Society (December)
Lazonick, W. & O'Sullivan, M. (2000) Maximizing Shareholder Value: A New Ideology for Corporate Governance, Economy & Society, Vol.29, No.1 (February)
Lazonick, W. (2008) The Quest for Shareholder Value: Stock Repurchases in the US Economy, paper presented at the Conference on Institutions for Economic Development and others (September)
―― (2009) The New Economy Business Model and the Crisis of US Capitalism, Capitalism & Society, Vol.4, No.2.
―― (2010) Marketization, Globalization, Financialization: The Fragility of the US Economy in an Era of Global Change, paper written for the project on National Adjustments to a Changing Global Economy (March)
―― (2012) The Financialization of the US Corporation: What Has Been Lost, and How It Can Be Regained, background paper for a presentation to the Seattle University School of Law IV Symposium (July)
―― (2013) From Innovation to Financialization: How Shareholder Value Ideology is Deatroying the US Economy, in Epstein & Wolfson, eds., The Political Economy of Financial Crises, Oxford University Press.
Mann, G. (2010) Value after Lehman, Historical Materialism, 18, pp.172-188.
―― (2009) Colletti on the Credit Crunch: A Response to Robin Blackburn, New Left Review, 56 (March/April)
Martin, R. (2002) Financialization of Daily Life, Temple University Press.
McDonough, T., Reich, M. & Kotz, D. M. (2010) Contemporary Capitalism and Its Crises, Social Structure of Accumulation Theory for the 21st Century, Cambridge.
Milberg, W. (2008) Shifting Sources and Uses of Profits: Sustaining U.S. Financialization with Global Value Chains, paper presented at CEPN/SCEPA Conference (January)
Montgomerie, J. (2007) Financialization and Consumption: An Alternative Account of Rising Consumer Debt Levels in Anglo-America, CRESC working paper, No.43 (December)

Ogman, R. (2013) Financialization, the Economic Crisis, and Debt-Organizing Campaigns in the United States, paper presented at the International Initiative for Promoting Political Economy, Fourth Annual Conference (July)

Orhangazi, O. (2008) Financialization and the U.S. Economy, Edward Elger.

Palley, T. I. (2007) Financialization: What it is and Why it Matters, PERI working paper, No.153 (November)

Panitch, L. & Gindin, S. (2009) From Global Finance to the Nationalization of the Banks: Eight Theses on the Economic Crisis, in Financial Meltdown, Canada, the Economic Crisis and Political Struggle, Centre for Social Justice.

Perelman, M. (1987) *Marx Crises Theory, Scarcity, Labor and Finance,* Chapter 6, Praeger, New York.

Pollin, R. (2004) Remembering Paul Sweezy: He was an Amazingly Great Man, Counterpunch (March 6/7)

Reich, R. (2007) Supercapitalism: The Transformation of Business, Democracy, and Everyday Life, 『暴走する資本主義』雨宮寛／今井章子訳、東洋経済新報社、2008年。

Roberts, M. (2009) The Great Recession: Profit Cycles, Economic Crisis, A Marxist View.

Rochon, P-L. (2013) Financialization and the Theory of the Monthly Policies Reconsidered, *Journal of Post Keinesian Economics* (Winter)

Shaikh, A. (2010) The First Great Depression of the 21st Century, In Panitch, Albo & Chibber (Eds) The Crisis This Time, Socialist Register 2011, Merlin.

Stockhammer, E. (2009) The Finance-dominated Accumulation Regime, Income Distribution and the Present Crisis, Vienna University working paper, No.127 (April)

Stravelakis, N. (2012) Marx's Theory of Crisis in the Context of Financialization: Analytical Insights on the Current Crisis (June)

Sweezy, P. (1997) More (or Less) on Globalization, Monthly Review (September)

Taus, A. (2012) Contextualizing the Current Crisis: Post-fordism, Neoliberal Restrucuring, and Financialization, Columbia International, Vol.76 (July)

Tomé, J. P. M. (2011) Financialization as a Theory of Crisis in a Historical Perspective: Nothing New under the Sun (July)

Van der Zwan, N. (2014) Making Sense of Financialization, Socio-Economic Review, Vol.12, pp.99-129.

Van Treeck, T. (2009) The Political Economy Debate on 'Financialization': A Macroeconomic Perspective, Review of International Political Economy, 16(5) (December)

Wolfson, M. H. & Epstein, G. A. eds. (2013) The Political Economy of Financial Crises, Oxford University Press.

あとがき

　還暦を迎えた時、勤めていた大学を 65 歳で早期退職することを決心した。理由の第一は、生来虚弱で、それほど長生きができるとは思えないために、少し余力を残して退職し、残された晩年を自分のやりたい研究をやって終わりたいと考えたことであった。第二は、大学をとりまく社会環境が大きく変わって、大学間競争が激しくなり、本来それぞれの大学が建学の精神に沿って目指すべき研究教育活動よりも、受験生集めにしのぎを削り、偏差値の変化に一喜一憂し、こまごまとした「サービス」で学生の満足度を高め、こうした活動に付随するさまざまな会議に多大の時間が消費されるようになったことであった。

　私が定年まで 5 年を残して退職する心づもりを口にすると、何人かの同僚から、退職後の自由な時間をどんな研究をして過ごすつもりかと尋ねられた。これについて、私には、すでに具体的な心づもりがあった。それは、新自由主義の批判、もうすこし具体的に言えば、新自由主義の代表的論客であるハイエクの社会思想の哲学的基礎を批判的に研究するという計画であった。

　ベルリンの壁崩壊からソ連邦解体への激動によって 1990 年代の幕が開き、続く 2000 年代の初頭にかけては、世界的に新自由主義の全盛期であった。2005 年には日本でも郵政民営化法案が国会を通過し、時の政治指導者とそれに近い知識人たちが、規制緩和、民営化、市場の活用、自己責任などの標語をことあるごとに振りかざしていた。何人かの著名な経済学者が、日本の金融制度を「アメリカ並み」にするための提言を公表し、中には、日本資本主義の将来を「金融立国論」に委ねる構想を打ち出す人もいた。それからわずか 2 年後に、新自由主義の世界的拠点であるアメリカの、しかも市場経済の権化ともいうべきウォール街から、資本主義の歴史を画する甚大な恐慌が勃発するなどと予想する人はほとんどいなかった。

　この時期、経済学界ではシカゴ学派のフリードマンと並んで、ハイエク (Friedrich August von Hayek) の影響力が絶大で、世界的にハイエクの著作集や研究書が相次いで公刊されていた。日本でも、海外のハイエク研究が数多く翻訳紹介され、1980 年代から継続していた日本語版ハイエク全集の出版も、第一期全 10 巻がすでに完了し、第二期全 10 巻の出版に移っていた。

ハイエクは、ケインズの論敵で、生涯を通じて社会主義を憎悪し、現在にまで続く新自由主義イデオロギー公布の世界的司令塔であるモンペルラン協会を創設し、サッチャー元首相のご意見番と呼ばれ、1974 年には「ノーベル経済学賞」を贈られて物議を醸し、新自由主義イデオロギーとそれに沿った経済政策を世界に広める保守・財界系シンクタンクの世界的ネットワーク構築に尽力した、きわめて影響力の大きい思想家であった。

　他方、マルクス経済学の研究を一生の仕事とし、大学院時代に哲学者の見田石介先生からヘーゲル論理学の手ほどきを受けた身としては、ハイエクの経済思想の基礎にある世界観と歴史観を批判的に研究するという作業は、晩年の数年間を費やす研究企画にふさわしいと考えたのである。また、ドイツ経済への関心から、フライブルク学派の業績について論文を書き、ヴァルター・オイケン研究所を訪問したこともある私にとって、同研究所の所長を務めたハイエクは、ある意味で身近な人物でもあった。このために、退職までの数年間、私はハイエク研究に必要と思われるさまざまな文献を集めることに努めた。

　しかし、この私の目論見は、図らずも 2007 年の金融恐慌の勃発によって見果てぬ夢に終わってしまった。この恐慌は、戦後資本主義が経験してきた多くの景気後退とはまったく異質の様相で発生し、文字通り世界経済を震撼させた。大学で金融制度論や銀行論を講じてきた者として、これほど大規模かつ激烈な金融恐慌を目の当たりにして、そのまま目を背けるわけにはゆかなかった。退職を 3 カ月後に控えた 2010 年の年賀状に、私は「100 年に一度といわれる世界恐慌の最中に仕事から解放されることも何かの啓示と受け止め、残された時間を研究に専念したい」と認めた。

　それ以来、本書の序文でも書いたように、今回の金融恐慌の研究が、私にとって退職後の最大の研究テーマになったのであった。私は、金融恐慌の分析に役立つと思われる情報と資料をあらゆる手立てを講じて収集し、それらに目を通すことを数年間にわたって日課にしてきた。当然の結果として、退職前の数年間にせっせと収集したハイエク関係の資料は、いまでは読まれることなく仕事場の書棚の一画を重々しく塞いでいる。

　本書に収録した論文は、いずれも以上のような経過の中で執筆されたものである。私は退職後に自由になった研究時間の多くをこれらの論文の準備と執筆に費やしてきたが、もとよりその乏しい成果には、今となっては恥じ入る他は

ない。私は、自分で提起した問題の多くに最終的な結論を下すことができず、多くは、先行研究のサーベイとそこから引き出されるいくつかの試論の提示に終わっている。

　それにもかかわらず、あえてこれらの論文を一冊の本の形で出版したいと考えた理由は、これらの論文で私が逐次取り上げたテーマの多くが、日本ではいまだ研究者の注目を集めることなく、立ち入った議論がなされていない現状に違和感を感じるためである。私としては、本書の公刊を通じて、とりわけ若い世代の読者や研究者に、現代資本主義と金融恐慌の理論的・実証的分析に関わって、これまで見過ごされてきたいくつかの重要な課題や論点を提示し、その所在に注意を促す役割が果たせるのではないかと考えたのである。

　昔の話であるが、私の大学院での恩師である見田石介先生は、若い院生に向かってしばしば、レーニンの『帝国主義論』を挙げながら、「最新の問題を最新の方法で研究する」必要性を指摘しておられた。若くしてヘーゲル哲学の研究で名をなし、定年まであくことなくヘーゲル論理学を講じておられた先生の口からお聞きする言葉としてはやや意外の感もあったが、今となってはその含意に納得せざるをえない。マルクスはしばしば、現象の表面を撫でまわすだけのブルジョア的俗流経済学の皮相さを手厳しく批判したが、われわれの場合、現象の表面を撫でることもせずに複雑かつ不断の進化を繰り返す資本主義の深層を探り当てることは不可能である。

　すでに古希をすぎて、残された研究時間が乏しくなった私としては、これから新しい研究をめざす若い世代の人たちが、私が本書でとりあげた問題の中から、自ら研究する価値のある重要な課題を発見し、それらの研究をさらに深めてくれることを念願する他はない。

初出一覧

第 1 章
「現代資本主義論としての『経済の金融化』論」『企業研究』中央大学企業研究所、第 14 号、2009 年 3 月

第 2 章
「現代資本主義と『経済の金融化』――信用制度の役割と金融恐慌をめぐって」『経済』新日本出版社、2014 年 2 月号

第 3 章
「金融危機の要因としての過剰流動性について」『商学論纂』中央大学商学研究会、第 53 巻第 5・6 号、2012 年 3 月

第 4 章
「資本の過剰蓄積と貨幣資本の過剰――現代恐慌分析の方法をめぐって」『立教経済学研究』立教大学経済学研究会、第 67 巻第 4 号、2014 年 3 月

第 5 章
「過剰生産恐慌と『独自の貨幣恐慌』――今次金融恐慌の基本的性格規定をめぐって」『商学論纂』、第 54 巻第 3・4 号、2012 年 12 月

第 6 章
「金融恐慌とシャドーバンキング」『商学論纂』、第 55 巻第 5・6 号、2014 年 3 月

第 7 章
「シャドーバンキングとレポ市場――現代金融恐慌のメカニズム」『商学論纂』、第 56 巻第 3・4 号、2014 年 11 月

第 8 章
「現代資本主義の蓄積様式とデリバティブ市場」『商学論纂』、第 54 巻第 5 号、2013 年 3 月

第 9 章
「国際金融危機と Too Big To Fail 問題」『企業研究』、第 19 号、2011 年 8 月

第 10 章
書き下ろし

高田　太久吉（たかだ・たくよし）
1944 年香川県生まれ。
中央大学名誉教授、金融・労働研究ネットワーク代表。
主な著書に、『現代資本主義とマルクス経済学』（共編著、2013 年）、『金融恐慌を読み解く』（2009 年）、『金融グローバル化を読み解く〈10 のポイント〉』（2000 年、以上新日本出版社）、『日中の金融システム比較』（共著、2009 年）、『金融システムの構造変化と日本経済』（共著、1999 年）、『現代企業の支配とネットワーク』（共編著、1996 年、以上中央大学出版部）。

マルクス経済学と金融化論──金融資本主義をどう分析するか

2015年3月30日　初　版

著　者　　高　田　太久吉
発行者　　田　所　　　稔

郵便番号　151-0051　東京都渋谷区千駄ヶ谷4-25-6
発行所　株式会社　新　日　本　出　版　社
電話　03（3423）8402（営業）
　　　03（3423）9323（編集）
info@shinnihon-net.co.jp
www.shinnihon-net.co.jp
振替番号　00130-0-13681

印刷　亨有堂印刷所　製本　小泉製本

落丁・乱丁がありましたらおとりかえいたします。
©Takuyoshi Takada 2015
ISBN978-4-406-05887-2　C0033　Printed in Japan

Ⓡ〈日本複製権センター委託出版物〉
本書を無断で複写複製（コピー）することは、著作権法上の例外を除き、禁じられています。本書をコピーされる場合は、事前に日本複製権センター（03-3401-2382）の許諾を受けてください。

―――― 好評既刊 ――――

現代資本主義とマルクス経済学
経済学は有効性をとりもどせるか

高田太久吉 編著
定価：本体3000円＋税

1970年代以降変容する資本主義の多角的な解明と同時に、その構造的矛盾を打開するためのマルクス経済理論の課題に切りこむ意欲作。

金融恐慌を読み解く
過剰な貨幣資本はどこから生まれるのか

高田太久吉 著
定価：本体2200円＋税

世界金融恐慌へと拡大した背景にある、1970年代以降の、過剰な貨幣資本が蓄積する下での国際金融システムの構造変化を解明する。